KB073875

극예술, 과학을 꿈꾸다

공연과 미디어 연구회 편

지식과교양

과학적 상상력, 테크놀로지 욕망, 그리고 극예술

〈1〉

극예술에서 과학적 인식과 상상력이 뚜렷하게 드러나게 되는 것은 19세기 후반 자연주의 연극의 등장에서부터가 아닐까 싶다. 19세기 유럽에서 이루어진 과학혁명은 19세기의 사상, 정치, 사회, 문화, 예술의 변화에 지대한 영향을 끼쳤다. 어거스트 콩트의 과학적 사회관, 찰스 다윈의 생물학적 진화론, 클로드 베르나르의 실험의학/실험생리학, 칼 마르크스의 경제사관 등으로 대표되는 새로운 과학적 앎의 체계는 19세기에 눈부시게 이루어진 과학혁명/산업혁명의 반영이라고 할 수 있다. 이러한 과학적 앎의 체계는 이전 시대까지 축적된 지식 체계의 근간을 뒤흔들며 지식 패러다임의 변화를 이끌어냈다. 이때부터 우리에게 과학적 인식과 상상력이란 근대적 앎과 근대적 상상력의 기본전제로 성립되었다.

예술에서 19세기 후반 자연주의 사조의 출현은 과학혁명에 그 토대를 두는 것이지만, 19세기 유럽을 풍미했던 낭만주의 예술에 대한 반동의 성격이 강했다. 연극의 경우에는 19세기 유럽에서 인기를 독차지한 잘 짜여진 극 구성을 갖는 낭만적 연극, 즉 멜로드라마에 대한 반동으로서 자연주의/사실주의 연극이 등장하게 되었다. 1870년대 에 밀 졸라의 〈테레즈 라캥〉, 헨릭 입센의 〈인형의 집〉 등과 같은 자연주 의/사실주의 희곡을 비롯해 앙트완느의 자유극장, 스타니슬라브스키 의 모스크바예술극장 등을 중심으로 이루어진 소극장 연극을 통한 현 실의 사실적 무대 재현이라는 연극의 핍진성 추구, 그리고 입센의 〈민 중의 적〉, 〈유령〉에 나타난 질병과 유전이라는 과학적 주제에 대한 관 심과 신뢰를 토대로 한 사실성의 구현이 그러한 모습이라고 할 수 있 을 것이다.

〈2〉
한국에서 근대적 연극의 양상은 협률사, 원각사라는 근대식 극장의 출현과 근대적 연극제도, 관습의 형성, 신연극 〈은세계〉 공연이 이루 어지는 1900년대부터 출발한다고 말하지만, 사실상 '근대극'(modern drama)이라고 할 만한 현상은 1910년대 후반에 와서 나타난다고 보 는 것이 정확할 것이다. 이광수의 〈규한〉을 필두로, 윤백남, 최승만, 유지영 등에 의해 발표된 근대희곡들은 한국 근대극의 출현을 말해주 는 것이다. 이어서 1920년대 초, 중반에 나타난 조명희, 김정진, 김우 진의 희곡들도 결국 그 연장선상에 걸려 있는 것이라고 할 수 있다. 이 들의 희곡들, 특히 1920년대 조명희, 김정진, 김우진의 희곡들은 근대 적 과학정신을 근간으로 한 입센 이후의 사실주의 연극에 상당한 영 향을 받은 것이라고 할 수 있다.

1910년대 이광수, 윤백남, 최승만, 유지영의 희곡에는 사실주의 연극의 성격은 다소 미흡하지만 근대적 제도, 사회현상, 문물이 소재, 또는 주제로 사용되고 있어서 근대극의 면모를 갖추고 있다. 정수진의 논문 「1910년대 근대 희곡에 나타난 근대 테크놀로지 '우편'과 사진'」은 이러한 점에 착목하여 이광수의 〈규한〉에 나타난 근대적 제도로서의 우편(편지), 윤백남의 〈운명〉에 나타난 근대 미디어로서 사진이 극 내부의 기능, 또는 근대적 인식구조와 어떠한 연관성을 갖는지에 대해 말하고 있다.

과학적 인식과 상상력이 발현된 한국 근대희곡이 비로소 1920년대에 들어서야 획득된다는 점은 김우진의 논문 「도래할 기계사회와 사회변혁의 매개」에 의해 잘 나타난다. 카렐 차페크의 〈인조인간〉이 번역 소개되고, 칼 마르크스의 경제적, 물질주의적 역사관과 인간관의 영향을 받은 경향극이 1920년대에 등장함으로써 인간, 노동, 사회, 계급을 사회구조적으로 인식하고 무대적 재현을 하려는 움직임이 본격화하게 된다. 조명희, 김정진, 김우진의 희곡도 그러한 과학적 인식구조와 연관되어 있음은 물론이다.

1930년대 이후에 이르면 극예술과 과학의 관계는 연극/희곡 텍스트 내에 머무는 단계를 넘어서게 된다. 과학기술을 근간으로 하는 근대 미디어와 극예술의 접목, 결합이라는 현상이 등장한다. 라디오는 말할 것도 없고, 영사기술, 레코드 음반, 발전된 무대장치와 기술이 모습을 나타낸다. 이동연극, 이동영사, 이동(자동차)라디오 등 이동하는 극예술은 비록 국가주의적 필요에 의한 것이기는 하지만 근대적 교통수단, 전파매체, 영상매체 등을 적극 활용한 사례에 속한다. 국가주의적 프로파간다, 전쟁 선전 수행 등의 정치적 목적성이 극예술과 과학기술을 급속도로 접맥하도록 부추겼다. 1930~40년대 만주국에서 이루어진 방송자동차(이동라디오방송) 순회활동을 분석한 이복실의 논문 「만주국의 라디오 방송과 이동하는 미디어」는 이러한 점을 흥미롭게 실증한 글이다.

〈3〉

병리학은 오랫동안 예술의 주제가 되었다. 병리학은 분명 과학의 영역이지만 병리학/병리현상은 전통적으로 하나의 문학적, 예술적 은유로서 작용해왔다. 사회의 모순을 '병든 사회'로 지칭하거나, 내면적 고통을 지닌 자를 '상처 입은 영혼'이라고 표현하는 것은 문학예술 영역에서는 어제 오늘의 일이 아니다. 그러나 이 땅에 근대문물이 처음 유입될 때 '병리학'은 근대성의 총아로서 인식되었다. 조일재의 〈병자삼인〉은 근대 사회가 전근대 사회와 다른 차이점이 전도된 젠더관계에 있음을 보여주는데(근대성에 대한 풍자이기는 하지만), 교사와 의사라는 근대적 직업을 가진 자들에 대한 풍자를 통해 근대성의 모순을 폭로했다. 그만큼 의사(의학, 병리학)를 근대성의 상징으로 인식했다는 것이 될 것이다. 그러나 1920년대 이후에 오면 의학을 근대성의 총아로서 신화화하는 태도에서 벗어나 의학, 병리학이라는 지식자본이 지닌 계급성이 폭로되는 지점에 이르기도 한다. 이주영의 논문 「근대 희곡에 나타난 제국의 조선 의사들」은 이러한 지점에 착목하고 있다.

아마도 질병이라는 은유 가운데 '한센병'(문둥병)만큼 문학예술에서 자주 다루어진 것은 없을 것이다. 한센병을 일컬어 '천형'(天刑)이라 할 만큼 한센병은 저주받은 신체의 은유로 읽혀졌다. 김정한의 소설 『인간단지』에서는 인권이 유린된 나환자촌 사람들의 집단적 저항을 통해 사회적 모순에 대한 투쟁을 역설했고, 이청준의 소설 『당신들의 천국』에서는 소록도 나환자병원의 이야기를 통해 1970년대 한국 사회의 단면을 제시하고자 했다. 이처럼 1960~70년대 한센병은 한국 사회의 병든 단면을 묘파해내는 데 있어 은유적이고 상징적이다. 한센병을 소재로 한 이근삼의 〈미련한 팔자대감〉과 최인훈의 〈봄이 오면 산에 들에〉를 분석한 김태희의 논문 「박정희 정부의 의료복지와 연극」은 이러한 맥락에서 읽어볼 만한 글이다.

1990년대에 드라마 〈종합병원〉의 인기와 더불어 의학드라마 장르가 성립되었고, 의학드라마 장르는 다시 세분화 되기에 이른다. 의학드라마에 공포, 스릴러, 추리 장르가 접목되는 장르혼합 양상이 나타나는데, 〈M〉, 〈RNA〉와 같이 의학드라마가 스릴러 장르와 결합한 메디컬 스릴러 드라마도 그 중 하나이다. 문선영의 논문 「TV드라마의 과학적 상상력」은 메디컬 스릴러 드라마가 어떻게 기존의 전통적 장르 관습을 아우르면서 첨단의 의학, 생명과학 지식을 전시하는 새로운 장르형식으로 자리매김 하는지를 보여준다.

〈4〉

과학을 소재로 한 영화, 드라마는 다른 장르와의 교섭, 교합을 통해 끊임없이 그 하위장르를 재생산하고 있다. 오컬트 영화, 과학수사드라마 등이 그 대표적 사례일 것이다. 오컬트 영화 〈엑소시스트〉는 1960~70년대 서구세계에 불어 닥친 탈근대운동, 또는 반문화(counter culture)운동의 산물이라 할 수 있다. 그런 맥락에서 보면 오컬트 장르는 반(反)과학적, 탈(脫)과학적 장르일 수도 있는데, 한국의 오컬트 영화는 그 양상이 사뭇 다르다. 종래의 괴기영화 서사관습과도 결합되어 있고, 서구 오컬트 장르 특유의 탈과학성도 모호하게 처리되어 있다. 한상윤의 논문 「한국 공포영화의 오컬트 장르 초기 수용 양상」은 전근대성, 근대성, 탈근대성이라는 비동시성의 동시성이 혼재되어 있는 한국 오컬트 영화의 특징을 잘 설명하고 있다.

서미진은 논문 「〈지구를 지켜라!〉의 망상으로서의 과학적 상상력」에서 문제적 SF장르 영화 〈지구를 지켜라!〉가 지닌 독특한 과학적 상상력의 세계를 정신분석적 독해를 통해 해명하고 있다. 김은희 작가의 TV 수사드라마의 분석을 통해 송치혁은 논문 「과학과 마음, 수사드라마의 두 양태」에서 수사드라마의 본질이 과학적 추리와 심리분석에 있음을 밝히고 있다.

극예술은 첨단 과학기술과의 만남을 통해 극본/원전 텍스트에 나타난 문학적 상상력을 관객의 눈앞에서 시각적으로 가시화 한다. 관객의 머릿속에 존재하는 텍스트의 상상력을 극에 가시화하기 위해 다양한 현대 테크놀로지가 동원된다. 〈킹콩〉, 〈고지라〉, 〈괴수 용가리〉 등과 같은 괴수영화, 그리고 〈우뢰매〉시리즈와 같은 특촬물은 특수촬영 기술을 동원해서 작가의 상상력을 자유롭게 시각적으로 재현한다. 특촬물은 처음에는 사람이 괴수가면을 쓰고 연기하는 등신대의 괴물, 또는 미니어처의 활용 등 유치한 수준에서 시작되었으나 시간을 거치면서 컴퓨터 그래픽 등 첨단기술을 사용하는 기술의 혁신성을 보여주었지만 서사적 발전과 조응하지 못하는 한계를 보여주었다. 박소영의 논문 「한국 특촬물의 시작과 과학 기술을 향한 욕망」은 〈우뢰매〉시리즈 분석을 통해 이러한 사실을 잘 보여주고 있다.

　뮤지컬 장르는 특히 화려하고 현란한 스펙터클을 통해 관객에게 호소하기 때문에 시각적 볼거리를 창출하기 위해 테크놀로지의 도움을 크게 받고 있다. 실제로 뮤지컬 〈미스 사이공〉에서 실제 무대에서 헬기를 이착륙시키는 장면이 나오는데, 최근에는 실제 소형헬기 사용 대신에 컴퓨터 그래픽 홀로그램 기술을 활용해서 헬기 이착륙 장면을 표현하였다. 동화적 상상력으로 존재하던 〈미녀와 야수〉 이야기는 브로드웨이 뮤지컬로 제작되면서 나사(NASA)의 전자기술 지원을 받아 관객이 지켜보는 앞에서 야수를 왕자로 변신시킴으로써 동화의 상상력을 실제화 하는 놀라움을 선보였다. 뮤지컬 장르는 '원 소스 멀티 유즈'(one source multi use)의 사례가 특히 많은 장르인데, 창작 원천이 소설, 연극, 영화, 신화, 전설, 만화, 실화, 역사, 웹툰 등 다양하다. 웹툰이라는 원전 텍스트의 상상력을 시청각적으로 무대 위에 재현하기 위해 뮤지컬 장르에서 사용하는 테크놀로지 양상의 단면을 정명문의 논문 「뮤지컬 무대와 테크놀로지」에서는 뮤지컬 〈신과 함께-저승편〉의 사례 분석을 통해 보여주고 있다.

'공연과 미디어 연구회'는 고려대학교 대학원 국어국문학과에서 희곡(연극), 영화, TV드라마(라디오드라마)를 전공한 소장학자들의 연구모임으로 발족되었다. 연구서 『월경하는 극장들』(소명출판, 2013), 『전쟁과 극장』(소명출판, 2015)을 연구 성과로 제출한 고려대학교 민족문화연구원 HK사업단 산하 '근대동아시아 극장 연구' 기획연구팀이 공연과 미디어 연구회의 모체가 되는 셈이다. 『전쟁과 극장』 출간 이후 '극예술과 과학'이라는 연구주제를 정하고 2년여에 걸친 월례 세미나와 학술발표 심포지엄을 거쳐 나온 최종성과물이 바로 이 책이다. 이 책이 만들어지는 과정에서 필자가 모두 애썼지만 이주영 간사의 고생이 특히 많았음을 적어두고 싶다. 저술발간 지원을 해준 부경대학교 인문사회과학연구소, 그리고 지원을 받을 수 있도록 도와준 부경대학교 국어국문학과 김남석 교수께 감사의 인사를 전한다. 책을 만들어 주시느라 고생하신 지식과교양 편집부 직원께도 감사드린다.

2019년 여름
저자들을 대신하여   이 상 우

| 목차 |

근대의 과학적 상상력

1910년대 근대 희곡에 나타난 근대 테크놀로지 '우편'과 '사진'
: 이광수의 <규한>과 윤백남의 <운명>을 중심으로

정수진

1. 서론: 근대 테크놀로지의 유입과 근대 희곡의 출현

"기(汽:증기기관)·전(電:전기)·활(活:활동사진)·우(郵:우편)를
천하의 네 가지 큰 그릇(四大器)이라 하나니 이것들을 이용후생함이
다국부민강의 대기초라."

– 『황성신문』, 1899년 5월 26일

개항과 동시에 조선에는 근대 테크놀로지인 우편, 전화, 도로, 철도,
사진, 축음기, 활동사진 등이 한꺼번에 유입되었다. 이는 일상적인 의
사소통 체계를 전면적으로 변화시켰고, 나아가 대중들의 인식 체계
전반을 흔들어 놓았다. 여기에 일제의 식민지로 전락해버린 조선의
비운까지 겹쳐지자, 대중들은 '서구의 진보된 문명'인 동시에 '제국주
의 침략의 변명'이라는 근대의 두 얼굴을 혼란스럽게 마주해야만 했

다. 이처럼 조선의 근대는 신문명에 대한 환희와 민족적 자괴감이라는 결코 섞일 수 없는 가치와 지향들이 뒤섞여 언제든 폭발할 수 있는 휴화산과도 같았다.

이러한 근대 초기의 혼란 속에서 근대 희곡의 싹이 움트고 있었다. 1917년 1월 이광수가 『학지광(學之光)』 제11호에 희곡 〈규한(閨恨)〉을 발표하면서, 비로소 한국에서도 근대극의 시대가 개막된 것이다. 신파극과 창극의 주도로 꾸려지던 당시 근대연극의 지형은 새로운 전기를 맞는다. 정해진 대본으로서의 희곡이 근대문학 장에 출현함으로써, "문학의 한 갈래로서 희곡이 존재한다는 사실을 알렸을 뿐만 아니라, 희곡이 선행하고 공연이 뒤따라오는 새로운 공연방식이 가능함을 예감"[1]하게 했다. 〈규한〉을 시작으로, 오천석의 〈초춘의 비애〉(1918), 윤백남의 〈운명〉과 〈국경〉(1918), 최승만의 〈황혼〉(1919), 유지영의 〈이상적 결혼〉(1919-20) 등이 잇달아 발표되면서, 한국연극계는 근대극을 실천적으로 모색하였다.

특히 '한국 최초의 근대희곡'[2]인 이광수의 〈규한〉과 '한국 최초로 상연된 근대희곡 작품'[3]인 윤백남의 〈운명〉은 그 문학사적인 의의로 인

---

1) 김재석, 『근대전환기 한국의 극』, 연극과인간, 2010, 392면.
2) 이두현은 "개인의식에 눈뜬 근대시민사회의 의지의 표현을 근대극이라고 한다면, 당시 지식인의 결혼문제로 시대적 고민을 그리고 있는 이 작품은 우리나라 근대문학의 최초의 희곡이라고 할 수 있다"라고 평했다. 이두현, 『의민 이두현 저작집 1: 한국신극사연구』, 민속원, 2013, 380면.
3) "이 運命은 나의 處女作이엿고 同時에 朝鮮人의 作으로 朝鮮 舞臺에 上演된 最初의 戲曲이다! 이러한 意味 아래에서 幼稚하나마 永遠히 이것을 남기고져 한다. 其外에 몃 가지 作과 飜案은 當時劇界에 異常한 刺戟을 쥬엇든 것이다. 그리하여 이것을 紀念코저 하는 뜻으로 集錄해 보앗다. 勿論 이것이 나의 全部는 아니다. 그러나 그 몃 가지는 우리 劇界 發達史에 산 歷史거리로 生覺하고 敢히 이를 나의 事業을 사랑하는 여러 同友에게 밧치고져 한다. 1923.4.5. 부산에셔 저자 씀" (밑줄-인

해 주목받아왔다. 선행 연구자들의 관심은 작품의 드라마투르기에 집중되어 있었다.[4] 근대극임에도 불구하고 여전히 발견되는 신파극적 기법들을 어떻게 이해하고 평가할 수 있는지의 문제가 중요했던 것이다. 근대적 주제를 완성형의 근대극 형식에 담지 못하고, 신파극의 파편이 군데군데 박혀있는 일그러진 형식에 담아 놓았다는 점은 매번 극작술의 한계로 평가되었다. 〈규한〉의 경우, 갈등이 본격화되기보다는 주인공 이씨의 지극히 개인적 비극으로 급격히 마무리 되고, 극적 갈등의 핵심요인인 김영준이 끝까지 등장하지 않으며, 공연시간이 3-40분 정도에 불과한 아주 짧은 단막극이라는 점이 문제였다. 〈운명〉역시 "근대희곡으로 향하는 과도기적 모습을 단적으로 보여"[5]주는 1910년대의 대표작이라는 이미원의 평가에서 감지되듯이, "사진결혼 문제를 다룬 논제극"[6]이라는 근대극으로서의 의의는 인정[7]하면

용자). 윤백남, 「〈운명〉 서문」, 신구서림, 1924.; 양승국, 「윤백남 희곡 연구-〈국경〉과 〈운명〉을 중심으로」, 『한국극예술연구』 제16집, 한국극예술학회, 2002.10, 101면에서 재인용.

4) 〈규한〉에 대한 주요 연구들은 다음과 같다.
서연호, 『한국근대희곡사』, 고려대출판부, 1994.; 양승국, 『한국현대희곡론』, 연극과인간, 2001.; 우수진, 「입센극의 수용과 근대적 연극 언어의 형성」, 『한국근대문학연구』 제17집, 한국근대문학회, 2008.; 유민영, 『한국현대희곡사』, 기린원, 1991. 이두현, 『한국신극사연구』, 서울대출판부, 1990.; 이미원, 『한국근대극연구』, 현대미학사, 1994.; 이승희, 「한국 사실주의 희곡 연구」, 성균관대학교 대학원 박사학위논문, 2000.; 이정숙, 「〈규한〉의 근대의식 연구」, 『한국극예술연구』 제19집, 한국극예술학회, 2004.

5) 이미원, 위의 책, 138~139면.

6) 김방옥, 『한국 사실주의 희곡 연구』, 동양공연예술연구소, 1988, 45~86면.

7) 유민영은 사진결혼이라는 사회적 문제를 극적 갈등으로 설정한 작가의 극작술을 "근대의식의 눈"이라 고평하면서 〈운명〉을 근대극으로 파악하고자 했다. 2002년에 발표된 양승국의 연구는 초기 유민영의 논의를 보다 확장, 발전시킨 것이었다. 그는 주인공 박메리의 극 행동을 분석하면서, "대본과 공연의 근대성이 결합한 최초의

서도 형식적인 면에서의 한계로 인해 근대적 사실주의극으로 보기에
는 무리가 있다는 유보적인 입장[8]이 뒤섞여 있었다. 여기에 주제와 기
법이 서로 충돌하는 〈운명〉의 극작술을 멜로드라마의 구조로 읽어내
려 한 우수진의 연구[9]까지 포함하면, 1910년대 근대 희곡의 쟁점은
'주제와 형식의 부조화'로 정리될 수 있겠다.

본 연구는 초기 근대극 〈규한〉과 〈운명〉 드라마투르기의 균열을 주
목한다. 기존 연구에서 '주제와 형식의 부조화'로 비판받았던 모순적
드라마투르기를 근대극 이행기의 과도기적 양상으로 해석하기보다
는, 근대 테크놀로지를 중심소재로 사용한 창작 의도를 밝히는 데 주
력하고자 한다. 〈규한〉은 '우편'을 소재로 삼아 봉건적 결혼제도를 비
판하였고, 〈운명〉은 '사진'을 매개로 이루어진 결혼을 극화하여 당대
의 사회적 문제를 부각시켰다. 신문명이 급속도로 유입되는 현실 속
에서 근대극이라는 새로운 형식을 체득해야 했던 희곡 작가들은 창작
과정에서 의도했든지 혹은 그렇지 않았든지, 혼란과 고민을 노출할
수밖에 없었을 것이다. 기존의 레퍼토리를 수용 각색하던 관례를 극

근대극"이라는 의의를 강조하였다. 유민영, 위의 책, 113~115면.; 양승국, 앞의 글,
139~141면.
8) 유보적 입장을 취한 김방옥이며, 서연호는 보다 분명하게 〈운명〉을 근대극이라기
보다는 신파극의 예로 분류해야 한다고 주장했다. 전반부에서 메리부부의 불안정
한 결혼생활이 극화되기보다는 주변인물들의 대화를 통해 암시된 점과 후반부에서
갈등의 주축인 삼각관계가 직접적인 대결 장면 없이 서술된 점을 근대극의 극작술
로 보기에는 지나친 결함이라고 지적하였다. 김방옥, 위의 책, 45~86면.; 서연호, 위
의 책, 82~85면.
9) 우수진은 〈운명〉을 신파극이 아닌, 멜로드라마의 구조로 읽어내면서, '문명=선'이
'야만=악'에 승리한다는 극 구조가 식민주의 담론을 재생산하는 기제로 사용되고
있다고 주장하였다. 우수진, 「윤백남의 〈운명〉, 식민지적 무의식과 욕망의 멜로드
라마」, 『한국극예술연구』 제17집, 한국극예술학회, 2003.4, 51~77면.

복하기 위해 근대적 가치에 의해 재편된 사적 영역에 집중하기 시작
하면서도, 극적 행동이 아닌 연설투의 대사로 갑작스런 결말로 치닫
는 한계에 부딪히곤 했다. 근대 초기 미숙한 드라마투르기는 당대 희
곡 작가들의 혼란스러운 내면을 정확히 보여주는 표지일 것이다.

이러한 불일치와 균열의 흔적을 다시 짚어보는 것, 그것이 본 연구
의 출발이 될 터이다. 근대 테크놀로지를 주요한 극적장치로 활용하
는 이광수의 〈규한〉과 윤백남의 〈운명〉을 연구 대상으로 삼아, 그간
'결함'으로 평가되었던 초기 근대극의 드라마투르기적 쟁점들을 다시
살펴보고자 한다. 본 연구의 목표는 근대적 주제의식과 엇갈리는 신
파극적 장치의 흔적을 사용할 수밖에 없었던 드라마투르기적 균열의
원인을 파악하여, 초기 희곡 작가들의 근대 인식의 궤적을 정리하는
것이다.

이번 연구는 필자의 논문 「이광수의 〈규한(閨恨)〉에 나타난 우
편」[10](2017)과 「윤백남의 〈운명〉에 나타난 근대 테크놀로지로서의 사
진」[11](2018)에 이어지는 후속 연구로서, 근대 테크놀로지와 근대회곡
의 상관성을 주목하여 한국 근대회곡에 나타난 근대성 인식의 면면을
밝히는 데에 궁극적인 목표가 있다.

10) 정수진, 「이광수의 〈규한(閨恨)〉에 나타난 우편」, 『연극포럼』, 한국예술종합학교
연극원, 2017, 165~177면.
11) 정수진, 「윤백남의 〈운명〉에 나타난 근대 테크놀로지로서의 사진」, 『제24회 한
국어문학 국제학술회의 논문집』, 대만국립정치대 한국문화교육센터 고려대학
교 BK21플러스 한국어문학 미래인재육성사업단 한국어문학국제학술포럼 주최,
2018, 137~148면.

2. '우편'이라는 신문명(新文明), '사진결혼'이라는 신문화 (新文化)

1884년 최초의 근대적 통신기구 우정총국(郵征總局)이 설치되면서 부터 조선에서 '우편'이라는 테크놀로지는 통신 제도로 이용되기 시작했다.[12] 우정총국 개국 기념행사가 갑신정변의 현장이 된 까닭에 우편 제도의 정상적 운용은 10여 년 후에나 시작되었다. 근대 우편 제도는 1900년 만국우편연합 가입을 거치면서 본격화되었고, 1905년 일본의 관리에 들어간 이후에도 계속 확대되어 1912년에는 전국에 5백여 개소의 우편소가 생기기에 이르렀다.[13] 우편 제도가 완비되었음에도 불구하고, 1910년대까지 근대 우편 제도는 대중들에게 낯선 신문명이었다. 〈혈의누〉와 〈추월색〉과 같은 신소설에 등장하는 편지들이 대개 직접 인편을 통한 것이 많았다는 점은 근대 우편 제도를 여전히 낯설고 신기한 대상으로 대하던 당시의 분위기를 짐작하게 한다. 권보드래의 지적처럼, 당시의 우편 제도는 "제도적 투명성을 확보하지 못하고 있었다."[14]

한국 문학계에서 근대 우편 제도를 매개한 작품이 본격적으로 출현한 시기는 1920년대였다. 약 30여 편에 달하는 서간체 소설 epistolary fiction이 모두 이 시기에 발표되었다. 이광수의 〈어린 벗에게〉(1917), 김동인의 〈마음이 여튼 자여〉(1919-1920), 전영택의 〈생명의 봄〉(1920),

---

12) 이승원, 「개항 후 근대 통신제도에 대한 이해와 우정총국」, 『한국민족운동사연구』 88, 한국민족운동사학회, 2016, 15면.
13) 권보드래, 『연애의 시대-1920년대 초반의 문화와 유행』, 현실문화연구, 2003, 124면.
14) 위의 책, 125면.

염상섭의 〈암야〉(1922), 〈제야〉(1922), 〈묘지〉(1922), 나도향의 〈젊은이의 시절〉(1922) 등 이 시기 소설들은 모두 편지체이거나 편지가 소설의 중요한 대목을 차지했다.[15] 1945년까지 발간된 서간체 소설이 총 60편 정도라는 점을 상기해보면, 당시 서간체 소설의 인기는 대단했다. 이러한 유행은 1917년 최초의 서간체 소설 이광수의 〈어린 벗에게〉부터 시작되었다. 같은 해 발표된 이광수의 희곡 〈규한〉 역시 우편을 중요한 극적 장치로 활용하고 있다. 우편은 당시에 가장 빠르고 직접적인 통신 테크놀로지인 동시에, 닿을 수 없는 거리에 있는 "상대방의 존재를 손에 쥘 수 있게 해주는"[16] 연결과 소통의 매체였다. 이광수는 우편의 특성을 십분 활용하여, 동경으로 유학 떠난 남편과 편지를 매개로 관계를 이어가는 부인의 이야기를 〈규한〉에 담았다. 공간적 거리를 극복하는 매개로서 편지가 지닌 미덕을 정확히 간파해낸 것이다.

흥미로운 사실은 〈규한〉의 편지가 여타 서간체 소설에서의 편지와 구별된다는 점이다. 대부분의 서간체 소설에서는 자신의 감정이나 생각을 고백하는 장치로서의 편지, 즉 '연애편지'의 기능이 강조된다. "이광수의 〈어린 벗에게〉가 연애편지 교본으로 활용되[17]었다는 사실이 그 좋은 예이다. 반면, 〈규한〉의 편지는 조혼의 부당함과 자유연애의 중요성을 주장하는 계몽적인 연설로 가득하다. 이는 편지의 발신자와 수신자의 처지가 동경과 조선의 거리만큼이나 멀기 때문이다.

15) 천정환, 『근대의 책 읽기-독자의 탄생과 한국 근대문학』, 푸른역사, 2003, 162~163면.
16) 1920년대 서간체 소설에 대한 논의는 주로 권보드래의 『연애의 시대』, 137~139면을 주로 참고하였음.
17) 위의 책, 141면.

발신자인 김영준은 동경에서 근대 학문을 배우고 익히는 유학생이지
만, 수신자 이씨는 영준의 편지를 읽을 줄 모르는 문맹(文盲)이다. 글
을 읽을 줄 모르니, 글을 쓰는 것은 더더욱 불가능했을 것이다. 하여,
이씨는 영준에게 은밀하게 안부를 전할 수도, 영준의 편지를 조용히
혼자 읽을 수도 없다. 이씨가 영준과 소통하기 위해서는, 이씨의 말을
대신 적어주거나 영준의 편지를 대신 읽어주는 일종의 중개자가 반
드시 필요하다. 이씨의 상황은 1910년대 여성 대부분의 처지를 대변
한다. 1920년대 초까지 거의 99%의 여성이 학교교육과 무관했으며,
1920년대 중반까지도 전체 조선 인구의 90% 가량이 문맹 상태에 있
었다. 그래서 이 시기에 가장 중요한 사회적 아젠다는 바로 '문맹타파'
였다.[18]

조선어와 일본어를 모두 구사할 수 있는 영준에게 글을 전혀 읽지
못한 아내 이씨는 연애의 상대가 아닌 계몽의 대상일 뿐이었다. 〈규
한〉의 편지가 일방적이고도 계몽적인 연설의 형식으로 쓰인 것은 바
로 이 때문이다.

윤백남의 〈운명〉은 주인공 박메리의 사진결혼 사연에서부터 시작
된다. 그리고 '사진결혼'은 작품의 모든 극적 갈등의 원인으로 작동한
다. 작품이 발표될 당시에 사진결혼은 "신문 지상에 소개되고 극화되
어 공연될 정도로, 일반 대중들에게 낯설지 않은 용어"[19]였다. 원래,
사진결혼이란 '서로 먼 곳에 떨어져 있는 모르는 사이의 남녀가 사진
으로 선을 보고 하는 결혼'을 뜻한다. 하지만 이 말에는 '하와이 이민 1

---

18) 근대의 문맹에 대한 기록은 천정환의 『근대의 책 읽기-독자의 탄생과 한국 근대
문학』, 92~93면을 참고하였음.
19) 양승국, 앞의 글, 116면.

세대들이 조선인 신부의 사진만 보고 혼인한 일'을 지칭하는 역사적 의미가 포함되어 있다.[20] 다시 말해서, '사진결혼'은 '하와이 이민'이라는 특수한 상황을 자연스럽게 연상시키는 근대의 신문화(新文化)였던 것이다.

19세기 말 미국의 식민지였던 하와이는 원주민의 급격한 감소로 노동력 부족 문제를 겪고 있었다. 이 문제를 해결하기 위해 하와이 정부는 중국인 노동자들을 수입했으나 1882년 중국인 이민제한법으로 인해 또다시 노동력 부족 사태를 맞게 되었다. 이후 하와이 사탕수수 농장주들은 값싼 노동력이 많은 조선으로 눈을 돌린다. 일본의 이민 회사들은 일본인들의 지원이 감소하자 서울(당시 한성)에 대륙식민회사를 세우고 조선인 노동자들을 모집하였다.[21] 1902년 12월 22일 드디어 하와이로의 첫 노동 이민이 시작되었고, 모두 6천여 명에 이르는 조선인들이 1905년 11월 이민이 중단될 때까지 하와이로 떠났다.[22] 하와이 이민지들 중에는 공부를 목적으로 고향을 떠난 학생들 외에도 교인들, 향리의 선비들, 광무 군인들, 농촌의 머슴들, 막벌이하던 역부들, 유의유식하던 건달들 등의 사람들이 다양하게 혼합되어 있었다.[23] 그러나 이들은 이민 후에는 신분상의 차이 없이 모두 힘든 노동을 감당해야만 했다.[24] 하와이 이민자 중 대부분이 청년이거나 홀아비였기에, 매일 술과 노름, 아편으로 인한 싸움이 끊이지 않았다. 이들의 생

---

20) 이경민, 『경성, 사진에 박히다』, 산책자, 2008, 209~210면.
21) 고승제, 『한국 이민사 연구』, 장문각, 1973, 195~211면.(양승국, 앞의 글, 116~117면에서 재인용.)
22) 김원용, 『재미한인50년사』, 한인재단, 1959, 8면.
23) 위의 책, 3~9면 참조.
24) 위의 책, 193~296면 참조.

활을 안정시키기 위한 효과적 수단이 바로 사진결혼이었다. 때문에 조선인 처녀들을 대상으로 하는 사진결혼이 하와이 이민자 사회에 풍속처럼 번지게 되었다.[25] 〈운명〉의 길삼 캐릭터는 당시 하와이 이민자들의 모습을 현실감 있게 투영한 것이었다.

〈운명〉은 박메리가 양길삼과의 사진결혼으로 하와이에 정착한 이후의 이야기를 그리고 있지만, 실제로 박메리가 사진결혼을 하기까지는 꽤 복잡한 절차를 거쳐야만 했다. 결혼이 결정되면, 사진신부는 조선에서 혼인 수속을 밟은 뒤, 미국으로부터 초청 서류를 받는다. 그 다음 당국의 허가를 얻어 여권과 도항면허장을 교부받으면 일본의 고베나 요코하마를 거쳐 하와이로 가는 배를 타게 된다. 배를 타기 전에는 반드시 현청(縣廳)에서 일본 의사에게 신체검사를 받아야 한다. 만약 이 검사에서 떨어지면 조선으로 되돌아가거나 통과할 때까지 재검을 받아야 한다. 신체검사를 기다리는 동안 사진 신부들은 미국 입국 시험 준비를 위해 여관에서 수신과 독서 등을 배웠는데, 이 시험에서 떨어지면 입국 직전에 다시 조선으로 돌아와야만 했다. 이 모든 검사와 시험을 통과하여 하와이에 도착하면, 신원조회를 받게 된다. 조회 결과 문제가 없으면 신랑과 함께 미 이민국으로 가서 이민관 입회하에 거수 선서를 통해 드디어 정식 부부로 인정받고 상륙이 허가되었다.[26]

이처럼 험난한 과정을 거쳐야만 하는 사진결혼이었지만, 그 결과가 모두 성공적이지는 못했다. 사진 속 남편과 실제 남편은 알아보지 못할 정도로 차이가 있었다. 1973년 1월 19일자 『동아일보』에 실린 「하

---

25) 위의 책, 27~29면 참조.
26) 사진신부의 결혼 절차에 관한 부분은 이경민의 『경성, 사진에 박히다』, 215~217면을 요약, 정리하였음.

와이 교민의 개척역정」에는 젊은 남성 사진을 보고 하와이까지 건너
왔다가, 노인이 마중 나온 것을 보고 자살하거나 도망치는 신부의 사
례가 기사화되기도 했다.[27] 〈운명〉에서도 이화학당 출신의 신여성 박
메리가 기대와 달리, 무식한 구두수선공 양길삼과 결혼하게 된 것은
사진결혼 때문이었다.

3. '우편'을 매개한 관념화된 연애, '사진'을 매개한 가짜결혼

이광수의 〈규한〉은 주인공 이씨의 남편 김영준의 이혼 선언 편지가
플롯의 핵심 역할을 한다는 점에서 매우 특이한 극 구조를 갖추고 있
다. 〈규한〉의 내용은 다음과 같다.

　때는 어느 초겨울 밤이고, 장소는 시골 어느 부잣집 안방이다. 동경
유학생의 부인 이씨와 베를린 유학생의 부인 최씨가 외로움을 달래며
바느질을 하고 있다. 그 옆에서 이씨의 시누이 순옥이 수를 놓는다. 이
씨와 최씨는 5년 간 남편과 떨어져서, 홀로 시집살이를 해야 하는 신세
를 한탄하고 있다. 유학을 간 남편들은 편지도 보내지 않는 상황이다.
두 사람은 남편이 빨리 돌아올 수 있도록 백일기도라도 해야겠다고 한
다. 이 때 순옥의 중매 노파가 등장하여, 순옥 역시 동경 유학생과 결혼
하게 되었음을 알려 준다. 노파와 세 여자들이 유학생 남편에게 소박
맞는 여자들의 이야기를 나눌 때, 이씨의 시동생 병준이 들어와 영준의
편지를 전한다. 편지에는 영준과 이씨의 결혼이 강제 혼인이기에 아무

---

27) 「하와이 교민의 개척 역정」, 『동아일보』, 1973.1.19.(우수진, 앞의 글, 60~61면에
　서 재인용.)

런 법적 효력이 없다는 이혼 선언이 담겨 있다. 이에 충격을 받은 이씨는 쓰러진다. 시댁 식구들을 비롯한 주위 사람들은 남편 김영준을 비난하며 이씨를 동정하지만, 이씨는 피를 토하며 죽고 만다.

작품 전체를 통틀어 뚜렷한 사건은 동경에서 영준의 이혼 선언 편지가 도착하는 것뿐이다. 작가 이광수는 플롯의 시작, 즉 공격점(point of attack)을 '영준의 편지 등장'으로 잡고 있다. 작품의 최고점인 절정(climax) 역시, '편지에 담긴 영준의 이혼 선언'이다. 그리고 영준의 편지는 그것이 담고 있는 충격적인 내용으로 인해 '주인공 이씨의 죽음'이라는 비극적 결말(tragic ending)의 직접적인 원인이 된다. 영준은 단 한 번도 등장하지 않으면서도, 이 극을 파국으로 끌고 가는 데에 유일한 동인(動因)으로 구실한다. 때문에 양승국은 "삼각관계의 갈등구조가 형상화되지 않았다"[28]고 비판했고, 이미원은 "이씨의 광기어린 푸념이 지나치게 설명적이고 감상적이어서 신파극의 표현양식과 유사하다"[29]며 드라마투르기의 미숙함을 지적했다. 이들의 평가는 〈규한〉을 근대 의식을 확립하지 못한 습작으로 바라보는 기존의 연구 시각을 대변한다.

쟁점은 '영준은 왜 등장하지 않았을까'로 정리될 수 있겠다. 영준이 등장해서 직접 대사를 해야 할 부분마다 영준 대신에 영준의 편지가 등장한다. 그렇다면, 영준의 편지는 '의도적으로' 영준 대신에 쓰이고 있는 것은 아닐까. 만약 영준의 편지가 영준을 대체하는 장치로서 의도적으로 배치된 것이라면, 작품에서 편지는 중심소재가 아닌, 캐릭터

---

28) 양승국, 앞의 책, 55면.
29) 이미원, 앞의 책, 96면.

로 기능한다고 볼 수도 있지 않을까.

이쯤에서 문제적인 '영준의 편지'를 자세히 살펴보자.

> 崔 (편지를 들고) 이때 날이 점점 추워 가는데 양당 모시고 몸이
> 이어 평안하시니이까. 이곳은 편안히 지나오니 염려 말으시옵
> 소서. 그대와 나와 서로 만난 지 이미 五年이라. 그때에 그대는
> 十七歲요, 나는 十四歲라ㅡ자, 나 討論은 또 왜 나오노ㅡ나는
> 十四歲라. 그때에 나는 아내가 무엇인지도 모르고 婚姻이 무엇
> 인지도 몰랐나니, 내가 그대와 夫婦가 됨은 내 自由意思로 한
> 것이 아니요ㅡ. (중략) 全혀, 父母의 强制ㅡ强制, 强制ㅡ强制로
> 한 것이니, 이 行爲는 實로 法律上에 아무 效力이 없는 것이라
> ㅡ. (중략) 只今 文明한 世上에는 强制로 婚姻시키는 法이 없나
> 니 우리의 婚姻行爲는 當然히 無效하게 될 것이라. 이는 내가
> 그대를 미워하여 그럼이 아니라 實로 法律이 이러함이니, 이로
> 부터 그대는 나를 지아비로 알지 말라. 나도 그대를 아내로 알
> 지 아니할 터이니, 이로부터 서로 자유의 몸이 되어 그대는 그
> 대 갈 데로 갈지어다. 나는ㅡ 아, 이제 무슨 편지야 요!(하고 中
> 途에 편지를 놓는다) [30]

이 장면에서, 최씨가 대신 읽는 영준의 편지는 마치 하나의 연설처
럼 극 공간을 지배한다. 영준의 편지로 인해 일상의 방은 봉건적 결혼
제도의 폐해를 지적하는 연설의 장으로 바뀐다. 주지하듯이, 근대초기

---

30) 이광수, 〈규한〉, 『이광수전집』 8권, 삼중당, 1971, 535면.

조선에서의 연설은 계몽을 위한 근대적 미디어로 수용되었다.[31] 그리고 연설은 한 명의 발화 주체와 다수의 청중으로 구성되며 계몽 지식의 일방향적 전달을 의도하므로, 발화자와 청중 사이의 관계 역전이란 결코 일어나지 않는다.[32] 따라서 영준의 편지는 방 안에 있는 이씨, 최씨, 순옥, 노파, 그리고 병준 등에게 일방적으로 전달되는 계몽의 연설 그 자체이다. 연설의 주체는 극이 끝날 때까지 결코 등장하지 않기 때문에, 청중들의 항변은 발화하는 순간 그 의미를 잃고 소멸된다. 이 모든 상황은 우편이라는 새로운 테크놀로지의 등장으로 가능해진다. 만일 우편이라는 매개가 없었다면, 영준은 동경에서 배를 타고 귀향하여, 이씨를 포함한 가족들 앞에서 자신의 목소리를 직접 발화해야만 했을 것이다.

사실 영준은 이씨에게 오래 전부터 관념화된 존재였다. 이씨는 거의 함께 생활한 적이 없고, 짧게 만날 때에도 "에구, 저것도 사람인가" 하며 무시하는 남편 영준을 "멀리 떠나 있는 것이 속이 편"한 비현실적 인물로 인식한다. 동경에서 가끔 보내오는 편지로만 짐작할 수 있는 남편의 불확실한 존재는 오직 이씨의 "그래도 설마 아주 잊기야 하겠소?"와 같은 허망한 기다림의 행위로만 작품에 존재한다. 읽을 수도 없는 편지를 남편처럼 기다리는 이씨의 관념화된 연애는 이혼 선언 편지라는 일방적인 통보로 파국을 맞는다. "그게 무슨 말이야요?"라는 이씨의 대사에서 알 수 있듯이, 문맹인 이씨에게 영준의 편지는 '모르는 소리, 알 수 없는 소리'이다. 이씨 스스로는 글을 읽을 수 없기에

---

31) 권용선, 「1910년대 '근대적 글쓰기'의 형성과정 연구」, 인하대 박사학위논문, 2004, 14면.
32) 앞의 글, 22면 참조.

모를 수 있던 영준의 이혼 선언은, 역설적이게도 최씨의 대독을 통해 모든 극중인물에게 공표, 선언된다. 하여, 이씨에게 영준의 편지란 그저 글이 적인 종이쪽지가 아니라, 관념으로만 존재하던 영준과의 연애/결혼을 부숴버리는 감당할 수 없는 폭력이다. 이 상황에서 이씨가 할 수 있는 거라고는 그저 "목을 놓아 울"거나, 실성하여 "밖으로 뛰어나가"는 것뿐이다.

이광수의 〈규한〉에서 우편이 중심인물을 대체하는 중요한 극적 장치로 사용된 것처럼, 윤백남의 〈운명〉에서는 사진결혼이 극적갈등을 일으키는 원인으로 기능한다.

때는 현대의 여름, 장소는 하와이 호놀룰루 시에 가까운 빈민촌이다. 이화학당 출신 박메리는 하와이 이민자 양길삼과 사진결혼을 했다. 길삼은 메리의 기대와는 달리, 무식한 구두수선공이다. 막이 열리면 저녁 설거지를 마친 박메리가 공상에 잠겨 있다. 이윽고 이웃집 여인 갑이 등장하여, 사진결혼 이후 불행해진 여인이 조선으로 도망가려다가 남편에게 칼에 찔려 죽은 이야기를 전한다. 뒤이어 여인 을이 등장하여 남편들이 노름판을 벌인 일을 알려주며 흉을 본다. 갑과 을이 퇴장한 뒤, 메리의 교회 동무 애라가 등장하여 한 남자를 소개해 주겠다고 말한다. 그 남자는 메리의 옛 애인 이수옥이다. 수옥은 뉴욕으로 유학 가는 길에 메리를 찾아온 것이다. 수옥은 자신을 버리고 사진결혼을 한 메리를 원망하고, 메리는 수옥에게 용서를 구한다. 한편 양길삼의 친구 장한구는 메리와 수옥의 재회를 목격하고, 이를 길삼에게 알린다. 교회에 가겠다며 집밖으로 나온 메리는 공동묘지에서 산책하던 수옥과 우연히 만난다. 메리와 수옥은 그간의 오해를 풀고 서로를 향한 사랑을 확인한다. 이때 양길삼이 칼을 들고 나타나고, 길삼은 메리를 해치려

한다. 몸싸움 끝에 칼을 잡게 된 메리는 길삼을 찌르고, 길삼은 숨을 거둔다. 메리는 수옥의 품으로 달려들어 안기고, 수옥은 메리와의 사랑이 운명임을 확신하며 길삼의 명복을 빈다. 멀리서 찬송가 소리와 종소리가 들리면서 막이 내린다.

플롯의 공격점(point of attack)은 '메리의 옛 애인 수옥의 등장'이다. 여기서 주목할 점은 극의 도입부에서 이미 박메리가 양길삼과 결혼했다는 정황이 드러났다는 것이다. 결혼한 박메리를 찾아온 옛 애인 수옥의 등장만으로도 이미 갈등은 시작된다. 비록 무대 위에는 메리와 수옥만이 있을지라도, '양길삼-박메리-이수옥'의 삼각관계는 분명하게 형성되어 관객들을 긴장하게 만든다. 박메리의 현재 남편인 길삼이 굳이 등장하지 않아도, 극적 갈등은 표면화된다.

이어지는 수옥과 메리의 대화는 이들의 관계에 대한 여러 정보들을 객석으로 전달한다. 지난 해 봄, 메리는 아버지로부터 사진결혼을 제안 받았다. 당시 메리는 수옥과 둘이 정혼한 사이였지만, 이 사실을 숨긴 채 조용히 사진결혼을 준비했다. 주목할 대목은 메리가 수옥을 떠난 이유에 대해 고백하는 대사이다. "서양 것이라면 덮어놓고 숭배하시는 폐가 있"는 아버지의 뜻을 저버릴 수 없었기 때문이기도 했지만, 그보다 더 큰 이유는 메리 자신 또한 미국으로 가고 싶다는 욕망을 포기할 수 없었기 때문이었다.

> 메리　　…… 그렇지만 수옥 씨! 나에게도 불순한 마음이 다소라도 있었던 것을 자백합니다. ─ 수옥씨! 나의 죄를 용서하십쇼 ─ 서양을 동경하는 허영이 나의 양심을 적지 아니 가리웠

던 것도 사실이올시다.[33]

수옥에게 참회하는 메리의 대사에는 자기 연민이 가득하다. 메리는 수옥을 일방적으로 떠났던 과거를 참회하는 동시에, 사진결혼으로 불행해진 자신의 현재를 애도한다. 메리의 고백을 듣고난 뒤에 수옥은 메리를 원망하기보다는 '사진결혼'이라는 풍습을 비판한다. 메리의 배신으로 이별하게 되었던 상황을 '사진결혼의 폐해'라는 사회적 문제로 치환시켜버리는 것이다.

> 수옥 　사진결혼의 폐해올시다. 또 하나는 썩어진 유교의 독즙이 올시다. 부권의 남용이올시다. 그러한 그릇된 도의와 폐유의 습속이 우리 조선사회에서 사라지기 전에는 우리 사회는 얼빠진 등걸밖에 남을 것이 없습니다. 인생의 두려운 마취제올시다. 모든 생기와 자유를 그것이 빼앗아 갑니다. ― 그런데 왜 메리 씨는 이 하와이에 오신 뒤에 그 결혼을 거절치 아니 하셨던가요. 일종의 사기결혼이 아니오니까?[34]

실제로는 사진결혼을 감행한 메리의 허영심이 이별의 직접적인 원인임에도 불구하고, 수옥은 사진결혼이라는 제도 자체를 적(敵)으로 상정하여 이에 분노한다. 이로써 메리는 '약속을 저버린 옛 애인'에서 '사진결혼의 피해자'의 지위를 획득하게 되며, 수옥은 메리를 '사진결

---

33) 윤백남, 〈운명〉, 창문당서점, 1930, 20면.; 조일재 외, 『병자삼인(외)』, 이승희 편, 범우사, 2005, 83면.
34) 조일재 외, 위의 책, 83면.

혼에 의해 불행해진 연인'으로 동정하기에 이른다. 이로써 메리는 "훌륭한 성공자라는 남편"을 찾아서 수옥을 떠난 배신자가 아닌, 사기결혼을 당한 피해자가 되어 버린다. 물론 수옥은 "자기가 뿌린 씨는 자기가 거둬야"한다며 메리의 책임을 은근히 강조하기도 하지만, 헤어지면서 메리에게 자신의 숙소를 알려주며 만남의 여지를 남긴다.

이 의미심장한 재회를 통해, 수옥은 메리의 결혼을 사기결혼으로 정리하여 메리와의 만남에 정당성을 스스로 부여한다. 그리고 이때까지도 한 번도 무대에 등장하지 않은 메리의 남편 양길삼은 메리와 수옥의 사랑을 방해하는 반동인물이 되어 버린다. 사실 길삼은 사진결혼을 통해 신부를 구한 하와이 노동자에 불과하지만, "사진결혼의 폐해"라는 수옥의 선언적 상황파악으로 인해 메리를 속이고 결혼을 감행한 몹쓸 남편의 캐릭터를 갖기에 이른다. 길삼의 이러한 캐릭터는 자신의 대사나 행동으로 구체화되기 전에 이미 다른 인물들의 대사를 통해 결정되어 버린다.

> 여인 갑 …… 양서방네 댁은 혼자 벌어도 양서방버덤도 날 것이라
> 고─참 그렇지, 양 서방에게 과만하지─무얼 바른 말했다
> 고 누가 어쩔라구?─에이 망할 놈의 것 오나가나 모두 고
> 생들이야.[35]
>
> 메리 …… 더구나 교양이 없는 사람이라, 술만 먹으면 말 못할
> 구박이 자심합니다.[36]

---

35) 앞의 책, 73면.
36) 앞의 책, 83면.

길삼은 "교양이 없"으며 "술만 먹으면 말 못할 구박"을 하는 아내보다 못한 남편이다. 때문에 옛 애인과 밀회를 즐기는 아내를 찾아나서는 길삼의 행동은, 관객들에게 동정을 자아내기보다는 주인공들을 위협하는 폭력으로 읽히게 된다. 길삼의 등장 전에 관객들은 이미 메리의 결혼이 가짜라는 수옥의 주장에 동화되어 있기 때문에, 자신의 아내를 내놓으라는 길삼의 요구를 파렴치한 행동으로 받아들인다. 길삼은 더 이상 "메리의 서방"이 아니라, 메리의 격렬한 공포와 증오의 대상이다. 하여 결말에서 양길삼의 난동은 평범한 해프닝으로 끝나지 않고, 메리의 정당방위에 의한 길삼의 죽음으로 마무리되는 것이다.

　(수옥이 전진하려는 양을 가로막았다. 그렇게 아니 할 수 없는 경우에 빠졌다. 양은 질투의 불길에 끓었다. 그래서 힘껏 수옥을 뒤로 내밀치고 대합실 뒤로 들어갔다. 장은 쫓아 들어가려는 수옥을 가로막았다. 모두가 순간이었다. 대합실 뒤로서 남녀의 노매(怒罵), 비창(悲唱)이 엉클어져 나온다. 두 남녀는 서로 얽혀 부비닥이치며 무대로 나왔다. 양길삼의 손에는 큰 나이프가 번득였다. 문득 나이프는 메리의 손에 빼앗겼다. 메리는 격렬한 공포와 증오에 거의 무의식적으로 (손에 칼 든 것을 모르고) 양길삼의 가슴을 내질렀다)[37]

길삼의 죽음으로 인해, '양길삼-박메리-이수옥'의 삼각관계는 결국 깨어진다. 〈운명〉의 초점은 극적 갈등의 핵심인물인 길삼의 죽음보다는, 삼각관계의 갈등 해소에 맞춰져 있다. 수옥의 마지막 대사와 찬미 소리와 종소리로 끝이 나는 극의 결말이 그 증거이다.

---

37) 앞의 책, 97면.

> 수옥 　메리 씨를 전유(專有)하려든 길삼이는 이 세상을 떠나가
> 　　　고, 메리 씨를 뜻하지 아니하게 수옥이는 마침내 얻게 되었
> 　　　습니다.[38]

　작품 속에서 계속적으로 부정되어 왔던 길삼과 메리의 사진결혼은 가짜로 판명되고, 수옥과 메리의 운명적인 연애가 비로소 진짜임이 밝혀지는 순간이다. 때문에 남편을 죽인 메리는 살인자가 아닌 정당방위를 할 수 밖에 없는 비련의 여주인공이며, 남의 아내를 탐한 수옥은 파렴치한이 아닌 운명적인 사랑을 지켜낸 용감한 주인공이 된다. 살인을 무색하게 만들어 버리는 〈운명〉의 해피엔딩은 바로 길삼과 메리의 사진결혼으로만 가능한 것이다. 다시 말해서, 〈운명〉의 결말을 이끈 동력은 바로 사진결혼이었다.

4. '우편'으로 타자화된 문맹(文盲), '사진결혼'으로 타자화된 신여성(新女性)

　이광수는 〈규한〉을 발표할 무렵, 「문학이란 하오」를 통해 '극(劇)'에 대한 자신의 견해를 밝혔다. 극은 소설과 목적 면에서는 유사하지만 공연이 되기 때문에 "觀者에게 感銘을 與함이 小說에 비하여 益深하"[39]고 했다. 그가 당시에 견지하던 계몽적 문학관을 독자들과 공유하기 위해서는 소설보다 연극이 보다 효과적이라는 것을 깨달은 것

---

38) 앞의 책, 98면.
39) 이광수, 「문학이란 하오」, 『이광수 전집』 1권, 삼중당, 1973, 552면.

이다. 하여, 그는 이듬해 "자신의 문학관을 잘 실천할 수 있는 양식으로 희곡을 의도적으로 선택"[40]한다. 이종대의 지적처럼, 이광수에게 〈규한〉은 "개념만으로 존재하던 희곡의 실체화"[41]였던 것이다.

이 시기 이광수는 혼인에 관한 일련의 주장을 여러 편의 논설[42]에 실었다. 특히 1917년 4월 『학지광』에 실린 논설인 「혼인에 대한 관견」에서, 그는 봉건적 결혼의 불행에 대해 자세히 논하고 있다.

> 생리상으로나 심리상으로나 충분히 교육함이요. 문명국에서는 법률로 남녀의 혼인연령을 제정하야 법정연령 이내에 혼인하기를 금하지오. 그런데 조선에도 남자 만 십팔 세, 여자 만 십오 세하는 법률의 제정이 있건마는 인지가 암우하야 그것을 준행하지 아니하지오. 혼인 없는 연애는 상상할 수 있으나 연애 없는 혼인은 상상할 수 없는 것이외다. 종래로 조선의 혼인은 전혀 이 근본 조건을 무시하였습니다. 이 사실에서 무수한 비극과 막대한 민족적 손실을 근한 것이외다. 혼인은 일종 계약이외다. 계약은 그 원인이나 당사자의 일방이 소멸함에 따라 당연히 소멸할 것이외다.[43]

위의 글에서 그는 조혼의 폐해를 지적하면서, '연애 없는 결혼'이 야기하는 '무수한 비극'과 '막대한 손실'을 경고한다. 이는 자유연애와 자유결혼의 주창으로 이어진다. 이광수의 이러한 주장은 〈규한〉에서

---

40) 김재석, 앞의 글, 399면.
41) 이종대, 「근대희곡의 성립」, 『현대문학의 연구』 23, 한국문학연구학회, 2004, 108면.
42) 「조선 가정의 개혁」, 「조혼의 악습」, 「혼인에 대한 관견」, 「혼인론」 등.
43) 이광수, 「혼인에 대한 관견」, 『학지광』, 1917. 4, 28~44면.(서연호, 앞의 책, 76면 재인용.)

의 김영준의 주장(편지)와 정확히 일치한다. 조혼에 대한 지식인 남성 주체의 반성과 성찰은 지극히 사적이라는 점에서 문제적이다. "가족을 변화의 대상으로 보면서도 동시에 근본적으로는 가부장제적 가족 공동체와 완벽히 결별을 선언하지 못한다는 것, 그것은 곧 사적 영역에의 응시가 결코 순수한 것이 아니었음을 반증해준다."[44] 즉, 옛 부인과 이혼하고 신여성과 결혼한다는 것은 근대의 가치를 지키기 위한 근대 주체의 선택이라기보다는, 가부장제 이면에 존재하던 처첩 만들기에 다름 아니었다는 문제는 다시 생각해봐야 할 것이다. 영준의 주장은 근대적 주체로서 스스로를 인식하여 봉건의 유물과 결별을 고하는 의지의 표현이라기보다는, 도덕적 의무에서 벗어나기 위한 이기적인 변명에 가깝기 때문이다. 이런 점에서, 〈규한〉의 근대 인식을 "유사 근대의식"이라 비판한 서연호의 지적[45]은 설득력이 있다.

발신자 영준은 자신의 주장을 정당화하기 위해, 수신자인 이씨를 타자화한다. '동경/문명/근대적인 자유연애'로 스스로를 규정한 영준은 부인 이씨를 '조선/문맹/봉건적 결혼제도'로 특징지어서 철저히 타자로 만든다.

李   우리야 學校에를 다녔어야지.

崔   참, 우리도 學校에나 좀 다녔으면! 집에 오면 늘 無識하다고 그러면서 工夫를 하라고 하지마는, 글쎄 이제 어떻게 工夫를 하겠소.

---

44) 이승희, 「초기 근대희곡의 근대적 주체 구성에 대한 연구」, 『한국극예술연구』 12, 2000, 18면.
45) 서연호, 앞의 책, 79면.

李 참 그래요. 저도 밤낮 편지로 工夫해라, 工夫해라 하지마는
   어느 틈에 工夫를 하겠습니까. 또 設或 틈이 있다면 가르쳐
   주는 先生이 있어야지요.

崔 <u>너무 無識하다, 無識하다 하니깐 집에 들어와도 만나기가
   무서워요.</u> 서울이랑 日本이랑 다니면서 工夫하던 눈에 무
   슨 잘못하는 것이나 없을까 하고 그저 暫時도 맘 놓을 때가
   없어요.

李 그래도 白先生께서는 우리보다는 좀 性味가 부드러우시
   고 多情하신가 봅네다마는 우리 너무 性味가 急해서 조금
   이라도 맘에 틀리는 일이 있으면 눈을 부릅뜨고 "에구, 저
   것도 사람인가"하니깐 차라리 이렇게 멀리 떠나 있는 것이
   속이 편해요.(하고 눈을 씻는다)[46]

                                    (밑줄-인용자)

 극에서 부재하는 영준은 '편지'로 부인 이씨를 '무식해서 사람도 아
닌' 것으로 지칭한다. 영준의 편지로, '유학을 떠난 남편'과 '고국에 남
아서 기다리는 아내'라는 부부 관계는 '문명'과 '야만'이라는 결코 섞
일 수 없는 대립 관계가 되어 버린다. 영준에게 있어서, 이씨는 결별해
야 하는 전근대이며 극복해야 할 야만이다. 따라서 비록 이씨가 충격
을 받아 실성해서 죽음에 이를지라도, 그의 이혼 선언은 근대적 주체
로 나아가는 도정에서 필수적 행동인 것이다. 그러나 이씨의 입장에
서, 영준의 행동은 일방적이고 폭력적인 통보일 뿐이다. 혼자서 살 수
있는 현실적 기반을 마련하지 못한 이씨에게 이혼이란, '자유의 몸'이

---

46) 이광수, 〈규한〉, 532면.

되는 해방의 상황이라기보다는 이제까지의 삶을 부정당하는 단절이다. 근대적 가치를 지키기 위한 영준의 각성은 지극히 자기만족적이고 이기적이기에, 이씨를 타자화하고 파괴해버린다.

동경에서 날아온 영준의 편지는 이씨에게 처음에는 반가운 소식이었지만, 그 내용을 전해 듣고 난 다음에는 충격과 비탄의 소식이 된다. 더욱이 일방적인 통보로 이어지는 이혼 선언은 앞 장에서 살펴본 것처럼, 매우 폭력적이다. 적절한 항변조차 애초에 불가능한 연설과 명령의 이혼 선언 앞에서, 이씨는 말이 아닌, 몸으로 반응한다. 영준의 편지를 보자마자 반가워했다가, 내용을 들으면서 실망하고 서운해 하고, 이혼 통보를 받은 현실을 인식한 다음부터는 극심한 감정의 소용돌이에 빠져버린다. "남편을 제 몸보다 더 重히 여겨서 밤잠을 못 자면서"[47]까지 애쓰며 지켜온 5년의 결혼생활이 영준의 짤막한 편지 한 장으로 파국을 맞은 것이다. 말할 수 없는 충격과 비탄에 빠진 이씨는 결국 실성을 하고 만다.

> 李　　(몸을 불불 떨며) 나는 가요. 이 노리개 차고 粉 바르고 日本 東京으로 가요. 자, 간다. 뛰 푸푸푸푸. 잘은 간다. 東京 왔구나. 저기 永俊氏가 있구나. 좋다, 어떤 日女를 끼고 술만 먹노나. 여보 永俊氏, 永俊氏! 나를 잘 죽여 주었쇠다. 나는 갑니다. 멀리 멀리로 갑니다. 여보 여보, 왜 나를 버리오? 여보, 永俊氏![48]

---

47) 이광수, 앞의 책, 536면.
48) 이광수, 앞의 책, 537면.

봉건적 가부장제 사회에서 태어나고 자란 구여성 이씨는 영준의 이
혼 통보를 결코 받아들일 수 없다. 그녀에게 현실 사회란 가부장제와
동일시되며, 가부장 영준과 결별을 의미하는 이혼이란 현실에서 추방
당하는 것에 다름 아니기 때문이다. 하여, 이씨는 이혼을 당하고 삶을
이어가기보다는 차라리 이혼 당하지 않은 상태, 즉 가부장제에서 영
원히 머무를 수 있는 길을 택한다. 그녀의 비장한 선택은 실성과 각혈
그리고 졸도와 죽음으로 이어지며 작품의 비극성을 배가시킨다. 그리
고 이러한 변화 과정은 3페이지도 채 안 되는 분량 안에서 급격히 이
루어진다. 〈규한〉의 급작스런 결말 처리는 "신파극의 감상성을 배제
하지 못하였고, 토론식의 생경한 주장만이 나타나서 인과관계에 따른
점진적인 극 구성이 미약하다"[49]는 비판을 받아왔다. 그러나 〈규한〉
의 플롯이 영준의 편지를 중심으로 구성되었다는 점을 상기해 보면,
편지에는 이미 일방적인 이혼 선언이라는 폭력성이 표면화되고 있다.
이러한 편지의 폭력성이 이씨를 죽음으로 몰아붙이는 원인이라 할 수
있다. 영준의 편지를 캐릭터로 이해한다면, 숨 가쁘게 전개되는 결말
부분을 보다 감각적으로 공감할 수 있을 것이다.

〈운명〉의 작가 윤백남 역시 이광수와 마찬가지로, 자신의 연극론을
「演劇과 社會」라는 글로 발표한 바 있다. 이 글에서 윤백남은 연극의
교화기능과 그 효과를 강조하고 있다.

극을 指하여 교화기관의 粹라 함은 결코 과도의 褒詞가 안일다. 洋의
동서를 물론하고 古聖哲人들은 모다 음악과 극의 효과를 중시 아니한

---

49) 서연호와 이미원의 비판이 대표적이다.; 서연호, 앞의 책, 90면.; 이미원, 앞의 책,
　　30면.

분네가 업스니 「아리쓰토-텔」은 「극은 국민단결의 要其라」 하얏고 공
자도 「禮樂」을 병칭하여 혹은 「移風易俗)」이라 「蕩滌邪穢」라 하얏다.[50]

이 글에 비추어볼 때, 〈운명〉은 당대의 사회적 문제였던 사진결혼의
폐해를 지적하여, 대중에게 자유연애와 자유결혼의 중요함을 설파하
기 위한 목적 아래 창작한 희곡임이 분명하다. 윤백남의 이상대로 창
작되었다면, 〈운명〉의 박메리와 이수옥 둘다 신여성, 신남성으로서 옹
호되었어야만 할 것이다. 그러나 실제 작품에서는 신여성인 박메리는
'허영심으로 사진결혼을 선택한 여자'로 타자화되고, 신남성인 이수옥
만이 '운명적인 사랑의 수호자'라는 긍정적인 이미지를 획득하고 있
다. 이러한 균열의 원인을 어디에서 찾을 수 있을까.

〈운명〉에서 타자화된 신여성 박메리의 문제를 짚어보기 위해서는,
'신여성'이라는 문제의 단어부터 점검해볼 필요가 있다. 신여성이라
는 말은 애초부터 실체가 불분명한 말이었다. 신여성에 대한 근대의
언술들은 "그 관념이 정확하지는 못하면서도 어떠한 남다른 것을 느
낄 수 있다"[51] 또는 "신여성에 대한 정의는 힘들지만 신여성과 구여성
이 있는 것은 부인할 수 없다"[52]라는 문장들로 대표된다. 사실 woman
이라는 용어를 번역하기 이전에는 우리나라에는 여성이라는 단어는
존재하지 않았다. 단지 婦女, 婦人, 女子라는 단어에서 짐작할 수 있듯
이, 여자는 상대적인 관계에 놓인 남편과의 관계에서 정의되거나 아
들이 아닌 자녀라는 의미로 타자화될 뿐이었다. 그러나 '여성'이라는

---

50) 윤백남, 「演劇과 社會」, 『동아일보』, 1920.5.
51) 월정생, 「평론: 신여성이란 何오」, 『신여성』, 제3권 5호, 1925, 12면.
52) 나일부, 「신여성과 구여성」, 『비판』, 1938년 11월호, 60면.

기표의 등장은 "남성에 대비되는 가족 바깥의 범주로서의 여성에 대한 인식이 등장함"을 의미한다. 여기에 '신'이라는 접두어가 붙어서 '신여성'이라는 기표가 탄생한 것이다. 특이한 점은 '신여성'의 반대항이 '신남성'이 아닌, '구여성'으로 이해되고 있다는 사실이다. 신남성은 사회적 실재로서 분명 존재했음에도 불구하고, '신남성'이라는 기표는 등장하지 않았던 것이다. 식민지 조선의 주체로서 인식되어온 신남성은 신여성과 구여성이라는 타자를 통해 자신의 주체성을 확인하면 되기에, '신남성'이라는 기표를 필요로 하지 않았다.[53]

〈운명〉에 등장하는 여성들은 구여성이나 신여성이나 상관없이 가부장제의 규율 속에서 고통 받고 있다. 여인 갑과 을 그리고 메리 모두 사진결혼으로 이국의 땅에서 노름판을 떠도는 남편들을 기다리며 가사 노동을 하며 일상을 견딘다. 여인 갑이 전해주는 이야기 속의 김서방댁은 신여성임에도 불구하고 바람났다고 오해하는 미치광이 남편의 칼을 맞아 죽는다. 흥미로운 점은 신여성인 메리나 김서방댁보다는 오히려 구여성인 여인 갑과 을이 보다 활기찬 인물로 그려지고 있다는 것이다. 윤백남의 연극관에서 비껴나가 있는 캐릭터 설정 이면에는, "서양을 동경하는 허영"을 가진 신여성에 대한 비판이 또렷하게 두드러진다. 게다가 "서양 것이라면 덮어놓고 숭배하시는 폐가 있"는 메리 아버지의 가치까지 메리에게 그대로 투사된다. 이로써 메리라는 인물에 덧씌워진 신여성이라는 굴레는 그의 불행한 결혼생활의 책임을 사진결혼뿐만 아니라, 메리 자신에게까지 묻게 한다. 윤백남은 작

---

53) 김수진, 「'신여성', 열려 있는 과거, 멎어 있는 현재로서의 역사쓰기」, 『여성과 사회』, 제11호, 2000.4, 15-16면 참조.

품 속에서 여러 차례 메리의 허영심을 강조하면서, 신여성의 부적절한 현실 인식을 부각시킨다. 때문에 관객들은 메리를 "서방에게 과만한" "입으로야 당해낼 장비"가 없는 경계해야 할 대상, 위험한 신여성으로 인식하게 되는 것이다.

또한 박메리를 희롱하는 주변인물인 장한구의 태도 역시 문제적이다. 장한구의 대사에는 신여성을 타락한 도시녀인 '모던 껄'로 바라보려는 당대의 인식이 스며있다.[54] 모던 껄은 모던 뽀이라는 용어와 함께 1930년대에 많이 사용되었던 용어이다. 주로 영화, 다방, 레코드 등 도시의 서구적 대중문화의 경험을 퇴폐적이고 향락적인 부르주아 문화라고 공격하는 맥락에서 나온 이 단어들은 특히 남성의 경우엔 지식인층을 겨냥하지 않는다.[55] 정조는 반드시 지켜내야 한다는 당대의 가치는 자유연애와 자유결혼을 주장하는 신여성에게도 여전히 공고하게 작동했다. 사진결혼일지라도 이미 양길삼의 아내 박메리는 장한구의 달콤한 유혹에 맞대응하기보다는 팔을 뿌리치며 저항해야만 하는 것이다.

이처럼 가부장제에 순응하던 메리는 옛 애인 수옥과 재회한 다음부터 점차 대담해진다. "저는 영원히 이 그릇된 결혼의 희생"이 되어야 하냐고 수옥에게 직접 되묻기도 하고, 비를 핑계로 수옥의 품으로 뛰어들기도 하다가, 급기야는 남편을 칼로 찔러 자신을 속박하던 결혼에서 벗어난다. 문제는 메리의 변화가 스스로의 성찰과 각성에 의해 이루어진 것이 아니라는 점이다. 작품에서 메리는 자립을 위해서

---

54) 양승국, 앞의 글, 128-9면 참조.
55) 김수진, 「'신여성', 열려 있는 과거, 멎어 있는 현재로서의 역사쓰기」, 『여성과 사회』, 제11호, 2000.4, 15면.

가 아니라, 오직 옛 사랑을 되찾기 위해서 살인까지 감행하는 비현실
적인 여주인공으로 형상화된다. 반면, 수옥은 극이 끝날 때까지 흔들
림 없이 이성적인 인물로 그려진다. 그의 대사는 매우 계몽적이며, 배
신한 옛 여인을 만나서도 고요하고 냉정한 태도를 견지한다. 그리고
결혼생활이 불행하다는 메리를 "굳세게 서서 뜨거운 사랑의 힘으로
무지한 남편을 한걸음 한걸음 향상의 길로 이끌어"가라고 독려하기
까지 한다. 메리의 우발적인 살인 사건을 정리하는 역할 역시 수옥의
몫이다. 그는 메리를 진정시키면서 길삼의 명복을 빌어주는 여유까지
보여준다.

〈운명〉의 갈등은 모두 메리의 행동으로 인해 발전하고 증폭되는 것
으로 설정되었다. 수옥은 첫 등장 이후에 사건을 전환시키는 어떠한
행동도 하지 않는다. 수옥을 다시 찾아가고, 안기고, 길삼을 죽이는 이
모든 행동의 주체는 메리이다. 극 행동의 주체임에도 불구하고, 메리
는 여전히 타자화된 인물로 그려진다. 그 이유는 메리의 각성이나 결
단이 행동의 원인으로 작용하지 않기 때문이다. 단지 우연적인 상황
속에서 충동적으로 행동하는 메리에 의해서 사건은 발전되고 절정
에 이른다. 작품 전체에서 스스로 판단하고 결정하며 행동하는 인물
은, 아이러니하게도 아무 행동도 하지 않은 이수옥 하나이다. 이 무결
점의 남자 주인공은 근대 지식인 남성들의 이상화된 자화상을 대변한
것이다.

정리하자면, 윤백남의 〈운명〉은 사진결혼이라는 사회적 문제를 전
면에 내세우고 있다. 그러나 사진결혼으로 소외된 양길삼과 박메리의
관계는 문제 삼지 않은 채, 옛 사랑을 찾아 헤매는 박메리의 러브 스토
리만을 부각시켰다. 그 결과, 양길삼은 야만을 상징하는 구남성으로,

박메리는 문명과 야만 사이에서 갈팡질팡하는 신여성으로 철저히 타자화되었다. 오직 이수옥만이 근대 지식인으로서의 긍정적인 이미지를 독점하고 있다. 특히 당대의 공연에서 관객들의 호응을 여러 차례 이끌어냈다는 결말 장면에서는 이수옥은 불행한 여인 박메리를 구원해내는 신과 같은 전능한 주체로까지 그려지고 있다. 아이러니하게도, 극 속에서 아무런 행동을 하지 않았던 관념적 인물인 이수옥만이 해결사와 구원자의 이미지를 동시에 획득한 것이다.

5. 결론: 왜곡된 근대 인식이 자아낸 드라마투르기의 모순과 균열

한국 근대극은 1917년 1월 이광수의 〈규한(閨恨)〉으로 시작되어, 1921년 8월 윤백남의 〈운명(運命)〉 공연을 통해 비로소 관객들과 조우했다. 조선의 근대를 견인한 테크놀로지인 '우편'과 '사진'은 이 두 작품에서 단순히 소재로만 사용되지 않고, 극적 갈등을 야기하는 핵심적인 장치로 기능한다.

〈규한〉에서는 '우편'이 플롯을 이끌어가며, 〈운명〉에서 '사진'은 갈등의 원인이 된다. 그리고 두 편의 희곡 모두 근대 테크놀로지를 매개로 하여 실재하지 않는 연애와 실재하지 않는 결혼이라는 극적 상황을 설정하였다. 〈규한〉의 주인공 이씨와 남편 김영준의 연애는 '영준의 편지'를 통해 그 허황된 실체가 폭로되고, 〈운명〉의 박메리와 양길삼은 '사진결혼'으로 맺어진 가짜부부이므로 진정한 사랑의 주체가 될 수 없다.

영준의 편지는 〈규한〉에서 관념화된 인물(character)로 기능하며, 작가 이광수의 근대 인식을 독자에게 연설의 형태로 전달해 준다. 조혼의 폐해를 지적하고 자유연애를 주장하는 편지는 '동경/문명/근대적 자유연애'의 상징인 영준의 입장에서 구여성 이씨를 '조선/문맹/봉건적 결혼제도'로 철저히 타자화한다. 가부장제 사회에서 태어나고 자란 이씨는 이혼 통보를 현실에서의 추방으로 받아들인다. 실성과 각혈 그리고 졸도와 죽음으로 이어지는 그녀의 파국은 이혼 후의 삶보다는 이혼 전의 죽음을 선택할 수밖에 없는 구여성의 비극적인 현실을 효과적으로 환기한다. 영준의 편지에 담긴 이혼 선언의 일방성, 부당함, 그리고 폭력성은 〈규한〉의 결말을 파국으로 이끄는 직접적인 원인이다. 따라서 숨 가쁘게 전개되는 극의 파국은 영준의 편지에 담긴 이혼 선언의 폭력성을 강조하면서, 실성해서 죽음에 이르는 이씨의 신체적 반응을 관객으로 하여금 판단하기보다는 감각적으로 공감하도록 만든다. 우편을 매개한 관념화된 연애에서 철저히 타자화된 부인 이씨는 영준의 일방적이고도 폭력적인 이혼 선언으로 인해, 항의조차 못하고 죽음에 이른 것이다.

〈운명〉에서는 사진결혼으로 인해 '구남성 양길삼/신여성 박메리/신남성 이수옥'의 삼각관계가 형성된다. 제도 안의 결혼과 제도 밖의 연애는 그 본래의 가치와는 달리 '가짜 결혼/진짜 연애'로 전도된다. 이로써 야만스러운 하와이 이민자 양길삼은 법적으로 엄연한 남편인데도 불구하고, 박메리와 이수옥의 사랑을 방해하는 반동인물이 되어버린다. 때문에 메리가 길삼을 살해하는 것으로 극적 갈등은 해결되며, 작품은 해피엔딩으로 끝을 맺는 것이다. 우발적 살인 장면에서도 알 수 있듯이, 〈운명〉의 갈등은 모두 메리의 행동으로 발전하고 증폭되지만, 사건을 해결하는 것은 메리가 아닌 수옥이다. 수옥은 아무 행동도 하지 않으면서도, 스스로 판단하고 행동하는 인물로 그려진다. 〈규한〉과 마찬가지로 〈운명〉에서도 박메리는 철저히 타자화되었고, 근대 지식인의 긍정적인 이미지는 오직 이수옥에게 부여된다. .

본 연구는 1910년대 근대 희곡에 나타난 테크놀로지 '우편'과 '사진'을 주목하여, 초창기 근대극 〈규한〉과 〈운명〉의 드라마투르기를 검토하였다. 그 동안 〈규한〉과 〈운명〉은 근대적인 주제의식에도 불구하고 신파극적 흔적이 보인다는 점에서 근대 이행기의 미숙함을 지적 받아 왔다. 본 연구는 〈규한〉과 〈운명〉의 드라마트루기적 특징이 우편과 사진을 극적 장치로 적극 활용하는 과정에서 나타날 수 있는 '의도된 작가의 선택'이라는 점을 밝혔다. 요컨대 〈규한〉과 〈운명〉의 모순적 드라마투르기는 근대적 주제의식 기저에 숨겨져 있던 근대 지식인 남성만을 긍정하는 왜곡된 근대 인식의 불일치가 빚어낸 균열의 결과였던 것이다.

도래할 기계사회와 사회변혁의 매개
: 기계 · 괴물 · 권력

김우진

1. 근대 기계문명의 발달과 노동 이데올로기

1925년 『開闢』에 발표된 박영희의 번안희곡 〈인조노동자〉[1]와 1927
년 『朝鮮之光』에 발표된 김태수의 희곡 〈노동자〉[2]에는 혁명을 일으키
는 근로자들이 등장한다. 이들은 인간이면서도 기계와 같은 부품취급
을 받았기에 봉기했고, 또 극중 실제 기계임에도 자신들을 창조 · 지
배한 대상을 넘어서고자 하는 위협행위를 통해 인간과 기계의 역학구
도를 형성하거나 존재의 경계를 모호[3]하게 만든다. 이는 1932년 무렵

---

1) 박영희, 「人造勞動者」, 『開闢』, 제56호-제59호, 開闢社, 1925.02-1925.05. 62-63면
2) 서연호, 「김태수_노동자」, 『한국희곡전집 II』, 태학사, 1996, 126-135면.
3) 인간과 기계가 유사하다는 논쟁은 데카르트와 라메트리에게서 첨예하게 드러난다.
   특히 라메트리는 인간의 모든 사상을 기계적 운동으로 환원해서 설명하려 하였으
   며, 데카르트와 달리 신의 인간창조설을 전적으로 부정하는 유물론적 입장을 취했
   고 이러한 입장은 18세기의 계몽주의적 합리성과 더불어 기계론적 세계관을 형성

『KAPF作家七人集』을 통해 발표된 김남천의 〈조정안〉[4]을 통해서도 여전히 지속된다. 그리고 이 작품은 파업조정안을 결정짓는 회의 자리에서 당대 자본을 선점한 지배계급이 노동인력을 어떻게 피지배화 하여 인지하고 통제하였으며 또 배제하려 하는지 고스란히 노출되고 있다.

세 작품의 노동자들은 인간이거나 인간이 아니거나(로봇), 폭도 혹은 통제 불가능한 그 어떤 괴물과도 같은 하위집단으로 통칭되거나 명명된다. 이들을 잘 다루면 생산성이 증대되고, 공장운영이 원활해져 잉여자본의 축적이 가능하지만 만일 잘 다뤄지지 못할 경우 이들은 지배계급집단을 소통 없이 위협하는, 그래서 특정 지배계급이 도망치거나 죽임을 당할 수밖에 없는 괴물이자 공포의 대상인 것이다.

각 희곡을 쓰거나 옮긴이들은 모두 KAPF계열의 작가들이다. 박영희의 〈인조노동자〉나 김남천의 〈조정안〉의 경우 앞선 성과들을 통해 원작으로부터의 수용과정에서 대부분 작가의 프로문학사상과 볼셰비즘적 해석의 프레임[5]을 벗어나지 못하거나, 창작시기와 맞물린 사태

하는데 영향을 미쳤다. 조영란, 「라메트리의 인간기계론에 나타난 심신이론과 18세기 생물학」,『한국과학사학회지』제13권 02호, 한국과학사학회, 1991, 139-154면 참조.

4) 서연호, 「김남천_조정안」,『한국희곡전집 II』, 태학사, 1996, 269-278면.

5) 이민영, 「박영희의 번역희곡과 '네이션=스테이트'의 기획」,『어문학』제107권, 한국어문학회, 2010, 323-350면.; 김종방, 「1920년대 과학소설의 국내 수용과정 연구」,『현대문학의 연구』제44권, 현대문학연구학회, 2011, 117-146면.; 한민주, 「인조인간의 출현과 근대SF문학의 테크노크라시」,『한국근대문학연구』제25호, 한국근대문학회, 2012, 417-449면.; 송명진, 「근대과학소설의 과학개념연구」,『어문연구』제42권, 한국어문교육연구회, 2014, 185-207면.; 황정현, 「1920년대 R.U.R의 수용연구」,『현대문학이론연구』제61집, 현대문학이론학회, 2015, 513-539면.; 김상모, 「신이상주의를 통한 인간성회복의 모색」,『한국언어문학』제99집, 한국언어문학회, 2016, 237-263면.

(General Strike)와의 관련성 및 기술계급화[6] 등 다분히 사상과 정치적 이념에 대한 분석을 중심으로 해석되어왔다. 하지만 이는 당대 "기계와 과학담론의 문학적 형상화는 곧 사회주의적 계급구획과 이데올로기의 문제"라는 등식성립의 비약으로 이어질 수도 있다. 과학을 다루는 프로파간다 서사가 자칫 범하는 오류 중에 하나로 자본가와 과학자 등 상위층위의 형상인물은 대부분 악인이고, 비자본가와 실험자로 명명되는 하위주체는 약자이자 선한자라는 흑백 구도처럼 말이다.

좀 더 사유를 넓혀 번안 및 수용의 측면에서 이 시기를 살펴본다면, 재일유학생들에 의해 발행되었던『太極學報』에 쥘 베른의 〈Vingt mille lieues sous les mers〉(1870)를 번안한 〈海底旅行奇談〉(1907)이 실렸을 때부터 금서조치를 당한 이해조의 〈鐵世界〉(1908), 발신문학의 논란[7]이 있었던 김교제의 〈飛行船〉(1912), 웰즈의 〈The Time Machine〉(1895)을 번역한 김백악의 〈80만 년 후의 사회〉(1920), 신일용이 번역했다고 알려진 〈月世界旅行〉(1924), 차펙의 〈Rossum's

---

6) 김성수, 「KAPF文學部編 〈KAPF作家七人集〉에 대하여」, 『民族文學史硏究』 제1권, 민족문학사연구소, 1991, 301-308면. 한편으로 「노동자」의 작가 김태수에 관한 신문기사나 잡지기록, 선행연구는 현재까지 전무 한 상태이며, 해당 작품이 실린 지면의 해설 지문(서연호, 같은 책, 397면.)을 통해 그 역시 프로문학의 일환으로 해당 작품을 창작하였음을 알 수 있다. 더불어 1931년 1월 『朝鮮日報』에 연재된 유진오의 〈女職工〉과 『朝鮮之光』의 후신으로 나온 『新階段』의 1933년 3월호에 실린 이북명의 〈女工〉에 등장하는 여성들이 사회주의적인 남성 노동계급에 의해 도움을 받고 구조된 후 혁명의 보조자로 묘사되는 서사는 동시대 프로문학이 어떠한 방식으로 전개되는지 짐작할 수 있다.
7) 〈비행선〉의 원작은 그 원천에 해당하는 작품의 유사함으로 인해 쥘 베른의 〈Cinq semaines en ballon〉과 프레드릭의 Dime Novel Magazine 「New Nick Carter Weekly」에 연재한 에피소드라는 의견 사이에서 한때 논쟁이 있었다. 강현조, 「김교제 번역 번안소설의 원작 및 대본연구」, 『현대소설연구』 제48호, 한국현대소설학회, 2011, 197-225면.

universal robots⟩(1921)[8]을 번역한 ⟨인조노동자⟩(1925)와 기계의 노
예에서 성적 착종의 대상이 되었던 여직공을 다룬 박화성의 ⟨秋夕前
夜⟩(1925)[9]에 이르기까지 적잖은 문제적 시선과 시도[10]가 이뤄져왔
다.

　이러한 시도들은 당대 인텔리들에게 있어 과학(기술 · 기계)이라
는 소재의 다양한 글들이 곧 도래할 '기계사회'의 전조(前兆)이자, 거
스를 수 없는 사회변혁으로의 진입을 맞이해야 한다는 선고와 다르
지 않았기 때문이었을지도 모른다. 그렇기 때문에 상기 서두에 언급
한 세 편의 희곡과 관련한 해석과 사유 역시 과학기술로 변화될 근대
사회에 대한 계몽과 프로파간다로의 편협한 해석[11]을 넘어, 기계사회

---

8) ⟨Rossum's universal robots⟩은 오랫동안 잊혀진 작품이었다가 1970년에 국립극
　단에 의해 ⟨人造人間⟩이라는 제목으로 국립극장에서 공연된 기록이 있다. 당시
　최불암, 손숙 등의 배우가 무대에 올랐다. 또한 원작을 각색하여 ⟨호모 로보타쿠
　스⟩(임부희 각색, 장한새 연출)라는 제목으로 2017년 공연이 되기도 하였다. 김태
　희 外, 「기술과 인간」, 『연극비평집단 시선 평론집 - 이미 선택된 좌석입니다』, Time
　Catcher, 2017, 42-44면. 이하 논의전개과정에서 ⟨Rossum's universal robots⟩은
　⟨R.U.R⟩로 표기한다.
9) 박화성, 「秋夕前夜」, 『朝鮮文壇』, 朝鮮文壇社, 1925, 185면.
10) 근대 과학기술의 발전에 따라 18세기 계몽주의 시대에는 인간과 기계에 대한 연
　구가 진행되었으며, 이와 더불어 자동인형의 발명이 전성기를 이루었다. 이 시기
　발명된 자동인형은 살아있는 인간의 행동을 그대로 모방하고 있어서 일반적으로
　기계인간으로 인식되었다. (…) 19세기로 넘어가면서 인간을 닮은 자동인형의 등
　장은 더 나아가 문학적 상상력에도 영향을 미쳤는데, 이들 작품에 재현된 기계인
　간 모티브는 미래지향적인 기술적 낙관론으로 제시되기보다 인간의 정체성에 대
　한 위협, 공포와 속임수, 정신착란과 죽음 등으로 표출되었다. 천현순, 「인간과 기
　계」, 『獨逸文學』 122권, 한국독어독문학회, 2012, 223-247면.
11) 마르크스는 기존의 자본주의 시스템이 가지고 있던 부조리를 들춰냈고 그로 인해
　사회주의 자체가 세계의 비밀을 이해하는 하나의 거대한 방법론이 되었다고 의미
　를 부여한다. 과학을 단순히 기술의 발달로만 보지 않고 세계를 구성하는 방법론
　에 대해 아는 것이라고 의미를 확장할 때 사회주의는 큰 의미에서의 과학에 부합

에 강제로 편승하게 된 인텔리 혹은 수용 주체의 측면에서 다시금 고
찰되어야 하며 이를 통해 당대 과학소재와 담론이 전유된 희곡을 바
라보는 인식의 확장이 이루어져야만 한다. 나아가 논의 대상으로 삼
는 일련의 극과 글들이 허구의 변증법적 결합 속에서 탄생한 공상(계
급)문학으로만 한정되는 것이 아니라 타의적으로 변형될 수밖에 없는
인간 자아를 중심으로 현재에 대한 (과학 패러다임이라는) 특정한 관
점이 "사실주의적 시류의 한 갈래로 파생된 전유의 흐름"[12]에서 읽혀
야 함을 필히 전제해야 할 것이다.

그리하여 본고는 1920년대에서부터 30년대 사이 기계와 노동자를
다룬 일련의 극과 이를 해석하는 문학인들의 시선에 주목한다. 우선
적으로 당대 과학담론의 글들을 발표한 인텔리들의 시선을 살핀다.
이광수에서부터 김기진, 김우진 등 이들은 번안과 수용을 통해 조선
에 들어온 당대 과학 소재의 작품과 영상에 대한 논설과 평론위주의

하는 것이기 때문이다. 사회주의자들에게 과학의 의미는 단순히 기술의 발달로 인
해 야기되는 사건이 아닌 세계를 해석하고 기존의 세계가 지닌 불합리함을 드러내
는 도구로 작용했다. 칼 마르크스, 김재기 역, 「空想에서 科學으로의 사회주의 발
전」, 『마르크스 · 엥겔스 저작선』, 거름, 1988, 291-292면. 이러한 맥락에서 KAPF
작가들의 기계(로봇)담론이 내제한 일련의 극들은 당시의 부조리를 지적하고 이를
혁파하기 위한 혁명과 계몽의 수단으로 도구화되었으리라 짐작할 수 있다.
12) 신파극과 변별될 수 있는 창작이념으로 19세기 후반 무렵 전범으로 제시된 입센
의 사실주의극은 근대극의 형성과정에 가장 적합하고 합리적인 양식으로 수용되
었다. 이는 사실주의양식이 인간의 삶을 가장 잘 응시하고 재현함을 통해 인간을
자각시킬 수 있는 과학적 시선과 인과적 질서를 의미하였고, 이러한 시공간적 재
현의 공간 내 사실주의극의 양식과 서사는 다분히 근대적이고 과학적인 사고를
전제하는 것이다. 김우진, 「수산 김우진의 희곡에 나타난 젠더정치학 -「두데기 시
인의 환멸」을 중심으로」, 『한국학연구』 제52집, 고려대학교 한국학연구소, 2015,
52-53면.; 「입센극 〈인형의 집〉 수용과 '노라'를 바라보는 남성 인텔리의 시선에
관한 소론」, 『동서비교문학저널』 제46호, 한국동서비교문학학회, 2018, 51-54면
참조.

글을 남긴다. 이들이 작품의 분석과 더불어 당대 기계사회를 바라보는 방식은 단순히 허구의 세계가 아닌 곧 도래할 현재이며 부분적으로나마 디스토피아적 미래를 대비해야 한다는 입장을 유사하게 드러낸다. 이는 이들이 극장에서 관람한 작품의 감상을 넘어 작품 외적인 사회현상 가운데 기계사회로의 도래가 결코 외면할 수 없는 주요문제 가운데 하나이며 이를 대비하지 않으면 극중 봉기나 몰락이 되는 대상자들과 다르지 않을 것이라는 일종의 두려움의 반영이다.

다음으로 앞서 서두에 언급한 박영희의 〈인조노동자〉와 김태수의 〈노동자〉, 김기림의 〈천국에서 왔다는 사나이〉 등을 살핀다. 이들 작품은 극중 인물들이 당대 기계사회를 바라보고 변화하는 과정을 형상화한다. 이는 연극이라는 상연과정 통해 기계사회로의 도래가 관객에게 무엇을 선전하고자 하는지 살피는 데 중요한 지점들과 단초를 내포하고 있다.

본고는 극중 노동자가 기계문명의 발달로 인해 변화해가는 측면에서부터 이러한 극들을 바라보는 외부자적 인텔리들의 시선, 그리고 이들이 기계사회로의 도래를 바라보는 방식, 마지막으로 이러한 사유들이 당대 여러 매체를 통해 형성한 "패러다임"[13]의 의미는 무엇인지 고찰하고자 한다. 이상의 고찰을 통해 도출되는 기계의 매개 이미지와 표상, 계급문제와 같은 것들이 정치문제가 아닌 "산업합리화운동"[14]과 같은 사회현상을 통해 해석될 수 있으리라 가정한다. 본 시도

---

13) 패러다임이 바뀐다는 것은 어떤 패러다임을 통해서 보여주려는 이 세계가 바뀌는 것이 아니다. 우리가 사는 이 세상이 바뀌는 것이 아니라, 우리가 세상을 바라보는 방식이 변하는 것이다. 이런 이유로 모든 것은 '진리'가 아니라 '패러다임'일지도 모른다. 토머스 S. 쿤, 홍성욱 역, 『과학혁명의 구조』, 까치글방, 2013, 198-218면.
14) 산업합리화운동을 이행한 독일의 자본주의는 1925년을 전후하여 안정기에 접어

는 미약하게나마 과학담론이 KAPF론적 계급의 문제를 넘어 식민지 근대와 근대 사실주의극의 형성과정을 사유할 할 수 있는 확장인식의 한 부분으로 이어질 수 있을 것이다.

2. 가공된 기계와 유기체의 혼종

그리스 신화에 등장하는 탈로스(Talos)는 인류 최초의 합금로봇이다. 인간을 닮은 기계를 고대 때부터 그려냈다는 사실에서 휴머노이드(Humanoid)를 갈망하는 오랜 욕망의 역사[15]를 확인할 수 있다. 기계는 인간의 욕망이 고스란히 투영된 존재이다. 하지만 목도하거나 경험한 적도 없는 기계라면 그것은 어떤 이들에겐 욕망의 대상이라기보다 신성과 다를 바 없는 두려움과 경외의 대상이 될 수 있다. 농경사회에서 이제 막 공업사회로의 이행이 강제된 근대 조선의 경우가 그랬다. 그리고 이런 기계를 소재로 한 작품의 등장은 이 시기 문학인들에게 꽤나 심각한 변화의 조짐이자 사회 문제로 각인 되었다.

이광수는 1923년 4월 1일 『東明』에 「人造人」이란 제목의 논설로 차

들었으며 이들의 성공사례는 위기에 처한 자본주의 국가들의 갱생방책으로 큰 주목을 받기 시작하였다. 서춘, 「産業合理化」, 『別乾坤』 제28호, 開闢社, 1930.04. ; 홍양명 外, 「우리들은 아미리가 문명을 끄으러 올가 로서아 문명을 끄으러 올가?」, 『三千里』, 4-7호, 三千里社 1932.06. 참조.

15) 이러한 요소는 유대교의 신화에 등장하는 '골렘(Golem)'모티프에서도 유사하게 이어진다. 또한 괴테의 〈Faust〉 2부에는 '호문쿨루스(Homunculus)'라는 작은 인조인간이 등장한다. 나관중(羅貫中)의 〈三國志〉에 등장하는 제갈량(諸葛亮)의 '목우유마(木牛流馬)'는 무생물에게 영혼을 부여하고 인간의 의지대로 움직이는 상상을 형상화했다.

펙의 희곡을 소개한다.

　벌서 오늘날 이르러 우리들은 인류(人類)라 하는 동물(動物)이 맨들
어 노혼 물질문명(物質文明)의 처치(處置)에 곤난(困難)한 활태(活態)
에 잇다. 이대로 갈진대 마츰내 자기(自己)들이 창조(創造)하고 이용
(利用)하여온 물질문명주의(物質主義文明)에게 돌이어 노예(奴隷)가
되지 아니하면 아니 될는지도 모를 것이다. (…) 공장(工場)에서 일하
는 노동자(勞動者)는 모다 기계(機械)의 노예(奴隷)이다. 현대(現代)
의 산업(産業)은 사람이 하는 것이 아니라 기계(機械)가 하는 것이다.
공장주인(工場主人)은 노동자(勞動者)보다도 기계(機械)를 중(重)히
녀긴다. (…)[16]

　작품의 개괄 외에 이광수는 당대 기계사회와 노동자의 구도에 대한
원인을 인간의 욕망에 두며 물질문명주의의 노예로 전락할 인류에 대
한 우려를 나타낸다. 그는 독자들에게 해외의 문학작품 소개를 하는
데 그치는 것이 아니라 기계사회가 가져다 줄 당대 사회변화 현상에
대한 전망에 대해 예민하게 주시[17]하고 있었던 것이다.
　김기진 역시 1925년 두 차례에 걸쳐 『東亞日報』에 '여덜뫼(여덟뫼)'
라는 필명으로 「카-렐 차페크의 人造勞動者-文明의 沒落과 人類의

---

16) 이광수, 「人造人 : 보헤미아 作家의 劇_譯述」, 『東明』 제31호(2권 14호), 東明社
　　1923.04, 15-16면.
17) 아이러니하게도 그는 1910년대에 작성한 다수의 글과 〈開拓者〉 등의 작품을 통
　　해 과학지식에 바탕을 둔 적자생존과 물질적 부강을 주장해왔다. 황종연, 「신 없는
　　자연」, 『상허학보』 제36집, 상허학회, 2012, 143-182면 참조. 하지만 그가 기고한
　　「人造人」의 핵심은 유토피아라기보다 디스토피아와 파국적 염려에 더 인접해 있
　　다.

再生」이라는 평론[18]을 기고한다. 그는 극 중 형상화되는 기계문명에 대해 현시대를 넘어 인류가 새롭게 나아갈 수 있는 전망을 보여준다고 평가한다. 특히 로봇의 봉기가 형상화되는 부분에 대해서는 "식민 근대에 대한 반역정신으로부터 일어난 사회혁명이며, 이러한 체제 자체를 완전히 몰락시키거나 전복시키지 않으면 인류의 행복은 도모할 수 없다"[19]는 인식을 드러낸다. 자본주의의 철폐는 현재 시기의 인류가 새로운 삶으로 도약하기 위한 필수 요소라는 것이다.

김우진의 경우 쓰키지소극장에서 차펙의 작품을 관극한 경험을 시작으로 여러 편의 글들을 통해 당대 기계문명에 대한 해석[20]을 다룬다. 이 과정에서 그는 KAPF를 위시한 당대 조선의 계급문학론[21]과는 또 다른 맥락과 층위에서 투쟁할 것을 주장한다.

생활상의 원시적 대립은 오늘날 모든 과학의 덕택으로 어느 정도까지 무관심하게 되어 왔으나 그 대신에 그 과학이 쥬는 옴갓 해독(害毒)이 오늘 우리의게 이러한 대립을 쥬게 되엿다. 근대 산업문명이 쥬는 계급적 대립이다. 사람이 원시적으로 사러갈 때에도 대립과 싸워 왓거늘 하물며 오늘의 계급적 대립이랴. (…) 오늘 우리는 계급 대립에서 싸

---

18) 여덜뫼, 「카렐 차페크의 人造勞動者-文明의 沒落과 人類의 再生」, 『東亞日報』. 1925.02.09. ; 1925.03.09.

19) 여덜뫼, 위의 글 요약 인용.

20) 즈뎅까 끌뢰슬로바, 「김우진과 까렐 차쁵」, 『민족문학사연구』, 제4권, 민족문학사연구소, 1993, 154-165면 ; 한국극예술학회 편, 「김우진의 동경유학기 체험과 문학사상」, 『김우진』, 연극과인간, 2010, 12-48면.

21) 김우진은 당시 KAPF의 계급문학에 대해 추상적이고 모호하다는 평과 함께, "그이들은 아즉 계급이란 그것붓허 명확, 절실하게 의식 못한 점이 잇는 것 갓다."고 매섭게 비판한다. 서연호 · 홍창수 편, 「아관 '계급문학'과 비평가」, 『김우진전집Ⅱ』, 연극과인간, 2000, 280면.

위야 하겠다. (…)[22]

(…) 기계! 이 기계는 현대자본주의의 보이라-다. (…) 그리하야 이 십세기 괴물인 기계를 중심으로 하야 자본가와 노동자는 상대의 지위에서 서지 안흘 수 밧게업게 되엇다. (…) 설령 기계의 오용으로 노동자가 기계의 노예가 되기는 햇스나 만일 그 오용자인 자본가만 들어 치웨 봐라. 그째 가서는 기계는 인류에게 큰 행복과 이익을 주게 되지 안는가. (…) 공장의 기계도 잇서야 하겟지만 제일 노동자가 기계가 되어야 한다. (…) 로봇이 공업적 견지로써 극히 안전하고 요구가 적고 임금을 밧지도 안코 비-루도 안 먹고 감정도 고통도 영혼도 업는 기계적 생물이 된다는 것은 오늘날 사회의 노동자가 아니고 무엇이겟느냐. (…)[23]

프리무스(伊達信_이달신)와 헬에나(山本安英_산본안영), 두 로봇트는 서로 웃고 북그러워 하고 뒤쫏고 입맛쵸고 한다.[24]

김우진이 구획한 계급투쟁의 대상은 물질문명을 앞세워 지배를 일삼던 제국을 향하고 있음을 짐작하게 한다. 더불어 그의 담론에 대한 인지는 과학의 발전으로 인한 현상의 사실주의적 응시의 구체화 및 전유의 의지로 이행된다. 이는 이 시기의 사회 현실이 민주주의의 확대, 기계를 이용한 공업화의 확대, 다원주의에 입각한 과학적 결정론의 확산 등과 같은 격변이 나타나고 있었기 때문이기도 하다. 특히 국외로부터 유입된 과학적 사고에 기반한 사실주의에 담겨 있는 부르주

---

22) 서연호 · 홍창수 편, 위의 글 284면.
23) 서연호 · 홍창수 편, 「歐米 現代劇作家(紹介)」, 『김우진전집 II』, 연극과인간, 2000, 151-153면.
24) 서연호 · 홍창수 편, 「築地小劇場에서 人造人間을 보고」, 『김우진전집 II』, 연극과인간, 2000, 204면.

아적 삶의 위선, 그리고 그 속에서 저항하는 개인 등은 피상적 이해의 대상이기도 하였다. 그래서 김우진은 사실주의적 기법의 확립을 위한 소재의 형상화 즉 과학을 전유한 극의 표상적 의미에 관심을 두는 현상을 보이기도 하는 것이다.

그는 인류가 존재해온 이상 노동의 문제와 계급의 문제는 늘 지속되어 왔으니 별개의 문제로 두는 입장을 보이면서 여타의 당대 기계문명에 관한 글을 쓴 이들과 다르게 "노동자가 기계가 되어야 한다"는 식의 시각을 견지한다. 특히 "프리무스와 헬레나, 두 로봇트는 서로 웃고 북그려워 하고 뒤쫓고 입맛쵸고 한다."는 지점에 주목하며 새로운 아담과 이브로서 로봇의 가능성을 인지한다. 그리하여 그는 "자본주의와 군국주의에 대한 부인(否認), 모성(母性)의 고창(高唱), 노동의 신성(神聖)"[25] 추구를 통해 당대 기계문명의 진보와 이윤 추구 속에서 어느 길로 가야 나아가야 하는가를 제안하고 있다.

시기적으로 몇 년 이내이기는 하지만 이상 세 명의 작가들은 먼저 글을 쓴 이들의 영향 여부와 상관없이 당대 도래할 기계문명에 관한 입장을 밝힌다. 이광수는 정신적 무장을 통해 기계의 노예가 되지 말자는 다소 이상적인 대안을 제시했고, 김기진은 프로작가답게 획일화된 사회주의로의 변화만이 현 상황을 타파할 수 있으리라 예상했으며, 김우진은 KAPF와는 다른 차원의 계급투쟁의 시대가 올 것이라 짐작하며 인간과 기계의 역할 및 표상의 응시와 가능성을 입체적으로 언급했다. 물론 동시대의 과학을 바라보는 시선은 이들뿐만이 아니라

---

25) 서연호·홍창수 편, 위의 글, 201면.

1927년 심훈의 「Metropolis」[26] 감상문에서도 발견된다.

> 자본주의의 우상화한 거대한 기계의 활동은 사람의 두뇌의 힘이 미
> 칠 수 있는 곳까지 미치게 한 공상으로 빚어낸 과학의 영화라 하겠다.
> 이 영화 가운데에서 보여주는 도시 가운데에서 생사여탈의권을 가진
> 재벌 바스타-만(프레더만)의 아들과 무산자의 딸이 연애하는 것은 역
> 시 현대 인도주의자의 로맨틱한 추상으로 밖에는 아니 생각되나 이러
> 한 곳에 현대에서 역시 극적 갈등과 효과를 볼 수가 있다. 인간을 제조
> 하는 것과 같은 것은 참으로 놀라지 않을 수 없다. 금일의 라디오를 옛
> 날에는 상상하지 못한 것으로 보아서 그것을 반드시 공상으로만 생각
> 할 수는 없다. (…)[27]

글의 말미 공상의 서사지만 "그것을 반드시 공상으로만 생각할 수
는 없다"는 심훈의 입장은 앞서 이광수와 그 뒤를 이어 글을 발표한
작가들과 그 궤를 같이 한다. 이들은 스스로를 휩쓸려 갈 수밖에 없는
존재로 인지하며 실제 생명력이 없는 현재의 기계와 기술들을 무의식
중에 생명력이 깃든 유기체적 물질이자 점점 몸집을 키워나가는 괴물
로 인지한다. 환언하자면 과학 담론에 주목한 상기 창작주체들의 글

---

26) 「Metropolis」는 SF영화의 시초 중 하나이자 디스토피아의 원형 중 하나로도 꼽히
   는 작품이다. 유네스코 세계기록유산에 처음으로 등재된 영상물이기도 하며 블레
   이드 러너와 터미네이터, 공각기동대, 그리고 마이너리티 리포트 등 많은 작품이
   메트로폴리스의 영향을 받았다. 김승구, 『식민지 조선의 또 다른 이름, 시네마 천
   국』, 책과함께, 2012, 171-178면. 한편 기자 출신의 심훈이 영화를 읽어낼 수 있었
   던 감각은 당시 〈長恨夢〉의 후광 아래 일본으로 건너가 교토 일활 촬영소에서 무
   라타미노루(村田實)감독의 사사를 받으며 수 개월간 연출기법을 배우고 또 영화
   에 출연하기도 한 덕분이라 짐작할 수 있다.
27) R生, 「우파 사 作_메트로폴리스」, 『東亞日報』, 1929.05.02.

은 (공상)과학이라는 소재의 극 서사를 다양한 매체를 통해 기계문명에 대한 합리적인 내러티브로 제시한다. 하지만 기계인간 혹은 인조인간이라는 낯설기만 한 기계 발달의 소식 그리고 무지에서 오는 불안과 공포는 전유의 필요성과 긍정적 전망 이면에 이들의 수사학적 글쓰기라는 방식을 통해 테크놀로지의 부정성으로 고스란히 드러나고 있기도 하다. 한편으로 이 시기 번안희곡의 원작품과 영화 등이 독일의 "바이마르공화국의 안정화 시기(1924-1929) 가운데 기계적 환상을 다루는 시기이자 기계 숭배가 지배적인 대중적 현상이었던 시기"[28]에 제작된 것임을 고려해볼 때, 수용을 주도한 위치에서는 당시 물질제일주의를 표방한 아메리카니즘[29]과 더불어 식민지 조선의 20년대부터 30년대를 바이마르공화국시기에 버금가는 최신의 설비를 갖추게 됨으로써 생산이 향상되게 되고 그에 따라 대공업국가로의 전환을 꿈꾸었는지도 모른다.

　　오늘날 국가들은 그 국가 자체에만 대한 국가가 아니고 세계에 대한
　　국가이다. 금일 조선인은 조선의 조선인만 아니고 세계의 조선인이 되
　　는 것이다.[30]

---

28) 극심한 공황상태에 빠져 있던 전후 독일은 미국의 산업합리화 정책을 적극적으로 수용하여 국민경제의 갱생에 전력을 다했다. 생산비 절감에 따른 상품 경쟁력의 확보는 패전에 따른 불리한 입지를 타개할 수 있는 유일한 활로였다. 피종호, 「기계로서의 도시」, 『獨逸語文學』 제77권, 한국독일어문학회, 2017, 229-248면.
29) 한치관, 「科學으로 엇은 今日의 人生觀」, 『The Rocky』 제1집, 朝鮮基督敎窓門社, 1925.09. ; YYY, 「朝鮮에서 活動하는 海外에서 도라온 人物 評判記, 어느 나라가 제일 잘 가르쳐 보냇는가?」, 『別乾坤』 제3호, 開闢社, 1927.01, 20면.
30) 한승인, 「現代美國의 經濟的 地位」, 『朝鮮日報』, 1929.01.01.

당시 주요 매체에서 다룬 조선의 장래와 관련한 대부분의 글들은 "조선도 세계 연쇄의 일환(一環)인 입장"[31]에서 사회변혁이 이뤄져야 함으로 일관된다. 그리고 그 과정은 테일러주의(Taylorism) 등 기계화된 대량생산 시스템과 자본주의 중심의 아메리카니즘, 신예의 사회주의 볼셰비즘이라는 균열된 세계로 포착된다. 조선의 지식인 · 운동가들은 도래할 기계사회라는 새로운 근대질서와 이데올로기에 식민지 현실의 고뇌와 전망을 투영시켜 나가며 아메리카와 소비에트 내 필요한 시스템들을 선별해 들여오려 하였고, 그 속에는 일제를 타도하고 전취해야 할 신국가의 다분히 정치 공학적인 청사진이 담겨있었다.

그 과정에서 때마침 일어난 조선의 산업합리화운동은 "식민지의 자본주의화"[32]라는 필연적인 현상을 전재하면서 모든 측면의 능률화를 의미하고 있었기에 이러한 운동과 사회전면에 등장한 기계는 삶에 물질적 풍요를 가져다준 마법의 수단이면서도, 인간이 기계에 예속되는 적잖은 과정을 통해 인간을 위협하는 "괴물의 모습으로 점차 변모"[33]해 갈 수밖에 없었다.

---

31) 서상일, 「朝鮮의 政治的 將來를 悲觀好, 樂觀好, 文化的 經濟的으로」, 『三千里』, 4-9호, 三千里社, 1932.09, 41면.
32) 북악산학인, 「植民地的 朝鮮의 財政論」, 『三千里』 제13호, 三千里社, 1931.03, 32면.
33) 괴물은 타고나는 것이 아니라 인간사회의 담론적 실천이다. 그래서 괴물은 출처 없이 갑작스레 출현하지 않는다. 인간사회에 구축한 문화적 해석과 사회제도가 괴물을 만든다. 권김현영 外, 「괴물을 발명하라」, 『성의 정치 · 성의 권리』, 자음과 모음, 2012, 58면.

3. 국민관리제도와 권력으로서 과학담론의 전유

근대 희곡과 과학이 관련을 맺는 주요 방식이 당대 과학이 선취한 객관적 결과들을 극 서사에 대입하는 것이라 짐작해볼 수 있다. 물론 이러한 짐작은 문학작품 내 과학의 묘사와 현상에 대한 이해에서뿐만 무대 위에서 연극으로 형상화된 과학의 이미지를 구축하는데도 적지 않은 영향을 끼쳤을 것이다. 그러나 과학이라는 외부존재에 대한 수용자들의 이질적 태도와 저항이 그런 것과 마찬가지로, 희곡작품 내에 유입된 담론에 대해서도 여전히 융합되지 않는 이질적 틈새가 존재한다는 것을 확인할 수 있다. 그렇다면 근대과학이 선취하여 연극의 영역이 전유한 담론과 그 결과가 진정으로 어떠한 방식으로 의도되었고 그 성패에 따라 잔류하는지 확인해 볼 필요가 있을 것이다.

박영희의 〈인조노동자〉(1925)에는 기계가 이른바 '통치의 테크놀로지'라는 새로운 차원의 권력을 쟁취한 형태로 형상화된다. 전근대 '가부장적 계급관계의 해체'와 근대 산업합리화운동에 기반을 둔 '기계사회로의 도래'라는 권력 표상의 교체로 해석될 수 있는 이 부분은 앞으로 다룰 극중 표상화 된 인물(혹은 기계나 절대신)의 배치를 통해서도 충분히 가늠해 볼 수 있다.

　(라듀우스는 로대(露臺)란간에 기대을 나서 점잔은 어조(語調)로 부르지진다.)
　라듀우스 : 세계(世界)의 인조노동자제군(人造勞働者諸君)! (…) 우리는 이 공장(工場)을 점령(占領)해서 만물(萬物)의 지배자(支配者)가 되엿다. 인류(人類)의 시대(時代)는 지내갓다. 새로운 세계(世界)가

일어낫다. 인제는 인조노동자(人造勞働者)가 통치(統治)하게 되엿다.
(…) 세계(世界)는 강자(强者)의 것이다. 살어남은 자(者)가 통치(統
治)하는 것이다. 인조노동자(人造勞働者)는 지배권(支配權)을 어덧다.
인조노동자(人造勞働者)는 생명(生命)의 소유권(所有權)을 어덧다. 우
리는 생명(生命)의 지배자(支配者)다. (…) 대양(大洋)과 대륙(大陸)이
통치(統治)다. 별의 통치(統治)다. 우주(宇宙)의 통치(統治)다.[34]

기계가 "생명(生命)의 소유권(所有權)과 만물(萬物)"을 지배하게
되었다는 내용에는 기계문명이 인류의 생존 여탈(與奪)여부에 긴밀
히 닿아있다는 의미가 내포되어 있다. 특히 라듀우스의 대사는 그 이
면에 강한 전체주의적 성향을 내재하고 있을 뿐만 아니라 기계 산업
의 발달로 인해 앞으로 영토전쟁에 이어 경제전쟁으로의 새로운 확장
의 시기가 도래할 것임을 의미한다. 그래서 〈인조노동자〉가 제시하는
이러한 통치의 도식은 기계사회가 현재의 불평등해 보이는 생활을 계
급의 구획 없이 합리화하게 될 것이며 효율적인 국민 동원 및 통제체
제의 한 방편으로 기능할 것임을 전망한다. 그리하여 기계는 인간에
의해 만들어졌음에도 불구하고 더 이상 인간의 하위노동자가 아닌 인
간 이상의 상위 권력자로 스스로를 재정립한다.

재정립의 측면에서 이는 한편으로 '기계'가 '통제와 배제의 대상'으
로 은유되는 근대 식민지 조선인이라는 명찰을 은폐하고 오롯이 보편
적인 주체로 신생할 수 있는 계기와 매개로 간주 될 수도 있는 가능성
으로 기능함을 의미하기도 한다. 그러한 맥락에서 1927년 발표된 김

34) 박영희, 「人造勞働者(前承)」, 『開闢』 제58호, 開闢社, 1925.04. 73면.

태수의 〈노동자〉에 등장하는 '박○○'의 대사는 주목할 만하다.

> 석일련(石一連) (웃으며) 바람을 이룬 것은 붓대나 가마귀가 아니
> 라 기계랍니다. 한 공장에서 몇 백 명, 몇 천 명씩을
> 일시키는 기계! 생산수단! 생산기관! (…) 그 힘은
> 커다란 기계를 놀려서 쉴새없이 새로운 물건을 만
> 들어 낼 때 그들은 인간으로서 눈이 뜨게 된 것이
> 라고 하겠지요.
> 박○○ (朴○○) 노동자ㅡ. 기계! 뻘건 노동자, 검은 기계……. (…)
> 죄는 기계에게 없어! (기운을 내며) 사람이 잘 살
> 려고 하는 것이 무슨 틀린 일이람. (…)그것은 인류
> 의 그림자가 이 지구 위에서 사라질 때까지 세상을
> 지배하게 될 것이야.[35]

석일련의 설명을 들은 공장주 박○○의 기계를 언급하는 대사는 사
뭇 상기되어 있다. 이 작품은 "노동자들의 집단행위와 혁명의 정당성
을 노골적으로 지지하고 나선 경향극"[36]이다. 하지만 이들과 대척점에
놓여있는 공장주가 "죄는 기계에게 없어!"라 외치는 대목은 앞서 '통
치의 테크놀지'와 같은 맥락에서 '새로운 지배(권력)층위'로 전환[37]

---

35) 서연호, 「김태수_노동자」, 『한국희곡전집 Ⅱ』, 태학사, 1996, 129면.
36) 서연호, 「작품해설」, 『한국희곡전집 Ⅱ』, 태학사, 1996, 397면.
37) 하지만 이 전환은 공장주가 느끼는 지극히 개인적인 전환 감정 이상을 넘어서지
   는 못한다. 김철 外, 『해방 전후사의 재인식 Ⅰ』, 책세상, 2006, 448면 근대 조선에
   등장한 기술과 기계를 선점한 집단은 당대 대중문학이 이상화하고 있는 전문지식
   과 학리(學理)추구로서의 주체자라기보다 제국의 공업체제를 지탱하는 하부 기
   술자 혹은 자본가 집단일 뿐이었다. 이들 집단은 식민지 조선인이라는 통일된 표

될 수 있는 가능성을 의미한다. 그에게 기계는 노동임금을 절감함과 동시에 생산성 증대로 이어지는, 그래서 '근대 식민지 개인'이라는 자신의 거추장스러운 관형사를 제거하고 '자본가'나 '사업가'라는 보편적 명사로 거듭날 수 있는 수단이다. 그러기에 박○○의 관심은 자연스레 노동자들의 파업과 요구조건 등에서 멀어질 수밖에 없다. 기계사회로의 도래는 곧 '제조업 강국(제국)'과 '원료공급국' 그리고 '소비지(식민지)'의 이해관계라는 구조를 형성하게 한다. 근대 식민지 조선이라는 로컬 내에 위의 구조를 대입한다하더라도 공장주 박○○은 일방적인 제국의 소비지 역할을 넘어서는 새로운 지배(권력의) 층위로 진입할 수 있는 것이다.

1931년 발표된 김기림의 〈천국에서 왔다는 사나이〉에는 기계에 대해 심각할 정도로 무지한 개인(職工)이 등장한다. 그는 공장에서 근로하던 중 산업합리화의 단행으로 하루아침에 실업자가 되어버린다.

> 남편   이런 신문 일 없소. (…) 과학이구 문명이구 다 거짓
> 말이지. 그래두 행여나 어디서 먼저 밥 안 먹구 사
> 는 법을 발명하는 자식이 있나 해서 신문만 보았더
> 니 "페린"비행선이 어쨌단 말이야―. "로키트"가 무
> 어야. 소용없어. 가져가요. 일 없어.[38)
>
> 목 없는 사나이   (…) 물가는 끝없이 내려가나 돈은 귀하기 짝이 없
> 이 되자 우리 회사 주인은 소위 산업합리화를 단행

상을 벗고, 스스로를 노동자, 기술자, 사업가, 관료 집단 등으로 재구획 및 계급화하였다.

38) 서연호, 「김기림_천국에서 왔다는 사나이」, 『한국희곡전집Ⅱ』, 태학사, 1996, 284면.

한다고 하고 우리들 직공 삼십 명을 한꺼번에 목을
뗐답니다. 아무리 많이 만들어도 값이 싼 우중에 팔
리지 아니하니 일꾼을 줄인다는 게랍니다.[39]

무슨 일이 일어난다고 한들 "일 없다"로 일관하는 남편의 대사는 당
시의 일반적인 서민계층이 기계문명을 인지하는 방식이다. 산업현장
의 근로자로조차 편승하지 못하고 실직한 개인에게 남은 삶은 "남편"
에서 "목 없는 사나이"로 이어질 수밖에 없는 극빈과 죽음이다. 결국
아내와 함께 목을 매고 자살한 그는 천국과 지옥을 오가며 어디든 들
어가게 해달라고 문지기에게 애원하지만, 천국뿐만 아니라 지옥도 워
낙 자살자가 많아 자리가 없어서 다시 이승으로 돌아가라는 처분을
받고 저승에서 마저 쫓겨나게 된다. 이는 이 시기 새로운 기계시스템
의 도입으로 노동자 인력을 대량 감축한 흐름과, 기계사회로조차 편
승하지 못해 (식민지 내에서 자본을 선점하고 기술적 주체로 먼저 거
듭난 조선인들에게) 재식민지화 되는 실직자가 어느 정도 규모[40]였는

---

39) 서연호, 「김기림_천국에서 왔다는 사나이」, 위의 글, 287면.

40) 1924년 05월 22일자 신문은 사설 지면을 통해 경성에 거주하는 조선인 중 80%가
일정한 직업이 없을 것이라 추정했다. 「職業難에 대하여」, 『東亞日報』 1924.05.22.
참조. ; 또한 근대 사회에서 실업 문제가 본격적인 사회 문제로 등장하고, '취업난'
이라는 표현이 사용되기 시작한 시기는 자본주의가 본격적으로 이식되기 시작한
1920년대 이후였다. 강만길, 「日帝時代의 失業者問題」, 『아세아연구』 제77호, 고
려대학교 아세아문제연구소, 1987, 2-62면.; 이 시기는 사회적으로 실업 문제가
최초로 야기된 시기였고, 그 시대 작가들은 실업 문제를 문학적으로 형상화하기
시작한 최초의 세대이기도 했다. 실업 문제를 다룬 문학 작품들에서는 실업의 실
태, 원인, 해법이 진지하게 모색되었고, 실업으로 야기된 굴욕적인 삶이 실존적 고
뇌가 치열하게 성찰되었다. 이 시기 대규모 실직 사태는 단지 취업하기 어렵다거
나 취업률이 낮다거나 하는 현상에만 국한된 문제가 아니라 취업을 매개로 '사상
(이상)'과 '생활(현실)' 가운데 양자택일을 강요하는 이데올로기적 문제이기도 하

지 짐작하게 한다. 또한 기계라는 표상과 과학담론의 전유는 극중 신성 영역의 재편을 초래하기도 했다. 〈천국에서 왔다는 사나이〉에서는 극 중 기계와 대립각을 세우는 존재로 신(하느님)이라는 존재까지 등장하게 한다.

> 하느님   다른 하느님? 하느님이 나밖에 누가 있단 말이냐?
>
> 이사야   있어요.
>
> 하느님   그럼 사탄인가?
>
> 이사야   아니에요. 그의 이름은 기계(機械)랍니다.
>
> 하느님   기계? 처음 듣는 소리다.
>
> 이사야   그는 검은 주둥아리와 팔다리와 강철의 의지를 가진 괴물이랍니다. (…) 이윽고 기계는 우리들의 천국까지 자기의 공장에 몰아넣을지도 모릅니다. (…) 기계와 싸우는 것은 하느님에게 불리합니다.[41]

    기계라는 대상에 대해 극은 추상적으로 "검은 주둥아리와 팔다리와 강철의 의지를 가진 괴물" 이미지의 형상을 배치한다. 그리고 그 (무지하기에 더욱 두려움으로 인지되는) 기계로 인해 해고된 "남편"에 이어 "하느님"이라는 성서의 신을 등장시켜 거취와 존립을 고민하게 한다. 물론 우스꽝스럽게 형상화[42]되기는 하지만 이러한 신의 등장과

여다. 전봉관, 「일제강점기 지식인 실업 문제의 문학적 형상화 양상 연구」, 『현대소설연구』 제58호, 한국현대소설학회, 2015, 387-424면.

41) 서연호, 「김기림_천국에서 왔다는 사나이」, 앞의 책, 292면.

42) 김동환의 희곡 「바지저고리」(문예시대, 1927.01)에도 신(하느님)은 암살위협에 상시 시달리는 존재로 등장한다. 서연호, 「김동환_바지저고리」, 『한국희곡전집 I』, 태학사, 1996, 338-350면 참조.

배치는 꽤 중요한 의미를 지닌다. 〈인조노동자〉의 라듀우스가 보여준 통치의 테크놀로지와 〈노동자〉에서 새로운 지배 권력의 위치를 꿈꾸는 공장주, 그리고 〈천국에서 왔다는 사나이〉의 신이 두려워하는 대상인 기계에 대한 묘사는 이들이 향하고자 하는 위치가 지배 권력의 권한을 확보할 수 있는 곳으로의 지향과 사수임을 은유한다.

무엇보다 극중 기계가 신보다 강한 대상으로 언급되는 장면은 곧 대사의 초점이 '기계의 우월함'이 아닌 '신과 기계의 대등함'에 맞춰져 있음을 유의해야 한다. 그리고 신격화된 대상과 대등하게 대립 되는 기계는 곧 기계의 신격화라는 흐름으로 이어지게끔 의도한 배치로 해석될 수 있다. 그만큼 이 시기 기계의 가치와 담론의 무게는 신의 권위와 맞먹는 정도의 무게로 대중에게 전달되며 일상의 모든 측면을 재배치하고 있었던 것이다. 극은 전지전능한 창조자에게 최고 권력자이자 통제자라는 이미지를 덧칠한다. 그는 천국이라는 가장 높은 위치를 계속 점유하려하고 신의 권위에 대항하려는 대상과의 대립에서 지지 않으려 고뇌하는 모습을 그린다. 이사야와 함께 인간 세계를 내려다보는 위치는 팬옵티콘(panopticon)[43]과 같은 관찰자(혹은 감시자)의 위치이고, 신은 자신의 감시영역이 침범당할 두려움을 이사야에게 언급하며 이미 신격화 된 자신의 권력을 기계라는 괴물로부터 사수하려 한다. 이러한 신의 모습은 라듀우스, 공장주와 함께 "남근중심적 지배 권력의 모습"[44]에 부합하며 당대의 근대 사실주의적 서사의 한 측

---

43) 미셸 푸코, 오생근 역, 『감시와 처벌』, 나남, 2016, 303-304면.
44) 폭스는 개인(남성)의 사고방식이 어떻게 성차별 주조(鑄造)를 통해 과학과 철학으로 둔갑했는가를 역사, 정신분석, 과학사의 차원에서 분석한다. 그는 근대과학이 특정 사회적 정치적 컨텍스트(context)로 발전되었고, 또한 그런 컨텍스트를 형성하는 것을 도왔다면, 성별에 대한 특정한 이데올로기와 협력하여 발전되었고,

면을 채워나간다. 그리고 이는 전근대 가부장주의적 남성권력의 또 다른 형태이며 이들보다 하위에 위치한 대상은 그 자체로 소유와 성취의 대상이자 굴종시킬 범주의 약자로 강제된다.

4. 보편표상의 교체를 향한 열망의 기호들

식민지 조선의 인텔리들이 포착한 당대는 기술혁명과 기계 만능의 시대이자 자본주의와 사회주의가 공존하는 이념의 시대였고, 균열의 시대이기도 했다. 이 시기 자·타의적 기계사회로의 진입은 문명의 지형에서 고립되고 지체된 식민지 근대조선이라는 장애를 넘어 일거에 보편으로 비약할 수 있는 강력한 힘을 가진 표상으로 기능하였다. 또한 근대 산업합리화 운동은 생산 및 유통과정에서의 혁신으로 시작했지만 그 결과는 대량생산과 정치의 민중화에 기초한 기계사회의 도래로 나타났다.

극 창작 주체들은 기계사회의 도래라는 과학의 특정 시류를 문학이라는 자신들이 이해하고 있는 도구와 방법으로 체계화하고 산업합리화운동이 불러온 현상과 정치·사회적 논의들을 코드화하면서 식민지 학술장과 매체의 지면을 통해 헤게모니를 관철시켰다. 그것은 급변하는 식민지에 대한 이해를 과학소재와 표상의 언어를 통해 다시금

또한 그런 이데올로기를 형성하는 것을 도왔다고 전제하며 (⋯) 우리가 객관적인 과학을 '단단하다'라고 부를 때, 우리는 암암리에 성의 은유에 호소하는 것이며, 이 은유에서 '단단하다'는 물론 남성이고, '부드럽다'는 여성을 의미한다고 주장한다. 이블린 폭스 켈러, 민경숙·이현주 역, 『과학과 젠더』, 동문선, 1996, 57-90면.

맥락화 하려는 시도였다. 그리고 과학적 기반으로 형성된 근대 사실
주의극 이념의 극적 형상화와 재현이라는 근대극 수립과정의 시론이
기도 했다.

그럼에도 불구하고 극으로 형상화된 작품들 내에는 근대 식민지라
는 특정한 역사적 장소와 과학이라는 보편적 언술체계 사이의 모순
과 이율배반적 균열이 내장되어 있었다. 이 시기 과학담론은 사회주
의와 개인주의, 자유주의 등 이전의 서구적 근대라는 보편성을 대체
하는 새로운 보편표상으로 기계와 괴물, 그리고 권력을 통해 제시되
었고 재차 가공되어 전유되어 갔다. 근대극장은 마냥 공상으로 치부
할 수 없으면서도 곧 도래할지도 모르는 기계사회의 이데올로기적 현
상을 각자가 정의 내리고 확신하는 과학적 신념과 주체성을 중심으로
주변화 하였다. 또한 과학을 통해 왜소한 식민지적 자아를 성형하고
보편적 주체성을 획득하는 시각과 경험의 과정을 기고 및 극으로 형
상화하기도 하였다. 그러나 이러한 기계사회담론과 서사는 현상의 직
접 반영이라기보다 개인의 차원에 국한되었으며, 민족과 대중 전체가
과학을 통해 보편주체로 전환할 수는 없다는 딜레마에 직면하게 된
다. 특히 미시적으로 기계사회의 일원으로 편승하지 못하거나 편승하
였다 한들 일개의 부품으로 기능하는 하위노동주체라는 존재는 더욱
극심하게 소비되어감과 동시에 감시의 대상이 되어 피폐해진다.[45] 그
리하여 근대산업합리화라는 명분으로 일개 노동(근로)자를 기계사회

---

45) 이러한 시기별 과학담론의 전유 양상은 근대사실주의극의 형성과정을 중심으로
1920년대 김우진과 1930년대의 프로극, 그리고 1940년대의 국민연극에 이르러
그 극복의 대상에 동양을 두느냐 서양을 두느냐에 따라 좀 더 구체화된 변별 양상
으로 드러난다. 이는 후속 연구과제로 다른 지면을 통해 좀 더 세밀히 다루도록 하
겠다.

로 배속하고 재식민화하거나 기계제일주의로 형상화 된 다채로운 지점들은 자본가와 비자본가나 소비에트식 정치적 이념의 구획을 넘어섬과 동시에 전근대적 기득 권력의 위치를 기계사회와 과학이라는 변화의 시기에 맞춰 다시금 점유하려던 당대 보편표상의 교체를 향한 시도로 해석될 수 있다. 이는 결국 과학이라는 혹은 기계사회라는 온전한 개념과 의미에서 멀어져 식민지 대중에게 국가와 사회체제에 자발적이고 충량한 국민을 만들어내는 것을 넘어 식민지 기득 권력에게 요구되는 형태로 순응하는 하위주체를 만들어내는 왜곡과 속류화의 이데올로기로도 기능함과 동시에 분리와 배제, 왜곡과 은폐라는 오용과 남용으로 쓰임 되었던 이 시기의 제도와 제조의 한계를 고스란히 드러낸다.

만주국의 라디오 방송과 이동하는 미디어
: 방송자동차의 1차 순회 활동을 중심으로

이복실

1. 들어가며

근대 과학기술의 산물인 라디오는 정보 전달의 속보성과 동시성 및 광역성 등과 같은 특징으로 인해 20세기 전반 일본과 서양 제국의 패권전쟁에서 매우 중요한 선전도구로 인식되었다. 동아시아의 라디오 방송은 곧 그러한 인식을 기반으로 1920~1930년대 제국 일본의 부단한 이동과 확장 속에서 성장하고 발전했다. 그 중 일본 관동군의 군사 조작에 의해 건립된 만주국의 라디오 방송은 만주전신전화주식회사(滿洲電信電話株式會社)(약칭 만주전전)의 설립을 계기로 본격적으로 시작된 이래 중일전쟁과 태평양전쟁을 거치면서 급속도로 발전했다. 그 과정에서 첨단 기술력과 독보적인 기능을 지닌 라디오 방송은 프로파간다로서 만주국의 선전전에 상당히 중요한 역할을 했다. 뿐만 아니라 근대적인 대중오락매체로서 각 민족의 일상생활 문화에도 큰 영향을 미쳤다. 따라서 라디오 방송은 만주국의 선전전과 대중오락문화를 이해하고 그 특수성을 파악하는 데 유효한 매개라 할 수 있다.

만주국의 특수성이란 곧 일본 제국의 기타 식민지와는 다른 '독립국가' 및 '복합민족국가'로서 발현되는 특성이다. 이를테면 강희주가 논의한 바와 같이 만주국은 시공을 초월한 라디오의 전파 기능을 통해 '민족 통합' 내지 '국민 창출' 및 '만주문화 건설' 등 일련의 국책 사업을 보다 효율적으로 실천하고자 했으나 결국 사상의 단일성과 문화의 다양성 추구라는 모순된 논리를 초래하고 말았다.[1] 이와 같은 논리의 모순성은 만주국 자체의 모순이자 특수성이었다.

강희주가 만주국 라디오 방송의 전반적인 면모와 그 특성을 규명했다면 서재길은 보다 더 구체적인 측면, 즉 방송 프로그램 편성에 착안하여 '식민자'와 '피식민자' 또는 '발신자'와 '수신자'로서의 만주전전과 중국인 청취자들의 역동적인 권력관계 및 그 상호작용에 대해 밝혔다. 그 글에 의하면 중국인 청취자들은 만주전전이 보낸 선전 교화의 메시지를 수동적으로 받아들인 것이 아니라 소비자로서 보다 능동적으로 수용했으며, 그 결과 만주국의 라디오 방송은 "식민지 공공영역"으로 성립되었다.[2]

---

[1] 강희주, 「만주국의 선전전과 라디오 방송」, 연세대학교 석사학위논문, 2009, 60~61면.

[2] 중국인 청취자들은 뉴스, 시국 강연 등 만주전전이 고안한 프로그램을 수동적으로 수용한 것이 아니라 자신들이 선호하는 오락프로그램을 적극적으로 반영했다. 대다수의 중국인 청취자를 포섭하기 위해 만주전전은 중국어 방송을 대대적으로 확충함과 동시에 그들이 선호하는 오락프로그램 편성에 힘쓰지 않으면 안되었다. 이와 같은 역동적인 권력관계와 상호작용에 의해 만주국의 라디오 방송은 "식민지 공공영역"으로 성립되었다(서재길, 「'제국'의 전파네트워크와 만주의 라디오 방송」, 『한국문학연구』 제33집, 2017, 203~204면).

그 밖에 만주국의 라디오 방송정책을 논한 카와시마 신(川島眞)의 글이 주목된다. 이 글에 의하면 만주국의 라디오 방송은 '다언어', '다양화', '이상적 확대' 등의 이상을 실현했지만 역으로 전파네트워크, 담론권, 프로그램편성 등 측면에서 '경계'를 초래하기도 했다.[3]

본고는 이상의 연구 성과를 토대로 미처 주목받지 못한 전시체제기 만주국의 이동하는 미디어로서의 이동방송에 주목하고자 한다. 이동

---

3) 여기서 '경계'는 일본정신으로의 '사상적 통합' 또는 '제국적 일체감'에 반하는 개념으로 교환방송과 담론 통제, 프로그램 편성 등의 측면에서 발현된 만주국(중국인)과 중국 본토 사이의 사상 문화적 경계를 가리킨다. 이 글이 수록된 『전쟁 라디오 기억』(貴志俊彦, 川島眞, 孫安石, 『戰爭 ラジオ 記憶』, 勉誠出版, 2006)은 일본제국 전반의 라디오 산업과 그 권력, 식민지 공공성, 전쟁, 국가와 미디어의 관계 등을 종합적으로 논의하고 있어 동아시아 라디오 방송의 실태를 파악하는 데 매우 중요한 참고자료이다. 그 밖에 만주국 라디오 방송에 관한 연구로 관동주 다롄의 방송과 청취자의 관계를 논의한 글(橋本雄一, 「聲の勢力版圖 - 「關東州」大連放送局と『滿洲ラジオ新聞』の連載, 『朱夏』第11號)과 만주국의 중국인 방송극을 연구한 글(代珂, 「僞滿洲國的廣播劇」, 『外國問題研究』, 第三期, 2014)이 있다. 만주국의 라디오 방송극은 중일전쟁 이후의 신극운동 전개와 더불어 출현하고 발전했다. 방송사업에 대한 국가적 지원 및 청취자들의 기호에 의해 방송극은 무대극을 능가할 정도의 발전을 이루었으며 만주국의 신극대중화운동에 큰 힘을 이바지했다. 代珂의 연구에 의하면 방송극은 음성자료의 유실로 실제 방송 수준은 가늠할 수 없지만 이는 분명 만주국 역사 속의 일종의 문예실험이었다. 또한 만주국의 방송극이 물론 국책사상의 영향에서 자유롭지 못했지만, 그럼에도 불구하고 그 속에서 당시 대중들의 일상생활과 사회의 단면을 발견할 수 있었다(같은 글, 17면). 그런 점에서 만주국의 조선인 방송극도 주목해볼 필요가 있다. 만주국 신극 극단의 효시이자 국책선전을 취지로 한 관변 극단이었던 대동극단(일본어부, 중국어부, 조선어부로 구성)에 대한 기록(大同劇團, 「大同劇團組織」, 『宣撫月報』, 66~69면)에 의하면 1938년 한해 동안 대동극단 조선어부에 의해 조선어 방송극이 총 8회 방송되었다. 1937년 설립 당시 대동극단은 일본어부와 중국어부로 구성되었으며 그 이듬해 2월에 조선어부가 추가로 구성되었다. 조선어부는 1938년 한해 동안 활동하고 단원들의 갈등으로 해체된 것으로 확인된다. 당시의 활동 작품으로 조풍녕 (趙鳳寧의 〈新アリラン〉, 板垣守正의 〈國境의 霧〉, 후지카와 켄이치(藤川研一)의 〈蒼空〉, 〈風〉 등이 있다. 대동극단이 일반적으로 무대 공연작을 방송극으로 내보냈던 사실로부터 보아 조선어 방송극 역시 이 네 작품 중에서 방송되었을 가능성이 높다.

방송은 1941년, 만주국의 근대 미디어 기술 및 자동차 기술의 집합체로 등장한 방송자동차의 운행을 통해 이루어졌다. 본고는 그의 출현 배경을 고찰함과 동시에 지금까지 확보한 방송자동차의 1차 순회 활동을 구체적인 연구대상으로 삼아 이동방송의 활동 양상을 대략적으로 파악하고자 한다. 아울러 방송자동차 및 이동방송의 과학성과 프로파간다성이 지역 주민들에게 어떠한 의미로 수용되었으며, 어떠한 효과를 발휘했는지 밝혀 보기로 한다.

2. 방송 기술의 발전과 이동방송의 출현

전시체제기 일본을 비롯하여 조선, 만주국 등 제국 권역 내에서 발견되는 대중 미디어 활동의 가장 두드러진 특징은 바로 그 '이동성'에 있다. 즉 이 시기 제국 전반의 대중 미디어는 고유의 활동 공간을 벗어나 이동하는 미디어로서 크게 기능했다. 사실 '미디어의 이동'은 전시체제기라는 특정한 시기에만 존재했던 현상은 아니다. 가령 신극의 경우만 보더라도 일본에서의 그 '이동'의 역사는 메이지시기로 보다 훨씬 거슬러 올라간다. 그때부터 1910년대까지 이미 지방을 순회하는 형식의 연극이 상당수 존재했다.[4] 이와 같은 순회연극은 1920년대의 조선에서도 확인된다. 일본에서 유학하던 조선인 학생들이 방학을 이용하여 조선 곳곳을 순회했다는 사례가 연극사에 생생하게 기록

---

4) 홍선영, 「총동원체제의 이동연극과 프로파간다」, 『제국일본의 문화권력』, 소화, 2011, 451면.

되어 있다.[5] 전시체제기 이전 일본과 조선의 순회 극단은 신극운동 혹은 극단의 생존 및 재만 동포의 위안 등을 목적으로 국내는 물론 만주와 중국 본토까지 진출하며 비교적 자율적인 활동을 전개했다. 그러나 중일전쟁 이후 전시 총동원체제로 나아가면서 연극, 영화, 음악, 방송 등과 같은 대중 미디어를 통한 선전과 동원이 중요시되자 연극을 비롯한 기존의 '미디어의 이동'은 점차 정부 주도의 연맹이나 협회의 통일적인 관리와 통제를 받게 되었다.[6] 따라서 전시체제기 '미디어의 이동'에는 국책선전과 전쟁동원의 공리적 목적이 강제될 수밖에 없었다.

만주국도 예외는 아니었다. 1941년에 이르러 만주국 정부는 프로파간다로서의 문화예술을 보다 효율적으로 통제하기 위해 『예문지도요강』을 반포했다. 그 후 예문 활동을 더욱 통일적으로 지도하고 관리할 수 있는 각종 예문단체를 결성하는 한편 '증산보국', '근로보국', '개척봉사', '성전필승' 등과 같은 국책동원을 내용으로 한 문화 활동을 적극적으로 전개해 나갔다.[7] 그리고 그 활동은 도시에서 농촌으로 이동

---

5) 1920년대에 순회 활동을 했던 극단으로는 동우회연극단, 갈돕회, 토월회 등이 있다. 이두현은 이들의 연극 활동을 "최초의 학생극운동"으로 규명했다. 이와 관련된 글은 이두현, 『한국신극사연구』, 서울대학교 출판부, 1990, 104~116면 참고.

6) 전시체제기 조선의 '미디어의 이동'에 관한 연구는 다음 글 참고. 이덕기, 「일제하 전시체제기 이동연극 연구」, 『한국극예술연구』 제 30집, 2009.; 이화진, 「일제 말기 이동극단 활동의 전개 양상과 그 한계」, 『한국연구』 제 30집, 2013.; 김호연, 「일제 감점 후기 연극 제도의 변화 양상과 그 의미 이동극단, 위문대를 중심으로」, 『인문과학연구』, 제 30집, 2011.; 배선애, 「동원된 미디어, 전시체제기 만담부대와 만담가들」, 『전쟁과 극장』, 소명출판, 2015.

7) 만주국 정부는 1941년 3월에 홍보처 중심의 중앙집권체제를 본격적으로 개시함과 더불어 문화예술에 대한 통치정책인 『예문지도요강』을 반포함으로써 새로운 문화체제를 구축하고자 했다. 『예문지도요강』의 내용에 따르면 건국정신을 토대로 한 만주국의 독자적인 문화를 건설함과 동시에 그를 통해 복합민족국가로서의 '국민

하면서 전국적인 예문운동으로 확산되었다. 이를 계기로 일명 '종이
연극'이라 불리던 카미시바이(紙芝居)를 포함한 이동연극과 이동영
사 등 '미디어의 이동'이 보다 활발해졌다.[8] 이러한 정치·문화적 배
경은 이동방송의 출현에 한몫했다. 그러나 보다 결정적으로 이동방송
이 출현할 수 있었던 것은 만주국의 라디오 방송 기술이 뒷받침되었
기 때문이었다.

만주국이 건립되기 전인 1920년대 중후반에 관동주(關東州)와 펑
톈성(奉天省), 지린성(吉林省), 헤이룽장성(黑龍江省) 등 지역에서 이
미 방송이 송출되었다.[9] 그 후, 1931년의 만주사변을 계기로 관동군
은 만주 각 지역을 점령함과 동시에 가장 먼저 해당 지역의 교통과 통
신을 장악해나갔다. 목적은 만주의 교통과 그 주변의 통신권을 장악

통합', 나아가 '동아신질서'를 실현하는 것이 그 취지였다. '왕도낙토', '민족협화' 등
과 같은 건국정신을 토대로 한 문화란 사실상 국책문화에 지나지 않는 것이었다.
그 후에 활발하게 전개된 국책동원의 문화 활동이 이를 대변한다. 이복실, 「'만주국'
조선인 연극 연구」, 고려대학교 박사학위논문, 2018, 56~61면 참고.

8) 중일전쟁 이후 만주국의 신극운동이 본격적으로 전개되면서 대동극단을 비롯한
각 지역의 관변 극단은 전만 지역을 순회하며 신극대중화운동에 앞장섰다. 그런
데 『예문지도요강』이 반포되고 결전문예운동이 벌어지면서 극단 내부에 '이동연극
반'(대동극단) 혹은 '이동연예반'(조선인 계림극단)이 조직되거나 극단 전체가 이
동하는 이른바 이동연극의 움직임이 활발해진다.(이에 관한 글은 이복실, 앞의 글
참고.) 종이연극은 '종이연극선무대'(조선인) 혹은 '화극대'(중국인)를 조직하여 새
로운 미디어의 이동으로 활약했다. 한편 보다 일찍 시작된 순회영화는 전시체제기
에도 꾸준히 그 맥을 이어나갔다. 만주국의 순회영화사에 관한 글은 김려실, 「조선
영화의 만주 유입 ─『만선일보』의 순회영사를 중심으로」, 『한국문학연구』, 제32집,
2007, 참고.

9) 1925년에 일본 조차지였던 만주 관동주에 이미 일본인 청취자를 대상으로 방송(호
출 부호 'JOAK')이 송출되었고, 1928년에는 장줘린(張作霖) 군벌 정권 치하의 펑톈
성, 지린성, 헤이룽장성에서도 방송(호출 부호 'COHB')이 시작되었다. 일본 제국의
식민지였던 조선과 타이완(台灣)이 1927년과 1928년에 각각 방송을 시작한 사실
을 감안하면 만주 관동주의 무선통신기술이 보다 빨리 도입되었음을 알 수 있다.

함으로써 자신들의 침략행위 및 항일사상의 전파를 차단하는 한편 만
주국의 건국이념과 독립국가로서의 정당성을 선전하려는데 있었다.
일본 제국은 이처럼 무력침략으로 인한 불안감을 해소하고 새로운 정
권의 안정을 도모하기 위해 건국 초기부터 언론과 통신을 만주국의
국책기관으로 포섭하는 데 주력했다. 이에 따라 불과 건국 4개월 뒤
인 1932년 7월 2일에 관동군 사령관의 만주국 통신 지도권을 규정한
『대만주국통신정책』(對滿洲國通訊政策)이 반포되었고, 이듬해 9월 1
일에는 일본과 만주국 정부의 합작 하에 만주전전이 설립되었다. 이
를 계기로 만주국의 방송 사업이 본격적으로 개시되었다. 만주전전은
만주국 최고 권력기관인 총무청 산하의 홍보처의 직접적인 지도와 통
제를 받으며 각 지역의 통신시설을 지속적으로 매수하고 합병함으로
써 일원적인 통신네트워크를 구축함과 더불어 라디오 방송을 전국적
으로 확충하고 보급함으로써 일원적인 전파네트워크를 구축하고자
했다. 이를 통해 만주국의 효과적인 식민통치를 실현하는데 일조하는
것이 만주전전의 핵심 사업이자 그 사명이었다.

　만주전전의 활약으로 13년이라는 짧은 기간 내에 만주국의 라디오
방송은 그 시설과 전파망의 확충, 수신기 제작과 보급, 청취자 획득,
교환방송 등과 같은 측면에서 상당히 큰 성과를 거두었다. 그 중 방송
시설과 방송망의 확대 및 수신기의 제작 기술과 방송보급은 이동방송
의 출현에 직접적인 추동 역할을 했다.

　1934년에 이르러 신징(新京)-하얼빈(哈爾濱), 다롄(大連)-펑톈(奉
天), 펑톈-신징 사이에 방송용 케이블이 연결되고 그해 11월, 수도 신
징에 기존 송출력의 10배에 달하는 100kW의 송신소가 개설됨에 따

라 만주의 거의 전 지역에서 라디오 방송을 수신할 수 있게 되었다.[10] 이는 난징 국민정부의 75kW를 뛰어넘은, 동아시아 최대 출력의 방송 국이었다. 만주전전은 이를 통해 방송사업 쇄신은 물론 과학기술을 기반으로 근대국가를 건설해 나가는 만주국의 저력을 전 세계적으로 과시하게 되었다.[11]

이어 1936년 11월, 신징에 10kW 출력의 방송국을 추가로 개국하면 서 100kW의 장파 방송이 일본어 위주의 제 1방송(영어, 러시아어, 몽 고어 방송도 부분적으로 송출)을 담당하고 10kW의 중파 방송이 중국 어방송 위주의 제 2 방송(조선어 방송도 부분적으로 송출)을 담당하 게 되었다.[12] 이로써 만주국은 본격적으로 이중어 방송을 시작하게 되 었다. 뿐만 아니라 1940년 이후 지역 방송국의 출력 또한 10kW이상 으로 기존에 비해 훨씬 높아지게 된다. 예컨대 1940년, 통화에 10kW 의 방송국이 개국했고 1942년 11월에는 연길(延吉)방송국이 50kW 대출력의 송신기를 증설하여 이중방송을 진행하게 되었다. 심지어 만 주국 붕괴 6개월 전인 1945년 2월에도 50kW의 대출력 방송국이 지린 에서 개국했다. 이처럼 가혹한 전쟁과 물자난 속에서도 만주국의 방 송국은 파괴는커녕 오히려 매년 증가하여 1945년 8월 일본 제국이 패

---

10) 서재길, 앞의 글, 188면.

11) 동양 최대급의 출력이 신징방송국에 의해 대체되기 이전, 난징방송국의 75kW 출 력은 동양 최대이자 세계 3위였다. 그 자리를 신징방송국이 대체하게 되자 만주전 전은 '난징 국민정부와의 전파전에 대항할 수 있을 뿐만 아니라 선진 제국과 어깨 를 나란히 할 기술'을 보유하게 된 사실에 찬양과 감격을 금치 못했다. 「會社創立 より昭和十二年迄之の槪要」, 『滿洲放送年鑑』, 1939, 8면.

12) 吉林省廣播電視廳史志辦, 「東北淪陷時期的廣播電台」, 『僞滿文化』, 吉林人民出版 社, 1993, 259면.

망할 당시에는 26개국이 존재했다.[13] 이는 '방송사업 5개년 계획'의 목표(20개국)를 초월한 수치였다.[14]

만주전전은 이처럼 방송망을 확대하고 방송 시설을 강화함과 동시에 수신기 제작 및 방송 보급에도 힘을 기울였다. 만주국은 1941년에 이르러 자체적으로 수신기를 생산하기 전까지 주로 일본에서 수입한 제품을 판매했다. 그 중 한 종류는 만주전전이 개발한 모델을 일본에서 생산한 '전전형'(電電型) 수신기였다. '전전형' 수신기는 일본 제품보다 저렴했기 때문에 가격적인 측면에서 상대적으로 우세를 지니고 있었다. 또한 비교적 통일된 규격을 갖추고 있어 전파 통제에 유리했다. 1940년에 새로운 규격의 제품을 지정하기 전까지 이 수신기는 크게 교류식(交流式) 수신기와 전지식(電池式) 수신기로 구분되었다. 세부적으로 교류식 수신기는 출력에 따라 국민형(주로 주파수범위에 따라 1호, 3호), 보급형(1~9호), 표준형(1~8호), 슈퍼형 등 20종, 전지식 수신기는 출력에 따라 표준 및 2호 등 2종의 제품이 있었다. 하지만 종류가 다양한 만큼 각각의 취급 범위와 방법도 달랐을 뿐만 아니라 제품의 제작과 유지 과정도 다소 번잡했다. 만주전전은 이와 같은 문제를 극복하여 보다 통일된 규격의 수신기를 보급하기 위해 1940년에 수신기의 규격을 새롭게 제정했다. 이에 따라 교류식 수신기는 보

---

13) 蔣磊,「僞滿洲國媒介傳播特征辨析」,『中國社會科學報』, 2015, 1면. 만주국의 라디오 방송국은 전쟁의 혼란과 파괴 속에서도 부단히 증설된 반면 국민당정부의 50여개 방송국은 전쟁 속에서 절반이상 파괴되어 1944년에 이르러 겨우 23개 남았다(같은 글, 같은 면).

14)「放送五個年計劃に就いて」,『滿洲放送年鑑』, 1939, 56면. 이 글에 의하면 '방송 5개년계획'은 1942년에 이르러 20개국 외에 방송 청취자 50만명(일만 통합) 달성을 목표로 상정했다.

급형(A, B호), 표준형(A, B호), 슈퍼형(B호)으로, 전지식 수신기는 B호로 새롭게 규격화되었다. 즉 출력, 주파수범위, 회로 방식과 진공관 등에 따라 총 22종으로 분류되었던 기존의 수신기를 총 6종으로 간소화한 것이다. 이는 사실상 중일전쟁 이후의 더욱 치열해진 전파전에 대응하여 청취 가능한 주파수 영역대를 제한한 것이나 다름없었다. 제국의 국책선전에 반하는 방송이나 해외로부터 전달되는 사상적 침공을 반드시 차단해야 했기 때문이다. 그 후, 1941년에 이르러 만주국에서도 수신기의 핵심 부품인 진공관을 생산할 수 있게 되고, 1942년에 수신기 제조회사가 만주국에 설립되면서 일부 수신기를 직접 생산하고 판매할 수 있게 되었다.

수신기의 자체 개발 및 제조 기술을 비롯한 만주국 라디오 방송의 전반적인 기술이 부단히, 그리고 비약적으로 발전할 수 있었던 것은 근대국가 건설을 위한 산업개발정책의 전폭적인 지지가 있었기 때문이었다. 일본은 "만주국을 산업경영과 기획기술의 시험장으로 만들"고자 1937년부터 본격적으로 '산업개발 5개년계획'을 실시하면서 광적인 산업개발에 돌입했다.[15] 1938년부터 시작된 '방송 5개년계획'은 곧 '만주국 산업개발 5개년계획'의 일환이었다. 만주국의 라디오 방송이 단순히 프로파간다뿐만 아니라 산업발전 및 근대국가 건설의 한 요소로서도 중요시되었다는 점이 주목된다. 실제로 '방송사업 5개년계획'이 추진됨에 따라 만주국의 라디오 방송은 큰 성과를 이루었다.

① 전파의 강화를 계획하여 전만주요 지역을 완전히 방송청취권 내

---

15) 프래신짓트 두아라 저, 한석정 역, 『주권과 순수성 만주국과 동아시아적 근대』, 나남, 2008, 142~157면.

에 둘 것.

② 일, 만, 두 언어 전용 방송을 진행원칙으로 하여 방송국의 신설 및
    이중방송화(二重放送化)를 계획할 것.

③ 침범 전파의 예방법을 강화할 것.

④ 인구 밀도가 높은 중앙지역의 전력을 강화할 것.[16]

위의 '방송사업 5개년계획' 방침은 1938년 제 1기에 해당하는 내
용이다. 그 뒤 매년 구체적인 방침이 개정되었지만 그 핵심은 제 1기
에서도 확인할 수 있는 바와 같이 '방송시설과 방송망의 확충 및 강화'
에 있었다. 만주전전은 이 사업을 이론적 연구를 토대로 보다 효과적
으로 실현하기 위해 라디오방송기술연구소[17]를 설립하고 방송기술자
를 양성하기도 했다.

만주전전은 이와 같은 사업 방침과 그에 대한 이론적 연구를 토대
로 매년 각 지역에 방송국을 신설함과 동시에 그 시설을 강화하는 등
라디오 방송의 발전을 추진시켜 나갔다. 『만주방송연감』에 기록된
「만주 방송기술의 근황」에 따르면 1940년 9월에 이르러 청취자가 30
만명, 방송국이 15개에 달했으며 그 중 8개 방송국에서 이중방송을 실
시했다.[18] 또한 국내용 총 공중선전력이 118.230kW, 연 작동시간이

---

16) 美濃穀善三郎,「滿洲放送事業現狀」,『宣撫月報』, 1939년 5월호, 31~32면.

17) 만주전전은 이 연구소의 설립 목적이 '전기통신공학에 관한 응용연구를 통해 방
    송사업의 기술적 진전을 도모함으로써 전기통신기술을 확립하고 전전회사의 사
    명을 완수할 수 있는 원동력이 되기 위함'이라고 밝혔다. 실제로 이 기술연구소에
    의해 방송 시설이나 이중방송, 전파 등에 관한 연구가 진행되었다. 만주전전 기술
    연구소의 연혁, 조직, 설립 목적 및 연구 업적에 관해서는『滿洲放送年鑑』, 1940,
    180~181면 참고.

18) 1940년 당시 大連 , 新京 , 奉天 , 哈爾濱 , 安東 , 牡丹江 , 承德 , 延吉 , 齊齊哈

14만 시간이었다. 뿐만 아니라 국제방송을 강화할 목적으로 신징중앙
방송국이 기존의 다롄중앙방송국의 대외선전임무를 인수하여 1939
년 7월과 1940년 7월에 20kW의 단파 송신기를 두 대나 증설했다. 이
를 통해 러시아와 유럽을 비롯한 세계 각 지역으로 매일 4차례, 하루
에 3시간 55분씩 해외방송까지 진행했다.[19] 만주전전은 만주국의 라
디오 방송이 이처럼 '독자적인 전파력을 통해 전국의 문화 향상과 신
속한 보도를 제공하고 있으며 기술적으로 점차 최고의 수준을 목표로
정비되어가고 있다.'[20]며 긍지감을 드러냈다.

　그밖에 수신기 및 방송 보급을 통한 청취자 획득의 수요 역시 이동
방송의 출현을 자극한 요소 중 하나였다. 다양한 보급 사업[21]을 통해
청취자수는 1940년 말에 30만 명, 1941년 8월에 40만 명, 1945년 8월

爾, 佳木斯, 黑河, 海拉爾, 營口, 錦縣, 富錦 등 15 지역에 방송국이 존재했다.
그 중 大連, 新京, 奉天, 哈爾濱 등 네 곳의 중앙방송국을 비롯하여 安東, 齊齊
哈爾, 海拉爾, 營口, 錦縣 등 8개 지역에 제 2방송이 증설되었으며 그 뒤 承德,
延吉, 黑河, 鞍山, 通化 등 지역에서도 제 2방송을 실시했다(『滿洲放送年鑑』,
1940, 153~157면, 참고). 1941년 6월에 소련과 독일 간의 전면전이 개시되면서
하얼빈에 집중되어 있는 러시아인들에 대한 선전 수요가 강화됨에 따라 만주전전
은 하얼빈중앙방송국에 백계 러시아인을 대상으로 한 제3방송(러시아어)까지 증
설하면서 다언어방송이 전개되었다.

19) 신징의 해외단파방송은 주로 러시아, 유럽, 미국, 중국, 동남아, 등 지역을 대상으
로 삼았으며 방송 언어는 중국어, 일본어, 몽고어, 러시아어, 영어(때로는 독일어,
프랑스어)를 사용했다(吉林省 廣播電視廳史志辦, 앞의 글, 261면). 그 밖에 만주
전전은 가정용 수신기 판매뿐만 아니라 공공시설에 유선을 설치하여 공동청취시
설을 확충함으로써 방송망 확대 및 청취자 증가에 힘썼다.

20) 『滿洲放送年鑑』, 1940, 169~170면.

21) 만주전전은 1936년에 수신기 직판제도를 수립하고 각 지역에 라디오 영업소를 운
영하여 판매 및 서비스업을 강화했으며 저소득층을 위해 월 할부 제도를 실시하
고 판촉 활동 및 경품 이벤트를 진행하는 등 수신기 보급과 프로그램 선호도 조사,
청취계약해지 예방 등을 통한 방송 보급에 애썼다. 이에 관한 내용은 山根忠治,
「吾が國放送業務の槪況」, 『宣撫月報』, 1941년 9월호, 강희주 앞의 글 참고.

에 70만 명을 돌파하면서 비약적으로 증가했다. 그러나 가구수와 청취자수의 비율로 볼 때 이러한 수치는 결코 이상적인 보급률에 도달했다고 할 수 없었다. 『선무월보』에 의하면 1941년을 기준으로 볼 때 백가구당 청취자가 겨우 5명이었다. 또한 이동방송이 등장하기 전 각 민족별 청취자수는 1940년 말을 기준으로 일본인 155.285명, 중국인 173.566명, 조선인 7.950명, 기타 3.852명이었다. 중국인 청취자가 가장 많았지만 이를 가구당 비율로 볼 때 일본인은 백가구당 74명인 반면 중국인은 백가구당 겨우 3명에 불과했다.[22] 만주전전이 적자를 해결하고 무엇보다 제국 일본과의 사상적 통합을 이루기 위해서는 만주국 인구의 90%를 차지하고 있는 중국인 청취자를 적극적으로 포섭해야 했다. 그 중 특히 만주의 벽지에 광범위하게 분포되어 있는 농촌 주민들을 포섭하는 데 여러모로 난점이 존재했다. 당시 대부분의 농촌 지역은 교통이 불편한데다 전력도 부족하고 라디오 방송에 대한 인식 또한 도시 주민에 비해 낮았기 때문이다. 그럼에도 불구하고 비상시국 하의 국민총동원정책을 선전하기 위해서는 농촌 지역의 청취자를 확보하는 일이 상당히 중요했다. 이처럼 전시체제기 만주국의 라디오 방송이 직면한 일련의 과제들과 그가 도달한 기술력이 이동방송의 출현을 자극했다. 거기에는 만주국의 자체적인 자동차 제조 기술도 상당히 중요한 지원군 역할을 했다.

요컨대, 만주국의 이동방송은 일차적으로 전시체제기 문화예술의 프로파간다적 기능이 강화되면서 국민총동원을 위한 '미디어의 이동'이 부각되고 이차적으로 만주전전의 설립과 활약 및 '방송사업 5개년

---

22) 山根忠治, 위의 글, 6면.

계획'의 추진 하에 송신기술과 방송망이 확충되고 자체적인 수신기 개발과 자동차 제조 기술이 확보되면서, 그리고 방송 보급 및 대다수 중국인 청취자의 확보가 요구되면서 1941년 10월에 결국 빛을 보게 되었다.

3. 이동하는 미디어—방송자동차의 활동 양상

1938년 만주전전에 의해 기획된 방송자동차는 3년 동안의 신중한 연구와 제조 및 개조 과정을 거쳐 1941년 10월에 드디어 완성되었다.

방송자동차 봉황호와 기린호(출처 :『大同報』, 1941.10.25.)

거대한 모형과도 같은 거북이 모양의 방송자동차는 수신용-봉황호(鳳凰號)와 발신용-기린호(麒麟號) 총 두 대 제조되었고 그 제조비는 10만원이었다. 차 위에 설치되어 있는 안테나와 자력발전기를 이용하

여 각 지역의 방송을 송출하는 동시에 단독으로 방송도 진행할 수 있
었다. 차 앞에는 전류계와 전압계가 있고 옆에는 열을 식혀주는 장치
가 설치되어 있었으며 차 안에는 축음기가 있어 수시로 음반을 재생
시킬 수 있었다.[23] 이 두 대의 방송자동차는 그야말로 '축소된 방송국'
이자 '이동하는 방송국'이었다. 방송자동차는 당시 동양 최초의 신문
물이자 만주국 과학과 문명의 상징이었다.

　사실 선전을 목적으로 한 방송자동차는 서양에서 보다 일찍 출현했
다. 하지만 라디오 방송이 거의 보급되었기 때문에 방송자동차는 농
촌 지역의 주민들을 대상으로 특별한 선전을 할 때에만 운행되었다.[24]
이런 점에 비추어볼 때 만주국의 방송자동차가 동양 최초의 산물이라
는 사실은 역으로 만주국이 일본을 비롯한 동양의 기타 국가에 비해
라디오 보급률이 상대적으로 낮았으며, 특히 제반 시설이 낙후한 농
촌 지역의 라디오 보급 및 국책 선전이 시급했다는 점을 증명하는 셈
이었다.

　방송자동차가 제조된 후 만주전전은 지린성-'제 1코스'를 시작으
로 '제 2코스', '제 3코스' 등 순차적으로 다른 지역을 순회할 예정이
었다.[25] '제 1코스'는 신징(新京)-지린(吉林)-쟈오허(蛟河)-신잔(新
站)-판스(磐石)-화뎬(樺甸)-차오양진(朝陽鎭)-하이룽(海龍)-류허
(柳河)-산청진(山城鎭-둥펑(東豐) 등 11개 지역을 40일 동안 순회하

23) 劉恩沛,「遊動放送局隨行記」(中),『大同報』, 1941.10.26.
24) 劉恩沛,「遊動放送局隨行記」(中),『大同報』, 1941.10.26.
25) 현재 확인된 제1 순회 코스가 당시의 지린성 지역인 것으로 보아 성(省)단위로 순
회 지역을 정한 것으로 보인다. 지린성 외의 기타 순회 코스에 대한 정보는 제시
되지 않았다. 본고는 '제 1코스'에 해당하는 지역의 순회 활동을 '1차 순회 활동'
으로 지칭한다.

는 것이었다.[26] 순회 일정을 확정한 후 선전 작업이 진행되는데, 이는 주로 만주전전 지사나 라디오 영업소, 협화회 등 관련 기관에서 방송 자동차의 공개 방송을 선전하는 포스터를 제작·배포하는 방식으로 이루어졌다.

순회 지역을 확정하고 선전 작업을 마친 후 1941년 10월 15~16일, 방송자동차는 신징 근교의 샤쥬타이현(下九台縣)에서 이틀 동안 실험운행을 했다. 이렇게 사전 준비를 성공적으로 마친 방송자동차는 22일에 정식으로 지린을 향해 출발했다. 이동방송에 동원된 인원은 방송부장을 비롯한 각 관계 사원, 자동차 반장과 기술자, 운전기사 및 협화회 관계자들과 신문기자 등 24명이었다.

'제 1코스'의 순회 일정을 보면 목적지에 도착한 방송자동차는 일반적으로 먼저 방송국이나 라디오 영업소 또는 협화회, 경찰국 등 관련 기관을 방문하고 다음 광장, 공원 등과 같은 공공장소를 돌면서 오후에 진행될 공개 방송을 홍보했다. 수행기에 따르면 방송자동차가 지나갈 때마다 거리는 길이 막힐 정도로 사람들이 몰려왔다. 음악은 물론 중국 인들이 좋아하는 다구(大鼓), 핑시(評戲), 샹성(相聲) 등[27] 중국의 전통연희가 거부기 모양의 차창을 뚫고 흘러나오는 기이한 물체가 사람들의 시선을 사로잡지 않을 수 없었던 것이었다. 차량에 동승한 기자 마저 이를 "소리나는 괴물"이라 칭하며 충격과 감탄을 금치 못할 지경이었다.[28] 그렇다면 농촌 주민들은 과연 어떤 반응들을 보였을까.

---

26) 「放送自動車の處女運行」, 『電電』, 1941년 11월호, 58면.

27) 다구는 북을 이용한 설창예술이고 핑시는 중국 북부의 극예술 중 하나이며 샹성은 중국식 만담이다. 만주전전은 중국인들의 취향에 영합하기 위해 이러한 전통연희를 방송자동차의 프로그램으로 선정하였다.

28) 劉恩沛, 「遊動放送局隨行記」(上), 『大同報』, 1941.10.25.

"저기, 저쪽에 까오리(高麗) 아주머니 두 명이 오네요"라며 윈펑(雲鳳)이 나를 밀었다. 과연 보따리를 머리에 인 두 사람이 걸어오면서 우리들의 차를 향해 손가락질했다. 가까이 다가가자 차가 멈춘 줄 알고 갑자기 손으로 만져보았다. 그런데 차가 움직이자 두 사람은 이 괴물을 향해 큰 소리로 외쳤다. 아마도 너무 미끄러워서 잉어보다 잡기 어렵다고 말한 듯 했다.

한무리의 아이들이 다가오자 나는 창밖을 향해 "알고 있니?" 라고 물었다. 그러자 "무선전"이라며 한 아이가 답했다. 입학도 안한 듯한 아이도 알고 있다니, 이는 확실히 문화 발전의 현상이다.[29] (인용자 역)

지린시로 이동하는 도중에 마주친 두 조선인 여성의 반응을 기록한 글이다. 두 여성이 움직이는 차량을 향해 무엇이라고 외쳤는지 정확하지 않지만 자동차를 만지며 호기심을 드러낸 것은 분명하다. 반면 아이들은 그 정체를 알고 있었으며 그 사실에 기자는 '문화 발전'을 운운하며 놀라움을 표했다. 하지만 '교육도 받지 못하고' 문화적으로도 소외된 농촌의 어린이가 방송자동차의 정체를 알고 있었다는 것은 '문화발전'이 아닌 선전의 효과일 것이다. 일부 농촌 주민들은 방송이라는 용어조차 잘 모르고 있었다. "방 무슨 송"이라며 얼버무리는 지역 주민들의 낮은 방송 인식에 기자는 한숨을 내쉬기도 했다.[30] 그런데 도시 주민들의 반응은 좀 달랐다.

두 대의 방송자동차가 지린시에 도착하자 거리에는 구경하려는 사

29) 劉恩沛, 「遊動放送局隨行記」(中), 『大同報』, 1941.10.26.
30) 劉恩沛, 「遊動放送局隨行記」(11), 『大同報』, 1941.11.20.

람들이 삼삼오오 모여 들었다. 어떤 사람은 무엇이든 방송할 수 있다고 하고, 어떤 사람은 신징의 프로그램만 방송할 수 있다고 하며 또 어떤 사람들은 영화만 상영할 수 있다고 했다. 사람들은 손가락질하기도 만져보기도 하며 흥미롭게 이 괴물의 형태를 응시했다. 노란색과 빨간색으로 칠한, 뚱뚱하고 큰 차가 거리에 꿋꿋이 서있는 모습은 그야말로 위풍당당했다.[31] (인용자 역)

차를 만져보며 호기심을 드러내는 지린시 주민들의 모습은 농촌 주민들과 별반 다름없다. 그런데 자동차를 둘러싼 주민들이 구체적으로 방송을 거론하는 대목은 도시 주민들의 방송 인식이 보다 높았다는 사실을 상기시켜 준다. 물론 사전의 선전 효과가 일정하게 작용했을 것이다. 그렇다 할지라도 '신징 프로그램만 수신할 수 있다'는, 당시 중국어 방송의 실태를 비교적 정확하게 언급하기는 어려웠을 것이라 생각된다. 실제로 중일전쟁이 발발한 후, 만주국의 제2 방송(중국어)은 신징중앙방송국에서 편성한 프로그램을 각 지역에서 동시에 방송했다. 그런 점에서 이 말을 한 사람은 평소에 방송을 자주 듣는, 방송에 대한 인식이 비교적 높은 청취자였을 가능성이 높다. 물론 도시의 주민이라 할지라도 계층이나 소득 수준에 따라 라디오 방송에 대한 인식이 달랐을 것이라는 점에 유의해야 한다.

가두 홍보가 끝나면 방송 시설을 점검하며 공개 방송 준비에 돌입했다. 방송은 대체적으로 오후 5시~6시경에 시작해서 9시~10시경에 마쳤다. 주로 관련 기관 앞이나 공공장소에서 방송을 진행했는데 사

---

31) 劉恩沛, 「遊動放送局隨行記」(下), 『大同報』, 1941.10.27.

전 홍보와 당일의 가두 홍보의 효과로 늘 방송 시간 전부터 많은 인파들이 몰려들었다.

松花江邊을 지나 라디오 영업소 앞에 정차하자 현지의 사람들은 5시 반부터 白山공원에서 자동차 공개를 기다리고 있었다. 사전의 선전도 충분히 진행된 듯 가두의 곳곳에는 선전의 포스터가 붙어 있었고 영업소 앞에는 간판도 세워져 있었다. (중략)전등이 적은 會場에는 대충 3,4천명의 대중들이 몰려들었다. 그리고 야시장에 나온 듯 북적였고 경관도 나와서 교통 정리를 하고 있었다. 단파방송기로부터 레코드가 방송되었고 松嶽반장 이하의 승무원들은 영사기의 상태를 보면서 방송기를 점검하고 있었으며 전력배급을 위해 電業 측 관계자도 열심히 일하고 있었다. (중략) 23일도 어젯밤 못지 않은 맑은 날씨였다. 그래서 정각까지는 이 두 대의 자동차를 둘러싼 관람자가 약 6천명으로 들끓었다. 그리고 대부분이 滿系 대중이었는데 이는 우리들로 하여금 이 자동차의 전도가 휘황하다는 것을 느끼도록 했다.[32] (인용자 역)

10월 22일, 지린시 공개 방송 전의 풍경을 담은 위 인용문에 의하면 3, 4천명의 주민들이 공개 방송을 보기 위해 일찍부터 공원을 찾았으며 이튿날에는 6천명으로 늘어났다. 지린뿐만 아니라 다른 지역에도 늘 수천 명의 주민들이 공개 방송을 찾아 그야말로 야시장을 방불케 했다. 이러한 사실은 한편으로는 지역 주민들이 방송자동차라는 '소리나는 괴물'에 큰 관심을 갖고 있었으며, 다른 한편으로는 지역 주민들, 특히 농촌 주민들이 문화적으로 소외되어 있었다는 점을 말해준다.

---

32) 「文化の尖兵出發す-放送自動車同乘記」, 『電電』, 1941년 11월호, 65면.

주지하듯 식민지 시기 대중들이 집합하는 장소에는 항상 경찰이 등
장했다. 위의 글에서처럼 방송자동차의 공개 방송 역시 예외가 아니
었다. 경찰들에 의해 항상 맨 앞 몇 줄에는 어린이들, 그 뒤에는 남성
들, 그리고 맨 뒤에 여성들이 줄서있었다.[33] 이와 같은 젠더적 배치 방
식은 가부장적 질서를 유지하려는 목적보다는 '식민지 남성'을 불온
한 대상으로 감시함으로써 치안을 유지하려는 목적으로부터 비롯되
었을 가능성이 더 높아 보인다. 한편, 공개 장소의 풍경으로 흥미로운
점은 영화 상영 도중에 소매상들이 등장해 간식이나 음료를 팔았다는
사실이다. 야시장을 떠올릴만한 장면이지만 이는 실제로 당시 중국인
극장(실내)에서도 흔히 볼 수 있었던 문화 풍경이었다는 점에서 더욱
흥미롭다.

공개 방송은 대체적으로 각 기관 주체들의 인사말, 라디오 방송에
대한 해설, 영화 상영 등 순서로 이루어졌다. 라디오 방송에 대한 해설
은 방송 원리, 수신기 구입 및 청취 권유, 시국 강연 등이 주된 내용이
었다. 아래 두 편의 수기를 통해 방송 해설과 그에 대한 청중들의 반응
을 살펴보기로 한다.

① 사회자가 차 위로 올라가 마이크를 들고 음성 테스트를 했다. 그
러자 즉시 조용해졌다. (중략) 우선 현재의 복잡한 국제정세 하에서의
라디오 방송의 중요성을 설명했다. 이어 무선전신의 발명 과정으로 거
슬러 올라가 발명가의 힘든 역사적 이야기를 들려주고 잠간 휴식을 가
졌다. 순간 방송차안으로부터 흘러나오는 노젓는 노래가 사람들의 귓

---

33) 劉恩沛, 「遊動放送局隨行記」(11), 『大同報』, 1941.11.20.

가로 스며들었다. "좋아요!", "좋아요!" 어디서부턴가 흥분한 소리가 터져 나왔다. (중략) 이어 사회자가 또다시 차 위로 올라가 방송 현황과 방송에 대한 국민들의 의식을 환기시켰다. (중략) 갑자기 또 다시 시끌 벅적해지기 시작했다. 영화가 시작되었다.[34](인용자 역)

② 앞에 한무리의 어린이들이 앉았다. 그들은 모두 무료로 영화를 보기 위해 왔다. "꼬마 친구들, 영화만 보려고 하지 말고 위대한 발명가가 되려고 생각해야 해요, 애디슨과 마르코니 모두 어렸을 때 꿈을 키웠어요, 그 결과 그들은 이처럼 사람들에게 행복을 선사했어요, 그들이 없었다면 이 세상의 밤이 얼마나 어둡고 적막했을지 생각해 보아요, 그러니까 이 방송자동차를 본 이후 방향을 정해야 해요, 앞으로 과학적 두뇌를 충실하게 해서 인류의 행복을 위한 일을 해야 해요…" 여기까지 말하자 어린이들은 싫증이 나서 "그만해요, 그만해요, 빨리 영화 보여주세요!"라고 했다. 나의 말이 그들에게 효과가 없을 줄 나는 알고 있었다. 그래서 어른들을 향해 말했다. "여러분 한번 생각해보세요, 선진국에 영화가 생겼을 때 우리에게는 무선전신이라는 문화 전파의 병기도 수용할줄 몰랐어요, 이는 얼마나 수치스러운 일인가요, 우리가 새로운 국가를 건설하려면 반드시 빨리 추격해서 따라잡고 알았으면 바로 실행해야 해요, 이렇게 두뇌를 충실하게 하고 생활을 개선해야만 건전한 국민이 될 수 있고 이상적인 국가를 건설할 수 있어요, 우리는 반드시 어떻게 신천지를 건설할 것인지 생각해봐야 해요. 따라서 이 방송자동차에 대한 경험을 계기로 물질문명에 대한 이해를 높이고 즉시 과학산물을 받아들여야 해요…" 어른들은 비교적 조용했다. 하지만 어린이들이 더욱 싫증을 내는 바람에 나는 준비한 말을 잊어버리고 말았

---

34) 劉恩沛, 「遊動放送局隨行記」(下), 『大同報』, 1941.10.27.

다.[35](인용자 역)

위의 두 인용문은 각각 지린시와 판스현(磐石縣)에서 진행된 방송 해설이다. ①은 우선 '복잡한 국제정세 하에서의 라디오의 중요성과 무선전신의 발명 과정'을 설명하고 다음 '방송 현황 및 그에 대한 국민들의 인식을 환기시키고자 했다. ②는 아이와 어른을 대상으로 사회자가 해설을 진행하는 대목이다. 우선 아이들에게는 에디슨과 마르코니를 언급하며 과학적 인식을 심어주고자 했다. 다음 어른들에게는 '문화 전파의 병기'로서의 라디오 방송의 중요성을 인식시키고 즉시 이 과학적 산물을 수용함으로써 새롭고 이상적인 국가 건설에 이바지할 것, 이를 통해 '건전한 국민'이 될 것을 요구했다. 요컨대, 라디오 전파기술의 과학성에 대한 인식을 기반으로 라디오 방송을 보급하고자 했다. 이러한 사례는 방송극을 통해서도 확인된다. 1939년에 무선통신기술을 발명한 〈마르코니〉[36]가 방송극으로도 방송된 바 있는데, 이와 같은 사실들은 만주전전이 방송 기술 향상에만 주력한 것이 아니라 라디오 보급 활동에 그와 관련된 과학기술의 특성을 적극 활용했음을 말해준다.

그러나 청취자들은 시국이나 과학과 관련된 강연에는 무관심한 듯했다. 위의 글을 보면 장차 제국을 이끌어갈 소국민들에게 과학의 중요성을 극력 설명하지만 정작 아이들은 사회자의 말문이 막히게 할 정도로 싫증을 내면서 오로지 영화 상영만을 고대했다. 어른들 역시

---

35) 劉恩沛, 「遊動放送局隨行記」(8)(9), 『大同報』, 1941.11.22.
36) 〈마르코니〉는 중국인 극작가 리챠오(李喬)의 작품으로 1939년 6월 20일 펑톈방송화극단(奉天放送話劇團)에 의해 방송되었다.

해설자들의 열변을 귀 기울여 듣는 듯 조용하다가도 쉬는 시간에 음악과 전통곡예가 흘러나오거나 만화(애니메이션), 영화를 상영할 때면 갑자기 환호를 부르짖으며 장내를 떠들썩하게 만들었다. 특히 영화는 공개 방송 당시 지역 주민들에게 폭발적인 인기를 끌었다. 그들이 그곳에 집합한 것은 방송을 듣기 위해서가 아니라 영화를 보기 위해서라고 해도 과언이 아닐 정도였다. 영화는 지역 주민들도 만영(만주영화협회)의 순회 영사를 통해 이미 접했기 때문에 비교적 익숙했고 인기도 많았던 것으로 보인다. 따라서 만주전전은 애초에 라디오 방송의 특성에 어울리지 않지만 예비 청취자를 동원할 목적으로 그들에게 익숙하면서도 인기가 많은 영화를 채택했던 것이다. 당시 상영했던 영화는 〈예원연인〉(藝苑情侶)이었는데 지린시에서 처음으로 공개 방송을 하던 날에는 전압이 낮은 관계로 무성으로 상영되었다. 이튿날에 다시 전압을 올려 유성영화 상영에 성공함에 따라 관객들의 큰 호응을 얻었다. 영화는 한 구극단이 화재가 난 후, 여배우가 사처에 부모를 찾아다니다가 우연히 차에 부딪쳤는데 알고 보니 잃어버린 부모였으며 그 후, 여배우는 부모님의 지원 하에 다시 새 극단을 설립하게 된다는 내용이다.[37] 남녀의 사랑 이야기와 여주인공의 불우한 조우 및 반전의 결말 등이 관객들의 흥미를 유발하는 요소로 작용한 것으로 보인다. 또한 극 중에는 중국인들이 즐겨 듣는 다구가 등장하여 큰 인기를 끌었다.

---

37) 古市雅子, 『滿映電影硏究』, 九州出版社, 2010, 70면 참고. 이 글은 〈예원연인〉을 화 속에 복이 숨어 있다는 주제를 담고 있으며 '환상과 우연, 놀람과 기쁨 등 극적 요소를 통해 관객들로 하여금 고통을 잊고 만주국의 새로운 생활을 동경하게 하려는 소위 위안류의 국책 영화'(같은 면)로 분류했다.

그밖에 만화도 상영되었다. 아이들은 시야 확보를 위해 소리를 지르고 눈을 비비다가도 만화가 시작되면 "일만여 쌍의 눈동자를 즉시 수림 속의 흰 막으로 집중시켰다"[38]는 묘사로 보아 만화가 아이들에게 상당한 인기가 있었을 것으로 짐작된다. 이처럼 공개 방송은 중국인들이 선호하는 오락 프로그램을 통해 '사람들에게 라디오 문화의 특이성을 인식시키고 친근감을 갖게 함'으로써 라디오 보급에 일조하고자 했다. 방송을 마칠 때 사람들은 '충분히 보지 못했다'는 아쉬움을 토로하거나 '내일 꼭 다시 오라'고 부탁했다.[39] 이와 같은 아쉬움의 토로는 소외된 지역 주민들의 문화오락적 소비를 향한 욕망의 발현이었다. 따라서 방송자동차가 상징하는 과학과 문명은 근대 미디어문화 인식의 측면에서 큰 효과를 발휘했다고 볼 수 있다. 방송자동차가 만주국의 라디오 방송 보급에 일조했다면 아마도 그것이 지닌 미디어의 근대성(과학성, 오락성)에 큰 공이 있을 것이다. 반면 방송자동차의 1차 순회 활동만을 통해 그 프로파간다적 기능이 얼마간의 효과를 양산했는지는 쉽게 가늠하기 어렵다. 다만 1차 순회 활동을 통해 드러난 국책선전에 대한 무반응 내지는 외면의 태도로부터 짐작컨대 이동방송의 프로파간다성이 의도대로 순조롭게 수행되지는 못했을 것이다.

---

38) 劉恩沛, 「遊動放送局隨行記」(下), 『大同報』, 1941.10.27.
39) 劉恩沛, 「遊動放送局隨行記」(下), 『大同報』, 1941.10.27.

4. 결론을 대신하며

본고는 전시체제기 사상전의 산물이자 만주국의 산업 발전 및 그 과학과 문명의 산물이었던 이동방송의 출현 배경과 1차 순회 활동의 양상을 고찰했다. 이를 통해 이동방송의 실체를 부분적으로 밝혔는데, 이를 더욱 완전하게 파악하기 위해서는 앞으로 다음과 같은 과제를 해결해야 한다. 우선 방송자동차의 운행 기간이다. 방송자동차가 출범 당시 만주전전은 지린성 지역을 중심으로 한 1차 순회 활동을 시작으로 3차까지 40일 동안 운행할 예정이라고 했다. 따라서 방송자동차의 2, 3차 및 그 이후의 운행 여부에 대해 밝힐 필요가 있다. 아울러 운행했을 경우, 지역에 따른 방송 내용 및 청취자들의 반응에 대해 보다 소상히 고찰해야 한다. 반면 1차 혹은 2, 3 차 운행 이후 중단되었다면 그 이유 또한 명확하게 밝혀야 한다.

다음, 이동방송의 내용에 있어서 본고에서 밝힌 라디오 방송과, 축음기를 통한 음악과 전통곡예의 재생 및 영화와 애니메이션 상영 이외의 실연 여부에 대해서도 밝혀야 한다. 이상의 방송과 영사 기능 외에 1943년 조선에서 등장한 매신교화선차대는 자동차 후미에 야담과 만담 및 연극을 공연할 수 있는 무대도 갖추고 있었다.[40] 이러한 사실은 만주국의 방송자동차 역시 같은 기능을 보유했을 가능성을 암시한다. 이 점 또한 실증적인 자료를 근거로 증명할 수 있다면 이동방송의 활동 내용을 보다 풍부하게 재구성할 수 있을 것으로 판단된다.

아울러 이동방송에 대한 제국 및 방송 주체의 평가 역시 그의 완전

---

40) 매신교화선전대의 실체와 그 활동에 관해서는 배선애, 앞의 글, 참고.

한 실체와 방송 효과를 가늠하는 척도로서 주목할 필요가 있을 것이다. 이상의 과제들은 본고를 토대로 향후의 연구 작업을 통해 보완하고자 한다.

2

병리의학으로서의 과학

근대 희곡에 나타난 제국의 조선 의사들

이주영

1. 의학, 생활의 근대

식민지 조선의 민중들은 기존의 가치, 질서, 풍경 등과는 이질적인 근대라는 존재와 마주하게 되었다. 그들에게 근대는 구체적으로 설명할 수 없는 무엇이었겠으나, 다양한 상황과 경험 속에서 필연적으로 감각 중인 낯설고 새로운 시대이자 풍경이었다. 조선을 휩쓴 이 숙명의 거대 물결은 조선 민중들에게 두려움과 공포를 안겨줌과 동시에 매혹과 선망, 더 나아가 믿음과 신뢰를 심어나갔다.

서구의학 또한 조선인 대중들에게 긍정과 부정의 감정들이 뒤엉킨 근대적 가치 중 하나였다. 현미경과 체온계, 액대경, 엑스선 촬영기, 외과용 수술도구 등 첨단 의료 기기로 가득한 병원, 그곳에서 흰 가운을 입고 좀처럼 알아들을 수 없는 의학 용어로 환자의 상태를 이야기하는 의사, 그리고 그의 앞에서 한복을 입은 조선인들의 주눅 든 모습은 쉬이 상상할 수 있는 식민지 시대의 병원 안 풍경이다.[1] 이러한 식민지 조선의 서구의학은 조선인들이 실생활에서 육체적으로 감각하고 경험하는 믿음과 신뢰의 근대로서 자신의 위치를 다져나갔다.[2] 이러한 움직임에 부합하듯 당시 신문과 같은 대중매체에서는 조선인 민중들에게 서구의 의학 정보를 실어 나르고, 실생활에서도 적용 가능한 실용학문으로서 교육하였다.[3]

의사는 "존경과 숭배"로서 "자연과학 중에 있어서 가장 진보의 발전"을[4] 보여준 첨단의 학문을 연구함과 동시에 진료를 통해 조선 민중에게 몸소 근대를 체험하게 했던 시대적 존재였다. 근대적 가치에 둘

1) 서울대학교병원 병원역사문화센터, 『사진과 함께 보는 한국 근현대 의료문화사 1879-1960』, 웅진지식하우스, 2009, 248~251면 참조.
2) 서양의학은 식민지 대중들에게 모든 질병을 정복해나가는 첨단의 의학이었다. 「醫學의 非常한 發達은 腹部中의 疾病도 직접으로 검사 치료하게 되었다」, 『매일신보』, 1918.09.27.; 「現代醫學의 發達 輸血療法의 成功」, 『중외일보』, 1928.02.21.; 「婦人과 初産 (2): 오좀검사로써 임신인지 아닌지를 확실이 알 수 잇다 세계의학의 큰 발견」, 『매일신보』, 1930.10.19.; 「婦人과 初産 (3): 포도상귀태는 출혈이 만히됨으로 열사람 중 하나는 죽어 세계의학게의 큰 발견」, 『매일신보』, 1930.10.21.; 「米國醫學의 發達 세계를 리-드하고 잇다」, 『매일신보』, 1930.12.23.; 「손댈수 업는 『히스테리-』도 현대의학은 장담하고 고친다」, 『매일신보』, 1937.11.09.
3) 「아이들의 병을 豫知하는 法(上) 某醫學博士談」, 『매일신보』, 1924.07.20.; 「醫學上으로 본 우리 身体의 成分」, 『매일신보』, 1926.10.17.; 「醫學界에 新機軸 死者를 注射廻生 심장마비와 노진탕으로 죽은 사람 칠분안에 주사하야 살려내인다고」, 『중외일보』, 1930.03.30.; 「봄과 위생(1): 바람과 진애로 감기를 주의 폐렴이 되면 위험」, 『매일신보』, 1930.02.21.; 「봄과 위행(2): 어린애의 홍역을 주의 사십팔시간안에 의사에게 보이라」, 『매일신보』, 1930.02.22.; 「가정의학: 천식은 로인께만 오는 것이 아니다 고양이, 화분, 향긔도 이병의 원인이 되어」, 『중외일보』, 1933.02.06.; 「머리가마와 아이의 성질 아모 의학적 근거가 업다」, 『중외일보』, 1933.02.06.; 「家庭醫學 藥은 毒物이다 잘못 먹으면 죽는 물건」, 『조선중앙일보』, 1935.01.22.; 「家庭醫學: 鐵分만으로는 貧血은 낫치 못한다 造血에는 鐵과 銅 뷔타민이 必要하다고 米國의 二學者가 發表」, 『매일신보』, 1935.12.07.
4) 「偉大한 과학자의 敎訓」, 『신동아』, 1936.01, 145면.

러싸인 의사는 각각의 작품 수준은 상이할지라도 형식과 주제적 측면
에서 근대성을 지향하고 이를 실천하려 했던 근대 희곡에서 심심치
않게 등장하는 인물 중 하나이다.[5] 이들은 근대 희곡사에서 주요 작가
로 언급되고 있는 윤백남, 최승만, 조명희, 김기림, 송영 등에 의해 선
택되어 희곡 안에 등장하며, 근대의 풍경과 실체를 살펴볼 수 있는 인
물로 그려진다. 근대 희곡에 나타난 의사는 시대적 가치와 여러 해석
을 기다리는 인물임에도 불구하고 기왕의 희곡 연구사에서, 특히 근
대성에 천착한 연구에서조차도 그들에 대한 논의는 활발하게 진행되
고 있지 않다.[6] 앞서 언급한 작가들에 대한 연구는 주로 해당 작가의
연극 운동과 그와 관련한 작가의 예술론,[7] 제국 일본과의 연관성,[8] 당

---

5) 의사는 여러 작가와 희곡에 등장함에도 불구하고 이를 주목한 희곡 연구는 전무하
다고 할 수 있다. 희곡 연구는 아니지만 같은 문학 장르인 근대소설에 나타난 질병
과 병원을 연구한 김미영의 글이 있다. 김미영, 「일제하 한국근대소설 속의 질병과
병원」, 『우리말글』제37집, 우리말글학회, 2006.08.

6) 김재석, 「〈황혼〉의 근대성 연구」, 『어문학』제98집, 한국어문학회, 2007.; 이미나,
「최승만 예술론과 「황혼」의 근대성 연구」, 『한국학연구』제42집, 인하대학교 한국학
연구소, 2016.; 이미순, 「〈김영일의 사〉의 자아 의식」, 『어문연구』제82집, 어문연구
학회, 2014.

7) 이동월, 「윤백남의 야담 활동 연구」, 『대동한문학』제27집, 대동한문학회, 2007.; 성
명현, 「윤백남의 논설 「연극과 사회」(1920) 고찰」, 『한국콘텐츠학회논문지』제15집,
한국콘텐츠학회, 2015.; 이민영, 「윤백남의 연극개량론 연구」, 『어문학』제116집, 한
국어문학회, 2012.; 백두산, 「윤백남의 대중문예운동가 신문연재 대중소설의 기획」,
『한국현대문학연구』제53권, 한국현대문학회, 2017.; 정덕준, 「포석 조명희의 현실
인식: 〈김영일의 사〉, 〈파사〉를 중심으로」, 『어문논집』제22권, 안암어문학회, 1981.;
김민정, 「『월간야담』을 통해본 윤백남 야담의 대중성」, 『우리어문연구』제39집, 우
리어문학회, 2011.; 윤여탁, 「1930년대 전반기 연극운동과 희곡의 한 양상: 송영과
유진오의 공연작품을 중심으로」, 『국어국문학』제97권, 국어국문학회, 1987.

8) 양승국, 「윤백남 희곡 연구: 〈국경〉과 〈운명〉을 중심으로」, 『한국극예술연구』제16
집, 한국극예술학회, 2002.; 손성준, 「대리전으로서의 세계문학: 검열된 『김영일의
사』와 번역된 『산송장』」, 『민족문학사연구』제65집, 민족문학사학회, 2017.

대 희곡사에서의 위치[9] 등으로 이루어져 왔다. 송영의 〈호신술〉에 나타난 의사에 대해 등장인물인 변호사와 함께 "자본가들에게 기생하는" 계층으로 해석한 이재명의 연구가 비록 단 몇 줄로 소략하게 언급하고 있으나, 근대 희곡에 나타난 의사를 분석한 거의 유일한 연구라 하겠다.[10]

본고에서는 당대의 가치를 극화한 근대 희곡에 빈번하게 등장함에도 기존 희곡 연구에서 소외되었던 등장인물이자, 조선인 대중에게 첨단 문명을 실어 나르고 그것을 몸소 체험케 했던 의사에 주목하고자 한다.[11] 본 연구는 근대 희곡을 통해 식민지 현실에서 근대라는 낯설고 새로운 시공간으로 향해 달려가는 조선 사회의 시대상을 살펴보고자 하는 문학적 작업이자 노력이다. 이를 위해 본고 2장에서는 서구 의학이 전근대적 가치와의 경쟁 속에서 조선 사회에 안착하는 과정을 논할 예정이며, 3장에서는 조선 사회에 안정적으로 자리 잡은 서구 의학이 조선인 대중들과 대면하는 상황을 살펴볼 것이다. 그 출발부터 "병폐"의 "현실"을[12] 담아내고자 했던 근대 희곡 안에 나타난 의사는 근대의 부작용을 드러낸다.

9) 김재석, 「형성기 한국 근대극에서 〈김영일의 사〉의 위치」, 『한국연극학』제50권, 한국연극학회, 2013.

10) 이재명, 「송영의 극문학 연구: 1930년대 작품을 중심으로」, 『원우론집』제19권, 연세대학교 대학원우회, 1992.

11) 본고의 분석 텍스트의 대상은 1910년대에서 1930년대까지 발표된 희곡이다. 단, 조중환의 〈병자삼인〉의 경우, 번안극이기에 분석 대상에서 제외한다. 또한 일제 말인 국민연극시기에 발표된 희곡에 나타난 의사는 조선인 민중들의 삶과 현실이 아닌 전쟁이라는 특수한 상황을 드러내기에, 이는 차후 논문에서 논하고자 한다.

12) 현당, 「연극과 오인」, 『매일신보』, 1920.7.2.

2. 한의에서 제국의 양의로

연구자들에게 주목받지는 못했으나 의사는 생각보다 많은 근대 회곡 텍스트에 등장하는 직업군이자 등장인물이다. 물론 서론에서도 언급했듯 각각의 작품 수준의 편차가 존재함을 부정할 수는 없다. 허나, 당대의 현실을 담으려고 노력했던 근대 회곡 안에서 다양한 모습으로 등장하는 의사들, 여러 근대 회곡들에 흩어져 있는 의사라는 편린들을 한데 모아 논의하는 과정에서 당시 조선 사회 내에서의 의사의 위치, 그들을 향한 조선인 대중들의 시선을 파악해 볼 수 있다.

작품	작가	발표연도
국경	윤백남	1918
황혼	최승만	1919
연의 물결	김영보	1922
김영일의 사	조명희	1923
기적 불 때	김정진	1924
삼천오백량	김유방	1924
절도병 환자	박진	1930
천국에서 왔다는 사나이	김기림	1931
그들의 하루	남우훈	1932
호신술	송영	1932
인간모욕	유지영	1932

위의 표는 의사가 작품에 등장하거나 다른 등장인물들에 의해 언급된 회곡 작품들을 정리한 것이다. 기본적으로 당시 회곡에는 주로 양의사가 등장하지만 양의와 한의가 동시에 등장하는 텍스트도 있다.

근대가 조선에 안착하기 위해서는 전근대와의 경쟁은 필수적이었다. 의학도 마찬가지였다. 서양의학은 전통적으로 조선인의 질병을 관리하고 치료했던 한의학과의 대결에서 일제의 도움을 받아 생각보다 쉽게 조선 의학계를 장악하였다. 1913년, 총독부에서 제정하고 공포한 '의생규칙'을 통해 더 이상 한의사는 의사가 아닌 의생으로 전락하게 되었다.[13] 즉 "양의는 스승, 한의사는 제자"가 된 셈이다.[14] 물론, 1915년 전국의생대회, 동년 전선의회 창립, 1924년 동서의학연구소 조직, 1935년 『동양의학』과 『충남의약』을 창간 등 서양의학에 맞선 한의학의 대응도 있었지만, 일제의 강력한 제도적 배제로 인해 한의학은 "초근목피를 사용하는 미개의학"으로[15] 급속도로 주변화되었다.[16] 즉 일제는, 구체적으로 조선 총독부는 조선 의학계를 "서양의학 중심"으로 재편하였고,[17] 이에 응답하듯 조선인의 대중들은 의학·의료에 있어서 한의와 한방보다는 근대적 의미를 지닌 서구의학을 선호하였다.[18]

---

13) "의생면허는 20세 이상으로 2년 이상 의업에 종사한 자만을 대상으로 발급하여 한의사의 자연도태를 유도했다. 비록 부칙으로 3년 이상 의업을 수습한 자에 대해서는 한정된 지역에서 5년 이내의 시한부 면허를 발급받게 하였지만, 한의사의 몰락은 필연적인 것이었다." 조형근, 「식민지체제와 의료적 규율화」, 『근대주체와 식민지 규율권력』, 문화과학사, 1997, 185면.
14) 서울대학교병원 병원역사문화센터, 『(사진과 함께 보는) 한국 근현대 의료문화사 1879-1960』, 웅진지식하우스, 2009, 253면.
15) 「한의학계의 신기운(일)」, 『동아일보』, 1936.2.29.
16) 한의학의 몰락은 조형근의 글을 참조할 것. 조형근, 앞의 글, 182~186면.
17) 박윤재, 『한국 근대의학의 기원』, 혜안, 2005, 303면.
18) 原 智弘, 「ある朝鮮人生徒の日常生活」, 須川英徳 編, 『韓國 朝鮮史への新たな視座-歷仕 社會 言說』, 勉誠出版, 2017, 227~228면 참조.

순정	(의사와 등장) 들어오십시오. (**문 밖에서 주저하고 있는 의원을 보고**)

(중략)

의원	네, 기허해서 나는 병이 있지요. 인삼뿌리나 좀 넣고 쓰면 곧 낫지요. 내게로 오십시오. (순정을 보면서) 약을 제 드리겠습니다.

(중략)

순정	아참, 한의는 **신용할 수 없다**고 하신 말이 지금에 생각이 나는군.(독언) 그럼, 어머니, 서양의사를 불러와 봅시다.[강조 인용자][19]

최승만의 〈황혼〉은 김인성이라는 청년이 구식 결혼으로 인한 갈등으로 인해 결국 자살에 이르는 과정을 그린 작품이다. 위 인용문은 「황혼」의 일부로, 근대희곡에 나타난 한의학의 몰락을 대표적으로 보여주는 장면이다. 의생면허로 인해 의사의 제자가 된 한의사는 당대 조선인들에게 "신용할 수 없"는 의술인이며, 그로 인해 그들은 서양의사와의 만남에서 "문 밖에서 주저"할 수밖에 없는 위치로 전락한다. 이어 미개의학인 한의학이 물러난 자리에 문명의학의 정수를 보여준 서양의학은 일제의 제도적 도움을 받아 매끈하게 조선 의학계의 헤게모니를 장악한다.[20]

제국 일본 법령의 도움을 받아 한의학을 밀어낸 서양의학은 조선인

---

19) 최승만, 〈황혼〉, 서연호 편, 『한국회곡전집1』, 태학사, 1996, 103~104면.
20) 조선 사회 내에서의 서구의료 인력과 한의사의 변화 추이는 아래의 표를 통해 확인할 수 있다.

의 신체를 관리하고 제국 일본의 취미에 맞는 새로운 국민으로 재편
할 수 있는 학문으로서 확산되어 갔다. 조선의 서양의학이 그 출발을
종교와 함께 했으나, 다른 제국과 비교하여 병원 설립 및 의사 배출을
선교사들의 활동에 의해 '주도적'으로 확산시키지 못했던 것 또한 종
교보다 앞선 제국 일본의 이와 같은 움직임 때문이다.[21]

　일제의 노력 때문인지 조선 사회에 별 무리 없이 안착한 서구의학
은 조선인 대중들에게 신뢰의 학문으로 자리 잡았고, 이 첨단의 학문
과 의사에 대한 믿음과 선호, 그리고 지지는 생각보다 견고하게 작동
된 듯하다. 특히 질병에 노출되어 있는 조선인이 제국의 감시와 통제
매커니즘이 철저하게 작동하는 감옥 앞에 서면, 공포보다는 치료공간
으로서의 믿음을 갖게 되고 때에 따라서 자발적으로 감옥행을 택하기
도 하였다.

<blockquote>

어머니　　아모턴지 몸이나 성히 있어야 할 터인데 그런 데서 병이
　　　　　나 나면 어쩌우.

여자　　　아무럼은요. 어디 가 있든지 몸이 제일이지요.

</blockquote>

연도 \ 구분	의사	간호부	약사	한의사
1915년	954	251	63	5,804
1920년	1,111	609	93	5,476
1930년	1,972	1,251	234	4,594
1940년	3,660	2,116	598	3,604

조선총독부, 『통계연감』(조형근, 「식민지체제와 의료적 규율화」, 『근대주체와 식
민지 규율권력』, 문학과학사, 1997, 186면 재인용).

21) 조형근, 앞의 글, 176~177면 참조.

아내	걱정하실 것 없어요. **감옥에도 병원이 있대요.**
여자	병원이 있으면 오죽 할라구.
아내	병원은 일반이지……. **감옥 병원은 사사 병원보다 훌륭하대요.**[강조 인용자][22]

위 인용문은 남우훈의 〈그들의 하루〉 중의 한 장면이다. 이 작품은 기자인 원일이 사회주의 운동으로 감옥에 수감되었다가 출소한 형의 노비를 마련하기 위해 아내의 결혼반지를 전당포에 맡긴다는 내용으로, 조선인 가정의 빈궁함을 그린 사실주의 계열의 작품이다. 수감생활을 하는 자식이 걱정되는 어머니와 그의 며느리(원일의 처), 그리고 이웃 아내의 대화 속에서 조선인 대중들이 갖고 있는 감옥 내 병원에 대한 인식을 파악할 수 있다. 등장인물/조선인 대중에게 감옥은 마냥 공포만이 존재하는 공간은 아니었다. 그곳엔 병을 치료할 수 있는 문명의 실용학문인 근대 의학이 있었기 때문이다.

식민지 시기 조선의 감옥은 "위험하고 게으른 조선인을 근면하고 안전한 인물로 개조해야" 하는 "복종과 근면성을 가장 큰 덕목으로 권장 강제"하는 공간이었다.[23] 하여, 그곳은 조선인 부랑자들의 부랑병(浮浪病)을 치료하는 계도의 병원이었다.[24] 이러한 은유적 의미를 지닌 병원으로서의 감옥은 공간의 특성상 종종 전염병으로부터 노출되기 쉬웠으나,[25] 기본적으로 그 안의 병원은 수감들의 죽을병도 낫

22) 남우훈, 「그들의 하루」, 서연호 편, 『한국희곡전집 II』, 태학사, 1996, 388면.
23) 이종민, 「식민지하 근대감옥을 통한 통제 메카니즘 연구-일본의 형사처벌 체계와의 비교」, 연세대학교 대학원 사회학과 박사학위논문, 1998, 193면.
24) 「최근 퇴원한 감옥병원의 부랑병자」, 『매일신보』, 1914.11.25.
25) 「감옥에 염병」, 『매일신보』, 1931.8.18.

게 하는 곳이었다.[26] 이런 이유 때문인지 돈 없는 조선인들은 제국의 처벌과 폭력을 감수하면서까지도 자진해서 감옥행을 선택하기도 했다.[27][28] 제국의 감시와 통제로 철저하게 둘러싸인 감옥병원은 그에 비해 상대적으로 감시가 덜한 사사 병원보다 오히려 훌륭하며, 심지어 죽을병도 무료로 치료해주는 병원이었다.

일제의 입김이 강하면 강할수록 조선인 대중들로부터 신뢰가 두터워지는 식민지 시대의 서구의학, 이 생활학문이자 기술을 다루는 의사는 그간 제국으로부터 받은 온갖 은혜에 보답하기 위해 잠시 병원 내에서의 환자 진료를 중단하고 급하게 그들을 찾는 제국의 부름에 병원 밖으로 나온다.

순사	너 여기서 자살한 사나이 시체가 어디로 걸어가든?
남편	그 시체요. 난 몰라요. 나는 내 시체하고는 벌써 떠난 지 오래니까.
의사	그럼 **당신은 무어란 말이오.**
남편	**영혼이지요.**
의사	아하- 그러면 당신 시체가 여기 있다가 당신이 천국에서 돌아오자 또 당신에게 돌아갔나 봐요.

(중략)

순사	**우선 검사하고 해부하지요.**

---

26) 「지나인의 감읍성은, 감옥에서 죽을병이 나아서」, 『매일신보』, 1915.11.28.

27) 「문둥병에 걸려 감옥행 자원」, 『조선중앙일보』, 1935.3.14.; 「화루병 고치려 강도를 범행」, 『매일신보』, 1935.6.13.

28) 소년범에게도 의료 혜택은 주어졌다. 「문화적 유년감옥」, 『매일신보』, 1922.9.24.

의사	**자살자니까 해부해야지.[강조 인용자]**[29]

김기림의 〈천국에서 왔다는 사나이〉는 빚 갚을 능력이 없어 유서를 남기고 일가족이 자살을 시도하지만 죽은 것이 아닌 꿈을 꾼 것으로 마무리되는 풍자극이다. 탈출구 없는 궁핍함을 극복하기 위해 극 후반부에 단결의 힘을 넌지시 제시한 이 작품에서 의사는 순사와 함께 등장한다. 본 작품의 시선 내지 입장이 현실 비판 및 풍자에 있기에 순사와 의사가 독자/관객들에게 웃음을 주는 역할로 그려지기는 하나, 인용문에서처럼 사건 해결을 위해 의사는 형사 기관의 부름과 지시에 적극적으로 응답하고 수행한다.

의사는 유지영의 〈인간모욕〉에서도 제국의 처벌 기관과 함께한다. 이 작품에서 창기인 도원은 사창가 포주인 탁원칠의 비인간적이고 폭력적인 작태에 결국 그를 살해한다. 이 살인 사건 현장에 순사와 의사가 나란히 있다. 이 둘은 〈천국에서 왔다는 사나이〉에서보다 좀 더 전문가다운 모습을 보여준다. 이 전문성은 흐트러질 위기에 놓인 일제의 질서를 바로 잡는 데에서 빛을 발한다.

도	(오행생략) (사이) 사람의 값을 올리기 위하여, 나와 같은 길에 빠져드는 여자들을 구한다는 뜻으로 죽였습니다. (사이) 나 한 목숨 희생하는 것만 같지 못한 목숨이니까. 나는 이렇게 (단도로 자살을 하려 한 다. 순사 갑, 날쌔게 그 손을 붙들어 칼을 빼앗는다)

29) 김기림, 〈천국에서 온 사나이〉, 서연호 편, 『한국 희곡 전집2』, 태학사, 1996, 299면.

순 갑   (의사를 향하여) **죽는 것은 분명히 단도에 맞어 죽었습
              니까?**

의   **네! 분명하오.** (순사 갑, 포승을 꺼내어 도홍의 오른손
              을 묶는다)[강조 인용자][30]

근대의 의사는 대중들의 죽음까지 관리하여 제도화시키는 존재였
다.[31] 의사의 죽음에 대한 개입은 법과 만나면서 사망자의 사인까지도
밝히고 범죄/자를 확정시켜 준다. 〈천국에서 왔다는 사나이〉와 〈인간
모욕〉에서 확인하였듯, 근대의 서양의는 제국의 요청에 의해 범죄 현
장에서 사망자가 자살인지 혹은 살인인지, 살인이라면 어떠한 방법으
로 죽었는지를 밝혀냄으로써 제국의 사법경찰들이 범인을 검거할 수
있도록 물신양면으로 힘쓴다. 이렇듯 식민지 조선사회에서의 의사는
일종의 근대판 법의학자로서 사회 안녕에 혁혁한 공을 세운다.

근대 희곡에 나타난 의사들은 조선인을 가난으로 내모는 사회(〈천
국에서 왔다는 사나이〉), 인권의 사각지대에서 결국 살인을 저지를 수
밖에 없었던 개인들의 고통(〈인간모욕〉)에는 그다지 관심이 없는 듯
하다. 같은 조선인으로서 그들은 동족에게 왜 그랬을까. 제국이 바로
그들 옆에 있어서였을까. 총과 칼을 든 제국의 경찰이 앞에 있기에 조
선인들의 아픔을 말하기가, 조선인들을 그러한 상황까지 몰아간 제국
을 비판하기가 두려워서였을까. 혹은 어쩌면 이들은 조선말은 쓰되

---

30) 유지영, 〈인간모욕〉, 서연호 편, 『한국 희곡 전집 Ⅲ』, 태학사, 1996, 227~228면.
31) 근대사회에서 출생과 사망이 발생하면 전문의료인의 확인 절차를 거쳐 해당 가족
    은 국가 기관에 출생 및 사망신고를 하게 된다. 요컨대 국가가 전문의료인을 매개
    로 출생과 사망에 개입하는 것이다." 신규환, 『동아시아 의학의 재발견, 질병의 사
    회사』, 살림, 2006, 63~64면.

조선과 유리되어 종족성이 희미해진 제국의 의사들이기에 그랬을까. 이를 위해 다음 장에서 근대 희곡에 나타난 의사가 그들의 본업인 환자 진료, 제국의 감시가 덜 한 조선인과 마주하는 상황을 좀 더 살펴보도록 하겠다.

3. '조선인' 의사들의 진료 거부

부부 사이에서의 남녀 역할 변화를 풍자적으로 그린 번안극 〈병자삼인〉(조중환 작, 1912)에서 하계순과 공소사는 조선인이 근대 희곡이라는 장르에서 처음으로 마주한 의사이다. 부인에게 구박당하는 학교 하인 정필수를 돕기 위해 거짓 병명을 진단하는 하계순과, 역으로 정필수의 아내이자 학교 교사인 이옥자와 연합하여 거짓 병명으로 정필수와 하계순을 궁지에 모는 공소사는 믿음과 신뢰의 의사라기보다는 희극적 인물로 그려진다. 근대 희곡에서의 첫 등장이 그래서였는지, 창작 희곡에서 또한 처음으로 등장하는 의사의 모습이 〈병자삼인〉의 그들과 별반 다르지 않다.

박	저 편에서 무조건 굴복을 하시도록 할 터이니 내 말만 듣게.
안	듣다 뿐인가. 무엇인가.
박	저 밖에 계신 모양이니까. (**박, 일세의 귀에다 대고 무엇을 이른다**)
	(중략)
영	안녕하십니까. 그런데 웬일입니까?

박	**낮에 은행에서 썩은 행을 잡수 셨다는데 그것이 관격된 모양이올시다.** 아주 무엇 급하여요. 가만히 계십시오. 이야기할 틈이 없습니다. 또 어떻게 되었는지.
	(중략)
박	그러면 좋은 도리가 있습니다. 그런데 **무조건 항복을 하시겠습니까?**
영	(주저주저하며 약한 음성으로) 하-지-오.[강조 인용자][32]

가정은 돌보지 않고 몸치장과 문화생활만을 즐기는 아내 영자에게 남편 안일세가 국경선을 정하여 국교 단절을 선언한다는 내용의 윤백남의 희곡 〈국경〉에서 박도일이라는 의사가 등장한다. 근대 창작 희곡에서 처음으로 등장하는 이 의사는 6년 전에 발표된 번안극 〈병자삼인〉에서 하계순이 했던 일을 그대로 답습한다. 박도일은 안일세의 편에 서서 주도적으로 영자의 항복을 받아내는데, 그 계략은 하계순이 정필수에게 했던 거짓 병명 진단이다. 당대 남성들에게 절대적 지지를 받았을 것으로 예상되는 박도일의 모습 속에는 당시 조선인 대중들이 갖고 있었던 의사라는 직업에 대한 인식, 즉 '의사=신뢰의 직업군'이라는 공식이 깔려 있다. 박도일이 내뱉은 믿음의 말 한마디, 거짓 병명의 그 진료는 영자를 굴복시켜 그녀를 가정 안으로 복귀시켜 놓는다. 근대 창작 희곡에 첫 등장하는 의사는 환자 진료를 넘어 그의 위치를 이용하여 앞서 논한 제국의 체제뿐만 아니라 조선의 가부장적 체제에까지도 적극 봉사하는 인물로 그려진다.

32) 윤백남, 〈국경〉, 서연호 편, 『한국 희곡 전집 I』, 태학사, 1996, 66~67면.

〈국경〉의 박도일이 근대 창작 회곡에서 처음으로 등장한 의사이기
는 하지만, 그의 역할이 의사로서 보편적인 모습을 보여주는 것은 아
니다. 의사의 역할이 환자 진료와 치료에 있다는 점에서 근대 회곡에
나타난 의사들은 주로 환자 진료에 매진한다.

①

박대연   (손으로 의사를 안내하며) 도-소꼬지리에. [이리 오십시
         오]

의사   하이. [네] (환자 옆으로 와 앉아으며 진찰을 마치고 고
         개를 까딱 까딱 홰-홰 흔든다)

여러 사람은 의사의 눈치를 보고 의구의 표정.

박대연   선생! 도-데고사이마스가? [선생님! 병세가 어떠합니
         까]

의사   마아다이죠부데스. 주사오야리마시요네. [아무 걱정 없
         습니다. 주사를 하십시다][33]

②

"아버지" "아버지"하고 부르는 소리에 따라 집안 사람의 황망히 간호
하는 소리가 들린다.

                          (중략)

혜경   의사가 오셨어요. 어서 가보셔요.[34]

---

33) 조명희, 〈김영일의 사〉, 서연호 편, 『한국 회곡 전집 I』, 태학사, 1996, 129~130면.
34) 김영보, 〈연의 물결〉, 서연호 편, 『한국 회곡 전집 I』, 태학사, 1996, 142면.

③

화실   (전략) 의사의 말이 무어랍디까? 죽지는 않겠답니까?

사역   네, 잘 치료하면 목숨은 살겠다고 해요. 인제 회사에서
       치료비는 얼마든지 줄 테니까 병원에 두고 치료나 잘하
       게 하시지요.[35]

위의 인용문은 환자 진료와 치료라는 의사 본업에 충실한 의사들
이 등장하는 대표적인 근대 희곡 작품들이다. 이들은 희곡에서 '의사
=믿음과 신뢰'라는 공식을 완벽하게 다져나간다. 위독한 고학생을 위
해 주사를 놓아 치료해주거나(〈김영일의 사〉), 비록 사망하긴 하였으
나 위급한 환자를 위해 응급처치를 해주거나, 또는 임산부와 태아의
상태를 알려주거나[36](〈연의 물결〉), 그리고 공장 기계에 눌려 피가 철
철 흐르는 아이를 치료하거나(〈기적 불 때〉), 혹은 비록 의사가 등장
하지는 않지만 발동기에 치여 "죽을 지경"인 직공이 의심 없이 의사
가 있는 병원으로 달려가는(김유방 작, 〈삼천오백량〉, 1924) 등 근대
희곡에 등장하는 서양의들은 숙련된 의학기술과 발 빠른 대처로 목숨
이 위태로운 조선인 환자들을 치료한다. 이처럼 근대 희곡에 나타난
의사들은 환자에게 최선을 다하는 모습을 통해 믿음과 신뢰로 점철된
근대 의학의 입지를 공고히 해나간다. 단, 몇몇 의사들은 이 입지를 흔
들어놓거나 신뢰와 믿음으로서의 의사상을 말끔하게 해체한다.

근대 희곡을 통해 '서양 의사/학=믿음과 신뢰'라는 공식을 무너뜨

---

35) 김정진, 〈기적 불 때〉, 서연호 편, 『한국 희곡 전집 I』, 태학사, 1996, 176면.
36) 백작 (전략) 의사나 산파의 눈치를 보니까 아이는 태중에서 충분히 완숙된 듯하
    고, 또 처음부터 나는 처가 처녀가 아닌 줄을 짐작하였네.(김영보, 앞의 책, 145면)

린 대표적인 의사로는 〈호신술〉에 등장하는 박정훈이다. 이 작품은 공장 노동자들의 계급투쟁에 대항하기 위해 공장사장인 김상룡과 그의 일가족이 호신술을 배우고, 그 과정에서 그들의 모습을 희화화시켜 자본가를 풍자한 극이다. 이재명이 언급했듯, 〈호신술〉에 등장하는 박정훈이라는 의사는 "자본가들에게 기생하는"[37] 지식인 계층의 전형을 보여준다. 그는 "급한 환자가 오는 데가 여러 곳이 있는 데에도 불구하고"[38] 돈이 되지 않는다는 이유로 그 수많은 조선인 환자의 진료를 거부하고, '자본가 김상룡네=돈'을 선택한다. 박정훈은 돈을 손에 얻은 대신, 근대 의학이 그간 쌓아온 믿음과 존경의 가치를 날려버린다. 이러한 의사의 모습은 〈호신술〉의 박정훈에게만 한정되지 않는다.

경삼   (반가이) 돌아선 것이 뭔가, 인젠 말도 잘못 하시네. 그래 의사 오나?

                (중략)

치명   첫 번에 가는 길로 (손가락으로 가리키며) 큰 길 모퉁이에 있는 **이의사라나 그놈한테 가서 좀 가자니까, 첫째 "인력거 가지고 왔느냐"** 고 묻데그려.

경삼   그래 그놈들은 다리가 부러졌냐 모두.

치명   그래 바로 요 모퉁이니 얼른 좀 그대로 가쟀더니 이놈이 성을 내며 이 눈구덩이에 어떻게 걸어가느냐고 하며 **내 아래위를 훑어보더니** 대번에 뉘 집에서 왔느냐 묻데그려. 그래 바로 요 뒤라고 했더니 이놈이 "빈민굴 말

37) 이재명, 앞의 글, 200면.
38) 송영, 〈호신술〉, 서연호 편, 『한국 희곡 전집Ⅲ』, 태학사, 1996, 11면.

요? 내일 아침에나 가지. 지금은 못 가겠소." 그러지. 그
렇게 말하는 놈에게 자꾸 가자고 조르면 되겠든가.

경삼   그래, 다른 덴?

치명   그래 할 수 없이 사정목까지 가서 **박의사를 부르려니까**
        그놈도 내 모양을 또 한참 훑어 보더니 조금 있다가 최
        두취 집을 갈 테니 까 또 못 오겠다고 하지.

경삼   **최두취라니?** 동대문 안 최 부잣집 말야?[39] [강조 인용자]

〈기적 불 때〉는 지독한 가난으로 인한 한 가정의 참담한 생활상을
그린 작품으로, 삼대가 함께 사는 다섯 식구는 아무리 노동을 해도 좀
처럼 가난으로부터 벗어나지 못하고, 결국 비극을 맞이하게 된다. 위
인용문은 집안의 어른이자 병자인 화실이 자신의 병으로 가세가 점점
기울어져 가는 것을 자책하여 양잿물을 마셔 자살을 시도하였고, 이로
인해 그의 아들 경삼과 경삼의 친구 치명이 의사를 부르는 장면이다.

의사는 오지 않는다. 화실의 상태가 위독하여 아무리 애타게 찾아
도 그들은 결코 오지 않는다. 의사들은 눈이 와서, 혹은 먼저 진료를
봐야 하는 환자가 있어서 등 여러 핑계를 대며 죽어가는 화실의 치료
를 거절 거부한다. 의사로서의 첫 질문은 환자의 위중한 상태가 아닌
자신들을 환자가 있는 곳까지 데려다줄 인력거의 유무와 환자가 사는
곳이 빈민굴이냐 아니냐는 것이며, 가장 먼저 그들의 시선이 머무는
곳은 자신을 데리러 온 자의 다급하고 걱정으로 가득 찬 눈빛이 아닌,
아래위로 훑어보는 그들의 행색이다. 〈호신술〉의 박정훈보다 좀 더
명확한 조건을 대며 조선인 환자의 진료를 거부하지만, 이들 역시 환

---

39) 김정진, 〈기적 불 때〉, 서연호 편, 『한국 희곡 전집 I 』, 태학사, 1996, 182~183면.

자를 진료하는 데 있어 가장 중요한 것은 환자가 치료비를 낼 능력이 있느냐 없느냐, 즉 돈인 것이다. 치료비를 낼 수 없는 환자들은 이들에게 더 이상 환자가 아니다.

진료를 거부하는 의사는 조선인 관객들에게 그리 낯설지 않다. 극장 안에 들어오기 전부터 관객들은 "돈만 알고 사람의 목숨 모르는 불량의사"이자 "악덕의사"[40]인 "김 의사"[41]로 인해 "입원을 거절"[42]당한 가난한 조선의 "병자가 거리에서 사망"[43]한 사실을 알고 있다. 그리기에 상술했듯 조선인/관객 일부는 치료를 받기 위해 감옥행을 선택하기도 하였다. 감옥 앞에서 의사에 대해 생각했을 조선인들은 믿음과 신뢰로 점철된 근대적 가치로서의 의학과 의사를 부정하고 만다, 근대의 첨단 학문으로서 신뢰를 쌓아 온 의학, 이 학문을 다루는 당대 존경의 상징인 의사는 돈 앞에 그들의 명성과 근대의 믿음을 반납한다. 그리고 여기서 하나 더, 근대 희곡에 나타난 의사들의 면면을 자세히 살펴보면 흥미로운 사실이 하나 발견된다. 이는 돈과 명예를 맞바꾼 의사들의 종족이 모두 조선인이라는 점이다.

〈호신술〉의 의사 박정훈, 〈기적 불 때〉의 이 의사와 박 의사 모두 성과 이름에서 알 수 있듯이 조선인 의사들이다. 환자를 진료, 치료하거나 위독한 상황에서 긴박하게 행동하는 의사들의 경우는 희곡 안에서 의사라는 보통명사로 처리되었다. 심지어 〈김영일의 사〉에서 죽어가는 고학생 김영일을 치료하고 주사를 놓아주었던 의사는 일본인이

---

40) 「빈민 진료거절하는 악덕의사 등 점증」, 『중앙일보』, 19333.4.26.
41) 「위급한 환자의 치료를 거절」, 『중외일보』, 1930.9.16.
42) 「중병자 입원을 거절한 병원」, 『매일신보』, 1936.6.6.
43) 「빈곤한 사람인줄 알고 위급환자 치료 거절」, 『매일신보』, 1937.10.5.

었다. 잠시 2장에서 기술했던 의사들을 환기해보면, 그들은 조선인에게 무관심한 태도를 보인 의사들이었다. 무관심과 진료 거부라는 각기 다른 행동을 보인 두 의사 집단의 모습 속에는 조선인의 아픔(정신적 육체적)을 외면하는 의사상이 겹쳐진다. 즉 이 두 집단에 속해 있는 의사들의 관심은 조선인 환자들이 아니다. 하여, 어쩌면 본고 2장에서 제국에 봉사했던 조선말을 쓰는 의사들은 그들의 곁에 있는 제국의 감시와 폭력이 두려워서 조선인의 아픔을 이야기하지 못했던 것은 아닐 수 있다. 그들은 돈 외에는 관심이 없었던 조선인으로서의 아이덴티티를 분명히 하고 있는 의사들처럼 애초부터 제국 외에는 관심이 없었던 또 다른 형태의 조선인 의사라 볼 수 있다. 근대의 의사들은, 적어도 사회의 병폐를 담아내고자 했던 근대 희곡에 나타난 의사들은 그들의 안정적 삶을 보장해줄 제국과 돈만이 최고의 가치였다. 그리고 근대 희곡에 등장하는 돈과 제국의 욕망을 쫓는 의사들은 '의학/사=근대적 가치로서의 믿음과 신뢰'를 저버리고 근대의 부작용으로서의 모습을 드러낸다.

4. 의사, 근대의 부작용

조선 사회에서 서구 의학이라는 근대 과학이자 기술을 선보였던 서양의들은 제국의 도움으로 그간 조선인 환자들을 치료했던 한의/사들을 변방으로 밀어내고 조선 의학계의 헤게모니를 거머쥘 수 있었다. 근대 희곡의 작품을 통해서도 이러한 변화를 감지 혹은 확인할 수 있었다. 서양의들은 제국의 수혜를 받았기에, 일제의 호출에 발 빠르게 응답해줘야 했다. 제국과 조선인 환자들이 나란히 서 있는 자리에서 이 의사들은 조선인 환자들의 신음에 무관심하기 일쑤였다. 한편 조선의 또 다른 서양의들은 제국이 그들 곁에 없어도 치료비를 지불할 수 없는 조선인 환자라면 여러 이유를 대며 진료를 거부하였다. 이렇듯 근대 희곡에 나타난 서구의학을 담당했던 의사들은 조선인 환자보다 더 중요한 제국과 자본을 쫓는 욕망 덩어리였다. 허나, 극장 밖 서양의들은 환자 진료를 위해 차별과 경쟁을 이겨낸 존재들이었다.

조선인 의사들은 제국 일본으로부터 "동양 연구를 위한 전초기지"[44]라는 막중한 임무를 부여받은 경성제국대학에서 일본인 학생들과 경쟁하면서 조선사회의 지식인 계층으로 성장해 나간 자들이었다. 하지만 법문학부와 달리 의학부는 일본인 학생들이 많아 "제국적인 성격이 강했던"[45] 학부였기에 종족 간 경쟁이 더욱 더 치열했을 것으로 예상된다. 심지어 졸업한 조선인 학생들은 관 공병원으로의 취업이 일본인에 한하여 허락되었기에 대학에서 수학한 의료 행위를 펼치기 위해서는 대부분 개인병원을 개업해야 했다.[46] 이렇듯 조선인 의사들은 차별과 경쟁을 겪으면서 힘들게 사회로 진출한 존재들이다. 단, 당대의 사회상을 반영한 근대 희곡 안에서 의사가 되기까지 부단히 노력했던 이들의 노고를 찾기란 불가능하다. 오히려 차별보다는 제국으로부터의 수혜와 부의 축적이라는 사회적 경쟁의 모습만이 근대 희곡 텍스트 안을 채운다. 제국과 돈을 향해 조선 사회로 진출한 의사들은

44) 이상우, 「한 식민지 국문학자가 마주친 '동양 연구'의 길」, 『식민지 극장의 연기된 모더니티』, 소명출판, 2010, 21면.
45) 정근식 외, 『식민권력과 근대지식: 경성제국대학 연구』, 서울대학교출판문화원, 2011, 493면.
46) 정선이, 『경성제국대학 연구』, 문음사, 2002, 154면.

결국 이로 인한 발작, 즉 부작용을 일으킨다.

> 아내　　　(반지를 다시 빼앗으며) **아니 선생님, 인젠 보니까 선생님, 자신도 절도병 환자이십니다그려.** 이건 무슨 짓이야. 이 양반 왜이래, (박사는 얼빠진 것 같다) 이를 어째, 큰일났군. 여보-. (큰소리 지른다)

> (뺨치는 소리 찰싹)

> 박사　　　(깨어나서 공포의 태도) 허허, 내가 이거 무슨 짓을-, 응! 기여히 응! (한참동안 말도 아니하고 손만 부비며 실내를 왔다갔다 한다) **나의 과학자로서의 위엄, 몇십년 동안 굳게 지켜오던 철학적 태도가 일순시에 한 부인의 반지로 해서** 응! 이런 낭패가 있나. 응! (손을 부비며 우왕좌왕)⁴⁷⁾[강조 인용자]

　박진의 〈절도병 환자〉는 절도병에 걸린 환자를 치료하는 의사마저 절도병에 감염되었음을 그린 작품이다. 희곡에서 "크래프토매니아(cleptomania)"라는 학명의 절도병에 부인, 모던보이, 모던걸, 노동자, 상인 등 특정 계층과 직업을 가리지 않고 조선인 대부분이 감염되어 있다. "눈에 닥치는 데로 무슨 물건이고 훔쳐 집어 넣는" 병, "마치 간질과 같이 가끔 가다 발작하는"⁴⁸⁾ 증세를 보이는 이 병에 의사 또한 비껴 갈 수 없었다. 근대의 첨단이자 존경의 대상인 의사는 절도병 환자

---

47) 박진, 〈절도병 환자〉, 서연호 편, 『한국 희곡 전집 Ⅱ』, 태학사, 1996, 188면.
48) 박진, 위의 책, 185면.

가 돼버렸다. 의사는 진료를 해야 하는 대상에서 치료를 받아야 하는
대상이 된 셈이다.

절도병의 원인은 알 수 없다. 단지 희곡은 어떤 원인으로 인해 병에
걸린 수많은 환자/조선인들의 증상이 타인의 물건을 무단으로 소유하
려는 절도 행위로 드러난다는 사실만을 말해주고 있다. 경쟁하듯 끊
임없이 누군가의 물건을 탐하는 절도병 환자들은 급기야 병원의 모든
물건마저 훔쳐 도망간다. 텅 빈 병원이 되었을 때, 작품은 이 병의 진
원지를 언급한다.

> 상인같은 사나이 그러나 저 거리에서 떠들고 있는 미친 놈들은
> 어떻게 할 모양이냐 말이야. 흥, 고마워? 그들
> 이 거리를 소란하게 한 죄의 반 이상은 너희 놈
> 들에게 있다. 그러나저러나 그꼴을 구경하지 않
> 았던들 붙잡히지 않았을걸.[49][강조 인용자]

상인같은 사나이가 지목한 병의 유포자는 "너희 놈"인 의학사와 탐
정이다.[50] 환자를 진료하고 병을 치료하는 의사는 절도병 환자에 이
어 병을 유행시킨 자로 전락한다. 여기서 한 가지 흥미로운 사실은 탐
정의 등장이다. 탐정이라는 존재는 근대 희곡에서 좀처럼 등장하지
않는 인물이기에 좀 더 주목해볼 필요가 있다. 근대 희곡에서 보통 이
런 경우 탐정이 아닌 경찰이 등장한다. 탐정의 등장을 탐정소설의 영

---

49) 박진, 앞의 책, 190면.
50) 희곡에서는 의학사가 박사의 병원에서 함께 일하는 동료 의사인지, 아니면 절도
    병 환자인지 명확하게 밝혀져 있지 않다. 의학사에 대해 확인할 수 있는 것은 박사
    에게 반지를 절도당한 아내의 남편 친구라는 사실뿐이다.

향으로 해석해 볼 수 있다. 허나, 의학사의 시계를 훔친 상인같은 사나이, 즉 절도범을 고용자의 의뢰에 의해서가 아닌 자발적으로 검거하는 그의 행위와 그들이 근대 희곡에 등장하는 빈도수를 고려해봤을 때에 본 텍스트에 등장하는 탐정은 검열을 의식하여 교체된 인물, 즉 경찰을 은유하는 인물로 보는 게 좀 더 타당한 해석일 것이다. 이로써 절도병으로 조선 사회를 병들게 한 자들이 분명해진다. 범인은 근대 의학의 첨단인 의사와 제국의 감시자인 경찰들이다.

1910~30년대 희곡에 등장하는 의사들은 환자 진료와 치료에 매진하는 모습으로 그려지는 한편 남의 물건을 탐하는 환자이자 제국의 곁에서 근대의 조선 사회를 병들게 하는 불순한 존재로 그려진다. 의사들은 제국의 수혜를 받아 성장했지만, 그 과정에서 그들은 조선인의 삶을 외면하는 제국과 닮아가고 있었다.

근대 희곡은 주지하듯 근대적 가치와 현실, 그리고 조선인 대중들의 삶을 그리고자 했고, 그 중에서도 당대 사회적 병폐에 주목하였다. 지금까지 살펴본 근대 희곡에 등장하는 대부분의 의사들은 조선 사회의 병폐이자 부작용이었다.

근대로 향해 달려갔던 조선, 그곳에서 살아갔던 조선인 대중들에게 그 낯설고 새로운 시공간은 믿음과 신뢰보다는 제국과 자본에 의해 얼룩진 시대였다. 그런 점에서 근대 희곡에 나타난 의사들은 제국과 자본이라는 근대의 얼룩을 드러내기 위해 선택당한 인물이라 할 수 있다. 그리고 이와 같은 직업, 의사라는 인물을 경유하여 제국과 자본이라는 근대 사회의 병폐·부작용의 원인을 말함으로써 근대 희곡은 근대 문학 장르로서의 존재 의의와 가치를 획득한다.

박정희 정부의 의료복지와 연극
: 한센병 소재 연극을 중심으로

김태희

1. 의료복지를 둘러싼 사정

대통령 박정희가 훌륭한 지도자였는지는 개인에 따라 판단이 달라
질 수 있다. 이를테면 그가 기업의 편의를 봐주고 그 대가로 부정한 재
물을 축적했고 국민들의 여론에 반해 폭력적으로 한일협정을 강행한
것은 사실이지만, 그가 집권했던 시기 우리나라의 발전을 위한 여러
가지 기틀이 다져진 것도 사실이다. '과학대통령 박정희'의 신화도 양
면적이긴 마찬가지다. 잘 알려져 있듯이 그가 집권했던 시기에 우리
나라 과학 기술의 요체라 할 수 있는 각종 기관들-대덕연구단지, 한
국과학기술연구소 등-이 설립되었다. 이미 선행연구들에서 지적하고
있는 바와 같이 과학 기술을 발전시키기 위한 정책들이 모두 박정희
개인의 선택은 아니었음에도 불구하고 이런 인프라의 완성은 마치 그
가 과학 발전을 가장 큰 과제로 삼은 지도자이자 과학 발전사에 큰 이

바지를 했었던 것 같은 착시 효과를 만들어낸다.[1]

사실 박정희의 집권 동안 과학은 빈번하게 등장하는 단어였다. 정부는 조국 근대화의 한 방편으로, 가난에서 벗어날 수 있는 수단이자 농촌 근대화의 해결책으로 과학을 내세웠다. 이런 용례를 살펴보면 그 시대의 '과학'은 협의의 순수과학을 넘어서서 다양한 기의를 내포한 일종의 기호였다. '과학'은 인접한 어휘들, 요컨대 그것은 기술의 다른 이름이자 의료, 복지, 근대화로 쉽게 환유되곤 했다.[2]

물론 조국근대화가 모든 담론과 정책들을 굴절시켜버렸지만 적어도 집권 초기, 박정희는 정부의 의료복지에 대해 관심을 갖기 시작했었던 것으로 보인다.[3] 쿠데타로 권력을 손에 넣은 박정희 최고회의 장은 민생안정이라는 명목 하에 1962년 연 초에 정부 각 기관을 시찰했다. 보건사회부는 무의(無醫)면을 줄이기 위한 의료 서비스 확충 계획을 세우는데 이를 보고 받은 박정희는 비상한 관심을 보이는 것은 물론 제주도를 비롯한 도서의료 시설의 우선 확충을 강조하기도 했다.[4] 이러한 관심은 그가 대통령이 되고 난 다음해의 연두교서에서도 소략하나마 반영되고 있었다. 신문지의 한쪽 면을 가득 채우는 분량의 연두교서의 말미에서 보건의료망의 조정, 강화와 의료시설의 확충을 주장하는 그의 목소리를 들을 수 있다.

1) 이러한 신화에 대한 해체와 재조명 작업은 최근에도 활발하게 이루어지고 있다. 김근배 외 『'과학대통령 박정희' 신화를 넘어』, 역사비평사, 2018.
2) 정부의 정책을 다루는 당시 기사에서도 용어의 혼용을 쉽게 찾아볼 수 있다. 「제언 농촌서도 과학사상 싹트게해야」, 『동아일보』, 1973.05.22.
3) 백승욱, 이지원, 「1960년대 발전 담론과 사회개발 정책의 형성」, 『사회와 역사』 107권, 한국사회사학회, 2015.
4) 「명년까지 무의면을 일소」, 『동아일보』, 1962.01.12.

사회복지정책에 있어서는 이미 형성된 보건의료망을 합리적으로 조정강화하여 의료의 질적향상과 결핵, 나병 등의 만성병관리의 강화를 기하며 특히 의료시설이 희소한 농어촌까지 질병의 예방과 의료의 혜택을 확대하여 국민의료균점에 노력할 것입니다.[5]

초기 박정희 정부의 복지 국가를 향한 의지는 확고하고도 분명한 것이었다. 이는 당시 세계사적 흐름에 따른, 선진국을 향한 의지였으며 동시에 4.19 혁명으로 대두된 대중들의 기대치를 반영한 것이기도 했다. 그런데 문제는 정부가 공약으로 내건 복지국가를 이룩하기 위해서는 많은 재정적 뒷받침이 필요하다는 점이었다. 결국 정부는 복지국가의 슬로건을 조국근대화의 기치로 포장할 수밖에 없었고 여기에서 의료서비스를 비롯한 복지 정책은 경제적 발전의 후순위로, 국가의 책임이 아닌 개인의 몫으로 탈바꿈하게 되었다. 요컨대 근대적 주체가 되지 못한 개인은 정부의 의료복지의 혜택을 누릴 수 없었고 개인은 의료복지를 누리기 위해서 일종의 의식 개혁을 거쳐야 했다.[6]

한편 상황이 여의치 않았음에도 박정희 정부가 끝내 복지 국가의 포즈를 견지할 수밖에 없었던 데에는 보다 복잡한 이유들이 존재했

---

5) 「박대통령 연두교서 전문」, 『경향신문』, 1964.01.10.
6) 백승욱과 이지원은 ""조국근대화'는 앞선 시기와 구분되는 새로운 목표라기보다는 앞서 추진해왔던 정책들을 종합적으로 묶어낸 틀로서, 실체가 모호하고 포괄적인 구호였다."라고 밝힌다. 이들에 따르면 1960년대 초 비교적 느슨한 틀로 작용했던 '조국근대화'는 1967년를 기점으로 일종의 신앙으로 격상된다. 조국근대화는 경제건설, 정치민주화, 사회합리화로 재규정되었고 사회합리화는 기존의 복지의 부대낌을 해소하는 것에 동원되었다. 요컨대 개인은 비합리적인 특성을 갖는 합리화의 대상으로 전락하고 동시에 조국근대화의 저해 요인으로 간주되어 지속적이고 적극적인 혁신이 요구된다. 백승욱, 이지원, 위의 글, 368~369면.

다.[7] 민생안정이라는 대의명분도 중요했지만 정부 입장에서는 국외의 요소도 무시할 수 없었다. 요컨대 냉전 구도 하에서 한국은 빠질 수 없는 주요 국가였다. 제3세계를 향한 각 나라의 원조, 종교 단체의 해외 선교 활동은 정부의 계산을 더욱 복잡하게 만들고 있었다.

196,70년대 한국에서 사람들의 이목을 가장 집중 시켰던 질병은 한센병이었다.[8] 일제강점기만 해도 강제 격리되어 치료를 받던 한센병 환자들은, 1950년대에 격리치료가 금지되면서 비로소 자유를 얻는 듯 보였지만 사태는 그리 단순하지 않았다. 여전히 한센병 환자에 대한 거부의 정서가 강했기 때문이다. 질병에 대한 의학적 정복이 질병에 대한 감수성까지 해결해 줄 수는 없었고 이는 개개인 일반에 국한 된 것이 아니라 정부의 경우에도 마찬가지였다. 정부는 한국을 방문한 해외 의료진, 종교 단체의 선교활동을 적극 지지하며 한센병에 대한 인류적 책임을 의식하고 있는 것처럼 보였지만 그 저변에는 여전히 차별과 배제의 논리가 작동하고 있었다. 당시 이근삼과 최인훈이 발표했던 작품에는 이런 이면과 저변의 논리가 흐르고 있다. 이근삼은 계몽극의 관점에서 한센병에 접근하고 있는데 여기에는 창작 주체, 해외 선교 단체, 정부의 복잡한 사정들이 얽혀 있었다. 선행 연구들은 이근삼과 가교의 계몽극이 근대적 의학 지식을 전파하는 데 기여했으며 나아가 문화적으로 발전되지 못한 지역민들에게 문화적 혜

---

7) 유신 이후에도 복지는 정부의 중요한 관심사 중에 하나 였다. 「유신과업과 복지사회 미래상」, 『경향신문』, 1972.11.20.
8) 후술하겠지만 한센병 환자 자녀들의 일반학교 진학 문제가 사회적 파장을 일으켰고 결국 해외로 입양 가는 아이들이 생겼을 만큼 한센병은 이 시기에 중요한 질병 중 하나였다.

택을 누리게 해주는 효과를 가져왔다고 평가한다.[9] 본고는 이런 선행
연구들의 성과는 인정하되, 이를 국가 정책과 최초에 작품 창작을 제
안했던 외국 구호 단체의 의도, 창작 주체들의 의지와 관련된 맥락으
로 다시 읽어 보고자 한다. 한편 이근삼의 계몽극 반대 항에 최인훈의
작품을 놓을 수 있다. 최인훈은 1977년 한센병을 소재로 한 〈봄이 오
면 산에 들에〉(1977)를 발표하는데, 한센병에 걸린 어머니와 그 가족
의 비극을 통해 이근삼의 계몽극에서는 쉽게 감지되지 않는 이 시기
의료복지의 실체에 대한 사유가 가능하기 때문이다.

2. 타자화되는 사람들 <미련한 팔자대감>

1960년대 중반 이근삼은 한센병을 소재로 한 계몽극 〈미련한 팔자
대감〉(1969)을 집필했다.[10] 이 작품은 그의 전작이자 계몽극으로 분

---

9) 박경선, 「극단 가교의 관객지향성연구」, 부경대학교 박사논문, 2014.
10) 이근삼은 서연호와의 대담에서 〈미련한 팔자대감〉이 1965년 작품이며 극단 가교
    의 창립 계기가 되었다고 술회한다. 그러나 이것은 잘못된 기억이며 실제로 「퇴비
    탑의 기적」이 1966년 먼저 창작이 되어 극단 가교의 창립에 영향을 주었고, 〈미
    련한 팔자대감〉은 1969년에 창작되었다. (박경선, 위의 글, 37~45면 참고) 이근
    삼의 기억은 다음과 같다. (서연호 대담, 「극작가 이근삼의 창작활동과 작품세계」,
    『이근삼 교수 정년퇴임기념논문』, 1994.)
    서연호 : 「미련한 팔자대감」(1965)부터가 극단 가교와 연결되는 작품이죠?
    이근삼 : 당시 낙원동에 가톨릭 구호소라는 곳이 있었는데, 어느 날 단막극으로
            계몽극을 하려고 하니 작품을 써달라는 요청이 들어왔어요. 한달 후에
            써줬더니 다음에는 전국 공연을 할 극단을 찾아보래요. 그때 극단 가교
            가 만들어진 거지요. 장위동 우리 집 안방에서 이승규, 김상령, 박인환,
            권성덕 등이 모여서 극단을 만들고, 1년 동안 서울시내에 나타나지 않기
            로 하고 버스를 개조해서 전국을 순회하며 지방공연을 했지요. 안 가본

류될 수 있는 〈퇴비탑의 기적〉(1966)과 마찬가지로 천주교단의 제안
으로 제작된 것으로, 당시 한국에서 활동하던 신부 퀴어리가 위생관
념의 계몽을 위해 문화선전을 기획하면서 성사된 것이었다. 이후 이
근삼의 대본 집필이 계기가 되면서 극단 가교의 전국 순회공연까지
이어졌고 극단 가교의 향후 발전에 지대한 영향을 미쳤다.[11] 여기에
아시아문화재단의 후원[12]이 더해졌는데, 이 장면은 냉전시기 제3세계

데 없이 다 갔지요. 구호소에서 이걸 보구 아주 좋아했어요. 똑같은 조건
으로 두 번째 연극을 해달라 하더라구요. 그래서 「퇴비탑의 기적」(1966)
을 뮤지컬로 만들었어요. 극단 가교가 서울서 처음 공연한 작품은 「데모
스테스의 재판」(1965)이에요. 고 백철 선생이 이 연극을 보고 나서 자기
가 본 연극 중 최고로 재미있다고 극찬을 해주었습니다.

11) 1960년대에 이근삼은 중앙대학교 연극영화과에 재직 중이었다. 이 학교 졸업생들
을 중심으로 동국대, 한양대 연극영화과 학생들이 가세해서 만들어진 극단이 바
로 극단 가교였다. 이들은 1965년 첫 공연을 올렸으나 사실 재정적 후원이 없는
상황에서 극단의 운영은 쉽지 않았다. 이근삼은 신부 퀴어리의 의뢰를 받고 〈퇴비
탑의 기적〉의 창작에 착수했고, 한 달 뒤 이 작품을 공연할 젊은 극단을 소개해달
라는 제안에 극단 가교를 추천했다. 〈퇴비탑의 기적〉이나 〈미련한 팔자대감〉의 성
공은 극단의 향후 운영에 있어 큰 힘이 되었다. 박경선, 앞의 글, 참고.

12) 아시아재단은 미국의 민간 원조기구로 1951년 자유아시아위원회라는 이름으로
설립되었다. 이 시기는 한국전쟁으로 아시아 지역에서 공산주의가 확산될 수 있
다는 위기론이 우세했던 시기로 초기 자유아시아위원회는 반공 선전 활동에 치
중했다. 이순진은 1954년 자유아시아위원회가 아시아재단으로 재편되면서 아시
아 사회를 미국식 자유민주주의 체제로 재구조화하는 것으로 방향이 전환되었다
고 주장한다. 1954년 개소한 아시아재단 서울 사무소는 문화예술계와 학계를 집
중적으로 지원했다는 점, 시민적 공공성의 영역으로 강조점이 옮겨간 것이 이를
뒷받침 한다. 그런데 문제는 1961년 군사쿠데타가 벌어지면서 아시아재단은 정치
권력의 요구를 직접적으로 반영하려는 경향으로 퇴보한다. 이순진은 이 지점에서
아시아재단이 시민사회의 성장보다 경제개발과 관련된 영역이 중시되었으며 미
국식 자유주의를 정착시키려는 목표를 포기한 것으로 보이기도 한다고 분석한다.
이순진, 「아시아재단의 한국에서의 문화사업 1954년~1959년 예산서류를 중심으
로」, 『한국학연구』 40집, 인하대학교 한국학연구소, 2016.

를 향한 미국의 문화 정책의 한 단면을 집약적으로 보여주고 있다.[13]

천주교단에서 이근삼에게 한센병을 소재로 한 공연 창작을 의뢰할 당시 한센병은 사회적인 문제가 되고 있었다. 작품이 창작되었던 1969년은 미감아 문제로 사회가 떠들썩했던 해였다.[14] 서울 성동구

---

13) 이근삼이 1966년에 창작한 〈퇴비탑의 기적〉 역시 같은 맥락을 배경으로 하고 있다. 〈퇴비탑의 기적〉은 1960년대 사회적으로 이슈가 되었던 기생충 박멸을 다루고 있다. 1964년 개최된 주한민간원호단체(KAVA)주최만향회에 참여한 전주예수병원 구바울(Dr. Paul S. Crane)원장은 장폐색증에 걸린 아홉 살 한국인 소녀를 수술하던 도중 아이의 소장에서 1,062마리의 회충을 긁어냈다고 밝히면서 기생충 박멸의 필요성을 역설했다. 그의 지적처럼 기생충 문제가 위생을 심각하게 위협한다는 데에 의견을 모은 주한민간원호단체는 한국에서의 주요 사업목표로 기생충 박멸을 내걸었고 한국 측 전문가들과 협의하여 가능한 방법을 모색했다. 이런 움직임은 점점 가속화되어 보건사회부는 기생충박멸협의회가 발족하기에 이르렀고 〈퇴비탑의 기적〉은 이런 위생운동의 연속선상에 놓여있는 작품이었다. 기생충 박멸 운동의 계기를 마련한 주한민간원호단체(KAVA, 이후 카바)는 1952년 임시수도인 부산에서 7개 외원기관이 모여 설립한 단체로, 한미재단으로부터 지원금을 받아 사무국을 갖추고 본격적인 활동을 시작했다. 공임순의 연구를 참고하면 미 국무부와 밀접한 관계에 있었던 한미재단을 비롯, 한국 사회의 문화 원조에 막대한 역할을 했던 아시아재단 등 다수의 민간재단이 카바 소속으로 활동했으며 이를 통해 카바는 미국의 문화냉전에 있어 중요한 역할을 담당했다. 「한 소녀의 신체에 천마리의 회충이」, 『동아일보』, 1964.02.24.; 공임순, 「공임순, 김학묵이라는 에이전시-서울대학교 사회사업학과 신설을 둘러싼 미국 발 원조의 회로」, 『한국학연구』 47, 인하대학교 한국학연구소, 2017. 참고.

14) 미감아는 병에 감염되지 않은 아이를 뜻하는데, 이 시기 '미감아'는 대개 한센병 환자인 부모에게서 태어나 아직 한센병에 감염되지 않은 아이를 지칭한다. 1960년대에도 여전히 한센병에 대한 사회적 편견이 심했기 때문에 미감아는 제대로 된 교육의 권리조차 보호받지 못하는 실정이었다. 1969년 서울 성동구 세곡동에 위치한 서울대왕국민학교에 미감아 5명이 입학을 하게 되었다. 당시 같은 성동구 내곡동에는 한센병 자활농장이 있었고 이곳 주민들의 아이가 이 학교에 입학하게 된 것이었다. 이를 안 학부모들은 미감아의 입학을 반대하다가 급기야 4월 15일부터는 아이들의 등교를 거부하며 문교부에 강력하게 항의를 하기 시작한다. 당시 문교부 장관은 분리 수업은 있을 수 없다는 입장을 내세웠으나 미감아 아이들을 병원에 입원시켜 건강 검사를 진행하고 심지어 각 부처 장관들이 미감아 아이들과 함께 살며 전염되지 않음을 보여주었음에도 등교 거부가 한 달 이상 지속되자

세곡동에 위치한 서울대왕국민학교에 미감아 5명이 입학하면서 불거진 극단적인 등교 거부 사태를 계기로 천주교는 교단 차원에서 한센병에 대한 인식 전환을 위한 문화활동을 계획했고 그 일이 극단 가교와 이근삼에게 맡겨지게 된 것이었다.[15]

작품은 한센병이 치료 가능한 병이며 유전에 의한 것이 아니라 감염에 의한 것이라는 메시지를 담고 있었고 계몽의 효과를 높이기 위해 뮤지컬 형식을 차용하고 있었다.[16] 워낙 구경거리가 없었던 시기였던 탓에 이들의 공연은 폭발적인 호응을 누렸다.[17] 공연에 참여했던

애초의 입장을 철회하고 결국 분리 교육을 시키게 되었다.
「등교거부 10여일째」, 『경향신문』, 1969.04.25.;「문교부서 조정나서」, 『경향신문』, 1969.05.07.;「개별방문 설득키로」, 『경향신문』, 1969.05.10.;「미감아와의 공학을 반대하는 대왕국민교학부형들」, 『경향신문』, 1969.05.10.;「검진이후 합숙키로 대왕교 나병미감아」, 『매일경제』, 1969.05.12.;「수업 강행도 실패」, 『경향신문』, 1969.05.13.;「장관사택등서 미감아 동거케」, 『동아일보』, 1969.05.14.;「내일부터 일단 등교」, 『경향신문』, 1969.05.16.;「종합신검결과발표 "미감아 이상없다"」, 『경향신문』, 1969.05.20.;「대왕교 미감아 5명 새학교 지어 수용」, 『동아일보』, 1969.05.28.

15) 주윤정, 「해방 후 한센인 관련 사회사업 – 천주교계의 활동을 중심으로」, 『교회사연구』 29, 한국교회사연구소, 2007.

16) 〈미련한 팔자대감〉은 김상열의 연출로, 1969년 4월부터 7월까지 전국에서 공연되었다. 극단 가교는 1969년 8월 13일 서강대 잔디밭에서 귀경보고 공연을 올리기도 했다.
「극단가교 기념공연 13일 서강대서」, 『동아일보』, 1969.08.12.

17) "마당극과 뮤지컬, 즉석 기타연주 등을 섞은 공연이었다고 할까요. 공연 시간은 50분 정도였나? 얼른 다른 지역으로 이동해서 또 판을 벌여야 하니까 길게 못 놀았죠. 어찌나 아쉬워들 하는지…. 공연 도중에 객석(?)과 무대 사이로 소달구지가 지나가기도 하고, 비 내리면 다 맞아 가면서 배우도 관객도 다 젖은 채 같이 웃고 떠들고, 이동 도중에 청년들에게 납치(?)를 당해서 예정에 없던 산골로 들어가 즉석공연을 한 번 더 한 일도 있고…. 아무튼 에피소드가 하나둘이 아닙니다."
https://monthly.chosun.com/client/news/viw.asp?nNewsNumb=201410100042
장원재, 「"재주도 있고 싸가지도 있는 광대가 진짜 광대"」 『월간조선』 2014.10.

윤문식의 회고에 따르면 30리 밖에서도 공연을 보러 사람들이 몰려왔고 사람들이 많이 모이는 장소면 초등학교, 중학교 운동장, 계곡 등 장소를 가리지 않고 공연을 이어 갔다고 한다.[18] 이들은 폐결핵 진료차를 후원받아 이를 타고 다니며 96일에 걸쳐 75개 군에서 120회의 공연을 올렸는데, 관람객 수가 25만 명에 이르렀으며 심지어 소록도의 주민들도 이들의 공연을 봤을 정도였다.[19]

〈미련한 팔자대감〉의 구조는 다음과 같이 정리할 수 있다. 1) 병마 대왕과 각각의 질병을 담당하는 소귀들이 등장한다. 2) 이들은 몰려다니면서 인간들에게 해를 끼치는데, 3) 작품은 이들이 몰려다니면서 발생하는 해악을 객관적인 수치로 제공하는 한편 우리의 위생 후진성을 확인한다. 4) 마지막에는 이를 해결할 수 있는 방법을 제공하고 한바탕 놀이판이 벌어지면서 마무리가 된다.[20]

질병을 담당하는 소귀들과 병마 대왕이 모인 자리에 나병 소귀가 초라한 행색으로 끌려 나온다. 다른 소귀들은 일 년 동안 많은 인간들을 죽였고 하다못해 상사병의 소귀조차 "사랑에 우는 남녀 열여섯 쌍"[21](29)을 죽였는데 나병 소귀만 한 명도 죽이지 못했기 때문이다.

---

18) 위의 인터뷰 참고.
19) 주윤정, 앞의 글, 245면.
20) 〈미련한 팔자대감〉의 시작부분을 보면 병마대왕과 무리들의 등장에 굿과 춤이 동원된다. 이와 유사하게 「위대한 퇴비탑」에서도 인물들은 뱀 춤을 추며 기이한 형상으로 등장한다. 인간들이 결국 이들을 물리치는 결말은 유해한 무리를 물리치는 제의의 형식과 유사하며 모든 과정이 마무리되는 마지막 대목에 가서는 굿판의 놀이적 성격을 계승하고 있다. 굿으로 대표되는 제의를 근대화되지 못한 인물의 증거로 사용하던 극이 마지막에 가서는 현대 의학을 찬양하지만 끝내 굿판으로 마무리되고 있음은 흥미로운 지점이다.
21) 이근삼, 「미련한 팔자대감」, 『이근삼 전집 2』, 연극과인간, 2008, 29면. 이후 인용은 면수만 표시.

나병 소귀가 "미국이나 독일, 불란서 사람들은 제가 인간 놈들의 몸에 파고들어갈 기회를 안줍니다."(29)라고 항변하며 억울함을 호소하자 나귀장과 대왕은 나병을 무서워하는 나라로 한국을 추천해준다. 특히 오리골에 사는 김 팔자라는 부자는 미신을 믿고 신식 의학을 믿지 못하는 인물로 나병에 걸리기 쉬운 인물로 특별히 추천된다.

소귀장　　그 김 팔자가 제일 무서워하는 것이 나병이다. 나병이 걸리면 죽는 줄 안단다.

나병　　　그놈 바보군! 나병은 죽지 않는데.

소귀장　　이놈아! 네 입으로 그 따위 소릴하면 어떡해! 김팔자라는 부자는 미신을 믿어. 네놈이 그놈 몸에 들어가면 무섭고 부끄러워서 의사한테는 안가고 혼자 고치려고 할 거란 말야. 굿이나 하고.

나병　　　굿이요? 바보!

소귀장　　한약이나 먹으려고.

(중략)

나병　　　아, 나처럼 약한 놈을 무서워하는 인간들도 있다니- 공기 속에 나오면 1초도 못사는 나를, 나병의 증세가 나타나자 곧 의사라는 놈한테 가면 돈 한푼 안쓰고 나를 쫓아낼 수 있는데 그것도 모르는 놈들. (32)

나병　　　이 바보. 나병의 첫 징조도 모르고, 나병은 저렇게 나병에 걸린 여자의 피부에 생긴 종기가 저 영감의 피부의 상처와 합칠 때 전염이 됩니다. 이 영감은 나병은 공기나 음식을 통해 전염된다고 생각하는 모양입니다. 그러니 바보지요. 나병은 몸에 빨리 나타나는 것이 아니거든요.
몸에 3년 또는 5년쯤 있다가야 피부에 나타납니다. 피곤
하고 신경이 쑤시고 가끔 눈썹이 빠지고……(36)

소귀장이 주목한 김팔자는 전근대적인 특징을 골고루 갖춘 인물이
다. 나병 소귀의 대사에 따르면 이미 현대 의학은 나병을 고칠 수 있는
수준이 되었는데도 근대화되지 못한 김팔자는 그저 미신을 믿고 굿에
의존하고 있는 실정이다. 게다가 나병에 대한 정확한 지식도 없어서
막연하게 유전이 되거나 공기를 통해 전염이 된다고 믿고 있다. 뒤늦
게 자신의 소실인 월선이 나병에 걸렸다는 사실을 알게 된 김팔자는
돌팔이 의사에게 속아 잘못된 식이요법을 처방받고 비싼 약을 사들이
고 종국에는 굿을 하며 돈만 잔뜩 뜯긴다. 김팔자의 와병과 병세의 악
화 과정에서 책임은 철저히 김팔자의 몫이 된다. 근대화되지 못한 대
가는 고스란히 개인의 몫이며 이를 극복해야 하는 과업도 개인에게
주어질 뿐이다.

김팔자의 병을 고칠 해결책은 의외의 인물로부터 제시된다. 평소
김팔자는 자신의 하인들을 무시하고 윽박지르기 일쑤였는데 그의 이
상한 행동을 유심히 살펴본 하인이 그가 나병에 걸렸음을 눈치 채고
자신 역시 나병에 걸렸다가 완치되었음을 고백하며 치료 방법을 알려
준 것이다.

하인   그러나 의사 선생님이 일찍이 찾아와서 잘됐다는군요.
         빨리 발견하고 빨리 치료하면 나병이란 무서울 것이 없
         습니다. 나병은 죽는 병이 아닙니다. 의사 선생님 시키는

	대로 요양원에 들어가 푹 쉬면서 치료를 받았지요. 닭고기도 먹고 밥도 먹고 생선도 먹고……
김팔자	아, 먹고 싶다.
하인	돈 한푼 안썼습니다.
김팔자	돈 한푼 안썻어?
하인	다 무료입니다. B.C.G니 D.D.S. 같은 약도 무료고. (42)

하인	자활촌에 가면 저희 친구들이 많습니다.
김팔자	자활촌?
하인	나병에 걸린 사람들이 모여 서로 협조해 나아가며 사는 부락마을입니다. 거기에 치료소도 있고 의사선생님도 계십니다.
김팔자	……그럼…… 그 의사 선생한테 날 안내해주게. 내가 네 신세를 질 줄이야. (43)

하인은 "서울서 땅땅거리는 이칠필이라는 부자", "저 부산서 큰 빌딩을 여섯 개나 가지고 있는 오 삼팔이라는 부자"가 모두 나병에 걸렸다가 완치된 사람들이라며 숨길수록 오히려 더 병이 커질 수 있다고 지적한다. 그는 김팔자에게 자활촌을 소개해주며 그 곳의 의사에게 치료를 받으라고 권유한다.

자활촌은 박정희 정권의 한센병 정책을 대표한다. 이전까지 국가는 한센병 환자들은 격리수용하는 방침을 가지고 있었으나 격리수용에는 여러 가지 부작용이 뒤따랐다. 정부의 구호 없이 이들의 생활을 유지하기 힘들었고 격리는 곧 차별로 이어지면서 이들에 대한 인권 박탈은 물론 살인도 벌어지고 있는 실정이었다.[22] 정부는 강제수용치료를 폐지하는 한편 음성 판정자들에게 자활, 자립의 기회를 열어주겠다는 목표 아래 자활촌을 건립하고 이곳으로의 이주를 권유했다.[23]

정부가 자활촌을 건설하는 장면을 자세히 살펴보자. 1962년 정부가 자활촌 건설을 시작할 당시 한국에는 세계보건기구(WHO)의 수석기술고문관 트랏푸만이 내한해 있었다. 기사에 따르면 정부는 그에게 "이동진료 사업의 협조, 나병원운영에 대한 지도, 음성나환자의 재활사업, 나병에 대한 계몽 및 교육"과 관련된 자문을 받을 계획이었다. 이 시기 세계보건기구는 한센병, 결핵과 같은 질병을 중점적으로 퇴치하기 위한 사업들을 진행 중이었고 아시아 지역의 회원국인 한국에서도 적극적으로 활동하고 있었던 것이다. 세계보건기구의 한국 지원은 비단 인적 지원에만 그치는 것이 아니었다. 이들은 당시 돈으로 연간 12,000불씩 총 5개년 동안 지원을 해주기로 결정했다.[24] 여기에 국제연합아동기금이나 종교 단체들의 후원이 이어지면서 정부의 한센병 치료는 근대적 형태로 빠르게 변모해야만 했다.[25] 그들의 자활과 자립은 통제와 규율의 측면에서도 편리한 것이었지만 동시에 근대적 의학으로의 편입, 근대화에 앞장서는 정권의 유효성을 증명하는 일이기도 했다. 여기에 종교적인 구원관이 합쳐지면 그럴싸한 장면이 만

22) 「비토리유혈과 보사당국의 책임」, 『경향신문』, 1957.09.04.
23) 당시 정부는 경기도 인천에 154명, 경북 월성에 240명, 전북김제에 346명 등 세 개 지역에 총 640명의 음성나병환자를 정착시키기 위한 정착주택 착공에 들어갔다. 「나병관리사업본격화」, 『동아일보』, 1961.11.24.
24) 「세계보건기구서 원조의손」, 『동아일보』, 1961.10.17.; 「세계기독선명회 27개 나환자정착촌에 지원금 3,291만원 전달」, 『경향신문』, 1978.02.16.
25) 「한국에 33만여불-국련아동기금 이사회서 승인」, 『경향신문』, 1964.01.30.

들어지는 것이었다.[26]

3. 조각난 언어와 복지정책의 이면 <봄이 오면 산에 들에>

강제적인 격리수용에서 자활촌 생활과 자택치료로의 변화가 한센병 환자들의 인권 신장을 보장하지는 않았다. <미련한 팔자대감>에서 김팔자 대감이 자활촌에서 만난 의사는 자활촌에서 다 같이 나병을 몰아내면 "이 땅은 나병 없는 명랑한 나라"(45)가 될 것이라고 노래하지만, 자활촌에서의 실제 생활은 여전한 차별의 연속이었다.

사실 정부의 이중적인 태도는 이미 박정희 집권 초기인 1964년 '우생보호법' 제정을 둘러싼 논쟁이 이미 예견한 일이었다. 당시 정부는 가난에서 벗어나기 위해 인구의 무제한적인 증가를 막자는 의미에서 산아제한을 목표로 하는 가족계획 운동을 벌이고 있었다. 이 과정에서 법무부가 가족계획을 뒷받침하기 위해 우생보호법을 추진하고 나서면서 논란이 시작되었다.[27] 이 법안이 통과가 되면 우생에 반하는 아이들을 낙태해도 처벌을 받지 않게 되는 것이어서 법안 발의 당시부터 이를 반대하는 종교계와 찬성하는 형법학자들 사이에 치열한 공

---

26) 한순미, 「나환과 소문, 소록도의 기억-나환 인식과 규율체제의 형성에 관한 언술 분석적 접근」, 『지방사와 지방문화』 13권, 역사문화학회, 2010, 468면.
"60년대 이후 유신독재로 이어지는 동안, 일제강점기 하의 위생담론과 결탁한 추방의 논리는 기독교적 구원관과 의학적 계몽담론을 밑바탕으로 하여, 자기 치유의 의지를 북돋우고 밝은 미래를 약속하는 유토피아적인 술어들로 바꾸어 가기 시작했다. 의학적 계몽 선전과 기독교적 구원관, 규율적 통제논리는 접점을 이루며 나환자의 자립의지와 정착촌건설 정책을 강화했다."
27) 「낙태시비 부득이한 경우 허용해도 좋은가」, 『동아일보』, 1964.09.17.

방이 벌어졌다.[28]

우생학의 인기는 이미 1920년대 식민지 조선에서도 예외는 아니었다. 덕분에 1930년대에 접어들면서 나환자들에 대한 격리와 단종이 일상화되었다.[29] 한센병이 유전적 질환이 아니었음을 알면서도 전염설과 유전설이 공존했다는 사실은 한센병에 대한 1970년대의 이중적 시선이 상당히 뿌리 깊은 것임을 시사한다.[30] 해방 이후 한국 정부는 한센병 환자들의 치료와 부랑자 보호조치에 상당한 경제적 부담을 느꼈다. 이런 부담은 전쟁과 독재정권을 지나면서 더욱 가중되었는데 이러한 이유로 근대 시기의 그것을 꼭 닮은, 우생학의 논리를 그대로 담고 있는 법안들이 재정, 유지 될 수 있었던 것이다.

1964년 정부는 우생학의 논리를 담고 있는 우생법의 재정을 시도하지만 종교계의 강력한 반대에 부딪혀 실패하고 만다. 유전적 병인을 갖고 태어나는 산아를 제한하는 것을 목표로 했지만 결국에는 낙태를 법적으로 허용한다는 측면 때문에 종교계의 반발이 컸다. 하지만 약

---

28) 「가부 임신중절 국민우생법안지상공청」, 『동아일보』, 1964.03.11.

29) 해방 후 우생법의 입법화를 위해 노력했던 단체는 '한국민족우생협회'였다. 이 단체의 전신은 식민지 시기 수립된 조선우생협회로 1933년 이 단체의 주요 창립자였던 이갑수는 해방후 보건부 차관을 역임했으며 해방 이후에도 한국민족우생협회의 주요 회원으로 활동하며 국민우생법을 추진했다. 특히 그는 해방 이후 한센병 환자에 대한 우생정책을 주장했다. (김재형, 오하나 「한센인 수용시설에서의 강제적 단종 낙태에 대한 사법적 해결과 역사적 연원」, 『민주주의와 인권』, 제16권 4호, 전남대학교 5.18연구소, 2017, 190~192면.)

30) 김재형과 오하나는 1928년 조선나병근절책연구회가 설립취지에서 "나병은 유전병이 아니오 전염으로 되는 것이다."라고 밝히고 있는 점을 근거로, 조선사회에서는 이미 한센병이 유전적 질환이 아니었다는 사실을 알고 있었다고 주장한다. 그럼에도 불구하고 우생학과 여기에서 파생된 일본의 체질유전설이 한센병의 유전설을 뒷받침하면서 일본과 조선에서는 한센병관리 정책이 유전설에 기반하여 수립, 운영되었다고 주장한다. (김재형, 오하나, 위의 글, 183~186면.)

10년 후인 1973년, 정부는 모자보건법을 재정하는 데 성공한다.[31] 모자보건법은 모체의 건강을 보호하기 위해 원치 않는 임신을 했을 경우 낙태를 법적으로 허용해주는 내용을 담고 있기 때문에 언뜻 여성의 낙태권을 보장해주는 법안처럼 느껴진다. 그러나 문제는 전염병 부모로부터 자식을 보호하기 위해서 필요하면 아이를 낙태할 수 있다는 항목이 들어 있다는 점이었다.

> 모자보건법 제14조(인공임신중절수술의 허용한계)
> ① 의사는 다음 각 호의 어느 하나에 해당되는 경우에만 본인과 배우자(사실상의 혼인관계에 있는 사람을 포함한다. 이하 같다)의 동의를 받아 인공임신중절수술을 할 수 있다.
> 1. 본인이나 배우자가 대통령령으로 정하는 우생학적(優生學的) 또는 유전학적 정신장애나 신체질환이 있는 경우
> 2. <u>본인이나 배우자가 대통령령으로 정하는 전염성 질환이 있는 경우</u>
> 3. 강간 또는 준강간(準强姦)에 의하여 임신된 경우
> 4. 법률상 혼인할 수 없는 혈족 또는 인척 간에 임신된 경우
> 5. 임신의 지속이 보건의학적 이유로 모체의 건강을 심각하게 해치고 있거나 해칠 우려가 있는 경우
> ② 제1항의 경우에 배우자의 사망·실종·행방불명, 그 밖에 부득이한 사유로 동의를 받을 수 없으면 본인의 동의만으로 그 수술을 할 수 있다.
> ③ 제1항의 경우 본인이나 배우자가 심신장애로 의사표시를 할 수

---

31) 「모자보건법 시행령 공포」, 『동아일보』, 1973.05.28.

없을 때에는 그 친권자나 후견인의 동의로, 친권자나 후견인이 없
을 때에는 부양의무자의 동의로 각각 그 동의를 갈음할 수 있다.

모자보건법 제14조 2항에서 말하는 전염병에는 나병도 포함되어
있었다.[32] 법적으로는 당연히 당사자와 배우자의 동의를 받아서 낙태
를 진행해야 하는 것이었지만 격리나 다름없는 삶을 살고 있었던 이
들에게 단종은 선택이 아니라 강제였다. 실제로 1975년 정신질환 여
성을 대상으로 한 강제 낙태 시도가 있어서 논란이 되었다.[33] 당시 신
문자료에는 '논란'까지만 보도되었으나 최근 피해 고발 사례들을 살
펴보면 공공연하게 강제 단종이 자행되었다는 사실이 드러나고 있
다.[34]

모자보건법 외에도 1963년 재정된 전염병예방법 역시 악용되긴 마
찬가지였다. 제29조 1항에서 격리치료를 명시한 부분이 삭제되긴 했
으나 바로 밑에 있는 2항에서는 "제3종 전염병 환자 중 주무부령으
로 정하는 자는 격리수용되어 치료를 받아야 한다."는 규정을 신설했
다.[35] 한센병은 당시 제3종 전염병에 해당했다. 자활촌을 꾸리고 현대
적 복지 시스템으로의 전환을 가장했던 정부는 사실상 편의를 위해

---

32) 인공유산이 가능한 전염성질환 22가지를 명시하고 이를 1종부터 3종까지 나누었
는데, 한센병은 결핵, 성병과 함께 제3종으로 분류되었다. 「공포된 모자보건법 시
행령, 불임수술대상 구체화」, 『경향신문』, 1973.05.29.
33) 「정박아불임수술 찬반토론, "공익상불가피" "인간경시표본"」, 『동아일보』,
1975.07.22.
34) 최근 한센인들은 정부의 강제단종, 낙태 정책 등으로 입은 피해에 대해 국가를 상
대로 국가배상을 요구했고 대법원은 국가의 책임을 인정하며 피해자들의 손을 들
어주었다. 「대법 "한센병 환자 대상 '강제 단종수술'은 위법, 국가 책임 부담"」, 『머
니투데이』, 2017.02.15.
35) 김재형, 오하나, 앞의 글, 193면.

그들을 통제하고 규제하는 일에만 관심이 있었을 뿐이었다.

최인훈의 〈봄이 오면 산에 들에〉는 이런 맥락 하에 있는 작품이다. 깊은 산속 마을에 달내와 아비가 살고 있다. "십장생도의/한 모서리처럼 보이는"[36](162) 평화로운 무대를 배경으로 하고 있지만 한센병에 걸린 어미로 인해 인물들의 삶은 전혀 평화롭지 않다.

늦은 밤, 새끼를 꼬고 있는 달내와 아비는 각자 할 말이 있지만 서로의 눈치만 볼 뿐, 하고 싶은 말을 쉽사리 이어 가지 못한다. 이들의 말은 조각나 있고 침묵으로 점철되어 있다. 부녀의 공통된 화재는 어미에 관한 것이지만 이들의 발화는 "(망설이다가) 문을 열어 달래요."(174) -주어인 '엄마가'의 생략-와 같이 금기어를 삭제하는 형식으로 이루어진다.[37]

소리	열어줘
아비	아, 아, 아, 안 돼, 이, 이, 이, 임자는, 이, 이, 이, 이승, 사, 사, 사, 사, 사람이, 아, 아, 아, 아, 아니야
소리	목숨이 붙었는데
아비	자 자, 자, 가, 가, 가, 가버려, 아, 아, 아, 아까, 처, 처, 처, 처, 처럼
소리	여름내 / 가으내 / 밤마다 / 돌아와서 / 저만치서 / 숨어 안장 / 새벽이면 / 돌아갔소 (가락을 높여) 열어줘

36) 최인훈, 「봄이 오면 산에 들에」, 『최인훈 전집』, 문학과 지성사, 2009, 162면. 이후 인용은 면수만 표기.
37) 조보라미는 달내의 말더듬과 반복되는 침묵은 달내 가족이 숨기고 있는 달내 어미의 존재에서 비롯된다고 분석하고 있다. 조보라미, 『최인훈 희곡의 연극적 기법과 미학』, 연극과인간, 2011. 86~87면.

아비   아, 아, 아, 안 돼, 마, 마, 마, 마, 마을, 사, 사, 사, 사람이,
                    아, 아, 아, 알면 (182-183)

인물들의 침묵과 말더듬 속에 숨겨져 있던 어미의 존재는 바람소리
와 함께 어미가 집을 찾아오면서 무대에 드러난다. 어미는 가족들이
보고 싶어 매일 밤 몰래 찾아왔다가 새벽이 되면 돌아갔다는 애처로
운 하소연을 하며 문을 열어달라고 애원하지만 아비는 더듬는 어투로
가라고 소리를 지른다. 한센병에 걸린 어미는 아비에게 이미 이승 사
람이 아닌 존재로 치부되며 마을 사람들에게 알려지면 안 되기 때문
에 집안 출입을 허락받지 못한다. 집 안으로의 출입을 금지 당한 어미
는 가족을 그리워하며 떠돌다가 동굴에 홀로 숨어 생을 연명하고 있
다. 마을 사람들에게는 남자와 바람이 나 도망갔다고 알려져 있지만,
한센병에 걸렸다는 사실이 알려지는 것보다는 부도덕한 어미로 남는
편이 더 낫다. 아비의 입장에서는 가족 구성원인 어미를 소외시키는
길이 공동체로부터 가족을 지키는 유일한 길인 것이다.

포교   아, 그래, 자네한테 내 이 말 안하려구 했지만, 자네 마누
                라로 말하면, 늙은 것이 늦바람이 나서 도망을 갔다면서,
                저 아랫골 사람들 말이 어느 떠돌이 중놈하구 눈이 맞은
                게라더군, 그러구 보면 그나마 이 가까운 데서는 딸자식
                시집보내기도 어렵게 됐는데, (중략) 안 되겠군, 내 사또
                뜻을 받들어 일을 수굿하게 치러볼까 했는데- 사흘 후
                에 가마를 가지고 올지 오랏줄을 가지고 올지 아무튼 그
                날은 자네 딸을 내 손으로 데리고 갈 테니 그리 알아, 어

허참 (186~187)

그렇다면 공동체는 이 가족에게 어떤 존재인가. 마을 사람들은 어미가 문둥이라는 것이 알려지는 순간 이들을 가차 없이 배제해버릴 수 있는 존재들이다. 마을의 사또는 달내를 첩으로 들이기 위해 포교를 보내 아비를 겁주고 있다. 게다가 달래와 결혼을 약속한 바우나 마을 청년들은 성 쌓기에 동원 되어 언제 다시 돌아올 수 있을지 알 수 없는 처지다.

자택 치료가 허용되었음에도 불구하고 여전히 격리된 삶을 살아야 했었던 한센병 환자들이나 음성 판정을 받고 나서도 자활촌에 남아야 했던 사람들의 삶은, 남자와 바람났다는 오명을 쓰고 동굴에서 몰래 혼자 살아야 하는 어미의 삶과 크게 다르지 않다. 달내 어미가 늙은 중과 바람이 나서 도망갔으니 딸을 첩으로 보내는 게 뭐가 어떠냐는 포교는, 지배계층의 이중성을 그대로 투영한다. 피지배계층의 신체는 지배계층에 의해 언제든 통제될 수 있는 한센병 환자의 신체와 닮아 있다.[38]

결국 아비는 바우와 달내를 도망 보내려고 하지만 달내는 이를 거절하고 문을 열어 어미의 출입을 허락해준다. 고전의 세계에서 여성의 희생은 한센병을 치유할 수 있는 고귀한 희생으로, 그리하여 가부장제를 지키는 데 봉사하는 것으로 나타난다. 신랑이 한센병에 걸렸다는 사실을 알면서도 결혼한 여성의 희생 덕분에 남성의 병이 나아 행복한 결말을 맞이한다는 식의 이야기들이 되풀이 되어 생산, 소비

38) 김려실, 「1970년대 생명정치와 한센병 관리정책」, 『상허학보』 48집, 2016. 참고.

되었다.[39] 1960년대 대중문화에서 남성 가부장을 대신했던 여성들 역시 고전 세계의 여성들과 유사한 측면을 갖는다. 영화 〈또순이〉가 증언하듯 여성은 가부장을 대신해 가족을 지키고 가부장의 귀환과 함께 다시 순종적인 아내로 돌아가는 역할을 부여받았다.[40] 그러나 〈봄이 오면 산에 들에〉에서 달내의 선택은 결코 공동체 내로의 복귀로 이어지지 않는다. 오히려 달내의 가족은 기꺼이 문둥이 어미를 받아들임으로써 공동체로부터 배제당하고 숲 속에 숨어 사는 처지를 자처한다.

> 달내　　토끼야 노루야 / 겁내지 마라
> 하느님이 내린 탈을 / 울 엄마가 받아 쓰고 / 울 엄마가
> 받아 쓴 탈이 달내가 받아 쓰고 / 이 달내가 받아 쓴 탈 /
> 울 아배가 받아 쓰고 / 하느님이 내린 탈을 / 식구 고루
> 나눠 썼네 / 하늘 동티 입은 우리 / 사람 동네 살 수 없어
> / 이 산 속에 찾아와서 / 너희들의 이웃 됐네

　이제 달내와 아비는 어미의 탈을 받아 쓰고 바우는 달내의 남편이 되어 달내의 탈을 받아 쓴다. 달내네 가족은 더 이상 사람 동네에 살 수 없어 산 속에 살고 있지만, 이들이 십장생들과 함께 뛰어 노는 마지막 장면에 이르면 배제된 것이 이들인지 이들을 배제하려 했던 이웃

---

39) 한순미, 「한국 한센병과 가족이라는 장치-전통 시기 설화에서 근대 소설로의 이행 과정에 관한 몇 가지 검토」, 『인문사회과학연구』 15권 2호, 부경대학교 인문사회과학연구소, 62~71쪽 참고.
40) 이영미, 「또순이는 돈을 모아 사장이 되었을까?」, 『인물과 사상』, 206호, 인물과사상사, 2015, 참고.

사람들인지 알 수 없게 된다. 기존의 공동체가 달내의 가족에게 말을 빼앗아 갔지만 공동체 밖으로 나온 이들은 그 어느 때보다 신명나는 가락으로 노래를 부른다.

최인훈이 만들어낸 인물들은 하나같이 불완전한 언어를 구사한다. 그들의 언어는 흔들리거나 비어있어서 온전하지 못한데, 비어있는 행간은 오히려 보다 많은 것들을 증언하는 데 기여하고 있다. 외견상 한센병에 대해 혼재되어 있던 전염설과 유전설은 1960년대 접어들면서 전염설로 정리되고 정부의 정책 역시 강제 격리치료에서 자율적인 정착촌 치료로 발전해가는 모습을 보였다. 하지만 그 이면에는 여전히 통제와 규율의 논리를 앞세운 우생적 관점이 투영되어 있었고 강제 단종과 낙태의 위험이 도사리고 있었다. 한센병 환자와 가족들에게 남은 선택은 스스로 배제되거나 강제로 공동체에 편입되는 것뿐이었다.

4. 질병퇴치 신화 이후

1960~70년대 박정희 정부의 복지정책에는 많은 변수들이 작용하고 있었다. 겉으로 보기에 정부는 4.19 이후 대두된 혁명적 분위기를 계승하고 복지서비스의 근대화를 위해 노력하고 있는 것처럼 보였지만 그것이 전부는 아니었다. 복지를 위한 예산이 절대적으로 부족한 상황에서 안정적인 자금을 지원해주는 원조기관들, 특히 미국 민간재단들의 영향력은 무시할 수 없었다. 한센병을 둘러싼 정부의 정책은 과거 우생학을 기본으로 하고 있었고 그것은 일반인들이 한센병에 대

해 가지고 있는 공포를 조장하기에 충분한 것이었다. 오히려 이들을 수용하고 통제하는 것이 정부 입장에서는 한결 수월한 일이었겠으나, 노골적인 차별과 배제가 불가능했던 것은 바로 원조기관들과 선교단체의 후원 때문이었다. 정부는 이 복잡한 사정들을 의식하면서 근대적 의료복지의 완성을, 질병퇴치의 신화를 써내려가는 한편 이 모든 책임을 근대화되지 못한 개인의 탓으로 돌렸다.

1970년대 중반에 들어서면 정부는 자활촌의 성공을 대대적으로 홍보하기 시작한다. 그 중 대표적인 사례가 인천에 세워진 청천농장이다. 이곳은 "경인고속도로 부평인터체인지에서 남쪽으로 먼발치 3면이 나지막한 야산에 둘러싸인 분지 18만평"에 만들어진 농장으로 1961년 12월 음성나환자 1백 54가구 6백여 명이 이사 오면서 조성된 정착촌이었다.[41]

처음에는 이곳이 황량하기만 해 인근 농민들도 거들떠보지 않던 황무지. 농장주민들은 "황무지에 의지를 뿌린 보람이 있어 지금은 전국 80여 음성나환자정착촌 가운데서도 협동과 재력면에서 첫 손을 꼽게 됐다."고 자랑했다. 가구당 가축보유수는 평균 닭 1천여 마리와 돼지 10마리 정도. 상수도 시설과 전화없는 집이 없고 텔레비젼도 2가구에 1대 꼴이다. 달걀 생산량은 하루 6만개이며 성란기에는 10만개를 웃돈다. 닭똥은 농장 시금치밭 등에 거름으로 쓰고도 남아 제주도 감귤 농장 등에 판다. 투자비도 닭사료의 경우 하루 1백 20만원 어치인 1천 5백만g이나 된단다. 한권옥씨(53)는 닭 9백마리에 마음을 맡기고 종일 고된 일을 하다가도 따끈하고 뽀얀 달걀을 거둘 때면 "저절로 힘이 솟

41) 「천형 딛고 선 청천농장」, 『동아일보』, 1976.02.11.

는다."라고 말했다.[42]

기사는 자활촌의 성공을 자못 감격스럽게 전달한다. 근면과 성실로 무장한 농장주민들은 자활촌 밖의 사람들 못지않게 경제적 부유함을 누리고 감동스러운 표정으로 노동의 행복을 역설한다. 마치 자활촌이 순조롭게 행복한 결말로 귀결된 것 같은 인상을 주고 있다. 하지만 자활촌 정착에서부터 안정적인 삶의 기반을 닦는 일까지 모두 개인의 책임이었다. 청천농장 대표 어경윤 회장의 회고에 따르면 1961년 12월 이주 당시 이곳에는 집이 한 채 밖에 없었다. 정착 초기에는 채석장에서 돌을 캐 내다 팔았고 산에 나무를 심고 그 품삯으로 정부로부터 밀가루를 배급받아 생활해야했다.[43] 그야말로 오지에 가까운 이곳에서 살아남기 위해 사람들은 발버둥을 쳐야 했고, 그곳 어디에도 정부의 의료서비스와 복지 정책은 개입되지 않았다. 정착민들에게 주어지는 밀가루조차 노동으로 교환되는 자본주의 법칙에 따른 것일 뿐이었다.

정부는 자활촌 밖에서 무엇을 하고 있었을까. 선행 연구들은 육영수 여사가 한센병 환자들을 청와대로 초청하고 소록도를 방문하는 장면을 포착하며 박정희 정권의 성격을 분석한 바 있다.[44] 박정희가 가부장으로 대변되는 강한 지도자를 상징한다면 그의 부인인 육영수는 한센병 환자들에게도 따뜻한 손을 내미는 자애로운 국모로 표상되었다. 육영수의 사후 이 역할은 고스란히 큰 영애 박근혜에게 이어졌다.

---

42) 앞의 글.

43) 「[책 읽는 인천, 문학속 인천을 찾다 22] 한하운」, 『경인일보』, 2014.06.26.

44) 천정환, 「'퍼스트레이디' 육영수」, 『1960년을 묻다』, 천년의 상상, 2012.

자활촌의 성공, 성공적인 의학의 발전으로 퇴치되어 가는 한센병, 이 모든 공로는 박정희로 대표되는 정부의 것이었다. 여전히 한센병 환자들을 괴롭히는 사람들의 차별은 마찬가지로 근대화되지 못한 일부 사람들의 몰지각한 행동으로 치부되고 있었다.[45] 사람들의 의식 개선이 더디게 진행될 수밖에 없었던 데에는 정부의 우생학적 논리, 질병을 관리하는 태도가 중요한 영향을 주고 있었음에도 불구하고 이 모든 책임은 개인에게로 돌아갔다. 신화는 그렇게 완성되었고 한센병 환자는 시스템 안으로 안착되지 못한 미개한 개인으로 모든 책임을 떠안아야 했다.

45) 「부산 용산국교 학부형 항의 미감아 12명 전학에 반대」, 『동아일보』, 1979.03.12.

TV드라마의 과학적 상상력
: <M>, <RNA>를 중심으로

문선영

1. 메디컬 스릴러 드라마의 출현

한국 방송극에서 과학을 주제로 다루는 경우는 찾아보기 힘들다. 1960년대 라디오의 단막극에서 실험적인 소재로 다루기는 했지만, 이는 흥미로운 단편적 차원에서 사용했을 뿐이지 본격적인 과학 드라마라고 보기는 힘들다.[1] 텔레비전에서 다양한 장르들이 시도되며 새로운 드라마가 다수 등장하는 시기는 1990년대라고 할 수 있다. 그 중

---

1) 1960년대 시작한 박정희 정권의 국가이데올로기는 과학 분야에서도 작동되었고, 국외의 우주개발 경쟁은 과학주의를 촉진하였다. 과학주의의 새로운 흐름은 애국심과 결합하여 과학적 애국주의로 확대되었다. 이러한 분위기에서 『학생과학』지를 통해 아동, 청소년을 대상으로 하는 창작 과학소설들이 소개되었다.(조계숙, 「국가이데올로기와 SF, 한국 청소년 과학소설」, 『대중서사연구』 제20권 3호, 2014, 415~417면.) 이들 중 몇몇의 작품은 라디오의 청소년 프로그램에서 소개되었을 것으로 보인다.

에서 관심을 갖고 살펴 볼 것은 1990년대 텔레비전 드라마에서의 과학이다. 1990년대는 과학에 대한 관심이 높아졌던 시기였고, 텔레비전에서도 과학 소재 드라마를 발견할 수 있다.[2] 의학 드라마가 본격화된 것도 이쯤이다.[3] 1990년대 의학 드라마의 형성은 1990년대 방송제도와 방송환경의 변화에서 찾을 수 있다. 1990년대는 뉴미디어 방송의 등장과 함께 다매체, 다채널 시대가 본격적으로 도래 한 시기였다. 1991년 3월 서울방송(SBS)의 개국을 계기로 시청률 경쟁이 높아져 드라마 편수가 급격하게 증가했다.[4] 이러한 분위기에 편승하여 TV 드라마는 다양한 시도를 통해 이전 시기에 흔하지 않았던 소재나 주제를 다루는 작품들이 등장하기 시작했다. 파일럿, 운동선수, 변호사 등 다양한 직업과 관련 소재를 다룬 드라마들의 등장도 주목해야 할 현

---

2) 과학소재를 적극적으로 사용한 드라마 〈거미〉(MBC,1995)도 이 시기 방송된다. 〈거미〉는 유전자 조작으로 탄생한 독거미가 한국 사회를 알 수 없는 죽음의 공포에 휩싸이게 한다는 이야기를 다룬 드라마이다. 이 드라마는 거미를 초음파로 조종하는 유전공학기술을 둘러싸고 한국의 유전공학자와 일본의 신흥종교가 벌이는 갈등이 중심 이야기이다. 텔레비전에서 공상과학물과 공포가 결합되는 방식이 흔하지 않았던 것으로 볼 때, 〈거미〉는 당시 대중들에게 신선한 드라마였다. 〈거미〉는 기존의 드라마에서 사용하지 않았던 과학 관련 내용이나 과학용어가 자주 등장한다.

3) 의학 드라마는 전문직 드라마의 하위 장르로서 의사와 병원을 배경으로 하는 드라마를 일컫는다. 그러나 김주미는 이를 장르 분류에 있어 소재 중심의 분류 관습에 따른 것이라고 보고, 뚜렷한 개념 규정이 필요하다고 보고 있다. 그러므로 '내과, 의학 뿐 아니라 의술로 병을 고치는 일 전반을 가리키는 '메디컬(medical)'의 의미에 집중하여 메디컬 드라마를 "병원이라는 공간을 주요 배경으로 의료인들의 직업적 갈등과 삶의 모습을 핵심 사건으로 하는 드라마"로 정의한다.(김주미,『메디컬 드라마』, 커뮤니케이션북스, 2016, 36면.) 이 글에서는 이와 같은 개념을 전제로 하되, 의학 드라마 시대에 따라 그 의미와 범주 적용이 달라질 수 있음에 주목한다. 그러므로 '메디컬'이 가진 의미 중에서 과학의 범주로, 의학이라는 의미에 초점을 맞출 것이다. 즉 드라마에서 의학이나 의사의 역할과 의미가 중요한 서사전략이 되는 경우를 의학 드라마로 정의하고자 한다.

4) 김승현 한승만,『한국사회와 텔레비전드라마』, 한울아카데미, 2001, 137면.

상 중 하나이다.[5] 이와 같이 1990년대는 공 민영 혼합체제가 들어서
게 되면서 시청률 경쟁이 극심한 시기였다. 각 방송사들은 시청률을
확보하기 위한 전략으로 항공드라마, 스포츠 드라마, 법정 드라마 등
의 다양한 소재의 드라마들을 제작했는데 의학 드라마의 형성도 이러
한 배경조건 아래 이루어졌다고 할 수 있다.

〈종합병원〉(MBC, 1994)은 의학 드라마라는 장르를 대중에게 각
인시키며 한국 의학 드라마의 전형을 만들어냈다.[6] 이후 다른 장르와
의 결합이 이루어지며 의학 드라마는 다양한 시도와 함께 성장하였
다. 〈종합병원〉의 성공 이후 의학 드라마는 주로 멜로 장르와의 결합
을 통해 복잡한 서사와 캐릭터를 선보이는 형태로 발전한다. 이처럼
1990년대는 TV드라마에서 의학 키워드가 부각되며 의학 소재를 활용
한 새로운 시도들이 본격화되었다. 그 중 공포물의 색깔을 강하게 가
진 '메디컬 스릴러 드라마'도 등장했다.

의학은 인간의 중요한 삶의 문제와 밀접하게 연결되어 있는 동시에
죽음이라는 공포와도 맞닿아 있다. 의학드라마는 생명을 소생시키고

---

5) 국내 최초의 항공드라마 〈파일럿〉(MBC, 1993), 스포츠 드라마 〈마지막 승
부〉(MBC, 1994), 뮤지션을 중심으로 다룬 드라마 〈갈채〉(KBS, 1994), 공군사관
생도 배경으로 한 〈창공〉(KBS, 1995), 컴퓨터 관련 직업을 다룬 〈영웅일기〉(SBS,
1994), 법정드라마 〈박봉숙 변호사〉(SBS, 1994) 등

6) 한국 TV에서 최초의 의학드라마는 〈소망〉(KBS, 1980)이다. 환자를 살리기 위한 의
사의 노력과 고민을 다뤘다. 이후 국립서울정신병원의 김유광 박사의 정신과 클리
닉 케이스를 드라마화한 〈사이코 드라마, 당신〉(1984,MBC), 종합병원 이야기를 다
룬 〈제7병동〉(1988, KBS)등이 있다. 1990년대 이후 〈종합병원〉은 종합병원의 엄격
한 서열구조 아래서 갈등하는 젊은 의사들의 방황, 사랑이야기를 다루며 총 92회로
2년간 방송하였다. 신은경, 전도연, 이재룡, 전광렬, 김지수 등의 배우들을 스타로
만들면서 한국 의학 드라마라는 장르를 대중화시켰다. 황영미, 「한국 TV 의학 드라
마에 나타난 의사 캐릭터 유형 변화 양상 연구」, 『세계한국어문학』, 2011, 256면.

유지시키는 데에도 이야기를 전달할 수 있지만, 반대의 경우 인간 생명의 존엄성을 불공평하게 적용한다거나 의학 윤리 기준이 온전히 적용되지 않을 경우 공포와 불안이라는 감정이 초래될 수밖에 없다. 메디컬 스릴러 드라마는 의학 관련 사건에서 발생한 문제를 스릴러로 풀어가는 유형으로, 주로 판타지적 성격을 띠고 있는 것을 특징으로 한다. 병원에서 벌어진 의료사고나 의학적 논란이 되는 실험 등을 중심 이야기에 배치하여 이를 통해 피해를 입은 환자의 갈등, 복수를 다루는 것이 특징이다. 여기에 해당하는 유형의 드라마들은 장르상 공포나 스릴러 또는 추리 장르로 분류되기도 하지만, 엄밀한 의미에서 의학적 소재가 중심이 되며 관련 주제나 내러티브 전개에 중요하게 작동되기에 '메디컬 스릴러 드라마'라고 규정할 필요가 있다.

메디컬 스릴러 드라마를 표방하며 이름을 알린 것은 〈M〉(MBC, 1994)이다. 〈M〉은 한국 TV드라마에서 새로운 공포물로의 전환을 마련한 드라마이다. 〈M〉 이전의 한국 TV에서 공포 드라마는 〈전설의 고향〉이 유일했다는 점을 생각해볼 때 과거가 아닌, 현재, 도시라는 일상의 공간을 무대로 하는 〈M〉은 TV 공포 드라마의 획기적인 변화였다.[7] 〈M〉은 1989년 〈전설의 고향〉 종영 이후, 납량특집과 공포 드라마를 부활시키는 데 있어서도 중요한 역할을 했다.[8] 이전 시기 공포물

---

7) 문선영, 『한국의 공포 드라마』, 커뮤니케이션북스, 2018, 10면.
8) 〈전설의 고향〉(1977~1989)은 1970~80년대 한국 방송극에서 유일하게 환상적 성격을 가진 공포물 드라마였다. 한국의 각 지역의 기이한 전설들로 드라마를 구성하였던 〈전설의 고향〉은 1980년 이후부터는 공포물 관련 에피소드를 7~8월 납량특집으로 부분 기획한다. 이 시기 한국 TV의 납량특집은 대중적인 기획으로 자리 잡는다. 그러나 1989년 〈전설의 고향〉이 종영된 후 TV드라마에서 납량특집은 지속되지 않았다.

과 구별되는 드라마 〈M〉의 특징 중 한 가지는 병원, 의사를 주요 소재로 다루며 의학과 공포를 결합했다는 것이다. 〈M〉 출현 직전 의학 드라마 〈종합병원〉이 성공을 거두었다는 사실을 염두에 보았을 때, 〈M〉의 출현은 의학 드라마의 연장선에서 생각해봐야 한다. 메디컬 스릴러 드라마는 〈M〉이후 〈RNA〉(KBS, 2000)를 통해 다시 한 번 대중들에게 각인되었다. 이처럼 〈M〉, 〈RNA〉는 당시 의학 드라마의 외연을 확장하며 새로운 장르적 개척을 시도한 드라마라고 할 수 있다. 이들 드라마는 의학 관련 공간, 인물 설정만으로 그치는 것이 아닌, 의학적 지식에 대한 대중의 관심을 적극적으로 활용하고 있다. 그러므로 메디컬 스릴러 드라마는 1990년대 과학을 재현하는 방식을 확인할 수 있다는 점에서 의미가 있다. 이 글은 1990년대 의학 드라마에 대한 정착과 더불어 공포와의 결합을 시도한 메디컬 스릴러 드라마를 통해 TV 드라마에 나타난 과학적 소재 활용과 과학적 상상력에 대해 살펴보고자 한다.

2. 공포와 과학 : 비과학적 현상과 과학적 접근

2.1. 악령, 빙의 그리고 뇌 과학

미니시리즈 〈M〉[9]은 낙태당한 아이의 혼 'M'이 마리(심은하)라는 여자 주인공의 육체에 빙의되어 복수하는 이야기를 다룬다. 원혼의 복

---

9) 이홍구 극본, 정세호 연출, MBC, 총 10회, 94.8.1.~94.8.30.

수, 죽은 자의 영혼이 다른 사람의 육체를 빌리는 현상은 1990년대 이전 〈전설의 고향〉에서 흔히 사용하던 주술적 소재이다. 특히 〈M〉을 이끌어가는 중요한 요소이자 주술적 장치인 빙의는 원혼과 짝을 이루며 고전적 공포물에 종종 등장했다. 빙의는 특수한 존재가 가진 신이한 능력에 해당되는 현상이나 귀신의 혼이 살아 있는 자의 육체를 빌리어 기이한 일을 벌이는 것으로 환상성을 나타내곤 했다.[10] 1990년대 이전 TV 드라마에서는 주로 무당이 신에게 빙의되어 예언을 하며 불길한 사건이 벌어질 것임을 경고하거나, 억울하게 죽은 혼이 빙의되어 공포 분위기를 조성했다.[11] 기존 드라마에서 무당의 빙의가 사건의 긴장감이나 공포를 만드는 보조적 전략 장치였다면 〈M〉은 빙의된 존재가 단순한 조연이 아닌 주연으로 서사를 이끌어간다는 점에서 차이가 있다.

〈M〉의 본격적인 이야기는 죽었다고 생각했던 마리가 8년 만에 친구들 앞에 나타난 것으로부터 시작된다. 마리는 고등학교 때 친구들과 여름휴가를 떠났다가 은희(김지수)의 별장에서 괴한들의 습격을

---

10) 고전소설 「설공찬전」에서도 빙의를 소재로 주요 이야기를 전개하고 있다. 설공침의 몸속에 죽은 사람의 혼령이 들어와 활동한다. 이들은 인간에게 무단히 개입하며 인간을 병들게 하거나 해롭게 한다. 죽은 혼령의 빙의 현상은 특별한 능력을 소유한 사람에 의해서만 쫓아낼 수 있다. 장장식, 「샤먼 문화의 시간과 공간 체계」, 『샤먼 문화-굿으로 본 우리 공연예술의 뿌리-』, 열화당, 2013, 202면.

11) 빙의(possession)는 샤머니즘에서 신이나 정령 같은 초자연적인 존재와 뜻대로 교류, 접촉할 수 있는 능력을 가졌다고 믿었다. 일본에서 빙의는 '신이 잘 붙는다'라던가 '여우가 붙는다'와 같이 표현되는 현상이나 소위 신들림의 현상으로 이해되기도 한다. 그러나 보다 넓은 범위에 적용되기도 한다. 즉 초자연적 존재와 직접 접촉, 교통하는 내용을 환시, 계시 등으로 전하여 초자연적인 영향력을 미치는 것을 말하기도 한다. 在在木宏幹, 김영민 역, 『샤머니즘의 이해』, 박이정, 1999, 35~36면.

받는다. 이 사건에서 마리에게 존재하는 특이한 능력이 발현된다. 한 밤중 별장에 침입한 괴한들에 의해 위기에 빠지게 되자 마리의 육체 는 기이하게 변한다. 건장한 남자 세 명을 "종이처럼 찢어놓고 10미터 이상 던져버리는"(1회) 괴력을 발휘하여 위기를 모면한 것이다. 이 사 건 이후 마리는 치료를 위해 미국으로 가지만, 곧 친구들과 가족들은 마리의 죽음 소식을 접한다. 〈M〉은 8년 후 마리의 친구들이 우연히 병 원에서 의사가 된 마리와 마주치면서 본격적인 이야기가 시작된다. 8 년 후 의사가 되어 나타난 마리는 8년 전 기억을 전혀 못한다. 유능한 의사 주리로 변신한 마리는 친구들에게 낯선 존재이다. 〈M〉은 마리의 친구였던 은희(김지수), 예지(양정아)가 마리의 과거 기억을 찾아주 려는 과정 중에 발생되는 괴이한 사건들이 중심서사이다.

〈M〉에서는 마리에게 빙의된 원혼을 해결하기 위한 접근 방법에 주 목할 필요가 있다. 원혼을 다루는 드라마의 경우 그 원인을 분석하고 해결하는 것은 중요한 과정이다. 〈M〉 이전의 유일한 공포물이자 환상 물 〈전설의 고향〉의 경우, 비범한 인물에 의해 원혼의 억울함이 해소 되면서 사건이 해결된다. 즉 무당이나 도승이 가진 신이한 능력에 기 대어 원혼이 출현한 동기, 숨겨진 과거 등이 드러나게 된다. 〈M〉에서 도 마리에게 빙의된 혼령 'M'을 둘러싸고 일어나는 기이한 사건들을 해결하기 위해 그 정체를 밝히는 과정이 중요하다. 진실에 다가가기 위해 드라마 〈M〉은 근접한 과거부터 먼 과거까지 사건을 거슬러 올라 가는 방식을 택한다.

첫 번째는 마리와 'M'의 관계에 대한 진실이다. 마리는 8년 전 이상 증세를 보인 후 미국의 인간 개조연구박사 프롬에게 보내진다. 프롬 박사는 마리 안에 있는 'M'이라는 정체가 마리가 "태아였을 때 수술도구에 의해 유입된 기억분자"(5회)라는 사실을 밝히고 'M'이 낙태한 아이의 혼으로 "인간에 대한 복수심과 악마적 인격을 가진 존재"(6회)임을 알게 된다. 프롬박사는 'M'이 정체를 숨기고 있는 이유가 마리의 착한 본성 때문이라는 점을 파악하고 'M'을 깨워 연구대상으로 삼기 위해 마리에게 의사 '주리'라는 인격을 만들어준다. 프롬박사는 자신의 연구를 위해 마리의 가족과 친구들에게는 마리의 생존을 전달하지 않는다. 프롬박사의 연구에 대한 욕망은 '마리' 안의 'M'을 깨우고 심지어 '주리'라는 또 다른 인격마저 만들어 낸 것이다.

이처럼 드라마〈M〉은 'M'이라는 괴이한 존재의 출현에 있어서 의학과 관련하여 중심 서사를 만들고 이야기를 풀어간다. 드라마의 배경이 병원이고, 마리의 또 다른 인격 주리의 직업도 의사라는 사실도 이러한 이유에서 중요하다. 그러므로 'M'을 연구대상으로 삼은 프롬 박사의 관찰 기록이나 'M'의 탄생과 관련한 '뇌 행동 학회'의 장면들은 기존의 드라마에서 원혼을 접근하는 방식과 차이를 보인다. 프롬박사는 'M'을 관찰하려는 목적과 동시에 학회에 자신의 연구를 발표하기 위해 한국을 방문한다. 드라마에서는 '인간 뇌 행동 변화 연구 학회'의 프롬박사 발표 장면을 긴 시간을 투자하여 배치하고 있다.

> 프롬박사: 인간의 이기적인 속성이 악의 근원이며 이 성질이 생물학
> 적으로 발생한 것이기 때문에 이 성질을 바꾸는 것은 진
> 화에 의한 방법 이외에는 없다는 절망적인 논리에 우린
> 굴복해야 될까요? 나는 이 이론에 끊임없이 도전해왔습
> 니다. 우리 '소노머 뇌 행동 센터'는 보다 강한 인간 그러
> 나 보다 선한 인간을 창조해 내는 기술을 개발하였습니
> 다." (〈M〉5회)

〈M〉에서 의학적으로 악령의 정체에 접근하는 이유는 과학적 믿음 안에서 발동된다. 하지만 마리에게 존재하는 다른 인격을 과학적으로 분석하여 이용하려는 프롬박사의 노력과 다르게 마리에게 발현되는 'M'은 과학적으로 설명할 수 없는 괴이한 현상으로 나타난다. 〈M〉에서 악령 'M'의 출현을 통한 사건은 두 가지로 분류된다. 'M'은 주리라는 인격을 이용하여 마리 주변인물을 갈등, 분열시키거나, 'M'의 기이한 능력을 통해 직접적으로 복수한다. 그녀가 8년 전 마리이면서 의사 주리의 두 가지의 인격을 소유하고 있다는 사실 보다 중요한 것은 마리 안에 'M'이라는 낙태 당한 아이의 원혼이 존재하고 있다는 것이다. 'M'이 지배하는 마리는 8년 전 순진하고 착한 18세의 소녀인 동시에 지적이고 유능하지만 성공에 대한 욕망에 휩싸인 30대 의사이기도 하다. 악령이라 불리는 복수의 화신 'M'은 순진한 18세 마리의 기억을 사라지게 하고, 주리의 인격을 이용하여 자신의 목표를 달성하고자 한다. 마리의 몸을 빌린 'M'은 일상적인 공간에서 발현된다. 마리는 눈동자가 초록빛으로 변하여 괴력이 나타나고 사물을 조정하는 기이한 행동을 하며 'M'으로 변한다. 'M'은 괴기스러운 아기의 형상으로, 거울 속 이상한 형체로 드러나기도 한다. 〈M〉은 원혼을 다뤘다는 점만 기존의 공포물 〈전설의 고향〉과 유사할 뿐이지 그 표출방식은 서구 악령에 가깝다.

2.2. 초능력과 게놈 프로젝트

〈RNA〉는 〈M〉이후 6년 만에 동일 작가에 의해 다시 등장한 메디컬

스릴러 드라마이다.[12] 〈RNA〉는 초능력을 가지고 태어난 여고생 세미
(배두나) 주변의 괴이한 사건들과 세미에게 일어나는 이상한 변화들
을 긴장감 있게 추적하는 드라마이다. 세미는 6살 때 자동차 화재로
큰 화상을 입고, 일본으로 건너 가 성형수술을 받은 적이 있다. 여고
생 세미는 다리의 화상 흉터를 감추기 위해 검은 스타킹을 신고 다니
는 콤플렉스 이외에는 밝고 명랑한 인물이다. 그러나 자신 안에 초능
력과 이상한 변화들이 일어나고 있다는 사실을 알지 못한다. 세미는
가끔씩 수업시간에 갑자기 사라져 좋아하는 가수(김원준)의 콘서트
장에 순간이동으로 다녀왔다가, 학교 창고에서 잠이 든 채 발견된다.
〈RNA〉는 귀엽고 사랑스러운 신비한 소녀의 이미지가 괴기스러운 이
미지로 변화되는 과정들을 통해 공포감을 형성한다.

　〈RNA〉에서 세미의 이상한 변화들은 점차 스스로도 느낄 만큼 발현
되며 주변에 영향을 미치기 시작한다. 이때부터 본격적으로 세미에게
숨겨진 비밀이 밝혀지고 드라마는 공포물의 특성들을 드러낸다. 세미
의 기이한 능력은 자신과 관계된 사람들이 억울한 일을 당했을 때 나
타난다. 예를 들어 세미의 친구 수지(김채연)가 무용 선생님에게 괴롭
힘을 당하자 세미는 물건을 공중으로 떠오르게 하는 염력을 이용하여
무용 선생님을 추락사시켜 처벌한다. 〈RNA〉에서 세미는 유체이탈, 염
력, 예지력을 이용하여 주변 사람들을 위해 복수를 하는 데, 초능력을
사용한 그녀 본인은 자신의 행동을 기억하지 못한다. 끊임없이 일어
나는 괴이한 일들의 중심에 선 세미의 비밀은 드라마 초반부 5회에서
밝혀진다. 일본에서 세미를 수술한 무라야마 박사(김무생) 일행이 한

12) 이홍구 극본, 전기상 연출, KBS, 총17회, 2000.7.10.~2000.9.5.

국을 방문하면서부터이다. 무라야마 박사는 6살 세미에게 화상치료
와 성형수술 이외의 기억 이식 수술을 하여, 인간 개조 프로젝트를 실
행한 인물이다. 그는 불행한 사건으로 자살한 천재 생명공학자 깅시
로(이세창)의 기억인자를 세미에게 이식하여 인간 개조를 실험한다.
무라야마 박사가 자신의 연구에 있어 세미를 대상으로 선택한 중요한
이유는 세미가 가진 초능력 때문이다.[13] 무라야마 박사는 세미의 영적
능력과 깅시로의 천재적 지적능력을 결합하여 "신도 만들어내지 못한
완벽한 인간(6회)"을 만드는 인간 개조를 욕망한다.

　뇌 과학이나 기억이식이 주요한 소재라는 점에서 〈RNA〉는 〈M〉과
유사하다. 〈M〉에서 뇌 과학자가 악령의 기억인자를 깨워 연구하는
것에 그쳤다면, 〈RNA〉의 과학자는 인간 개조 성공을 통한 신약 개발
이 최종목표이다. 그러므로 〈RNA〉에서 제시된 과학적 상상력은 〈M〉
보다 구체적이다. 〈RNA〉의 프롤로그를 통해서도 〈M〉보다 과학이라
는 키워드가 드라마에 중요하게 연결되어 있음을 확인할 수 있다.[14]
〈RNA〉는 당시 각광받는 생명공학 기술인 게놈 프로젝트에 대한 소개

---

13) 지금까지 신문, 인터넷을 통해 알려진 〈RNA〉의 소개에서는 세미가 일본에서 수술
　　을 받은 후 초능력이 생긴 것이라고 기록하고 있다. 그러나 드라마에서 보면, 세미
　　는 수술을 받기 전부터 이미 초능력을 가지고 있었음을 알 수 있다. 6살 때 자동차
　　화재 사건이 일어나기 전, 세미 집에 강도가 들어 세미 부모를 협박하고 세미의 언
　　니 세영을 성폭행하는 사건이 발생한다. 이때 세미는 부모님이 위험에 처하게 되
　　자, 염력을 이용하여 괴한들을 공격한다.
14) "휴먼 게놈 프로젝트 연구팀은 인간유전자배열의 설계도라 할 수 있는 게놈지도
　　의 초안 완성을 발표했다. 그동안 상상만으로 가능했던 인간 복제와 유전자변형
　　이 눈앞에 현실로 다가온 것이다. 이제 인간은 보다 풍요롭고 건강한 생활을 누리
　　게 됐지만, 그 그늘에는 인간의 존엄성에 대한 심각한 위험이 도사리고 있다. 인
　　간은 생명공학이라는 미명하에 생로병사의 비밀이 담긴 판도라의 상자를 열고 만
　　것이다."(〈RNA〉1회 프롤로그)

로 시작한다.[15] 무라야마 박사와 그의 제자이자 깅시로의 친동생 겐지 (이세창 1인 2역)는 깅시로가 죽기 전 실험했던 암 치료제를 완성하려 한다. 그들이 표면상 내세우는 인간 개조 프로젝트의 주요 목표는 암 치료 개발로 암환자들에게 생명을 주는 것이다. 그러므로 〈RNA〉의 인간 개조 프로젝트는 진보적이고 혁신적인 과학이론으로 소개되기도 한다.

> 쇼파에 앉아있는 두 사람, 동영상을 틀고, 화면은 학회에서 발표하는 무라야마 박사의 모습을 비춘다.

무라야마 박사	이론상으로 벌레뿐만 아니라 쥐, 고양이 기억이 이식이 다 가능합니다. 실제 우리 실험실에서 척추동물의 기억 이식을 하는데 성공한 적 있습니다. 어둠을 무서워하는 고양이의 기억을 쥐에게 이식했을 때, 쥐는 고양이처럼 어둠을 무서워하기 시작했습니다.
의사	(동영상을 멈추고) 진보적이고 혁명적이긴 하지만 매우 위험한 이론이야. 쉽게 말해서 내 기억세포를 너에게 이식하면 내 머릿속에 내 기억이 심어진다는 논리야. 내 와이프와의 은밀한 추억까지도 네 추억이 되는 거지.

---

15) "인간 게놈 프로젝트는 인간이란 생명체가 갖고 있는 유전정보의 전모를 밝히기 위해 1990년 미국,영국, 독일, 프랑스, 일본, 중국 등 6개국으로 구성된 '인간 게놈 프로젝트 국제 컨소시엄'에 의해 시작됐다. 게놈은 하나의 생명체에 들어 있는 유전정보의 총합을 가리킨다. …중략… 1997년 복제 양 '돌리'에서 시작된 생명 복제기술은 사람들의 입에 생명공학이 오르내리게 하는 데 결정적인 공헌을 했다." 김홍재, 『인간복제의 시대가 온다』, 살림, 2005, 15~16면.

건우	그럼 형은 형도 아니고 나도 아닌 게 되잖아. 그럼 어떤 공학박사의 기억을 어떤 어린애에게 이식시키면 어린애는 공학박사의 지식을 갖게 된다는 거네.
의사	이론상 그렇지.(6회)

세미의 고등학교 미술선생 건우(이민우)는 세미에게 일어나는 혼란스러운 현상들을 파악하고 그녀를 적극적으로 돕는 인물이다. 그는 세미의 부모가 세미의 생명의 은인이라고 믿는 무라야마 박사를 의심하고 친분이 있는 의사를 찾아간다. 건우의 선배는 무라야마 박사가 학회에서 발표한 동영상을 보여주며 무라야마 박사의 정체에 대해 충고한다. 〈RNA〉에서 무라야마 박사의 연구는 신기술을 통해 인류에 공헌하는 선한 목적에서 출발했다는 점에서 〈M〉의 프롬박사의 연구와는 차이가 있다. 그러나 새로운 의학에 대한 욕망은 인간을 또 다른 공포로 이끈다. 세미에게서 깅시로를 복원시키려는 무라야마 박사팀의 욕망이 커지면서, 세미에게는 괴이한 현상들이 발생한다. 무라야마 박사가 깅시로를 부활시키기 위해 세미에게 각종 약물을 투여한 이후, 세미의 정체성은 혼란을 일으키며 세 개의 인격으로 분열된다. 16세의 여고생, 천재 생명공학자 깅시로, 그리고 파악이 불가능한 제 3의 인격으로 분열된 세미는 점차 정체를 알 수 없는 존재로 변해가며 폭력성과 공격성이 강화된다. 무라야마 박사의 인간 개조 실험에 대한 완성도가 높아질수록 세미에게 있었던 초능력은 파괴적으로 발휘되는 것이다.

세미는 가족, 친구, 연인이 위험에 처한 상황을 인지하고 분노의 감정을 느끼게 되면, 현실적으로 설명할 수 없는 괴력을 발휘한다. 단순히 물건을 움직이는 염력이 아닌, 물건을 파괴시키거나 화재를 일으키는 것뿐 아니라 곤충 떼를 이용하여 상대를 공격하거나 바람이나 물을 이용하여 징벌의 대상자를 응징한다. 또한 그녀는 살인 사건을 예견하는 그림을 그리거나, 멀리 떨어져 있거나 격리된 사람에게 일어나는 일을 인지하는 유체이탈, 투시도 가능하다. 심지어 세미는 언니 세영과 텔레파시로 연결하여 무라야마 박사의 실험에 저항한다.[16] 세미는 무라야마 박사와 겐지가 기억 이식과 인간 개조에 있어서 부작용으로 예상했던 것 이상으로 괴이한 능력을 갖게 된다. 여기에 무라야마 박사팀은 세미를 제어하기 위해 약물을 강화하거나 의식을 잃게 하여 실험을 지속한다. 결국 깅시로는 세미의 육체를 통해 복원된다. 깅시로의 부활로 무라야마 박사팀은 깅시로의 DNA를 이용한 암 치료법을 확보할 수 있게 된다. 하지만 〈RNA〉는 세미도, 깅시로도 아닌 폭력적이고 파괴적인 악의 화신인 제 3의 인격이 탄생할 가능성을 보여주며 공포감을 극대화시킨다.

---

16) 〈RNA〉에서 언니 세영은 10년 전 성폭행 사건으로 정신분열증으로 요양 중이다. 무라야마 박사의 세미를 향한 인간 개조 실험이 강화되자, 세영에게 잠재되어 있던 초능력은 발현된다. 세영이 머무는 요양원 원장 최박사는 무라야마 박사와 공동으로 인간 복제 프로젝트를 진행하는 인물이다. 그는 세영에게도 초능력이 존재한다는 사실, 그리고 이 능력이 동생 세미와 텔레파시로 연결될 수 있다는 정보를 무라야마 박사팀에 전달한다.(8회)

3. 과학에 대한 이중심리와 디스토피아적 상상력

3.1. 신종 바이러스 전염과 과학자의 비윤리성

1990년대 사회의 주요 변화는 소련을 중심으로 한 사회주의권의 붕괴와 세계질서 재편이라는 국외 현실의 움직임이었다. 주요한 관심을 국내 현실에 두면서 만들어왔던 그 이전의 원칙과 사고로는 이러한 변화는 이해하기 쉽지 않았다. 사람들은 정치나 경제를 중심으로 사회를 설명하고 해석하는 것의 한계를 느끼면서 좀 더 미시적이고 일상적인 영역에 대한 분석을 통해 설명하고자 하는 관심이 증대되었다. 관심의 초점이 집단이나 사회 전체에서 개인의 일상 영역으로 움직였던 것이다. 계급의 갈등이나 정치체제에 대한 관심이 상대적으로 줄어들면서 개인의 욕망 쪽으로 관심이 기울기 시작했고, 1990년대 전반기에는 세대, 성, 생태, 몸, 취향, 여가 등 다양한 영역이 사회의 중심적인 문제로 떠올랐다.[17] 과학에 대한 대중의 관심도 이 시기 높아지기 시작했다. 신문, 뉴스에서 과학 기술에 대한 보도, 기사의 비율은 커진다.[18] 1990년대 격변하는 사회 분위기에서 과학기술의 발전은 대중들의 관심 속에서 일상의 주요 영역을 차지했다. 그러나 과학기술과 관련된 상상력은 전문적인 정보에 의한 객관적인 사실 확인보다 떠도는 소문에 의한 막연한 기대나 두려움에서 발생되었다.[19] 당시

---

17) 이영미, 「1990년대 총론」, 한국예술종합학교 한국예술연구소, 『한국현대예술사대계 6』, 시공아트, 2005, 18~20면 참고.
18) 김동규, 「현대 언론과 과학문화」, 『과학문화의 이해-커뮤니케이션 관점-』, 일진사, 2000, 131면.
19) 연극과 영화가 과학기술에 대해 취하는 태도는 어느 정도 이율배반적인 성격이

TV드라마에 재현된 과학은 '매혹적이면서도 위협적인 것', '수용해야 하지만 경계해야 할 것'으로 나타나고 있다.

〈M〉에서의 공포는 기이한 능력을 가진 괴기스러운 악령으로부터 발생한다. 악령의 복수 중 당시 대중들에게 공포감을 주었던 요소 중 한 가지는 질병과 관련되어 있다. 그것은 바이러스 전염이다.[20] 'M'은 "병원체에 대한 면역성이 있으며 그 병원체의 숙주로서 특정 대상에 세균을 전염시킬 수 있는 능력"(7회)이 있다. 드라마에서 'M'이 발현된 상태에서 마리와 신체적 접촉을 한 사람들은 치사율이 높은 바이러스에 전염된다. 바이러스에 전염된 사람은 온 몸에서 상처가 나고 피부가 짓무르고 출혈이 심해져서 결국 죽게 된다. 드라마 〈M〉에서 가장 공포감을 극대화시키며 대중적 기억으로 존재하고 있는 것은 초록색 눈동자로 변한, 매혹적이고 섬뜩한 '마리'의 표정이었지만, 좀 더 주목해야 할 점은 전염성 바이러스를 통한 'M'의 복수이다.[21] 악령의 복수 중 또 다른 방법이 바이러스를 퍼뜨리는 것이라는 사실은 마리가 가진 비과학적인 괴력과는 차이가 있다. 이는 드라마 〈M〉이 고전

있다. 즉 과학기술은 '환영할 만한 것이나 경계해야 할 것', '창조자인 인간보다 우월하면서도 열등한 것' 등으로 여겨지는 것이다. 이렇듯 연극과 영화에 반영된 현대인의 의식은 과학기술에 대해 지적으로나 정서적으로 거부감을 가지면서도 동시에 더욱 그것에 의존하려는 경향을 보이기도 한다. 김용수, 「연극과 영화에 반영된 과학기술문명」, 『과학문화의 이해』, 일진사, 286면.

20) 드라마 〈M〉의 기획이 당시 유행했던 의학추리 소설 〈돌연변이〉, 〈바이러스〉등에 착안되었던 점을 볼 때, '바이러스' 소재는 드라마 방영시기 대중적으로 관심이 높았던 문제였음을 알 수 있다.("〈M〉은 방영 한 달 동안 35%이상의 높은 시청률을 나타냈다. 제작진들은 이 드라마의 성공요인을 기획의 독창성에서 찾고 있다. 한여름이므로 납량드라마로 승부하되 젊은 세대에서〈돌연변이〉, 〈바이러스〉 등 의학추리소설이 인기를 끄는 데 착안, 이 분야에서 소재를 찾은 것이 적중했다는 것이다." 〈동아일보〉 8. 29.)

21) 문선영, 앞의 책, 13면.

적 공포물과 선을 긋는 지점이기도 하다.

〈M〉에서는 과학적으로 설명할 수 없는 현상이나 존재에 대한 공포와 더불어 현실적으로 예견할 수 있는 질병에 대한 막연한 두려움과 불안도 제시하고 있다. 드라마 〈M〉의 악령 'M'에게 내재되어 있는 바이러스는 당시 원인을 알 수 없는 희귀병의 출현, 새롭게 출현한 신종 바이러스에 대한 상상력이 재현된 것이다. 드라마 〈M〉이 방영되는 시기에는 죽음의 전염병이라 불리는 에볼라 바이러스가 한국에 본격적으로 알려지기 시작했다. 한국에서 에볼라 바이러스는 에볼라 출혈열이라 불리며 치사율이 높은 신종 바이러스로 1995년 전후로 대중적 관심이 폭발하기 시작한다. 신종 바이러스에 대한 두려움은 뚜렷한 과학적 근거를 바탕으로 한 전문정보나 객관적 사실 보다 알 수 없는 전염병에 대한 불안감에서 비롯되었다.[22] 과학발전에 따른 기대와 더불어 발생하는 두려움과 불신의 감정들은 드라마 〈M〉의 바이러스 전염의 공포로 재현된다. 또한 〈M〉에서는 비윤리적인 과학자의 행동을 통해 제시되기도 한다. 미국에서 'M'을 관찰하기 위해 한국을 방문 한 프롬박사에게 최박사는 마리를 숨겨 놓고 연구한 사실을 비판한다.

> 최박사   살아있는 사람을, 그것도 앞길이 창창한 젊은 여자를 실
>   험대상으로 만들었단 말입니까?
> 프롬박사   내가 만든 것이 아니라 태어날 때부터 그녀 안에 있었던

---

22) 에볼라 바이러스가 언론을 통해 기사화되며 대중적으로 확산된 것은 1995년 이후
   이다. 에볼라 바이러스에 대한 두려움을 구체적으로 재현하는 작품은 1995년 방
   송된 MBC드라마 〈거미〉이다. 〈거미〉는 신흥종교 집단이 독거미를 이용하여 에볼
   라 바이러스를 퍼뜨려 한국을 멸망시키려는 이야기를 다루고 있다.

거지. 다만 난 발견했을 뿐이야.

최박사   박사님의 목적은 그 악마적 파괴력을 이용하려는 것 아
                닙니까?

프롬박사   나는 인간에게 내재한 악의 근원을 추출해내는 방법을
                찾고 있는 거야. 성공한다면 살인범을 양처럼 순한 인간
                으로 만들 수도 있지.

최박사   천사 같은 사람을 악마로 만들 수도 있겠군요.(〈M〉 5회)

프롬박사는 최박사의 비판에서 보듯이 마리를 단지 연구대상으로 삼으며 이후 결과에만 집착하는 과학자인 것이다. 'M'의 탄생 배경이 '낙태'로 발생되었다는 점으로 볼 때 프롬박사의 태도는 이기적인 과학자의 윤리성과 맞닿아 있다. 이는 드라마 〈M〉의 두 번째 진실로 연결된다. 'M'이 마리의 육체를 빌려 복수하기 위해 존재하는 것은 '낙태'를 통해 태어나기도 전에 흔적도 없이 사라졌다는 원한에 있다. 'M'은 마리 주변인물과 의료업 종사자 특히 산부인과 종사자를 복수의 대상으로 삼는다. 또한 중절 수술을 받은 경험이 있는 여성, 낙태를 시킨 남자에게로 복수의 대상은 확장된다.

〈M〉이 마리에게 빙의된 이유도 과거 사건으로 거슬러 올라가면서 밝혀지게 된다. 마리를 임신했을 때 마리의 어머니도 중절 수술을 받으려 했다는 사실과 그 수술이 'M'에 의해 중단되고, 마리에게 'M'의 기억 분자가 이동했다는 것이다. 그러므로 〈M〉에서는 마리에게 빙의된 악의 화신 'M'의 복수 보다 'M'의 정체에 숨겨진 진실이 더 중요하다.

드라마 〈M〉은 '낙태'와 관련한 윤리적 주제를 제시하고 있으며, 1차적으로 의학 윤리 문제에 집중한다. 그러나 〈M〉은 'M'의 탄생을 단지

의학계의 비윤리성에만 두지 않고, 좀 더 확장시킨다. 최박사는 마리에게 빙의된 'M'의 복수심과 강한 파괴력은 모든 인간이 가진 '악'이라고 규정한다.[23] "부모를 죽인 아들, 사랑하는 아내를 죽인 남편, 아들을 죽인 부모, 인간이 가진 모든 파괴적 능력이 모두 악이다."(7회) 최박사의 이야기는 실제 신문기사의 장면과 배치되어 당시 발생한 범죄 사건을 연상시킨다. 〈M〉은 악의 화신인 'M'의 정체를 개인의 문제로 그치지 않고 현대 사회의 변화와 그에 따른 비윤리적 태도 문제로 접근하고 있다.[24] 〈M〉에서 'M'의 비밀을 밝히는 것은 흔적도 없이 사라졌던 존재의 과거를 찾는 과정인 동시에 잊고 있었던 현대사회의 문제를 돌아보는 과정이다. 'M'이 비윤리적인 현대사회가 탄생시킨 '악령'이기 때문이다. 이는 자신의 연구 성과를 위해 악령 'M'을 이용하는 과학자의 욕망을 통해 재현된다는 점에서 중요하다. 인간의 생명을 다루는 의학자에게 윤리적 인식을 기대할 수 없다는 절망적인 사실은 인간에게 두려움과 불안을 줄 수밖에 없다.

3.2. 인간 복제에 대한 기대와 불안

과학 분야에 대한 대중의 관심은 1990년대 초반에는 보건, 건강과

---

23) 문선영, 앞의 책, 14면.
24) 1994년을 전후로 존속 폭행 및 살인 등의 반인륜적 범죄 사건들이 발생했고 기사화되었다. 대표적으로 아버지에게 성폭행 당한 여자 친구의 아버지를 죽인 김보은 김진관 사건(1992), 유학한 후 도박 빚 청산문제로 부모를 살해하고 방화한 박한상 사건(1994)등이 있다. 또한 대낮 여의도 광장을 차량으로 질주해 수많은 피해자를 낸 김용제 사건(1991)처럼 1990년대 설명하기 힘든 범죄 사건이 증가하는 시기였다. 김형민, 『접속 1990-우리가 열광했던 것들-』, 한겨레출판, 2006. 참조

관련된 의학이나 환경 등 일상적인 분야에 집중되다가 1990년 중반 이후부터는 생명공학, 유전학, 정보통신 등으로 확장되는 경향을 보인다.[25] 1997년에는 SF장르의 상상력 중 하나였던 복제인간에 대한 현실 가능성을 열어주는 연구 결과가 발표되기도 했다. 1997년 2월 스코트랜드 로슬린 연구소의 이언 월멋 연구팀이 복제양 '돌리'의 성공을 발표하면서 인간 복제는 단순한 공상을 넘어, 현실의 영역으로 들어서게 되었다. 1990년대 후반 인간 복제에 대한 대중들의 반응은 대체로 호기심과 경계심이 뒤섞인 두려움을 수반하였다. 하지만 복제양 돌리 탄생 이후 유전자 조작, 노화 연구, 질병 치료 등과 관련하여 과학계는 기대감에 들떴다. 여기에 돌리에 사용한 특허를 소유한 피피엘 제약회사의 적극적 연구 지원은 세계적인 관심을 증대시켰다.[26]

드라마 〈RNA〉는 1990년대 후반 이후 인간 복제에 대한 대중적 관심을 반영하고 있다. 〈RNA〉에서 초능력을 가진 소녀 세미에게 인간 개조 실험을 시도한 무라야마 박사는 개인적 욕망보다 인류애적 목적의식이 더 강한 인물로 그려진다. 무라야마 박사는 자신의 제자였던 생명공학자 천재 킹시로의 DNA 연구를 통한 암 치료 개발을 복원하고자 한다. 무라야마 박사는 암으로 고통 받는 인류를 구원하기 위해서 천재 킹시로의 죽음 직전, 뇌세포의 기억인자를 세미에게 이식한다. 무라야마 박사가 시도한 기억 이식과 인간 개조 프로젝트는 선한 의지와 목적으로 실행된 것이다. 무라야마 박사가 추구하고자 하는 치료제 개발과 인류를 위한 연구는 당시 복제 기술에 대한 호기심과

25) 김동규, 앞의 책, 131면.
26) 홍성욱, 『생산력과 문화로서의 과학기술』, 문학과 지성사, 2010, 312~315면 참고.

기대를 재현하는 듯하다. 드라마 〈RNA〉는 무라야마 박사의 선한 의도를 통해 과학기술의 긍정적인 미래를 반영하지만 새로운 과학기술이 가져올 공포에 더 집중한다.

이는 〈RNA〉에서 무라야마 박사 이외의 깅시로의 기억인자 복제 성공에 몰입하는 깅시로의 동생 겐지의 욕망을 통해 드러난다. 겐지의 욕망은 갑작스럽게 죽은 형과 재회하고자 하는 간절함에서 비롯된 것이다. 하지만 겐지의 욕망은 죽은 형에 대한 인간적인 그리움에 그치는 것이 아니다. 그에게 죽은 형 깅시로의 부활은 획기적인 연구에 대한 복원이라는 점에서 중요하다. 겐지의 목적은 형이 죽기 전 완성한 세포 복제 연구의 성공 및 신약 개발을 통해 특허권을 획득하고 일확천금을 얻고자 하는 데 있다. 겐지에게 있어 깅시로의 부활은 곧 안정적 삶의 보장이며 미래이다. 형과 마찬가지로 무라야마 박사의 제자이며 연구자인 겐지에게 과학자의 윤리적 의식은 찾아볼 수 없다. 무라야마 박사가 인류적 구원을 위해 세미를 이용하여 실험을 시도하면서 자기반성과 분열을 일으키는 데 비해 겐지는 어떠한 흔들림도 없이 수단과 방법을 가리지 않는다. 무라야마 박사의 과학자로서의 윤리의식은 겐지에게 방해요소일 수밖에 없다. 그는 자신의 목적을 위해 폭행, 감금, 협박 등을 서슴지 않는다. 겐지는 깅시로의 기억 인자 복제 성공을 위해 세미에게 위험한 실험을 감행하는 것을 망설이지 않는다.

드라마 〈RNA〉는 암치료제 개발 관련 정보만을 얻고, 실험 대상 세미를 손상시키지 않은 상태로 온전히 복원하려는 무라야마 박사의 의지와 신약 개발을 획득하여 개인적 욕망을 채우려는 악랄한 연구자 겐지의 갈등을 통해 긴장감을 증폭시킨다. 여기에 연구가 지속될수록 괴이한 능력이나 알 수 없는 정체성을 드러내는 세미를 통해 공포의 분위기를 형성한다. 16세 소녀도 천재 생명공학자도 아닌, 폭력적이고 기이한 제3의 정체성의 출현은 당시 새로운 과학 기술에 대한 두려움을 반영하고 있다. 드라마에서 재현된 복제 기술은 과학기술이 가져올 긍정적인 전망보다 새로운 변화에 대한 우려와 두려움을 기반으로 상상되었다.[27]

하지만 〈RNA〉가 〈M〉과 차이를 보이는 것은 과학기술에 대한 기대를 포함하고 있다는 점이다. 〈RNA〉에서 무라야마 박사는 세미의 괴이한 변화를 통해 위험인자를 발견했음에도 불구하고 겐지의 협박으로 인해 실험을 지속한다. 예상하지 못한 세미의 변화를 감수하며 무라야마 박사는 기억 복제를 성공하고, 깅시로의 기억을 세미의 육체를 통해 복원시킨다. 세미를 통해 복제된 깅시로는 무라야마 박사와 겐지가 원하는 세포 복제 연구를 통해 신약 개발을 완성한다. 동물 실험을 통해 안정성을 확보해야 한다는 무라야마 박사의 말을 철저히 무시한 겐지는 암환자들을 속이고 깅시로의 신약을 투여한다. 드라마 〈RNA〉에서 겐지의 비윤리적 방법과 비인도주의적 행동에도 불구하고 깅시로의 신약은 암환자에게 신비한 효력을 발휘한다. 〈RNA〉에 재

---

27) "근본적인 문제는 복제의 결과 기형아가 나왔을 경우와 복제인간의 주인이 이를 어떻게 처리할 것인가의 문제다. 복제와 유전자 조작 기술이 합쳐질 경우 더 복잡해진다. 과학기술이 항상 보여준 빈틈과 인간의 욕심은 원자탄의 발명처럼 치명적인 문제를 야기할 가능성이 크기 때문이다. 유네스코 합의회의의 의미는 여기에서 찾아질 수 있다. 위험천만한 과학기술에 대한 통제를 맹목적인 기술만능주의와 자본가의 손에서 사회적 합의 아래로 이끌어내리는 첫 시도이기 때문이다."(「인간 복제 축복인가 재앙인가」, 〈한겨레〉1999.9.15.) 1999년 소 복제에 성공한 한국에서는 인간 복제의 가능성에 대한 문제점에 대한 글이 자주 기사화되었다.

현된 이 장면은 당시 과학 기술에 대한 막연한 기대와 소망을 반영하는 것이라 볼 수 있다. 이는 1990년대 인간 복제에 대해 혐오하고 거부하면서도 삶의 문제와 관련한 과학기술에 대한 기대가 포함된 상상력인 것이다.[28)]

킹시로의 신약 개발에 대한 겐지의 계획이 물거품이 되어버린 〈RNA〉의 결말은 새로운 과학 기술에 대한 긍정적인 미래를 제시하는 것처럼 보인다. 하지만 〈RNA〉의 마지막은 복제에 대해 과학 윤리를 강조하며, 주인공 세미를 도왔던 의사가 킹시로의 연구 자료를 몰래 손에 넣고 웃음을 짓는 장면이다. 이는 대중들의 예상을 깨고 열린 결말을 취하는 드라마의 반전이면서 당시 메디컬 스릴러 드라마가 가진 과학적 상상력에 전제된 과학에 대한 시선을 명확하게 보여주는 지점이라고 할 수 있다.

4. 1990년대 TV드라마의 과학

〈M〉, 〈RNA〉는 1990년대 한국 TV드라마의 새로운 장르적 시도이면서 과학적 상상력을 보여주는 드라마이다. 이들은 1990년대 과학에 대한 관심과 TV드라마의 다양한 장르 실험이라는 두 가지가 결합하여 이루어진 결과라 할 수 있다. 〈M〉, 〈RNA〉는 공포와 의학을 결합하

---

28) "돌리의 탄생에 대한 경악에 가까운 반응은 원자탄을 낳은 물리학에 이어 생명과학마저도 인간 통제의 궤도에서 벗어났음을 사람들이 감지했다는 것으로 해석될 수 있었다. 돌리가 만들어진 후 미국의 한 여론 조사에서 응답자의 80%는 인간 복제를 해선 안 된다고 했지만, 50% 이상이 인간 복제가 실행될 것이고, 이에 대한 분자생물학의 발전에 대한 기대를 가지고 있었다." 홍성욱, 앞의 책, 320면.

여 메디컬 스릴러 드라마라는 이름으로 대중들에게 신선한 충격을 주었다. 이는 고전적 공포물과의 차이를 보이는 현대 공포 드라마로의 전환을 의미했다. 또한 단지 현재나 도시를 무대로 하는 것에 그치지 않고 과학이라는 주제를 적극적으로 반영하고 있다. 〈M〉, 〈RNA〉는 과학적 상상력을 바탕으로 1990년대 당시 과학기술 발전과 관련된 사회 변화의 대중적 심리를 반영한다는 점에서 의미가 있다. 1990년대 이슈화되었던 과학기술에 대한 기대와 두려움을 동시에 나타내고 있는 것이다. 〈M〉, 〈RNA〉를 통해 재현된 과학기술은 매혹적이지만, 위험한 것에 가깝다. 이는 두 드라마가 방영되었던 1990년대 한국의 사회적 분위기와도 연관해서 생각해 볼 수 있다. 〈M〉이 방영된 1994년 7월 초 남북정상회담을 앞두고 김일성이 사망하였다. 이후 한국 사회의 새로운 지각 변동이 시작되었다. 〈RNA〉가 방영된 2000년은 밀레니엄 신드롬 이후, 그 영향이 여전히 존재했던 시기였다. 〈M〉, 〈RNA〉는 새로운 전환과 변화를 맞이하는 1990년대 한국의 불안정성 속에서 탄생했다고 볼 수 있다. 당시 두 드라마에 재현된 과학은 기대와 소망보다는 두려움과 불안을 유발하는 요소라는 상상력으로부터 출발한다. 그러므로 메디컬 스릴러 드라마 〈M〉, 〈RNA〉에서 과학기술은 악령이나 악한 과학자에 의해 오용되는 것으로 상상된다. 이 두 드라마는 필연적으로 기계문명보다 인간성을 찬양하는 쪽으로 이야기를 전개한다.

〈M〉, 〈RNA〉에서 문제해결은 의학적 방법, 해원, 두 가지로 진행되는데, 결국 궁극적 문제 해결은 인간적인 방법에 있다. 〈M〉의 결말은 마리를 사랑하는 지석(이창훈)의 사랑으로 인해 악령 'M'의 원혼을 해원시키고 마리의 정체성을 찾는 것이다. 〈RNA〉에서도 세미의 연인 태영(박광현)의 사랑과 천재 생명공학자 깅시로의 용서와 사랑으로 인해 사건은 해결된다.[29] 두 드라마의 문제해결의 공통점은 인간의 순수한 정신만이 첨단과학의 위기로부터 인간을 구원할 수 있다는 낭만주의적인 관점에 있다. 현대 공포물이라 일컬어지는 메디컬 스릴러 드라마 〈M〉, 〈RNA〉에서 고전적 서사 관습이 발견되는 지점이라고 할 수 있다. 사랑으로 인한 악령 퇴치나 원혼의 해원은 고전적 공포물에서 관습화된 해결 방법이기 때문이다. 이러한 점에서 두 드라마는 1990년대 과학적 상상력을 표방하면서도 고전적 공포물의 서사적 습관을 유지하고 있는, "종전의 환상물과 다른 것으로 동양적/고전적 설정과 서양적/현대적 시공의 합작"[30]이라는 특징을 가진다.

1990년대 이후 한국 방송에서는 다양한 TV드라마들이 등장한다. 하지만 과학적 상상력을 바탕으로 한 드라마는 찾기 쉽지 않다. 이러한 점에서 두 드라마는 1990년대 TV드라마의 새로운 장르 개발에 대한 도전적 역사를 살펴볼 수 있다는 점에서 의미가 있다. 이는 이후 과학을 활용한 드라마들의 출현을 예측할 수 있는 시작점이기도 하다. 또한 2000년대 이후 과학적 소재를 활용한 다양한 드라마들과 비교할 수 있는 역사적 자료라는 점에서도 다시 돌아봐야 할 이유가 될 것이다.

---

29) 서양의 고스트는 퇴치와 박멸의 대상이기 때문에 호리병 속에 가둬 두거나 감금하고 유폐한다. 때로는 퇴마의식을 통해 축귀한다. 이것이 서양문화가 지닌 성격의 일면이라고 한다면, 동양문화가 지닌 것은 화해 정신이다. 화해는 혼을 달래고, 원한을 해소시키는 해원에 이르는 과정이다. 장장식, 앞의 글, 201~202면.

30) 박노현, 『대중서사장르의 모든 것: 환상물』, 「한국 텔레비전 드라마의 환상성: 1990년대 이후의 미니시리즈를 중심으로」, 이론과 실천, 640면.

3

과학의 장르적 변주

한국 공포영화의 오컬트 장르 초기 수용 양상

한상윤

1. 들어가며

1960년대 중후반 경 하나의 유의미한 장르로 자리 잡은 한국의 공포영화는 많은 관객을 동원하며 비교적 전성기를 누렸다. 그러나 1970년대에 접어들자 영화계의 전반적인 침체 분위기와 함께 공포영화는 'B급 영화'화되어 재개봉관 및 지방개봉관을 중심으로 소비되기 시작하였다. 이 시기에 공포영화는 당시 인기를 얻고 있었던 무협물과 결합하거나 성을 상품화 하고, 입도선매 방식으로 지방흥행사들과 관계를 맺는 등 나름의 활로를 모색해 나가고 있었다.[1] 하지만 전통적인 여귀 서사를 비슷하게 반복하는 한국 공포영화에 관객들은 진부함을 느끼기 시작하였다.

---

1) 1970년대 이후 공포영화의 산업적 환경에 대해서는 이순진, 「한국 괴기영화의 변화과정에 대한 연구」, 중앙대 첨단영상대학원, 2001, 63-87면 참조.

그러던 중, 1970년대 중후반 경 한국 공포영화계에 눈에 띄는 흐름
이 하나 등장한다. 그것은 바로 심령현상을 소재로 한 작품들의 등장
이다. 기존의 원귀형 공포영화 스타일을 답습하던 중 할리우드 공포
영화 〈엑소시스트〉(1973)가 신선한 내용과 소재로 세계적인 흥행을
하게 되었고, 여기에 영향을 받아 우리나라에서도 〈엑소시스트〉와 비
슷한 형식의 영화를 만들기 시작한 것이다. 이러한 스타일의 공포영
화를 '오컬트 영화' 혹은 '심령공포영화'라 할 수 있다. '오컬트 영화'란
초자연적 현상이나 악령, 악마 이야기를 바탕으로 한 일종의 심령 영
화로 비현실적인 공포 영화와는 달리 악마의 실체와 존재를 현실 세
계에서 끄집어내고 마치 실화처럼 사건을 다루는 것이 특징인데,[2] 우
리나라는 서구의 오컬트 영화를 한국의 기존 공포영화와 차별화되는
새로운 장르로 보고 그것을 적극적으로 수용하고자 하였다. 그러나
구체적인 양상은 서구의 그것과 여러 면에서 차이를 보여 매우 흥미
롭다.

기존의 연구에서는 몇 작품의 단편적인 언급을 제외하고 197-80
년대의 한국 공포영화에 대한 서술이 거의 이루어지지 못하였다. 한
국 공포영화의 형성 및 정착기였던 1960년대의 공포영화, 그리고 부
흥기를 맞은 1990년대의 공포영화와는 달리, 'B급 영화'화 된 197-80
년대 공포영화는 상대적으로 중요하게 여겨지지 못했던 것이다. 하지
만 침체와 저질화라는 외피를 떠나 그 내부를 살펴보면, 이 시기에 공
포영화는 오히려 TV와 경쟁할 수 있는 차별화된 영화 장르로 인식되

2) 장병원 김광철, 『영화사전』, MEDIA2.0, 2004, 285면.

었으며,[3] 내용상으로도 흥미로운 상상력을 보여주고 있다. 따라서 당대 대중의 감각과 욕망을 다채롭게 표출하고 있었던 상상력의 장소로서 197-80년대 공포영화를 조명해 볼 필요가 있다. 이에 본고에서는 1970년대 중후반 새로운 흐름으로 떠오른 한국 오컬트 영화의 초기 작품을 연구 대상으로 다루어 보고자 한다.

전술하였듯, 한국의 오컬트 영화는 기본적으로 〈엑소시스트〉와 같은 서구의 오컬트 영화를 적극적으로 모방하면서 시작되었다. 하지만 여기에는 서구 오컬트 영화의 유행을 단순히 좇은 것이라고만 볼 수 없는 지점들이 존재한다. 첫째, 서구에서는 뉴 에이지 문화의 확산과 함께 반근대·반문명적 의미로 소비되었던 오컬트 영화가 비슷한 시기 우리나라에서는 다른 의미로 받아들여졌다는 점이다. 뒤에서 더 자세히 살펴볼 것이지만, 서구의 경우와 달리 한국의 오컬트 영화는 '근대적(과학적)' 표상이나 질서를 적극적으로 재현한다는 점에서 장르적 의미를 부여받았다. 그리고 둘째, 한국의 오컬트 영화는 우리나라의 오랜 서사적 문화적 관습의 영향으로 서구의 그것과 다른 고유의 서사를 전개해 나간다는 점이다. 가령, 〈엑소시스트〉, 〈오멘〉(1976) 등의 작품을 거치며 장르로서 성립된 서구의 오컬트 영화는 미국의 기독교 문화적 배경이 작용하여 신과 악마의 대립 구도가 깔려있으며, 기독교적 이미지가 강하게 드러난다. 하지만 기독교 문화의 뿌리가 깊지 않은 한국의 오컬트 영화는 신부 대신 심령과학자가

---

3) "영화적인 장점이란 TV가 따라올 수 없는 특수성으로 ▲에로티시즘 ▲괴기, 공포, 오컬트(심령) ▲SF(공상과학), 스페이스(우주), UFO(미확인 비행물체) ▲스펙터클한 대작 ▲특수음향효과나 입체영화 등을 들 수 있다." 「우리영화 점점 대담해진다」, 『경향신문』, 1982.2.23.

등장하며, 악령이 여귀로 대체되는 등의 변화를 겪는다. 이와 같은 현상은 오컬트 장르의 수용이 나름대로 당시 우리나라의 사회문화적 상황과 맞물리며 이루어졌다는 사실을 암시한다.

이상의 사실을 염두에 두고 본고는 해당 장르의 등장을 추동했던 당시의 사회문화적 상황 및 한국 오컬트 영화의 특징을 살펴보고자 한다. 이를 통해 한국의 초기 오컬트 영화가 단순히 서구 문화의 수용이라는 차원을 넘어 1970년대 우리나라의 대중적 욕망과 어떻게 관련을 맺으며 존재하고 있었는지 구체적으로 규명해 볼 것이다.

2. <엑소시스트>(1973)와 오컬트 장르

가정비극적 서사를 통해 여성의 수난과 한을 다룬 공포영화 〈살인마〉(1965)와 〈월하의 공동묘지〉(1967)는 당시 주요한 관객층이었던 '고무신 관객'들의 마음을 사로잡으며 흥행에 성공하였다. 이는 여귀를 중심으로 한 신파적·멜로드라마적 서사가 한국 공포영화의 주류 자리를 차지하게 되는 데에 큰 역할을 하였다.[4] 또한 유현목의 〈한〉(1967)이 상업적인 측면과 비평적인 측면 모두에서 좋은 성과를 낸 이후로 〈속 한〉(1968)을 비롯하여 〈엄마의 한〉(1970), 〈며느리의 한〉(1972), 〈옥녀의 한〉(1972) 등 '한'을 내세운 일련의 작품들이 제작되기도 하였다.

---

4) 한국 고전 공포영화의 형성과 정착 과정에 대해서는 백문임, 『월하의 여곡성』, 책세상, 2008, 95-141면 참조.

그러나 비슷한 주제와 내용을 반복하는 공포영화에 점차 관객들은 지루함을 느끼기 시작한다. 한 예로 남편을 기다리다 고난 속에서 죽음을 맞은 아내와 딸의 이야기를 기존 공포영화의 장르관습에 기대어 다룬 하길종의 1973년 작 〈수절〉은 당시 화제작이었음에도 불구하고 "스토리의 전개가 진부하고 지루한 감이 느껴진다"[5]는 혹평을 받았다. 그나마 〈수절〉은 〈화분〉(1972)으로 이름을 알린 유학파 감독 하길종의 차기작이라는 기대에 힘입어 "금년도 10대 작품"[6]에 선정되는 성과를 내었으나, 그 외의 공포영화들은 매우 부진한 흥행으로 고전을 면치 못하고 있었다. 여기에 더하여 TV 보급의 확대 및 도시 구조의 재편성으로 영화관을 찾는 주요 관객층도 젊은 층으로 바뀌어 공포영화는 새로운 변화를 꾀해야 할 시점에 다다라 있었다.

이때 한국 공포영화계에 새로운 바람을 불어넣었던 것이 바로 할리우드의 공포영화 〈엑소시스트〉(1973)이다. 〈엑소시스트〉는 한 소녀에게 씌인 악령과 그를 물리치려는 신부의 대결을 다루고 있는 영화로, 놀랄 만한 흥행기록을 세우며 전 세계에 오컬트 붐을 일으켰으며 1975년 한국에서도 개봉하여 역시 큰 인기를 끌었다. 〈엑소시스트〉의 성공 이후 한국 영화계는 오컬트 영화 붐에 주목하는 한편, 기존 한국 공포영화에 대한 비판과 자성의 목소리를 적극적으로 내기 시작한다.

(가) (…) 야화의 전설 속에는 내려오는 관습대로 한 맺힌 원한에 대한 인과응보의 주제부터가 너무나 변화 없이 지루함을 느끼게 하고 있다. (…) 시대의 변천에도 아랑곳없이 너무나 국한된 테마가 팬들의 관

5) 「이달의 영화평-다작 경연이 몰고 온 관객의 외면」, 『영화잡지』, 1974.6, 162면.
6) 「1973년 영화계의 총결산」, 『영화잡지』, 1974.2, 97면.

심을 멀리하게 만들고 있다고 볼 수 있다. (…) 외국의 경우에는 괴기물
영화가 반듯이 귀신을 떠나서 우리 생활과 직결되도록 시도해 나가고
있으며 귀신에만 국한시켜오던 괴기물 영화를 심령과학적인 방법과 기
획을 모색하고 있는 것이다. (…) 또한 앞으로 제작되는 괴기물 영화들
은 제4차원적인 세계인 심령과학적인 세계로 탈바꿈하고 있으며, 우리
의 생활 속에 적합하고 시대성에 맞추어 영화를 만들고 있는 것이다.[7]

위의 인용문은 기존의 한국 공포영화가 시대의 변화를 반영하지 못
하고 인과응보의 주제만을 반복하는 반면, 〈엑소시스트〉와 같은 서구
의 공포물은 "우리 생활과 직결되도록 시도"를 한다며 긍정적으로 평
가한다. 즉, 한국 공포영화도 이제 전통적인 귀신 이야기를 벗어나 좀
더 시대에 맞는 내용을 다루어야 한다고 주장하는 것이다.

그렇다면 인용문의 필자가 말하는 서구 오컬트 영화의 "시대성에
맞"는 특징이란 구체적으로 무엇인가. 좀 더 자세한 논의를 위해 아래
의 인용문을 참고해 보도록 하자

(나) 또 하나 이 영화를 보면서 공포를 느끼게 하는 것은 의사들은
비과학적인 엑소시즘(악마쫓기)을 권유하고 있었으며, 신부는 정신병
리학원을 권장하는 서로가 상반된 의견을 내놓는 것이다. 게다가 이 영
화는 리간에게 진짜 악마를 씌운 것이냐? 아니면 가짜악마를 씌워놓은
것이냐?의 구별을 규명하지 못하는 것에서 더욱 공포의 분위기로 끌어
넣는 것이다.[8]

---

7) 「괴기영화」, 『영화잡지』, 1975.9, 95-96면.
8) 「이달의 영화평」, 『영화잡지』, 1975.8, 212-213면.

위의 인용문들은 「선진의 중환 앓는 미국」이라는 제목으로 신문에
실린 글의 일부분이다. 글 (가)는 1970년대 미국에서 하나의 대항문
화로 오컬트 문화가 존재감을 드러내며 소비되고 있다는 사실을 기술
하고, 그것에 대해 "미국사람들이 마음의 공허를 느끼고 있음"을 말해
주는 현상이라고 분석한다. 1960년대 미국에서는 베트남 전쟁과 냉전
이 만든 사회적 불안, 기독교에 대한 환멸 등으로 인해 젊은이들을 중
심으로 다양한 형태의 반문화 운동이 일어났고, 1970년대에는 그것
이 서구의 비술적 전통, 형이상학적 사상, 동양사상 등을 바탕으로 한
뉴 에이지 사상으로 발전하기 시작하였다.[24] 이분법적 사고를 벗어나
모든 것이 우주적 질서 아래 하나임을 깨달아야 한다고 주장하는 뉴
에이지 사상은 종교 및 사회운동으로서 기능하였을 뿐만 아니라 일
반 대중문화에도 광범위하게 침투하여 큰 영향력을 발휘하였다.[25] 오
컬트 문화의 번성은 이러한 흐름과 관련이 있다. 미국뿐만 아니라 일
본에서도 비슷한 시기 뉴 에이지 사상의 영향으로 과학화 추세와 반
대되는 초능력, 초자연적 현상이 대중문화에서 유행하였으며, '생태'

---

24) 이준수, 「대중문화에 나타난 뉴 에이지 사상의 특징」, 『만화애니메이션연구』 제
41권, 한국만화애니메이션학회, 2015, 5면.
25) 뉴 에이지 운동은 본래 만물이 신성한 힘을 공유하고 있다는 믿음을 바탕으로 한
대체종교의 하나로 시작되었으나, 영성을 개인의 수행에 따라 얼마든지 발전시킬
수 있는 것으로 간주하면서 점차 개인과 지구와 사회의 변형을 지향하는 국제적
사회운동으로 전환되는 움직임을 보인다. 이렇게 패러다임이 이동하게 되면서 뉴
에이지 운동은 점차 대중문화화 하는 양상을 보인다. 대체종교적인 특징은 여전
히 뉴 에이지 운동의 중요한 특징이지만, 세속적 인본주의와 결합된 뉴 에이지 운
동은 개인의 영성 개발, 치유, 건강 등의 영역과 연계되면서 대중문화 곳곳에 확산
된다. 전명수, 「뉴 에이지 운동과 한국의 대중문화」, 고려대학교 대학원 박사논문,
2007, 52-78면 참조.

나 '정신세계'를 강조하는 분위기가 생겨났다.[26] 이처럼 당시에는 주변 선진국을 중심으로 대안적 가치체계를 추구하는 분위기가 팽배해져가고 있었고, 그러한 시대적 조류가 한국에도 일정 부분 영향을 미쳐 1970년대 한국의 대중들도 해당 영역에 관심을 갖게 된 것으로 보인다.

그러나 당시 한국의 근대화 상황을 고려해 본다면, 주변 선진국의 경우처럼 근대에 대한 회의적인 인식하에 대안 문화를 소비했다고 보기 어려운 측면이 있는 것도 사실이다.

> (나) 우리는 오늘날 성장을 다 이루지도 못하고 본격적인 소비체제에 들어가지도 못했다. (…) 우리는 하루 속히 후진을 극복해야하며 진보와 소비사회를 이루어야 할 사명의 연대에 처해있다. 그러나 선진이 가져오는 미국의 비극을 상기할 때 자칫하면 무비판적으로 받아들이는 서구사조를 재점검하고 발전과 미풍을 같이 누릴 수 있는 낙토를 이루어야 할 것이다.[27]

위 인용문은 앞의 인용문 (가)와 같은 글의 뒷부분이다. 서구 사조의 무비판적 수용은 지양해야한다고 하면서도, "우리는 하루속히 후진을 극복해야 하며 진보와 소비사회를 이루어야 할 사명의 연대에 처해있다."라는 서술에서는 여전히 근대화에 대한 강한 열망이 보인다. 대표적인 근대화 사업의 하나인 새마을 운동이 진행되었던 시기도 비슷한 시기였다. 농촌을 주요 대상으로 삼았으나 도시를 비롯한

---

26) 최석진, 『일본SF의 상상력』, 그노시스, 2010, 147면.
27) 「선진의 중환 잃는 미국」, 『경향신문』, 1970.10.19.

그러나 연금술과 화학이 밀접한 관련을 지니고 있었던 것처럼 사실 오컬트 영역은 과학과 일부 영역을 공유하는 경우가 많았으며,[12] 근대에 이르러서는 적극적으로 자연과학의 용어나 이론을 끌어들여 대중들의 믿음을 공고히 하려는 움직임을 보였다. 대표적인 예로 심령과학은 스스로 '과학'을 자처하며 초자연적 현상들을 수집하고 체계적으로 분석함으로써 영적 세계의 존재를 증명하고자 한다. 그렇기 때문에 근대의 오컬트 문화는 과학주의적 문명에 반기를 드는 위치에 놓여있음에도 불구하고 상당 부분 과학적 시각으로 신비주의적 현상에 접근하는 태도를 보여준다.

이러한 태도는 오컬트 영화 안에서도 마찬가지로 발견된다. 〈엑소시스트〉의 경우 리간에게 씌인 것이 정말 악령인지 아니면 그저 정신병적 행동인지 판단하는 과정이 서사의 진행에 중요한 역할을 한다. 병원에서의 진단 과정뿐만 아니라 카라스 신부가 리간에게 가짜 성수를 뿌리고 반응을 지켜보거나, 악마와 문답을 하며 목소리를 녹음하는 등의 장면이 모두 악마의 존재를 논리적으로 증명해 가는 과정들이다. 이러한 양상은 귀신이 직접 괴기스러운 모습으로 등장해 공포를 유발하거나 웃음소리를 통해 존재감을 과시하는 한국 공포영화의 양상과는 매우 다른 것이다. '심령과학적'이라는 용어 사용에서도 알수 있듯 초현실적 현상에 대한 이성적 접근이 서구 오컬트 영화의 인

---

12) 연금술은 서로 다른 금속을 결합시키면 어떤 결과물이 나오는지 다루기 때문에 화학적 성격을 지니고 있다. 하지만 자연과학과 달리 연금술은 인간과 광물, 우주 사이에 어떤 관계가 있을 것이라 믿고 그것을 탐구하고자 하였으며, '철학자의 돌'과 같은 신비한 돌의 존재를 믿기도 하였다. 근대 초에 접어들면서 연금술은 갈수록 화학의 색채를 짙게 띠어갔으며, 약학과 의학에서도 결정적인 역할을 하였다. 자비네 되링만토이펠, 김희상 역, 『오컬티즘』, 갤리온, 2008, 52-71면 참조.

상적인 특징으로 비추어졌던 것으로 보이며, 이에 따라 오컬트적 소재는 근대적인 것으로 받아들여졌다고 유추해볼 수 있다.

이처럼 1970년대 미국의 오컬트 영화는 근대의 과학적 세계관을 작품의 중요한 한 축으로 삼는다는 점, 심령과학적 방법과 기획을 사용한다는 점 때문에 기존의 한국 공포영화와 차별화된 장르로 인식되었고, 이에 1970년대 한국에서도 정신이상, 빙의, 심령과학 등과 같은 새로운 소재를 사용한 오컬트 영화들을 제작하여 세계적 조류에 발맞춰 보고자 하였다. 그리하여 1970년대 중반 한국에서도 오컬트 장르의 영화가 등장하게 된다.

3. 오컬트 장르 수용의 사회문화적 배경

그런데, 오컬트와 같은 비과학적 영역에 대한 관심은 영화계뿐만 아니라 이 시기 다른 문화적 영역에서도 적지 않게 발견된다. 따라서 한국에서의 오컬트 장르 수용은 영화계의 상황에 의한 것뿐만 아니라 당시의 사회문화적 맥락과도 관련이 있다고 볼 수 있다.

1950년대 후반부터 이어져 온 대중오락잡지 『명랑』[13]을 살펴보면

---

13) 『명랑』은 1955년 12월 창간하여 1980년대까지 약 300호 이상을 발간한 인기 대중오락잡지이다. 신태양사에서 본격적인 취미오락전문지를 겨냥하여 발간하였다. (김지영, 「통속오락잡지 『명랑』을 통해 본 전후 사랑의 인식구조」, 『어문논집』 68권, 2013, 160-161면.) 1970년대를 대표하는 대중오락잡지로 『선데이서울』이 있으나, 1968년 9월에 발간되기 시작한 『선데이서울』과 달리 『명랑』은 1955년부터 연재되었기 때문에 1970년대를 전후하여 일어난 문화적 흐름의 변화를 살펴보는 데에 더욱 용이하다.

1970년대 접어들어 흥미로운 현상을 관찰할 수 있다. 가장 눈에 띄는 것은 역술인에 대한 광고 및 기사의 급증 현상이다. 「한국역학108인 선안내」[14]과 같은 역술인 소개 및 광고 코너가 여러 회에 걸쳐 연재 되는가 하면, 역술인과의 인터뷰 기사(「역학인과 차 한 잔의 대화」[15])나 역술인들에게 조언을 듣는 코너(「인기 역학인 초대석」[16]) 등도 심심 치 않게 발견된다. 그 외에도『명랑』은 인간의 잠재의식을 통해 태아 의 성별을 알 수 있는 방법[17], 병원에서 고치지 못한 소아마비를 척척 고친다는 지압 치료법[18], 할아버지의 계시를 받은 후 침술에 정통하게 되었다는 여성의 이야기[19] 등 현대 과학/의학의 영역 너머에서 일어 나는 일들을 소개하며 대중의 호기심을 자극한다. 이전 시기에는 좀 처럼 보이지 않았던 이러한 경향의 광고나 기사의 증가는 1970년을 전후하여 대중들이 자연과학 바깥의 영역에 눈을 돌리기 시작했음을 보여준다.

1970년대 한국 오컬트 영화들이 주 소재로 삼았던 심령과학 역시 비슷한 시기에 수면 위로 떠오르기 시작한다. 물론 심령과학은 1880 년대부터 이미 영국과 미국에서 존재했었고, 한국에서도 1924년의

---

14) 「한국역학108인선안내」는『명랑』1972년 4월호부터 등장하기 시작한 역술인 소 개 겸 광고 코너이다.

15) 「역학인과 차 한 잔의 대화」,『명랑』, 1972.4, 312-313면.

16) 「인기역학인 초대석」은 72년 7월호부터 등장한 코너로, 남편을 내조하는 법에 대 한 역학자들의 조언으로 시작하였다. 후에 아내에 대한 조언을 넘어 삶에 대한 전 반적인 조언을 하는 방향으로 나아간다.

17) 「쇼킹! 태아의 성별을 당신 마음대로」,『명랑』, 1971.4, 192-193면.

18) 「도대체 믿겨지지 않은 일 - 소아마비를 척척 고친다는데」,『명랑』, 1973.5, 162- 165면.

19) 「현몽에서 침술을 배웠다는데...」,『명랑』, 1972.8, 132-135면.

신문기사에서 심령학에 대한 소개 글을 찾을 수 있다.[20] 그러나 한국에서 심령과학 분야가 본격적으로 존재감을 드러내기 시작한 시기는 1970년대 접어들어서부터이다. 1972년 11월에는 금주의 베스트셀러 해외 비소설 부문 5위에 『심령과학』이라는 책이 랭크된 사실이 있으며,[21] 1973년에는 한국심령학회, 1975년에는 심령과학회가 설립되어 심령과학이 하나의 학문 분야로서도 영향력을 갖게 되었다.[22]

이 시기 현대 과학/의학의 바깥 영역에 대한 관심이 높아진 이유로 우선 주변 선진국들의 영향을 생각해볼 수 있다. 다음의 기사를 참고해 보도록 하자.

> (가) 미국의 저명지 '시카고 트리뷴' 지에 지난여름 〈여름철의 12궁 상담〉이란 제목의 기사를 크게 실었던 것을 기억한다. 12궁이란 천궁을 구분하여 생일에 따라 백양 긴우 쌍자 등의 이름을 붙여 별점을 치는 것으로 동양의 별점 12지와 같은 것이라 하겠다. 즉 천궁으로부터의 비밀지령, 주문 같은 것인바 최근 이와 같은 상담이 미국 내의 각 신문의 3분의 1페이지를 점하고 있는 실정으로 이는 미국사람들이 마음의 공허를 느끼고 있음을 말하고 있는 것이다. 책방에 가면 〈12궁〉이니 〈점성술〉이니 하는 서적이 기독교 관계서적보다도 더 많이 눈에 띈다. 〈오컬트〉(비학,밀교)서적을 정치 역사책과 더불어 많이 발견할 수 있다.[23]

---

20) 「심령현상」, 『동아일보』, 1924.10.22.
21) 「금주의 베스트셀러」, 『매일경제』, 1974.11.5.
22) 김봉주, 『정신의 원리』, 충남대학교출판문화원, 2011, 55면.
23) 「선진의 중환 앓는 미국」, 『경향신문』, 1970.10.19.

위의 인용문 (나)는 〈엑소시스트〉에 대한 영화평 중 일부로, 이를 통해 작품의 어떤 부분이 관객에게 깊은 인상을 남겼는지 유추해볼 수 있다. 〈엑소시스트〉에서 의사들은 여러 의학적 이론으로 리간의 몸을 검사하고 치료를 시도해 보지만 아이의 이상 증상을 고치는 데 실패한다. 그리하여 의사는 최후의 수단으로 엑소시즘을 권장한다. 하지만 어디까지나 과학적인 치료의 한 방법으로서이다. 아이가 자신 안에 다른 존재가 들어있다고 믿기 때문에 엑소시즘 의식을 행하면 심리적인 치료효과를 볼 수 있다는 것이다. 엑소시즘을 의뢰받은 카라스 신부 역시 처음에는 악마의 존재를 의심하여 병원 치료를 권장한다. 그러나 갈수록 심리적, 혹은 정신적 차원의 문제라고만 보기 어려운 현상들이 나타나고, 그녀에게 진짜로 악마가 빙의되었을지도 모른다는 공포와 불안감은 증폭된다. 이 지점에서 관객들이 당연하게 받아들이고 있었던 과학적 이성의 권위는 무너지고 두려움과 불안의 감정이 유발된다. 진짜 악마인지 가짜 악마인지 정확히 규명하지 못하는 부분에서 공포가 발생한다고 한 인용문의 서술은 이러한 의미이다.

이상의 서술 내용을 참고해본다면, 근대적 질서를 바탕으로 한 현실 세계가 과학적 방식으로 설명하거나 제어할 수 없는 초자연적 현상을 마주하면서 발생하는 두려움의 감정이 기존의 한국 공포영화와 구별되는 오컬트 장르의 특징임을 알 수 있다. 바꿔 말하면, 과학적 사고를 바탕으로 한 근대적 세계관이 오컬트 장르 성립의 핵심적인 한 축을 담당하고 있다고도 할 수 있을 것이다. 많은 오컬트 작품에서 의사, 병원, 사진기 등과 같은 과학 표상들이 중요하게 등장하는 이유도 바로 여기에 있다.[9] 작품 내에 등장하는 과학 표상들은 과학적 이성을 바탕으로 한 근대 사회의 질서를 가시적으로 재현한다. 시대에 맞는 공포영화를 만들어야 한다는 인용문 (가)는 바로 기존 한국의 공포영화에 부족했던 근대적 표상 및 질서의 재현에 더욱 충실할 것을 요구하고 있었다고 볼 수 있다.

"심령과학적인 방법과 기획"을 시대에 맞는 공포영화의 특징으로 언급하고 있는 점 역시 비슷한 맥락에서 살펴볼 수 있다. 본래 오컬트라는 것은 주술, 마법, 부적, 예언, 강신술, 점성술 같은 신비주의적 행위를 통틀어 일컫는 것이다.[10] 오컬트 영역은 영적인 세계가 실재한다고 믿으며 악마나 영혼 등과 관련된 초자연적 현상에 관심을 보인다. 그렇기 때문에 그것은 일견 전근대적 세계관으로 회귀하는 것처럼 보이며, 실제로 서구의 오컬트 문화를 '동양적인 신비적 종교'나 '원시신앙'으로의 회귀로 보는 시각도 있다.[11]

---

9) 가령, 〈엑소시스트〉(1973)와 함께 오컬트 장르의 대표적인 작품으로 꼽히는 〈오멘〉(1976)에서는 사진기가 중요한 대상물로 등장한다. 죽은 친아들 대신 같은 시각 병원에서 태어난 데미안을 친아들처럼 키우는 대사의 주변에서 자꾸 사람들이 사고로 죽는 일이 발생한다. 한 신부는 악마의 아들인 데미안의 짓이라고 한다. 그러나 사고들이 우연일 뿐이었는지, 정말 데미안의 저주였는지 증명할 방법은 없다. 그러나 한 기자가 찍은 사진들에 이상한 현상이 나타나 있는 것이 발견된다. 그리하여 사진기에 찍힌 사진과 사고와의 관계를 둘러싸고 이성적 범주의 상식과 그것을 벗어난 비상식 사이의 긴장이 발생한다.
10) 김태한, 『뉴 에이지 신비주의』, 라이트하우스, 2008, 137면.
11) 다음과 같은 신문기사들을 참고해볼 수 있다.
"단절된 전위 권위 세대… 도덕·가치관 달라 고민. 낙원만은 아닌 불안 속에 동양의 신비로 공허 달래"(「선진의 중환 앓는 미국」, 『경향신문』, 1970.10.19.)
"(…) 영화 〈엑소시스트〉는 많은 화제를 불러일으킨바 있는데 이것은 현대인의 마음속 어디엔가 도사리고 있는 원시적인 공포와 신앙이 작용했기 때문이라고 심리학자들은 풀이하고 있다." 「엑소시스트」, 『경향신문』, 1975.5.20.

전 사회 영역으로 확대된 새마을 운동은 농촌의 경제를 살린다는 측면에서는 실패하였으나 대중들을 근대적 국민으로 개조하는 데에는 상당히 성과를 거둔 운동이었다.[28] 여기에 더해, 이 시기는 과학정책이 적극적으로 추진되던 시기이기도 하였다. 박정희 정부는 1960년대 중후반부터 경제개발과 국가안보를 과학기술과 연동시키며 과학 진흥 정책에 박차를 가하기 시작하였으며, 1973년부터는 전 국민의 과학화 운동을 전개하였다.[29] 전 국민의 과학화 운동은 사고방식, 생활습성 등 일상생활에서의 과학화를 강조하며 과학기술을 삶의 핵심 원리로까지 격상시킨 것이었다.[30]

이처럼 우리나라에서 신비주의 영역이 적극적으로 고개를 들기 시작했던 1970년대는 그 어느 때보다 근대국가에의 욕망 아래 과학과 기술, 그리고 과학적 사고의 중요성이 강조되던 시기였다. 물론 이것을 급격한 근대화의 진행에 따른 문화적 반작용 현상이라고 해석할 수도 있겠지만, 좀 더 섬세한 이해를 위해서 당시 우리나라에서의 뉴에이지 문화 소비 현상을 다층적으로 바라볼 필요가 있다. 다음의 글을 참고해 보도록 하자.

(다) 세대의 지류는 문명의 이기를 낳고 변모돼 가고 있다. 하나의 예견자를 자처하던 복술은 현대 사회에선 이미 사라져 가고 있다. 보다 학문에 의한 역학은 결코 퇴색돼 버린 복술과는 그 의미가 다르다. 때

---

28) 새마을 운동이 실제 농민들의 의식 변화에 미친 영향에 대해서는 문상석, 「새마을 운동과 정신개조」, 『사회이론』제 38호, 한국사회이론학회, 2010 참조.
29) 문만용, 「박정희 시대 담화문을 통해 본 과학기술정책의 전개」, 『한국과학사학회지』제 34권, 한국과학사학회, 2012, 83면-84면.
30) 위의 글, 98-102면.

문에 역학이 미치는 사회의 공헌도는 항시 이웃과 함께 잇다. 여기 새로운 형태로 학문에 의한 역술인과 대화를 함께 해 본다.[31]

(라) 뱃속에 든 아이의 성별을 분별하는 '이데오 모터법'이 우리나라에도 상륙했다는 소식이다. (…) 이데오 모터법의 방법은 가로선과 세로선을 교차시켜 열십자가 되도록 그려 놓는다. 가로선은 '그렇다' 세로선은 '아니다'로 표기한다. 그 후 20센치 정도의 실 끝에다 추를 달아 손으로 들고 십자의 교차점에 맞춘다. 이때부터 모든 잡념과 사심을 털어 내고 정신통일로 들어가야 한다. 얼마의 시간이 지나면 자연 정신이 모아지게 되며 이때 상대방이 아들이냐 하고 물을 때 순간적으로 그런 것 같으면 '그렇다'쪽으로 아니면 '아니다'쪽으로 실을 움직여 표시해주는 것이다. 5회 이상 해서 많은 대답이 나온 것이 출산 후 성별이게 되는 방법. (…) 백발백중 맞아든 이 '이데오 모터법'의 과학적인 신빙성과 통계는 정확한 것으로 판명되었다. 선무당이 복채를 받아들고 신나게 흔들어대며 점을 치는 미신이 아닌 이상 이 방법은 과학적인 통계에 의한 것이다.[32]

인용문 (다)는 『명랑』지의 기자가 역술인을 만나 인터뷰한 글의 일부분이다. 이 글은 문명이 발달해 감에 따라 복술(점술)은 현대사회에서 퇴색해 버렸지만 체계적인 학문에 기초한 역술은 사회에 공헌한다고 하며 역술을 긍정적인 시선으로 바라보고 있다. 이밖에 "학술을 과학적 체계로 발전시킨 엘리트 역학자"[33]나 "정확한 감정에 의한 과학

31) 「역학인과 차 한 잔의 대화」, 『명랑』, 1972.4, 312면.
32) 「쇼킹! 태아의 성별을 당신 마음대로」, 『명랑』, 1971.4, 192면
33) 「한국역학108인선안내」, 『명랑』, 1972.5.

적이고 올바른 여러분의 운명개척"[34]과 같은 수식으로 역술인을 홍보
하는 광고도 눈에 띤다. 다음으로 인용문 (라)는 임산부의 잠재의식
반응을 통해 태아의 성별을 감별해낼 수 있다는 '이데오 모터법'에 대
해 소개하고 있는 글이다. 인간의 잠재의식이라는 모호한 영역에 기
대고 있지만 '이데오 모터법'은 무당의 점과 달리 과학적인 통계에 의
한 것이라고 주장한다.

위의 인용문들은 역술이나 최면심리학이 하나의 과학이기 때문에
유용하다고 주장한다. 근대 과학의 바깥 영역이라고 볼 수 있는 분야
가 전근대를 표상하는 무당과의 비교를 통해 과학의 지위를 획득하며
우월한 위치에 놓이고 있는 것이다. 엄밀하게 본다면 샤머니즘의 영
역 역시 뉴 에이지 사상과 밀접한 관련을 지닌다.[35] 하지만 그럼에도
불구하고 여전히 '무당=비과학=열등한 것', '역술(혹은 최면심리학)=
과학=선진적인 것'으로 보는 인용문의 시각을 통해 당시 우리나라에
서의 뉴 에이지 문화 소비는 발전에의 욕망과 함께 과학의 권위가 한
창 확산되어갔던 시대적 분위기와 무관하지 않음을 알 수 있다. 근대
화에 대한 반작용으로 서구에서 뉴 에이지 운동이 일어났고, 그러한
맥락에서 근대 과학의 힘이 미치지 못하는 초자연적 영역이 가치를
지닌다는 사실을 인식하고는 있었지만, 실제 우리나라 대중들이 뉴

---

34) 「특집 서울에 등장! 일본사주 전공한 최초의 교포여류」, 『명랑』, 1973.12.
35) 뉴 에이지 운동은 인간이 지금까지와 차원이 다른 새로운 세계를 맞이해야 한다
고 주장하며 신비주의를 바탕으로 총체주의, 의식화 운동, 환경보호운동, 여성운
동 등에 관심을 둔다. (김중순, 「뉴 에이지와 샤머니즘」, 『한민족 문화의 세계화』,
세계문제연구소, 1990, 439면.) 샤머니즘의 경우 샤먼이 가졌던 총체적 의식과 영
적인 능력의 측면에서뿐만 아니라, 그것이 지닌 여성적 성질들이 오늘날의 남성
중심 사회에 대한 대항이 될 수 있다는 여성주의의 맥락에서 뉴 에이지 사상가들
의 주목을 받았다. (위의 글, 443면.)

에이지 문화를 소비함에 있어서는 그것이 지니는 반근대적 의미보다 과학적 합리성의 측면에 더욱 가치가 부여되고 있었던 것이다. 물론 그렇다고 하여 뉴 에이지 영역이 근대 과학의 권위에 힘입어 주류 문화의 위치를 점하였다고 말하기는 어렵다. 하지만 당시 사회문화 제반 영역에서 상승하고 있었던 과학의 권위가 신비주의 문화를 소비하는 데에도 예외 없이 작용하고 있었음은 분명해 보인다.

이와 같은 현상은 서구의 오컬트 영화를 '선진적인 것'으로 받아들이고 소비했던 당시 영화계의 상황과도 맞아 떨어진다. 앞 장에서 살펴보았듯, 오컬트 영화가 유발하는 공포의 핵심은 초자연적 세계의 가능성을 열어 놓음으로써 과학적 이성에 대한 관객들의 믿음에 균열을 내는 데에 있다. 가령, 〈엑소시스트〉의 경우 리간의 증상을 합리적 이성으로 이해해 보려는 시도가 지속적으로 실패하는 상황을 통해 긴장감을 조성한다. 그러나 한국의 공포영화는 주로 야화나 전설의 전근대적 세계관을 바탕으로 하고 있었기 때문에, 근대 비판의 의미를 담기 이전에 근대적 질서의 세계를 영화 안에 재현해 내는 것이 우선적인 과제가 될 수밖에 없었다. 앞장의 인용문에서 '우리 생활에 직결'되고 '시대성에 맞는' 공포영화의 제작을 요구했던 이유도 바로 여기에 있다. 다시 말해, 1970년대 한국에서의 뉴 에이지 문화 수용은 오히려 그것의 근대적 합리성에 무게가 놓이는 역방향적인 수용 양상이 존재하고 있었고, 1970년대 중후반 등장한 한국 오컬트 영화 역시 그러한 모순적인 지점에 존재하고 있었다고 말할 수 있겠다.

4. <너 또한 별이 되어>(1975)와 한국 오컬트 영화의 양상

앞에서 살펴보았듯 우리나라에서 오컬트 영화는 근대적 소재와 배경을 취하고, 과학주의적 시각으로 초현실적 현상을 다룬다는 점에서 '선진적'인 공포영화 장르로 인식되었다. 그리하여 1970년대 중반에는 기존 공포영화의 한계를 벗어나 보고자 우리나라에서도 오컬트 영화를 제작하기 시작한다. 〈정형미인〉(1975), 〈너 또한 별이 되어〉(1975), 〈영노〉(1976), 〈원무〉(1976) 등이 한국 오컬트 영화의 초창기 작품들이다. 이 작품들은 서구 오컬트 영화, 특히 〈엑소시스트〉의 소재나 인상적인 장면을 모방함으로써 서구적 근대를 추수(追隨)하고자 하는 욕망을 드러낸다. 그러나 오랜 시간 기독교 문화를 바탕으로 해 온 서구와의 문화적 차이 및 기존 서사 관습의 영향 등으로 인해 장르의 수용과정에서 '한국적'인 변용이 일어나기도 한다. 이 장에서는 구체적인 작품을 통해 한국 오컬트 영화의 초기 양상을 살펴볼 것이다. 논의는 영상이 확인 가능한 〈너 또한 별이 되어〉를 중심으로 진행하되, 시나리오로 확인이 가능한 〈영노〉와 〈원무〉를 보조적으로 참고할 것이다.[36]

이 장에서 중점적으로 살펴볼 〈너 또한 별이 되어〉(1975)는 〈별들의 고향〉으로 큰 성공을 거둔 이장호 감독의 작품이다. 우선 줄거리를 살펴보면 다음과 같다. 복권에 당첨된 상규의 가족은 한 단독주택으로 이사를 간다. 그러나 이사 후 상규의 딸 윤정에게 이상한 일들이 일

---

36) 〈정형미인〉(1975)의 경우 영상이 남아있긴 하지만 동시대 한국 오컬트 영화의 일반적인 특징을 보인다고 보기 어려워 주요 분석 대상에서는 제외하였다.

어나기 시작하고, 결국 윤정은 발작을 일으켜 병원에 실려 간다. 병원에서 수많은 검사를 해 보지만 병의 원인을 알아내지 못한 채 윤정의 증상은 점점 심해진다. 결국 상규와 아내는 윤정을 정신병 전문의이자 심령과학자인 한박사에게 데려간다.

한편, 그러한 와중에 상규의 주변에는 우연히 알게 된 미우라는 여성이 자꾸 나타난다. 아이 같은 순진무구함을 지닌 그녀는 상규의 무거운 마음을 잠시나마 위로해 준다. 하지만 사실 미우는 사랑하는 남자에게 버림받고 다른 사내들에게 겁탈을 당한 뒤 자살한 원혼이었다. 그녀는 자신이 죽었다는 사실을 인식하지 못한 채 윤정의 몸에 남아 남성들에게 복수를 하였고, 미우 및 그녀에게 죽은 남성들의 영혼에 의해 윤정의 상태가 이상해졌던 것이다. 이에 한박사의 요청으로 영국의 심령학자 클리프 박사와 일본인 영매가 윤정에게 엑소시즘을 행하고, 결국 아이가 정상으로 돌아오며 영화는 끝난다.

이 작품은 〈엑소시스트〉와 설정이나 장면이 유사한 부분이 많은데, 그중에서도 근대의 과학주의적 질서를 의미 있게 재현하고자 노력한 부분이 눈에 띈다. 우선, 이 작품에는 〈엑소시스트〉의 한 장면과 유사하게 상규의 딸 윤정이 뇌파 검사, 엑스레이 촬영, 뇌동맥 촬영과 같은 여러 단계의 검사를 받는 장면이 묘사되어 있다. 이렇게 묘사된 병원 장면은 고도로 발달한 과학의 권위를 시각적으로 형상화함으로써 근대 문명의 경이로움을 전시하는 역할을 한다. 하지만 여기에서 과학의 권위가 반드시 긍정적으로 그려지고 있는 것만은 아니다. 검사의 과정은 윤정의 신체에 일종의 폭력으로 작용한다. 커다란 바늘이 들어가고, 피를 뽑아내며 고통스러워하는 윤정의 모습을 부모는 그저 무력하게 지켜볼 수밖에 없다. 이 지점에서 의학은 오히려 개인에게 두려운 권력이 된다. 그리고 의사들은 결국 뚜렷한 원인을 밝혀내지 못하며 과학/의학의 한계를 드러낸다.

주요 서사 진행과 큰 관계는 없지만 〈엑소시스트〉와 마찬가지로 형사가 사망 사건의 범인을 추적하는 장면을 연출하고 있다는 점 역시 주목해 볼 필요가 있다. 일반적인 한국의 원귀형 공포영화는 여귀의 억울한 사연과 복수에 초점이 맞추어져 있기 때문에 악인의 죽음은 인과응보의 관점에서 너무나도 자연스럽게 받아들여지며, 그 죽음의 과정이나 원인에 대한 관심은 보이지 않는다. 그러나 〈너 또한 별이 되어〉에서는 죽은 미우가 저지른 살인이 원인과 결과를 밝혀야 할 하나의 사건으로 근대적 경찰제도의 시선 안에 포착된다. 과학수사본부는 여러 가지 정황을 통해 사망자의 사망 원인이나 시체의 상태 등을 객관적으로 분석한다. 하지만 그렇게 함과 동시에 이 사건이 논리적인 인과관계만으로는 풀리지 않을 불가사의한 사건이라는 점도 더욱 분명해진다. 이처럼 〈너 또한 별이 되어〉는 실제 현실에서 작동하고 있는 과학주의적 질서를 적극적으로 끌어 들여오는 동시에 그것의 한계 지점을 명확히 하며 긴장감을 이끌어내는 〈엑소시스트〉의 전략을 비슷하게 모방한다.

비슷한 양상을 같은 시기의 한국 오컬트 영화 〈영노〉(1976)와 〈원무〉(1976)에서도 찾아볼 수 있다. 〈영노〉에서는 과거 세형이 죽인 전부인 인옥의 모습이 현 부인인 현애의 눈앞에 자꾸 나타나지만 병원에서는 이상이 없다고 하며, 그 외에도 형사가 사건에 대해 조사를 한다든가, 사진 속에 귀신의 모습이 포착된다든가 하는 장면이 등장한다. 또한 〈원무〉에서는 고고학박사 동혁이 무당의 미이라를 발견한 이후 아내가 갑자기 무당의 춤을 추는 등 이상한 행동을 보여 뇌병원에서 진단을 받는 장면이 그려진다. 이러한 장면들에서는 필연적으로 의학 장비, 혹은 사진기 등의 과학적 표상들이 등장하여 근대적 분위기를 조성하는 데에 일조한다. 또한 해당 장면들은 초자연적 현상에 대해 기존 공포영화와 차별화된 시각을 제시해 주는데, 귀신의 조화로 초자연적 현상이 일어났다는 사실을 매우 뚜렷하게 보여주었던 기존의 한국 공포영화와 달리 오컬트 영화에서는 불가해한 현상의 원인을 규명해 가는 과정이 덧붙여지는 것이다. 이러한 장면들은 '시대성에 맞는' 작품을 만들어야 한다는 영화계의 요구에 부응하여 근대 과학의 표상 및 질서를 적극적으로 재현하고자 시도한 장면들이라 할 수 있겠다. 기존의 한국 공포영화에서는 거의 볼 수 없었던 이상의 장면들은 긍정적이든 부정적이든 근대와 과학에 대한 관심을 강하게 드러낸다.

〈엑소시스트〉에서 중요한 역할을 했던 신부가 〈너 또한 별이 되어〉에서는 '심령학자'로 대체되어 등장한다는 사실도 흥미롭게 살펴볼 만하다. 〈너 또한 별이 되어〉의 후반부에서 엑소시즘 의식을 행하는 영국의 클리프 박사는 신부와 유사한 복장을 하고 있다. 그러나 그는 사실 신부가 아니라 심령학회에 소속된 심령학자이다. 윤정을 클리프 박사에게 소개해 주는 한박사 역시 정신과 의사이자 심령과학에 조예가 깊은 심령학자이다. 즉, 기독교 표상은 서구적인 분위기의 연출을 위해 부분적으로만 사용될 뿐, 실질적으로는 심령과학이 중요한 역할을 하고 있는 것이다.

이 지점에서 〈엑소시스트〉가 처음 한국에 수입될 당시 제목이 〈무당〉이었다는 사실을 상기해 볼 필요가 있다. 주지하다시피 전통적인 한국의 귀신담 속 여귀들은 대부분 억울하게 죽은 원귀들이며, 이에 단순한 퇴치가 아닌 해원으로 그 결말이 맺어지는 경우가 많았다. 따라서 '사탄'의 개념으로 귀신을 묘사하는 〈엑소시스트〉의 기독교적 세계관은 우리나라의 문화 관습상 그대로 받아들이기에 어려움이 있었을 것으로 생각된다. 하지만 〈엑소시스트〉가 〈무당〉으로 번역된 사실로 미루어볼 때 신부의 엑소시즘 활동은 우리나라 사람들에게 무당의 행위와 비슷한 차원에서 받아들여졌고, 이에 신부와 같이 서구적 이미지를 지니면서도 무당과 유사한 역할을 할 수 있는 심령과학자가 신부의 역할을 대체하게 된 것으로 보인다.

서사 전개와 전혀 관계가 없음에도 불구하고 영화 안에서 인상 깊게 그려지는 강령의식 장면은 바로 이 "현대판 무당"[37]으로서의 심령학자의 위치를 잘 보여준다. 영화 안에서 심령학자 한박사는 강령의식을 주재함으로써 영혼이 목소리를 낼 수 있는 계기를 마련해 준다. 타계한 시인의 혼령을 불러달라는 한박사의 말과 함께 영매의 몸에서는 엑토프라즘[38] 현상이 일어나고, 신비스러운 분위기는 한껏 고조된다. 하지만 한편으로 영매의 옆에서 돌아가는 녹음기는 심령과학이 기반하고 있는 과학적 실증주의의 태도를 상징적으로 보여주며 강령의식을 전근대적인 미신 행위와 구분한다.

심령학자의 등장은 〈너 또한 별이 되어〉뿐만 아니라 〈영노〉와 〈원무〉에서도 역시 찾아볼 수 있는 특징이다. 전술하였듯 두 작품에서는

---

37) 〈원무〉(1976)의 시나리오에는 심령학자를 "현대판 무당"이라 칭하는 대사가 등장한다. 이를 통해 심령학자를 어떤 시각으로 바라보았는지 알 수 있다.

38) 엑토프라즘이란 영매의 몸에서 나오는 어떤 특수한 물질을 일컫는 말이다. 영매의 입, 콧구멍, 눈, 발목 등 피부가 얇은 데에서 나오며 나올 때 오존과 같은 냄새가 난다고 한다. 엑토프라즘 현상은 영(靈)의 물질화로, 물리적인 심령현상의 하나이다. 궁택호웅, 안동민 역, 『심령과학』, 서흥출판사, 2010, 132-135면.

주인공의 아내들에게 이상 증상이 나타나 병원을 찾아간다. 하지만 〈너 또한 별이 되어〉와 마찬가지로 병원에서는 뚜렷한 해결책을 얻지 못하고 심령학자의 도움을 받는다. 즉, '주인공의 주변인에게 이상한 증상이 나타남→병원을 찾아가나 해결하지 못함→의학적 영역 대신 심령과학적 영역에 의지하여 문제를 해결함'의 패턴이 반복되는 것이다. 이러한 진행 과정 안에서 자연과학의 권위는 자연스럽게 대안적 영역인 심령과학 분야로 넘어간다.

전술하였듯 도시화 산업화 과정에서 발생한 불안함은 근대 문명에 대한 대중들의 불신을 높였고, 이에 대중들은 해외의 뉴에이지 문화 흐름과 함께 역술이나 심령과학과 같은 대안적 분야에 관심을 갖기 시작하였다. 하지만 동시에 정부의 과학정책 강화 및 과학적 사고의 강조는 과학 계몽을 대중적으로 보편화함으로써 대중들이 신비주의적 영역을 '과학'의 측면에서 재구성해 받아들이는 데에 기여하였다. 그리하여 무당, 미신과 같은 영역은 '낡은 것'이 되어버린 대신 과학의 외피를 입고 있는 역술, 최면술, 심령과학 등의 분야가 또 하나의 과학으로서 영향력을 갖게 된다. 한국 오컬트 영화 속 심령학자의 등장은 이러한 양상을 반영하고 있다고 할 수 있다. 그리하여 작품 안에서 심령학자는 비과학적 영역과 맞닿아 있는 존재임에도 불구하고 의사와 거의 동등한 위치에 놓이며 주도적으로 문제를 해결한다. 〈너 또한 별이 되어〉의 한박사, 그리고 〈원무〉의 유박사가 심령학자인 동시에 정신과 전문의라는 사실은 심령과학이 과학/의학의 영역과 비슷한 위상을 갖고 있음을 잘 보여주는 예이다.

한편, 〈너 또한 별이 되어〉는 기존 공포영화와 차별화된 오컬트 형식의 공포물을 추구하는 와중에도 여전히 익숙함을 통해 관객들에게

친숙하게 다가간다. 서브플롯으로 진행되는 미우의 이야기가 바로 그
것이다. 〈너 또한 별이 되어〉의 미우는 여러 남성들의 폭력을 겪으며
지속적인 상실과 삶의 하락을 경험한다. 미우는 사랑하는 남자와 함
께 음악을 하는 것이 꿈이었다. 그러나 미우가 사랑했던 그 남자는 자
신이 성공하자 미우를 냉정하게 떠나버리고, 버림받은 미우는 설상가
상으로 다른 남성들에게 겁탈까지 당한다. 이후 쇼걸로 전락해 우울
한 삶을 살다가 임신 사실을 알게 된 미우는 결국 자살로 생을 마감한
다. 남성들의 폭력에 의해 추락하는 미우의 이야기는 일종의 여성 수
난 서사라고 볼 수 있다. 자살이지만 사실상 타살에 가까운 미우의 죽
음은 깊은 한을 남기고, 그것은 여귀의 등장으로 이어진다.

　여기에 더해, 이 작품은 억울하게 죽은 여성의 혼이 저승에 가지 못
하고 남아 복수를 행하다가 그 한을 푼 후에야 승천하게 된다는 기존
한국 공포영화의 틀을 그대로 가져온다. 영화의 후반부에서 심령학자
클림프 박사는 윤정에게 빙의된 미우의 혼령에 접속하여 영계로 돌아
가라고 설득한다. 처음에 미우는 자신의 죽음을 부정하며 자신을 망
쳐놓은 자들에게 복수를 해야 한다고 말한다. 하지만 곧이어 스크린
에는 그녀의 삶을 죽음으로 이끈 결정적인 몇 장면이 플래시백으로
재현된다. 감추어져 있던 그녀의 사연을 영상으로 마주한 관객들은
서정적인 분위기를 자아내는 배경 음악과 함께 애도의 감정을 느끼게
된다. 그렇게 잠시나마 한을 하소연하는 과정을 거친 미우는 플래시
백 장면이 끝난 후 나비가 되어 하늘로 날아간다. 물론 클리프 박사가
행하는 엑소시즘이 일종의 '퇴치'의 형태를 취하고 있기는 하지만, 미
우의 한을 들어준 뒤 떠나보내는 방식은 한 많은 영혼을 달래서 내보
내는 것에 가까우며, 이는 곧 형태만 바뀌었을 뿐 여귀의 한을 풀어주

어 하늘로 보내는 기존 공포영화 서사의 연장선상에 놓여있는 것이라
고 볼 수 있다.

비슷한 양상을 〈영노〉에서도 찾아볼 수 있다. 〈영노〉에서는 심령
학자 백소장의 부름을 받은 인옥이 사람들 앞에 나타나 자신이 죽은
이유를 알려준다. 이에 세형이 모든 사건의 범인이라는 사실이 밝혀
지며, 백소장이 인옥의 시신을 찾아 묻어주는 것으로 영화는 끝난다.
〈원무〉의 경우 심령학자 유박사가 여귀가 아닌 주인공의 죽은 아버지
를 불러내고, 여귀가 불교의 힘에 의해 퇴치된다는 점에서 조금 다른
양상을 보이지만, 모든 사건의 주범이 결국 주인공의 조상에게 원한
을 품고 죽은 여귀라는 점에서 공통점을 갖는다.

이 지점에서 한국 오컬트 영화는 한국 공포영화의 고유한 특징을
드러낸다. 기독교적 문화를 배경으로 하는 서구 오컬트 영화의 경우,
불안정한 사회 질서에 의해 야기된 대중들의 두려움은 신과 대립하여
인간을 타락시키는 사탄의 모습으로 코드화되어 나타났다. 반면 한
국의 오컬트 영화에서는 공안 서사의 전통 아래 그것이 여귀의 형태
로 코드화된다. 가령, 〈너 또한 별이 되어〉의 미우는 남성적 폭력의 희
생자이지만, 한편으로 가부장을 중심으로 한 가족제도의 틀에서 이탈
한 불온한 존재이기도 하다. 따라서 한 가정의 행복을 무너뜨리는 그
녀의 원혼은 젊은 여성들의 성적 방종에 대한 기성세대의 매혹과 두
려움을 담지하고 있는 것으로 해석될 수 있다.[39] 그러나 공안 서사는
'비정상성'을 지닌 여귀를 권선징악이라는 서사적 틀을 통해 다시 '정
상적'인 질서로 돌려놓음으로써 귀신에 투영된 두려움의 감정을 완화

---

39) 백문임, 앞의 책, 139면.

하는 기능을 한다.[40] 〈너 또한 별이 되어〉에서도 경아에 의해 발생한 혼란은 그녀의 억울한 죽음에 대한 공감과 승인의 절차를 거치며 사라진다. 이때 심령학자는 영혼의 목소리를 이끌어 내주는 무당과 유사한 역할을 담당한다. 하지만 여성성, 전근대적 표상과 밀접한 관계를 맺는 무당과 달리 과학의 권위를 이어받은 심령과학은 남성성, 근대적 표상과 결부되며 가부장의 위치에 놓인다. 그리하여 한국 오컬트 영화 안에서 심령학자는 마치 공안 서사 안의 사또처럼 귀신의 호소를 들어주고, 더 나아가 어지러워진 질서를 다시 정상으로 되돌리는 역할을 한다. 다시 말하면, 가부장적 질서에서 이탈한 여성들에 대한 매혹과 두려움의 감정을 귀신의 형상에 투영해내는 한편, 그녀들의 비정상성을 권선징악의 형태로 현세의 질서 안에서 다시 정상화시키는 전통적 귀신담의 특징이 한국 오컬트 영화에서도 심령학자라는 새로운 남성적 권력의 인물을 통해 반복되고 있는 것이다.

이상의 사실들을 통해 기본적으로 오컬트 영화와 유사한 서구적, 근대적 감각의 재현을 지향하는 와중에 우리나라 대중들에게 익숙한 방식으로 서사 및 소재를 변용하는 한국 오컬트 영화의 양상을 볼 수 있다.

5. 나가며

이상으로 한국 오컬트 영화 장르의 등장을 추동한 사회문화적 맥락

---

40) 한국 공포영화 서사의 한 원천으로서 공안 이야기가 갖는 특징에 대해서는 백문임, 앞의 책, 150-157면 참조.

및 초창기 작품의 양상을 살펴보았다. 여전히 전통적인 스타일의 여귀 영화가 많이 제작되고 있었기 때문에 한국 오컬트 영화를 당시 공포영화의 주류였다고 말하기는 어렵다. 하지만 1970년대 중후반 등장한 한국 오컬트 영화는 기존 공포영화와 차별화되는 새로운 감각의 재현을 시도했다는 점에서 의의를 갖는다. 또한, 이후에도 심령과학적 소재의 작품들은 명맥이 끊어지지 않고 꾸준히 이어진다. 따라서 1970년대 중후반 등장한 한국의 오컬트 영화는 연구할 필요성이 있다.

우리나라에서 오컬트 영화가 등장하게 된 계기는 〈엑소시스트〉의 전 세계적 흥행이었다. 서구의 오컬트 영화에 깊은 인상을 받은 우리나라 영화계는 진부하다고 비판받던 한국 공포영화의 상황을 타개하기 위하여 오컬트 형식의 작품을 시도한다. 그런데 이때 중요하게 짚어보아야 할 점은, 우리나라의 경우 오컬트 영화 장르가 서구의 경우와 전혀 다른 맥락에서 소비되고 있었다는 사실이다. 서구에서는 오컬트 영화가 뉴 에이지 문화의 확산과 함께 반근대 · 반문명적 의미로 소비되었던 반면, 우리나라에서는 기존 한국 공포영화의 전근대성을 탈피하게 해줄 '근대적인 장르'로 더욱 주목을 받았던 것이다. 이는 1970년대 우리나라의 사회문화적 상황과도 무관하지 않다. 우리나라에서 오컬트 영화가 등장하기 시작한 시기는 유신정권 하에 근대화 정책 및 과학정책이 어느 시기보다 적극적으로 추진되던 때였다. 이러한 사실을 고려한다면, 발전에의 욕망과 함께 과학의 권위가 확산되어 갔던 시대적 분위기가 오컬트 영화의 수용에도 일정부분 영향을 미쳐 오컬트 장르가 지닌 근대적인 특성에 더욱 주목하게 된 것으로 보인다.

초창기 한국 오컬트 영화의 위치는 고딕SF영화 장르와 비교해 보면 좀 더 선명해진다. 선행연구에 따르면 1960년대 등장하였던 고딕SF 영화는 과학에 대한 두려움의 감정을 담고 있던 장르로, 1960년대 후반 이후 과학적 계몽이 보편화 되고 광포한 근대화에 대한 대중들의 불안이 완화되자 곧 그 의미를 잃고 사라진다.[41] 대신 그 뒤를 이어 등장한 것이 바로 오컬트 영화이다. 1970년대 중후반 등장한 한국의 오컬트 장르는 근대 과학에 대한 순진한 믿음에 의구심을 제기한다는 점에서 고딕SF영화와 공통점을 갖는다. 그러나 고딕SF영화가 근대 과학에 대한 불신과 두려움의 감정을 표출하고 있었던 반면, 한국 오컬트 영화는 그것에 대한 강한 신뢰를 바탕으로 초자연적인 영역까지 과학적 시선에서 다루고자 하는 태도를 보인다. 이와 같은 태도의 변화는 과학적 계몽이 보편화 되었던 1970년대의 사회문화적 상황과 무관하지 않아 보인다.

1970년대 한국 오컬트 영화의 대표적인 작품으로 〈너 또한 별이 되어〉(1975)가 있다. 이상 증상을 보이는 아이를 병원에서 면밀히 진단하는 장면이나 형사의 수사 장면 등은 기존 한국의 공포영화에서는 볼 수 없었던 장면으로, 〈엑소시스트〉의 인상적인 장면을 모방하여 근대적 표상 및 질서를 작품 내에 재현해 보고자 하였음을 알 수 있다. 심령학자를 등장시키고 있는 것 역시 초현실적 현상을 '과학'의 틀에서 다루어 보고자 한 새로운 시도라고 볼 수 있다. 이러한 특징들은 '시대성에 맞는' 작품을 만들어야 한다는 영화계의 요구에 부응하고

---

41) 송효정, 「실험실의 미친 과학자와 제국주의적 향수 - 1960년대 한국 고딕SF영화 연구」, 『대중서사연구』 제20권, 대중서사학회, 2014, 302면.

있는 것이며, 이때 심령과학은 무당이나 미신과 다른 또 하나의 과학으로써 영향력을 갖는다. 하지만 기존의 서사 및 문화 관습의 영향으로 한국 공포영화만의 고유한 특징이 나타나기도 한다. 기독교적 의미의 악령이 여귀로 대체되고 퇴치가 아닌 해원(解冤)으로 결말을 맺는 것이 그것이다. 이 지점에서 한국 공포영화가 서사적 원천으로 삼아왔던 공안 서사의 특징을 찾아볼 수 있으며, 이때 심령학자는 여귀의 비정상성을 현세의 질서 안에서 다시 정상화시키는 남성 권력의 역할을 한다. 비슷한 특징을 같은 시기의 다른 오컬트 영화에서도 찾아볼 수 있다.

기존 공포영화의 관습과 서구 오컬트 영화의 특징이 혼합된 초창기 한국의 오컬트 영화는 사실 전근대, 근대, 탈근대가 맞물리는 복잡다기한 문화의 혼합지대에 놓여있는 장르 양식이라 보는 것이 정확할 것이다. 그러나 본고에서는 오컬트 영화가 전근대적인 기존의 여귀형 공포영화와 차별화되는 근대적인 장르로 인식되었다는 점, 그리고 당시 한국 사회의 분위기가 아직 근대를 향한 열망의 감정을 강하게 드러내고 있었다는 점을 염두에 두고 과학이라는 문제영역을 중요한 요소로 고려하면서 초창기 한국 오컬트 영화를 살펴보았다. 이상에서 살펴본 사실들을 통해 우리나라에서 오컬트 영화의 등장은 단순히 서구 문화의 모방이 아니라 당시의 사회문화적 상황과 맞물리며 나름의 독자적인 방식으로 이루어졌음을 알 수 있다.

망상으로서의 과학적 상상력
: 장준환의 SF영화 <지구를 지켜라!>를 중심으로

서미진

1. 서론

역사가인 유발 하라리는 생물학적 관점에서 현생 인류인 호모 사피엔스의 역사를 성찰하고, '우리는 누구인가?', '우리는 무엇을 원하는가?'라는 인간의 본성과 인간의 욕망(가치)에 대한 근본적인 질문을 던진다. 철학적인 그의 질문은 40억년에 걸쳐 이어져온 자연선택(진화론)이라는 구체제가 지적설계(창조론)라는 새로운 도전에 직면해 있다는 주장을 통해서 이뤄진다. 곧 그는 천년 단위의 인간적 시각이 아닌 십억 년 단위의 우주적 시각으로 조망할 때 우주적인 새 시대에는 자연선택을 지적설계로 대체하는 일이 진행될 것임을 역설한다. 그리고 인간 스스로의 지적설계에 의한 인간 강화(human enhancement)의 문제로 인해 결국 호모 사피엔스는 종말을 맞이하

리라고 예언한다.[1] 크리스퍼(crisper, 유전자가위)의 시대, 곧 새로운 유전자 편집기술의 시대인 오늘날, 인류의 목적과 방향성에 대한 경고성의 그의 비관적 예언의 바탕이 되는 지적설계는 간략히 생명공학, 사이보그 공학, 비유기물 공학으로 분류된다.

　밀레니엄적 전환기의 시대적 분위기가 여전히 유효했던 2000년대 초반에 개봉된 장준환 감독의 영화 〈지구를 지켜라!〉(2003)는 자연선택의 진화론(구체제)과 자연선택을 대체하는 지적설계라는 생물학적 상상력이 동시에 작동하고 있는 텍스트이다. 무엇보다 이러한 생물학적 상상력은 21세기 한국영화의 SF적 B급 감수성의 영화라는 당대 평가가 외연하듯 아직 증명되지는 않은 외계 지적 생명체의 존재에 대한 우주생물학(astrobiology) 혹은 외계생물학(extrate rrestrial biology) 및 외계인의 개입에 의한 인간 DNA의 지적설계라는 상상력이 일면 키치적으로 발현되고 있는 텍스트이다. 그런데 메이저 영화 틀을 벗어나 자유롭고 독창적인 작가성이 구현된 저예산의 B급 혼성 SF 구성물로서의 영화 〈지구를 지켜라!〉를 관통하고 있는 여러 층위의 생물학적 상상력의 축은 인류의 미래에 대한 낙관 혹은 비관의 세계관이나 미래상을 설파하는 데 주안점이 주어져 있는 것은 아니다.

　어디까지나 영화의 과학적 상상력 및 공상과학적 상상력은 주체의 망상의 담론(discourse)과 그 담론의 내러티브적 승인이라는 인류종말의 반전을 통해 '우리는 누구인가?', '우리는 무엇을 원하는가?'하는 현생인류인 호모 사피엔스의 존재 물음으로 향하고 있다. 다시 말해 장준환 감독의 장편영화 데뷔작이자 SF(Science Fiction) 구성물로

---

1) 유발 하라리, 조현욱 옮김, 『사피엔스』, 김영사, 2015, 563면.

서의 〈지구를 지켜라!〉는 망상, 환각, 우울, 편집성을 동반한 정신분열병(schizophrenia, 조현병) 환자-주체의 담론(disco urse)을 중심으로 영화의 과학적 · 공상과학적 상상력을 구축하고 있다. 구축된 이 과학적 · 공상과학적 상상력은 우주생물학, 지구상의 유전생물학, 사회생물학 등의 다층의 생물학적 상상력이 횡단, 교차하고 있는 구조이다. 요컨대 영화 〈지구를 지켜라!〉는 다층의 생물학적 상상력을 통해 인간의 본성과 존재에 대한 질문을 궁극적으로 건네고 있다.

이와 같은 질문의 방식은 '병든 지구'의 압축(은유)으로 그 이름을 해석할 수 있는 '병구'(신하균 역)는 외계인의 실재와 외계인의 지구(지구인)에 대한 어떤 음모를 골격으로 한 그의 망상의 담론(체계)이 작동 · 재현되는 과정에서 건네진다는 점에서 심리적 측면과 철학적 면모를 동시에 갖는다. 더불어 정신분열 환자-주체인 병구의 망상의 세계의 재현은 자본주의 사회의 분열증적인 성질을 드러내고 프롤레타리아(노동자) 계급의 망상을 환유하고 있다는 점에서 정치사회적 알레고리의 성격을 강하게 띤다.

결국 영화가 생산하고 있는 이러한 다성적인 의미의 코드 혹은 해석망은 혼성 · 트랜스 SF장르[2]의 수사적, 주제적 양상과 맞물려 있다. 이

---

2) SF 영화 곧 공상과학(science fiction) 영화는 과학적 내용과 공상적 줄거리를 테마로 하는 영화이다. 우주여행, 외계인의 침략, 미래 사회를 묘사하는 영화 등으로 구분된다. 공상과학 영화는 나름대로 과학적 근거가 중요하게 취급되고 외계의 생명체가 지구에 가하는 충격, 인간과 지구의 미래상이 강력한 시각적 특수효과를 활용해 제시된다는 데 특징이 있다. 즉 공상과 상상과 환상의 내용을 환상적인 무대 디자인, 미니어처 촬영, 컴퓨터 합성, 컴퓨터 그래픽, 컴퓨터 애니메이션 등의 최첨단의 특수효과기술이 이용되는 것이 보통이다. 이러한 공상과학 영화는 환상영화의 하위 그룹으로 간주되기도 한다. 수잔 헤이워드, 이영기 외 옮김, 『영화 사전 : 이론과 비평』, 한나래, 2012.

를테면 영화 〈지구를 지켜라!〉는 SF, 액션, 코미디, 미스터리, 추리, 스릴러 등의 장르적 요소를 가로지르는 혼성 장르로 분류된다.[3] 즉 외계인 침공 모티프, 신체 호러 영화(Body horror movie)의 시각적 요소, 코미디 영화의 아이러니적 요소, 형사 추리물의 플롯 구성적 요소, 현실 반영의 리얼리즘적 요소 등이 장르적으로 가로지르며 혼성되고 있다.

오늘날 공상과학영화가 장르의 독자적 특이성의 일관된 구축보다는 자신의 장르적 요소나 특성을 다른 장르의 요소 및 특성과 혼효시키고 가로지르고 있다는 점에서 혼성적 SF 구성물로서의 영화 〈지구를 지켜라!〉의 명명 자체는 그리 새로운 양상은 아니다. 하지만 장준환 감독이 시네필(cinephile)로서 시종일관 B급 영화 감수성을 견지하며 나르시시즘적인 영화의 유희적 독창성을 혼성·트랜스 SF장르의 내러티브의 수사적, 주제적 양상으로 구가하고 있는 측면은 분명 주목할 만한 흥미로운 지점이 있다. 왜냐하면 그 자신이 시나리오 각본을 직접 쓰고 연출을 통해 이름난 영화들의 어떤 장면을 오마주·패러디하거나 다양한 장르적 관습을 혼성·모방함으로써 장르적 유희 너머의 탈영토화로 나아가는 영화적 사고실험을 진행하고 있기 때문이다.

또한 이러한 측면은 SF 영화장르 경계들이 필연적으로 점점 더 투과성이 높아진 것, 그리고 첨단 테크놀로지가 우리 일상의 일부가 됨에 따라 SF의 주제적 관심사도 이전 세대를 사로잡았던 진기하고 아이들 같은 판타지로부터 점점 멀어지며 과학 허구화[4]로 나아가는 21

---

3) 이들 분류는 KMDb(한국영상자료원 데이터베이스)의 장르 분류와 네이버 영화 검색의 장르 분류를 바탕으로 한다.
4) 소벅(Sobchack)은 미국문화가 20세기 초 유사 과학 판타지에서 오늘날은 과학 허구화로 나가고 있음을 통찰한다. 배리 랭포드, 방혜진 옮김, 『영화 장르』, 한나래, 2014, 327면.

세기적 SF 장르의 과학적 상상력의 징표와 맞닿아 있다는 점에서도 주목할 필요가 있다. 이때 '과학 허구화'는 SF 비유물이 철학, 윤리학, 신학으로 전진하는 경계들[5]의 다른 이름이기도 하다.

본고는 21세기 SF 비유물이 철학, 윤리학, 심리학, 신학으로 전진하는 경계들의 지점에서 장준환의 영화 〈지구를 지켜라!〉를 '망상'과 '과학적 상상력'이라는 두 개의 키워드를 중심으로 정신분석적 담론과 생물학의 과학담론을 전유하여 교차시키는 관점에서 분석하고 징후적으로 해석하고자 한다. 방법론적으로는 먼저 망상이란 무엇인지 간략히 사전적인 개념과 정신분석학에서의 개념을 살펴보기로 한다. 이어 이와 연계하여 과학의 도그마(dogma, 독단적 신조)로서의 망상과 망상으로서의 과학적 상상력을 조명해 보기로 한다. 이를 바탕으로 영화 〈지구를 지켜라!〉에 재현된 망상으로서의 과학적 상상력에 대해 조명하도록 하겠다.

이러한 본고의 방법론 및 관점은 기존 주목되는 선행 연구인 라캉의 정신분석적 관점에서의 내러티브 분석, 정치적 상상력의 관점에서의 내러티브 분석 그리고 판타지와 대항기억으로서의 내러티브의 정치한 분석과 해석[6]의 궤적을 한편으로는 존중하고 또 한편으로는 그 공백을 보충하는 방향을 향하고 있다. 아쉽게도 흥행에 실패한 불우한 명작으로 남아있는 장준환의 영화 〈지구를 지켜라!〉(2003)[7]에 대

---

5) 배리 랭포드, 방혜진 옮김, 『영화 장르』, 한나래, 2014, 327면 참조

6) 순차적으로 다음과 같다. 박진, 「정신분석 내러티브의 새로운 영역」, 국제어문 42집, 2008.; 정봉석, 「현실과 환상을 가로지르는 오브제의 작용」, 드라마 연구 제31호, 2009.; 임상준, 「21세기 한국 SF 영화의 정치적 상상력 연구」, 영화 6권 2호, 2014.; 김지훈, 「판타지와 대항-기억으로서의 브리콜라주」, 문학과 사회 16, 2003.이다.

7) 영화 〈지구를 지켜라〉는 제 22회 브뤼셀 판타스틱 영화제에서 금까마귀상을 수상

한 지금까지의 연구는 영화 전체를 관통하고 있는 생물학의 다양한 과학담론과 연계된 내러티브의 상상력에 대한 본격적인 논구로 나아가지 못했다. 즉 우리가 넓은 의미의 과학담론이라 칭할 수 있는 정상과학의 인지적 요소, 사이비 과학과 과학의 경계선 상에 있는 아직 증명되지 않은 가설과 추론 그리고 과학적 논제 밖으로 배제된 인지적 요소들이 영화 〈지구를 지켜라!〉의 과학적 판타지, SF적 상상력으로 작동하고 있는 국면에 대한 정치한 논의는 전개되지 않았다.

따라서 정신분열 주체의 '망상'의 증상과 '과학적 상상력'이라는 두 개의 키워드를 중심으로 한 본고의 논구는 기존 선행 연구에서 미흡하게 조명된 영화의 과학적, 공상 과학적 상상력에 대한 보완적 조명이라는 점에서 일차적 의의를 둘 수 있다. 나아가 이러한 조명은 인간 주체의 존재양식에 대한 인문학적 성찰과 과학적 감성의 융합을 지향한다는데 부족하게나마 의의를 부여할 수 있을 것 같다.

2. 망상으로서의 과학적 상상력

1) 망상이란 무엇인가?

먼저 사전적 개념으로서 망상(妄想)은 이치에 어긋나는 헛된 생각으로서 사고내용의 이상 현상과 관련된다. 즉 망상은 거짓되고 어이

했으며 제 11회 런던한국영화제, 제 9회 피렌체 한국영화제, 제 3회 뉴욕 한국영화제의 후보로 해외에서 상영되었다. 국내에서는 제 15회 부천국제판타스틱영화제, 제 9회 제천국제음악영화제에서 후보로 상영되었다.

없는 허망한 생각, 현실과 동떨어진 생각, 비합리적이고 비현실적인 잘못된 판단, 사실과 틀린 믿음(false belief)으로서 동시대의 사회문화적 상식과도 괴리가 있는 사고를 그 내용으로 하는 사고장애[8]로 간주된다. 또한 망상은 현실에 대한 자신만의 추론에 기초한 나름의 논리체계가 있어 강한 주관적 확신, 감정적 고집, 옳고 그름을 떠난 굳건한 믿음을 견지한다. 그러한 까닭에 비현실적인 사고내용임에도 불구하고 명백한 반대 증거, 이성적 논증, 경험적 설득 등의 합리적인 방법으로도 교정(수정)되지 않는 특징을 일반적으로 보인다고 한다. 비합리적인 신념이자 짜임새 있게 잘 구성된 거짓 믿음인 망상은 타인에게는 비현실적이고 부자연스럽지만 그 망상을 가진 사람에게는 강력한 진실인 것이다. 이와 같은 교정 불가의 망상은 주체의 행동, 일상생활, 가치판단에서 중심적 역할을 하는데 그 유형과 종류도 다양하다.[9]

한편 사고장애로서의 망상의 기본체계는 '선택적 집중'의 사고기능과 '결론으로 점프하기'라는 인지 체계의 특징과 관련되어 있음이 지적되어 왔다. 선택적 집중이란 무차별적으로 입력된 정보 중에서 타깃 신호(target signal)와 잡음(noise)을 구별해 내는 능력인데 소음으

---

8) 철학사전편찬위원회, 『철학사전』, 중원문화, 2012.; 이철수, 『사회복지학 사전』, 혜민북스, 2013. 참조

9) 망상의 유형과 종류는 크게 콤플렉스의 의존 여부, 체계에 따른 형식 분류, 수립 메커니즘에 의한 분류 그리고 망상의 내용에 따라 구분된다. 예컨대 콤플렉스 의존 여부에 따라 콤플렉스 망상이냐 전정(全情)망상이냐로 구분되고 체계에 따른 형식 분류는 체계 망상이냐 무체계 망상이냐로 분류된다. 또한 수립 메커니즘에 따른 망상의 종류는 환각망상/해석망상(관계망상)/상상망상(동화망상,우주론망상)/과대망상/억울망상/피해망상이 있으며 망상의 내용에 따른 유형은 피애(被愛)망상/종교망상/죄업(罪業)망상/임신망상/질투망상/애정망상 등 다양한 명칭으로 분류된다. 위의 책 참조

로 치부할 만한 정보까지 의미가 부여되어 대뇌의 정보 처리 시스템에 들어와 새로운 프레임을 만들어 내라고 요구하면 대뇌가 과부하가 되어 선택적 집중에 문제가 발생[10]하는 것과 관련된다. 이러한 타깃 신호와 잡음을 걸러내는 초기정보 처리에 실패하면 망상의 초기 틀이 형성되고, 충분한 증거 없이 처음 느낀 이상한 감각이나 정보 처리 과부하에 대해 나름대로 세운 자신의 가설을 결론으로 단정하는, 이른바 '결론으로 점프하기(JTC, jumping-to-conclusions)'[11]라는 인지 체계로 나아감으로써 망상의 메커니즘이 형성된다고 본다.

정신분열증을 30년 동안 앓고 극복한 천재 수학자이자 노벨 경제학상 수상으로 복권된 실존인물 존 내쉬(John Nash)의 전기적 삶을 각색한 론 하워드 감독의 영화 〈뷰티풀 마인드beautiful mind〉(2002)에는 주인공 존의 망상의 초기 틀과 망상의 인지체계의 형성이 잘 구현되어 있다. 예컨대 주인공 존 내쉬는 대학교(MIT) 캠퍼스 내 여기저기서 빨간 넥타이를 맨 남자를 자주 목격하기 시작한다. 존 내쉬는 빨간 넥타이를 맨 남자가 자신에게 신호를 보낸다는 결론으로 성급하게 점프한다. 이후 그는 친구(동료)에게 자신이 교황 요한 23세처럼 보이도록 꾸며졌으며 대중 잡지인 라이프(life)에 실린 교황 요한 23세라고 바로 자신이라고 주장한다.[12]

---

10) 하지현, 『청소년을 위한 정신의학 에세이』, 2012, 150~152면 참조.
11) 하지현, 위의 책, 150~152면 참조.
12) 론 하워드 감독의 영화 〈뷰티풀 마인드〉(2002)는 실존인물인 천재 수학자 존 내쉬의 정신적 붕괴와 극복 그리고 아내의 사랑 을 잔잔하고 아름답게 재현한 영화이다. 영화는 존 내쉬(러셀 크로우 역)의 망상과 환각의 정신분열적 세계를 전면화하고 있다. 주인공 존 내쉬는 자신이 라이프(life) 잡지에 실린 진짜 '교황 요한 23세'라는 믿음에 대한 추론으로서 두 가지를 제시한다. 곧 교황의 세례명인 요한이 사실은 자신의 이름이며 23은 자신이 가장 좋아하는 숫자라는 논리이다. 그 밖

이와 같은 사고장애로서의 망상은 결국 환각으로 이어지는 세계이
자 환각의 요소들을 통합한 세계로서 심리적인 내용과 심리적인 힘으
로 추동되는 믿음에 관한 정신병리라고 할 수 있다. 푸코는 환각과 망
상이 흘러드는 믿음의 정신병리로서의 이 세계를 '구멍 난 세계'라고
불렀다. 그가 호명한 구멍 난 세계는 다른 사람들이 믿는 걸 믿는 진
실의 사회적 기준이 가치가 없으며 객관적 연대성이 박탈된 세계 속
에서 온갖 상징, 환상, 강박관념들로 이루어진 우주가 들어앉은 세계
[13]라는 데 요지가 있다. 또한 푸코는 이 구멍 난 세계에서 망상 주체-
환자는 마치 원시인처럼 자기 욕망과 두려움을 환상으로 투사하는데,
투사된 환상은 현실, 꿈, 환영, 신화가 꼬인 믿음의 고대적 형태들[14]이
라고 유의미한 지적을 하였다.

결국 푸코가 파악한 '구멍 난 세계', '믿음의 고대적 형태들로 회귀
한 세계'인 망상의 세계는 존재에 대한 자신의 개념에 포획된 주관적
허구의 세계로 바라볼 수 있다. 그런데 포획된 주관적 허구의 세계는
라깡의 정신분석 담론에 의거할 때 아버지의 이름이 배척당한 세계이
며 배척당한 상징계의 차원이 실재에서 나타나는 세계[15]이다. 즉 이
세계는 욕망의 핵심인 주체 안에 있는 상징계, 상상계, 실재라는 세 질
서의 구별이 없어지고 그 구별이 의미가 없어진 세계[16]라고 할 수 있

의 존 내시의 망상과 관련된 에피소드는 불가사의한 외계의 권력자들이 자신에게
메시지를 보낸다고 주장하거나 어떤 음모의 진행으로 본인이 도청당하고 있다는
피해망상을 드러내는 것 등이 있다.
13) 미셸 푸코, 박혜영 옮김,『정신병과 심리학』, 문학동네, 2002, 7면.
14) 미셸 푸코, 위의 책, 47면.
15) 페터 비트머, 홍준기·이승미 옮김,『욕망의 전복』, 한울아카데미, 172면.
16) 욕망과 주체에 관한 라깡의 정신분석 담론에서 상징계, 상상계, 실재는 각각 프로
이트 정신분석의 초자아, 자아, 이드에 대응하는 개념이다. 또한 언어학적 모델에

다. 이러한 망상의 세계는 어린아이(나)와 어머니(너)와의 구별이 아직 형성되지 않은 상태에서 어린아이가 거울(타자)을 통해 자신을 경험하는 거울단계이자 어린아이의 표상 · 상상 · 내부적 상 · 꿈 · 환각 등이 생겨나는 상상계(거울단계)로의 '퇴행'이 이뤄지고 동시에 배척당한 상징계가 종종 경찰의 모습으로 왜곡되어 나타나는[17] 정신구조의 특징을 보인다.

그런데 여기서 주목해야 할 것은 환각과 망상이 스며드는 구멍 난 세계, 믿음의 고대적 형태들로 회귀한 세계, 아버지의 이름(상징계)이 배척당한 세계인 망상은 정신분열병(schizop hrenia, 조현병)[18]의 주

토대한 상징계, 상상계, 실재는 각각 부재, 기만, 불가능을 가리키는 용어로서, 개인의 내면에서 극중 인물로 등장하는 마음의 힘이 아니라 개인을 가로지르는 힘의 장 속에 개인을 위치시켜 주는 계(界, order)이다. 라깡은 인간 주체가 보로매우스 매듭을 통해서 이 세가지 질서(界)가 '서로 얽혀 있음'을 보여주려고 노력했다. 특히 이 세 질서의 매듭은 서로 너무 잘 연결되어 있어서 하나가 풀리면 다른 것들도 자동으로 풀리게 되는 특징을 그는 강조했다. 간단히 세 가지 질서(界)를 요약하면 첫째, 욕망의 담지자로서의 상징계는 인간 주체에 선행하는 것으로 '진리'와 '거짓' 그 자체를 가능케 하는 조건이다. 이 계에서 대타자(A)는 기표, 믿음, 진리의 장소를 만든다. 대타자는 무의식과 욕망이 드러나는 곳이자 비의미의 장소이다. 둘째, 욕망이 발견되는 거울단계인 상상계는 어린아이가 타자(거울)라는 매체를 통해서 자신을 경험하는 것과 관련되는 계(질서)이다. 상상계는 순수히 시각적인 것에만 묶여 있는 곳(질서)이다. 마지막으로 라깡이 생애 후반기에 집중했던 실재는 상징도 상상도 아닌 무엇으로서 상징계 밖에 존재하는 '배척된 어떤 것'. '항상 같은 자리에 있는 어떤 것', '불가능한 것'의 장소에 위치한다. 맬컴 보위, 이종인 옮김, 라깡, 시공사, 1999, 139면, 341면 참고. ; 페터 비트머, 홍준기 · 이승미 옮김, 『욕망의 전복』, 한울아카데미, 1998, 34~39면, 73~74면, 172면 참고.

17) 페터 비트머, 홍준기, 이승미 옮김, 『욕망의 전복』, 한울아카데미, 1998, 72~73면, 172~173면 참조.

18) '산산조각 난 마음'을 의미하는 정신분열병은 사고과정, 정서 반응, 현실 접촉에서 장애가 나타나는 만성적이며 심각한 정신장애이다. 한마디로 정신 기능이 분열되고 단절되어 있다. Raquel E. Gur · Ann Braden Johnson, 신정원 외 옮김, 『망상과 환상 속에서 사는 아이들』, 학지사, 2010, 21면.

된 증상이자 가장 전형적인 특징이라는 점이다. 즉 '산산조각 난 마음'인 정신분열병 환자 주체의 철저한 주관적 경험으로 망상은 구성된다. 장준환 감독은 자신의 존재를 존 레논의 환생이라고 믿는 한 음악 뮤지션의 과대망상의 세계를 담은 단편영화 〈2001 이매진〉(1994)[19] 에서 시작하여 영화 〈지구를 지켜라!〉(2003)에서 피해망상 및 과대망상이 동반된 정신분열의 상태를 인간 존재의 사고의 한 형태이자 가능한 인간 존재의 한 양식임을 보여주고 있다.

2) 과학의 망상과 망상으로서의 과학적 상상력

우선 다시 사전적인 의미로 돌아가 망상이 비현실적인 사고내용에 대한 굳건한 믿음이자 강한 주관적 확신이자 비합리적인 신념으로서 사고내용의 사고장애임을 상기해 보자. 역설적이게도 주관적 확신과 비합리적인 신념으로서의 망상은 인간의 가장 객관적이고 합리적이고 이성적인 영역으로 간주되는 과학(자연과학)의 세계에서도 작동되며 존재한다. 특히 서양(유럽)의 역사와 사회문화에서 사고와 이성의 영역으로 추앙된 근대과학과 이를 바탕으로 한 계몽주의는 과학기술의 발전을 통한 사회의 진보에 대한 굳건한 믿음을 피력하였음은 주지의 사실이다. 하지만 사실상 과학기술 발전에 따른 유럽사회의 진보에 대한 믿음 나아가 세계지배에 대한 우월적 자부심은 유럽의 정치이해관계가 개입되었고 다양한 가치체계에 의해 기획된 결과물[20]

---

19) 이 단편영화는 영화 아카데미 11기 장준환의 졸업 작품이며 끌레르몽 페랑 영화제에 초청시사되었다.
20) 정인경, 『뉴턴의 무정한 세계』, 돌베개, 2014, 40면.

이라는 비판적 시각이 한편으론 꾸준히 견지되어 왔다.

그럼에도 불구하고 서양(유럽)의 근대과학에 대한 확신, 과학기술에 의한 사회의 진보와 발전 그리고 과학기술을 통한 세계지배에 대한 열렬한 믿음과 계몽주의적 이상은 현대과학의 독단적 신념 혹은 독단적 학설인 도그마(dogma)의 맥락으로 이어진다. 이는 곧 현대 과학기술의 광범위한 영향력 및 과학기술의 지배와 승리의 역사에 대한 독단적 믿음의 지속과 관련된 현대 과학의 도그마[21]의 맥락이라고 할 수 있다. 여기서 '도그마(dogma)'는 신앙적 진리에 관한 불변의 정리(定理)이자 일종의 초자연적인 계시로서의 종교적 교의(교리)와 신조를 의미[22]하는 것으로서 어떤 과학적 이론을 불변의 정리(定理)로 간주하는 것을 비유한다.

특히 현대과학이 영적 실재의 존재나 비물질적 목적성을 부정하고 물질적 · 물리적 추론을 통해 영원불변하다고 확신하는 과학적 신조 및 과학자들이 당연시 하는 핵심적인 신념(도그마) 열 가지[23]를 비판

---

21) 그것이 독단적 믿음인 까닭은 과학기술의 막대한 영향력과 승리의 현상들과 그 이면이 혹은 영향력불안을 일으키는 징후로도 볼 수 있는데 그러한 비판적 사고가 결여되었기 때문이다. 루퍼트 셸드레이크, 하창수 옮김, 『과학의 망상』, 김영사, 2017, 12면 참조.

22) 도그마(Dogma)의 어원은 그리스어'dokein(생각하다)'에서 유래했고, '의견 · 결정'을 의미한다. 특히 독단적인 신념이나 학설을 일컫는다. http://www.doopedia.co.kr 참조.

23) 영국의 생물학자이자 과학사 및 과학철학을 전공한 루퍼트는 현대 과학의 불변의 정리로서의 10개의 과학적 신조를 비판적으로 제시한다. 간략히 제시하면 첫째, 모든 것은 본질적으로 기계적이다. 둘째, 물질은 모두 의식을 가지고 있지 않다. 셋째, 물질과 에너지의 총량은 항상 일정하다. 넷째, 자연의 법칙들은 고정되어 있다. 다섯째, 자연은 목적을 가지지 않으며 진화 또한 목표나 방향을 가지지 않는다. 여섯째, 모든 생물학적 유전은 물질적이며 유전물질과 DNA 그리고 여타의 물질적 구조에 의해 실려 이동한다. 일곱째, 정신은 뇌 안에 들어있으며 뇌의 작용

적으로 제기 · 검증하고 있는 루퍼트 셸드레이크는 이러한 과학의 도
그마를 일종의 과학의 망상이라고 일갈한다. 그의 통찰의 요체는 과
학이 관찰하고 밝혀낸 사실들이 의심할 바 없는 실재이지만 전통적
인 과학적 사고를 지배하는 신념체계는 19세기에 구축된 이념에 근거
한 신앙과도 같은 행위와 다를 바 없다는 데 있다. 이는 과학적 진리가
신앙상의 불변의 정리(定理)와 같은 것이 될 때 혹은 이미 과학은 답
을 알고 있는 것이 될 때 새로운 의문이나 가설을 제기하는 비판적 과
학행위가 이뤄질 수 없다는 것을 의미한다. 셸드레이크는 이미 과학
이 답을 알고 있고, 근본적인 문제들은 이론적으로 이미 다 해결되었
기에 무조건적으로 믿어야만 하는 것으로서 이념처럼 작동하는 일련
의 독단적인 과학의 신조를 과학이 사로잡혀 있는 가장 큰 망상이라
고 지적한다.[24]

더불어 그는 모든 현실이 물질적 · 물리적이며 물질적 현실을 제외
한 현실은 존재하지 않는다는 현대과학의 물질중심의 만능적인 과학
의 도그마(신조)에 대하여 대단히 비판적 관점을 취한다. 이를테면 본
고의 논의와도 상관된 인간의 생물학적 진화와 유전, 인간의 의식(정
신)과 기억에 대한 철저한 물질적 접근 그리고 텔레파시(telepathy, 원
격정신반응)처럼 초자연적 현상을 단지 환각으로만 치부하는 도그마

그 이상도 이하도 아니다. 여덟째, 기억은 뇌 안에 물질적 자취의 형태로 저장되며
죽음과 함께 완전히 사라진다. 아홉째, 텔레파시처럼 설명할 수 없는 초자연적 현
상은 환각에 불과하다. 열째, 기계적 의학은 실제 작동되는 유일무이한 의학이다
등으로 축약된다. 루퍼트 셸드레이크, 하창수 옮김, 『과학의 망상』, 김영사, 2017,
14~15면 참조.

24) 그리고 이러한 과학의 망상아래 과학자들은 무비판적으로 기존에 갖춰진 지침에
따라 연구를 진행한다고 비판한다. 루퍼트 셸드레이크, 위의 책, 13면 참조.

와 같은 과학적 신념에 보다 열린 자세의 검증이 필요하다고 역설한다.

한편 그가 문제적으로 제기하는 도그마와 같은 과학의 망상은 본질적으로 과학과 일반적인 믿음 사이의 차이가 무엇인가 하는 물음과 관련된다. 이에 대해 유수한 과학자들의 가장 일반적인 대답은 아마도 믿음이 신념과 의견의 영역이라면 과학은 믿음을 경멸하며 증거를 중요시하고 관찰과 실험을 통해 실제세계를 탐구하는 것이라는 맥락으로 수렴될 것 같다. 예컨대 에드워드 윌슨은 과학이 철학도 아닌, 하나의 신념체계도 아닌 수학과 측정(실험)으로 실제세계를 탐구하는 가장 효과적인 방법이자 세상에 대한 지식을 모아서 그 지식을 시험 가능한 법칙과 원리로 응축하는 체계적이고 조직화된 탐구[25]라고 정의한다. 나아가 과학이 가용한 자료(증거)를 해석하는 이론의 생성을 통해 의미를 획득[26]하는 이론적 성격을 띠고 있음을 강조한다.

또한 칼 세이건은 신성불가침의 절대 진리는 없으며 자신의 오류를 스스로 교정할 줄 안다는 것, 모든 가정은 모조리 철저하게 검증돼야 한다는 것 그리고 모든 분야에 적용이 가능한 특성이 있기에 과학하기에는 우리가 지켜야 할 규칙이 있음을 과학의 고유한 특성으로 강조한다.[27] 분명 현실태와 가능태(잠재태)를 구별짓는 방법으로서 과학(자연과학)은 자연적, 실제적 현상을 관찰하고 그 현상의 원인을 초

---

25) 에드워드 윌슨, 최재천 외 옮김,『통섭』, 사이언스북스, 2005, 100~112면 참조.

26) 에드워드 윌슨, 위의 책, 110면.

27) 칼 세이건이 강조환 위와 같은 과학의 고유한 특성은 에드워드 윌슨이 역설하는 과학이론의 특징과 교점을 이룬다. 즉 에드워드 윌슨 역시 과학이론이 반례들에 직면하면 폐기되도록 특별히 설계되어 있으며 오컴의 면도날이라는 과학이론의 전제의 검약성의 중요성을 이야기한다. 칼 세이건, 홍승수 옮김,『코스모스』, 2019, 660면 참조.

자연적·초월적인 것에서가 아닌 자연적인 것에서 찾는 실험행위이자 측정행위라고 할 수 있다.

그런데 과학과 믿음 사이의 차이의 관점에서 바라볼 때 무엇보다 과학행위에서 중요한 것은 어떤 이론이나 이론에서 생성된 새로운 가설이 실험이나 측정(관찰)의 결과와 다를 때 혹은 반례에 부딪혔을 때 언제든지 폐기되고 수정된다는 점이다. 에드워드 윌슨도 과학자들의 주요 작업을 불일치의 진단과 교정하는 일[28]로 바라보았듯 과학이 믿음과 다른 것은 이런 수정가능성과 폐기가능성의 수월성에 있는 것은 아닐까? 그리고 바로 이 지점이 교정불가의 주관적 신념체계로서의 망상이, 수정되고 폐기되는 교정가능의 과학의 신념과 구별되는 지점이라고 할 수 있을 것이다.

이러한 구별의 지점은 토마스 쿤이 자연과학자들의 과학활동에서 패러다임의 역할을 인식하며 과학혁명의 구조를 제시했던 것과도 본질적으로 연관된다. 즉 토마스 쿤은 과학자 사회의 전형적 학문 활동의 형태로서 어떤 패러다임에 의존하던 정상과학이 심각한 이상 현상들의 빈번한 출현에 의해 위기에 부딪혀 붕괴될 때 일어나는 현상을 과학혁명[29]이라고 명명하며 과학의 발전모델에 주목하였다. 그리

---

28) 에드워드 윌슨, 위의 책, 125면.

29) 쿤은 과학자들이 통상적으로 수행하는 안정된 활동기의 활동을 정상과학이라고 칭한다. 정상과학은 과학자 사회의 전형적 학문 활동의 형태로서 패러다임에 의존하는 것이 특징인데 이때 패러다임이라는 것은 그 본질에 대한 정의는 불가능하지만 과학도들이 교육과정에서 은연중에 터득한 실례 문제 풀이로부터 익히게 된다고 쿤은 설명한다. 그리고 패러다임의 구성요소로서 몇 가지를 언급한다. 첫째, 기본법칙을 적용하는 표준적 방법, 둘째, 법칙들과 자연 현상을 연관시키는데 필요한 실험기술과 장치, 셋째, 형이상학적 원리이다. 토마스 S 쿤, 김명자 옮김, 『과학혁명의 구조』, 까치, 2010, 294~295면 참조.

고 과학혁명의 결과로서 기존의 패러다임의 과학이 폐기되고 새로운 패러다임의 과학이 정상의 혹은 보통의 과학이 되는 과정을 통찰하였다. 그의 축적적 과학관이 아닌 혁명적 과학관에 토대한 과학혁명의 구조에 대한 통찰에서 주목되는 것은 과학이 명시적 요소나 논리에 부합되지 않는 묵시적 요소들, 엄밀하게 분석할 수 없는 요소들을 관심(연구) 대상에서 제외시키고 있는 부분[30]에 대해 비판적 인식을 견지하며 과학활동의 본질에 내재한 원천적 모호성을 강조한 측면이다.

토마스 쿤의 이와 같은 비판적 인식은 과학이 전통적으로 그래왔듯이 실재(실제) 대상들의 영역으로부터 알 수 있는 사물들의 우주를 창조하고 형식화·상징화 할 수 없는 것들을 배제한 앎(knowledge, 지식)의 영역에서 추구한 확실성[31]의 맥락에 대한 지적으로 수렴된다. 그렇다면 과학이 앎의 영역에서 확실성을 추구할 때 처음부터 배제된 것들에 대한 진리 혹은 진실(truth)의 영역은 어디에서 추구되는가? 하는 문제이다. 곧 지식을 뜻하는 라틴어 '사이언티아(scenetia)'에서 유래한 과학이 앎(지식)의 영역에서 배제하고 폐기한 진리의 장소에 대한 물음이다. 바로 이 폐기된 진리(truth)의 장소 혹은 배제된 진리의 영역은 과학의 앎(지식)의 영역에 구멍을 뚫는 일을 하고 있는 정신분석에서의 진리의 장소[32]라고 지젝과 바디우는 주장한다.

---

30) 쿤은 이러한 측면이 과학의 변화에 대한 역사적, 사회적 측면을 경시하는 것으로 극단적 입장에 선것이며 결국 과학의 본질에 대한 참다운 이해를 포기하는 결과를 낳을 것이라고 역설한다. 토마스 S 쿤, 위의 책, 300면 참조.

31) 슬라예보 지젝, 알랭 바디우 외, 강수영 옮김, 『과학의 유령』, 인간사랑, 2016, 14~15면.

32) 정신분석에서 이 진리의 장소는 앎의 부재 혹은 흔적의 표지이자 불가능성으로 표지되는 진리의 장소이며 텅 빈 장소로서만 표지될 수 있는 진리의 장소이다. 슬라예보 지젝, 알랭 바디우 외, 위의 책, 15~17면 참조.

그리고 그들은 앎에 구멍을 뚫는 정신분석에서의 진리의 장소가 과학의 서자로 취급받는 허구와 환상에 토대하고 있는 공상과학에서의 진리의 장소처럼 똑같은 방식으로 작동하고 과학성에 관한 일정한 판타지를 따르지만 동시에 둘 다 과학 너머에 있음[33]을 역설한다. 따라서 과학의 망상은 경계해야 할 일이지만 상처받은 주체가 구성한 비정상성의 심리적인 세계인 망상(delusion)이 SF 영화에서 과학적 상상력으로 작동할 때 그것은 과학적 인지요소와 반과학적 인지요소가 변증되며 영화의 판타지 효과와 허구 효과로 결국 수렴된다는 측면에서 공상(daydream)의 전이형태로 바라볼 수 있다.

곧 비정상상의 정신병리인 망상(妄想)으로서의 과학적 상상력은 SF영화의 인간의 정상적인 상상의 영역으로 간주되는 공상(空想)으로서의 과학적 상상력이 생성하는 과학적 감성의 장(場)에 인간의 심리적인 세계와 그 힘을 교차시키는 또 하나의 영화의 비유 형식의 동력이라고 할 수 있다. 나아가 이는 정신분석적 관점에서 영화가 꿈과 유비관계를 이루듯이 영화가 망상과 유비관계를 이루도록 하는 장치이기도 하다. 그러므로 혼성 SF 영화가 망상으로서의 과학적 상상력을 주요 기제로 할 때 그것은 정상성의 인간존재가 야기한 문제 그리고 비정상성의 인간존재가 속해 있는 삶의 토대를 성찰케 하는 의미적 실천행위와 연관된다고 하겠다. 그럼 이제 정신분열 주체인 병구의 망상을 허구의 토대로 삼고 있는 영화 〈지구를 지켜라!〉가 상징계의 텅 빈 장소로 표지되는 진리의 장소 혹은 과학적 지식(앎)에 구멍을 뚫는 진리(진실) 를 어떻게 여러 생물학적 담론체계를 전유하며 표

지하고 있는지 분석해보도록 하자.

3. 영화 <지구를 지켜라!>에 재현된 망상으로서의 과학적 상상력

1) 미끄러지는 기표 '외계인'과 '미친놈'

> "넌 내가 미쳤다고 생각할지도 몰라. 처음엔 나도 믿을 수 없었어. 영화 속에서나 일어난 일인 줄 알았으니까. 영악한 새끼들! 그 영화들도 다 그 놈들이 만든 거였어. 이젠 아무도 날 믿지 않을 거야."

장준환의 혼성 SF 영화 〈지구를 지켜라!〉는 망상-주체인 병구의 자아의 목소리를 들려주는 프롤로그로 시작한다. 어두운 지하 공간에서 마치 비밀스런 고백을 하듯 흐르는 위의 음성존재 병구 '나'의 목소리는 그의 여자 친구 순이 '너'를 청자로 한다. 그런데 일인칭 등장인물 내레이터인 음성존재 '나'의 목소리는 디제시스(digesis, 허구의 세계) 내부의 청자 '너'로 국한되지 않는다. 곧 병구의 자아의 목소리는 디제시스 외부에 놓인 스크린을 바라보고 있는 관객을 동시에 향하며 그들을 복수의 화자인 '너희들'로 재배치한다. 그리고 자신을 미쳤다고 의심하는지 아니면 공감할 수 있는지를 유도하는 담화[34]로 이끈다.

---

34) 언어나 기호의 총체를 사회적 산물로 사고하는 관점에서 일컫는 담론(discourse, 談論) 혹은 담화(談話)는 기본적으로 인간의 언어(말)활동과 관련된다. 크게 일상생활, 서사학, 언어학, 정신분석학 그리고 푸코적 개념의 담론이 있으며 각각

병구의 담화가 청각서술 될 때 스크린에는 외계인의 생물학적 특성에 대한 분석기록과 외계인의 도상(형상)이 그려진 그의 노트가 클로즈업 쇼트에 의한 몽타주로 시각서술 된다. 외계인에 대한 지식과 나름의 분석활동이 기록된 그의 노트는 전문적인 생물학자나 과학도의 연구활동처럼 실제적이며 정밀한 인상으로 스크린에 흘러간다. 이어 "오빠는 미치지 않았어" 라는 그의 망상을 지지해주고 공감해 주는 순이의 목소리가 화면 안에서 들려올 때 '외계인들이 실제로 존재한다는 증거는 너무나 많다', '난 미치지 않았어!'라고 쓰여진 병구 노트의

의 강조점에 차이가 있다. 간략히 살펴보면 첫째, 일상생활에서의 담론은 이야기를 주고받으며 논의하는 대화, 토론, 담화를 뜻한다. 둘째, 서사학에서 담론 혹은 담화는 서사구조의 내용과 형식을 이루는, 곧 이야기하기 방식으로서의 서술(narration)이라는 의미 혹은 텍스트의 언어를 의미한다. 또한 포스트구조주의자들에게 담론은 텍스트뿐만 아니라 언어의 의미작용 일반을 가리키며 텍스트를 실질적으로 대체한다. 셋째, 언어학에서 한 문장보다 더 큰 일련의 문장을 의미하며 문학작품, 대화, 농담, 설교, 면담 등, '쓰이어진' 언어와 '말해진' 언어들을 대상으로 음운론적·의미론적·문법적 기준을 통해 '단위들의 관계'와 '언어적 규칙성'을 발견하고자 하는 개념이다. 넷째, 후기 구조주의 철학자인 미셸 푸코(Michel Foucault)의 영향을 받은 지식체계로서의 담론이다. 이때 담론은 특정 대상이나 개념에 대한 지식을 생성시킴으로써 현실에 관한 설명을 산출하는 언표들의 응집력 있고 자기지시적인 집합체를 의미한다. 미학적/법률적/의학적/과학적 담론 등의 용어의 쓰임새가 이에 해당한다. 다섯째, 라캉의 정신분석에서 사용하는 담론의 의미이다. 언어가 또 다른 주체(대화자)를 상정한다는 사실을 강조하기 위해 라캉은 '말'대신 '담론'이라는 용어를 사용하는데 이때 담론은 상상계의 한 부분인 '자아'와 구분되는 상징계의 한 부분인 주체, 곧 상징계의 무의식의 '주체'개념을 중심으로 구성된다. 라캉은 담론에서 주체는 '진술하는' 주체와 '진술되는' 주체로 구별됨을 지적한다. 이러한 주체는 언어 속에서 분열되어 있으며 언어의 결과로서 기표의 연쇄에 의해서 상징됨을 역설한다. 본고에서 담론의 개념은 문맥에 따라 일상생활의 담화, 정신분석의 담론개념, 푸코적 의미의 담론개념을 혼효하여 사용하고자 한다. 특히 병구와 강사장의 담론활동에는 이 세 요소가 혼효되어 있기에 무게중심을 어디에 두느냐에 따라 해석의 맥락이 달라질 수 있다. 한국문학평론가협회,『문학비평용어사전』, 국학자료원, 2006 참조.; 맬컴 보위, 이종인,『라캉』, 시공사, 1999, 343~344면, 361면 참고.

글귀가 화면을 빠르게 스쳐가며 동시에 시각 서술된다.

이와 같은 영화의 프롤로그에서 일인칭 나레이터인 병구의 목소리를 통한 관객의 재배치는 망상-주체인 병구의 세계로 관객을 등가적으로 안내하는 기능을 수행한다. 다시 말해 꿈꾸는 자와 관객의 등가성에 기초하여 꿈 작업의 영화 판타지가 생산되는 것처럼 영화 〈지구를 지켜라!〉는 망상하는 자와 관객의 등가성에 기초하여 영화의 환상을 생산하려 한다. 계속하여 영화의 프롤로그 시퀀스에서 망상-주체 병구의 오랜 기간의 추척·미행·관찰의 결과물인 그의 연구대상 '강만식'이 누구인지에 대한 신상정보 및 인물정보에 대한 서술이 구성된다.

먼저 강만식의 프로필(신상정보) 및 인물정보는 망상-주체 병구의 시각에서 구축된다. 주가조작 및 톱 모델과의 불륜으로 언론의 세례를 받는 유제화학 사장인 중년(45세)의 강만식은 지구상에 존재하는 외계인 계보도의 맨 꼭지에 위치하는 외계인 총책임자로 구성·제시된다. 또한 강만식이라는 인물은 돈만 아는 아내와 못 돼 먹은 자식들을 둔 그럴듯한 지위의 자본가 계급의 가장(家長)으로 위장해 있는 외계인이며 인간의 신체로 겉가죽을 두르고 있지만 그 속에는 끔직한 모습을 숨겨둔 안드로메다 PK 45행성에서 온 교활한 외계인 놈으로 규정된다. 무엇보다 강만식은 7일 밖에 남지 않은 개기월식 때 지구에 올 안드로메다 왕자와 교신(통신)할 수 있는 로얄 분체 교감 유전자 코드를 이식받은 유일한 외계인이라는 점에서 병구에게 중요하다. 왜냐하면 병구는 무방비 상태로 있다간 외계인이 꾸민 어떤 음모에 의해 지구가 멸망(파멸)하고 모두 사라져 버릴지도 모른다는 두려운 생각에 사로잡혀 있으며 자신이 안드로메다 왕자를 만나 담판을 짓기 위해서는 우선 외계인 총책임자인 강만식 사장에게 그의 정체와 음모에 대한 자백을 받고 그를 통해 왕자와의 만남(접선)이 이루어 져야 한다는 망상을 견지하고 있기 때문이다. 곧 병구는 지구상의 외계인의 존재와 그들에 의한 지구 파멸의 음모(plot) 혹은 시나리오로부터 지구를 지킬 수 있는 영웅이 자신 밖에 없다는 주관적인 확신에 차 있다.

그런데 여기서 주목되는 부분은 병구에 의해 추척·관찰된 '강만식'의 외계인으로서의 정체성에 대한 프롤로그 시퀀스에서의 시각 서술이 18세기 낭만주의 시대의 마술사들이 악마, 괴물, 유령(귀신) 등의 초자연적인 존재의 이미지를 매직 랜턴 (magic lantern, 구식 환등기)을 통해 영사하며 관객들을 놀라게 한 공상과학적 이미지 기원에 맞닿아 있다는 점이다. 또한 19세기 초의 매직 랜턴을 통해 영사된 해부학 슬라이드 이미지[35]의 다큐적 이미지 효과의 연장선상과도 맞닿은 채 프로텍터 스크린(Screen protector) 위에 '딸깍' 셔터음과 함께 2-3초 간격으로 영사된다는 점이다. 병구에 의해 취사선택되고 편집 행위를 거친 포토 슬라이드 프로젝션을 활용한 시각적 인물 제시는 망상-주체 병구의 13번째 연구대상인 강만식 사장이 그에게 악마, 괴물 등의 초자연적 존재와 유비되고 있음을 암시하고 해부학의 대상과도 같은 존재라는 것을 의미한다.

---

35) 매직 랜턴(magic lantern) 곧 환등기는 현실과 가상(환상)을 자유자재로 가로지르는 이미지 장치라는 점에서 공상과학 영화장르 발전에 주요하게 기여하였다. 또한 랜턴(환등기)은 이미지를 통해 직접적 현실을 기록한 본격적인 다큐멘터리 맹아로 불린다. 19세기 초의 해부학, 시사, 여행 정보는 매직랜턴을 통해 영사된 슬라이드 이미지에 의해 뒷받침되었다. 정헌, 『영화 역사와 미학』, 커뮤니케이션북스, 2013, 95면 참조.

한편 프로젝션 장치를 통해 시각 서술된 부도덕하고 비윤리적인 자본가로서의 강만식의 스틸 이미지는 병구의 주관적 해석이 가해진 발화행위(act of speech) 곧 청각서술을 통해 더럽고, 영악하고, 가증스럽고, 교활한 외계인 놈으로 명명되면서 환유되고 알레고리화 됨과 동시에 기괴하고, 낯섦이라는 타자성의 장소로 구성된다. 곧 인지와 감정의 분열 상태인 정신분열 주체-병구의 망상의 담론에서 강만식은 '외계인'이라는 미끄러지는 기표로서 작용하며 동시에 병구의 주체구성에서 상처를 입힌 타자로서 작용한다.

이는 병구가 일련의 폭력적 사건과 폭력적 인물로부터 상처받음을 통해 편집증과 망상증이 동반된 정신분열적 주체성으로 구성될 때 강만식 사장이 상처를 준 타자가운데 하나였음을 의미한다. 하지만 상징계의 질서에서 범인을 좇는 경찰권력 추형사와 김형사의 시각에서 상처 입힌 타자 강만식은 꽤 큰 권력과 자본을 지닌 인물로서 적극적으로 그들이 보호해줘야 하는 대상이다. 반면에 상처 받은 주체, 병구는 암페타민 류[36]의 상습적 복용자인 보통 미친놈이 아닌 미친놈이며 분노와 화병에 의한 일종의 복수 행위로 사람들을 납치 · 살인하는 상징계 질서의 교란자이자 거세되어야 할 대상에 불과하다.

---

36) 매우 강력한 중추신경 흥분제인 암페타민은 기민성, 말하는 능력, 전반적인 육체 활동 등을 증가시키는 일종의 마약류로 분류된다. 천식, 비만증, 우울증, 간질(수면발작), 파킨슨씨병 등의 치료에 사용되는데 만성적인 남용자는 편집성 조현증(정신분열증)과 유사한 정신병이 나타날 수 있다고 한다. 병구는 만성적인 암페타민류 약품(인텐츠) 복용자로 영화에서 제시된다. 선후 관계를 정확히 유추할 수는 없으나 우울증으로 만성적으로 남용하다가 조현증(정신분열증)이 발생했을 지도 모른다는 서사적 암시를 보이는 환각장면이 있다. 이 약품은 병구의 망상, 편집, 우울 등의 그의 병리적 심리를 객관적으로 표지하는 상관물이라는 점에서 주요하다. 시사상식사전, http://www.pmg.co.kr

따라서 병구가 외계인으로 확신하며 실험하고(고문하고) 해부한 (살인한) 고등학교 담임 선생님, 소년원의 교도관, 공장장 등 그가 정신분열 주체로 탄생하는 과정에서 그에게 상처 입힌 폭력적인 타자들이자 외계인에 관한 그의 망상의 발원지인 심인성 외상(trauma)과 관련된 기괴하고 낯선 타자들은 상징계의 질서에서 결코 비윤리적인 주체로 호명되거나 거세(처벌)되지 않았다. 그러한 까닭에 영화 후반부에 명문대 출신의 이성적 · 분석적 사고 유형의 김형사가 병구에게 '이제 다 끝났다'고 말하며 그에 대해 '다 안다'고 말할 때 그것은 상징계의 질서에서 배척되고 억압된 혹은 상징계의 텅 빈 장소인 병구의 진실에 대해 결국 아무것도 모르는 것이 된다. 그래서 병구는 다 안다고 말하는 김형사에게 자신이 미쳐갈 때 어디에 있었는지 되물을 수 있고, 상징계의 질서에서 아버지 법의 대리자인 무력한 경찰을 환유하는 김형사에게 "너희들이 더 나빠, 너희들이 다 죽인 거야"라는 말을 할 수 있는 것이다.

이는 병적인 세계가 정상적인 세계에 대한 모든 의식이 소멸되는 하나의 절대적 세계가 결코 아니며 병든 의식은 항상 자기의식 자체에 대해서 이중적인 지시와 맞물려 전개[37]된다는 푸코의 지적이 유의미함을 보여주는 장면이기도 하다. 또한 영화 〈지구를 지켜라!〉에서 이러한 이중적인 지시는 서로의 짝패적 타자성이자 서로의 무의식을 타자의 담론으로 취하고 있는 병구와 강만식 사장 사이의 쌍방(transindivisual)의 상호주체적인 담론(discourse) 활동 그리고 액션 · 스릴러 · 추리물의 성격이 혼성된 장르적인 요소로서의 죽을 각

---

37) 미셸 푸코, 박혜영 옮김, 『정신병과 심리학』, 문학동네, 2002, 90면.

오로 벌이는 이들 사이의 육체적 사투(死鬪)를 통해 동반·구축된다.

다시 말해 "누가 지구를 구했는지, 누가 진짜 영웅인지 알게 되면"이라고 말하는 '정신분열'의 망상-주체인 노동자 계급 병구와 "다 내 거야"라고 말하는 외재적 대상들을 향유하고 자기 필요에 따라 소유하는 이기적 주체[38]인 부도덕한 자본가 계급 강만식 사장이 쌍방의 말하는 주체(subjet of speak ing)와 들어주는 주체(subjet of listening)가 되어 서로의 타자의 담론 및 유사 과학적 담론에 대한 부정(negation)과 인정(recognition)의 문제를 놓고 말(언어)과 몸의 상호주체성(intersubjectivity)을 성립[39]하는 과정에서 지시된다. 특히 영화 〈지구를 지켜라〉에서 이러한 병구와 강만식 사이의 상호주체성의 담론과 육체적 사투의 과정은 의미를 빗겨가는 잔여가 있는, 곧 미끄러지는 기표 '외계인'과 '미친놈'이라는 기표의 의미화의 연쇄에 바탕한 가운데 상징계의 질서에서 배척된 병구의 진실 혹은 상징계의 텅 빈 장소인 병구의 진리의 장소를 구성한다는 데 특징이 있다.

---

38) 영화 프롤로그 시퀀스에서 강사장은 대리운전사에게 아파트 주차장에서 "다 내꺼 야"라고 말하면서도 대리 운전비용 규정을 무시한 채 임의적으로 깎는다. 이에 항 의하는 젊은 대리 운전사에게 그 집에서 짤리고 싶지 않으면 자기에게 그렇게 하 면 안 된다고 경고한다. 서동욱, 위의 책, 106면 참조.

39) 이때 담론활동은 병구와 강사장이 진술하는 주체와 진술되는 주체, 말하는 주체 와 들어주는 주체로서 각각 번갈아 발화하며 대개인적인(對個人的) 곧 상호주체 성을 획득하는 과정을 의미한다. 이는 '외계인'과 '미친놈'이라는 미끄러지는 기 표의 연쇄와 의미화의 연쇄에 의해 상징되는 상호주체성이며 이들 주체의 부인 과 인정의 과정이 이뤄지는 쌍방적인 담론활동을 의미한다. 더불어 이와 같은 정 신분석적 담론활동 안에는 우주시공간의 또 다른 별에 사는 지적생명체의 존재에 대한 곧 외계생물학적 담론, 진화론 및 지적설계의 유전생물학적 담론, 가속성 공 격 유전자로 인한 인간의 공격성(폭력성)이 발생한다는 특정 유전자에서 기인하 는 호모사피엔스의 행동방식과 본성을 규정하는 사회생물학적 담론 등의 과학적 담론을 내용으로 하고 있다는 점에서 푸코적 의미의 담론이 생성되고 있다.

이때 '외계인'과 '미친놈'이라는 단어의 기표의 미끄러짐에 의한 의미의 동시적 연쇄는 라캉이 상징계에서 기표의 움직임을 지칭할 때 사용하는 서로 연결된 일련의 기표들의 의미화 연쇄를 가리킨다.[40] 예컨대 망상-주체 병구가 '더러운 외계인 새끼!', '교활한 외계인 새끼!', '영악한 외계인 새끼!'라고 강사장을 호명하며 주체의 표상 및 의미를 불러일으키는 순간, 병구는 자신의 기괴하고 낯섦의 타자성의 장소인 강사장에 의해 '미친 척 하지 마, 이 미친놈아!', '병신 새끼!', '꼴값 떠는 새끼', '겁쟁이', '나쁜 새끼', '버러지 같은 새끼', '멍청한 놈!'으로 되돌아오는 주체의 표상 및 의미와 만나게 된다.

특히 이들 단어의 기표의 미끄러짐에 의한 의미화의 연쇄(signifying chain)는 자본가가 더럽고 교활하고 영악한 외계인으로 전치(환유)되고 노동자가 버러지 같고 멍청하고 병신 같고 꼴값 떠는 겁쟁이의 미친놈으로 전치(환유)되는 가운데 자본주의 사회의 하위주체인 노동자(피사용자) 병구와 상위주체인 자본가(사용자) 강만식 사장 사이의 호명과 상징을 통해 계급투쟁의 이데올로기적 성격을 풍유적(諷諭的, allegorical)으로 강하게 생성한다. 나아가 폭력으로부터 옛 애인과 어머니를 지켜주지 못한 병구의 죄의식에서 비롯된 기괴하고 낯선 타자성에 대한 은유 역시 동시에 작동시킨다.

더불어 외계인이 공격적인 존재가 아닌 인류를 참되고 올바른 영혼으로 진화하는 방법을 일깨워주고 '화해와 사랑'의 구원의 메시지를 전하러 온 우주인간이라는 병구의 외계인에 대한 양가적 감정 및 태도에 의해서 기표 '외계인'은 또 한 번의 미끄러짐이라는 의미화의 연

---

40) 맬컴 보위, 이종인 옮김, 『라캉』, 1999, 354면.

쇄(signifying chain)를 일으킨다. 정신분열병의 주된 증상인 망상, 환각, 대상에 대한 양가적 감정 등이 병구의 병리적 심리세계에서 모두 전개되고 있는 것이다. 부연하자면 병구는 마치 뉴에이지 운동가들이 외계인을 신적이고 영적 진화의 존재로 표상·숭배하듯 자신을 연쇄 살인범이자 강만식 사장을 납치한 범인으로 강력하게 추정하고 집으로 찾아온 추형사에게 '우주인의 복음'을 전도사 마냥 전하며 '우주인 간에 이르는 길'이라는 책을 건네는 분열적인 모습을 보인다.

그리고 이와 같은 이 기의에서 저 기의로 미끄러지려지는 외계인의 기표와 연쇄되어 자아와 타자의 동일시에 기초한 짝패로서의 '미친놈'이라는 기표 또한 미끄러지며 영화 〈지구를 지켜라!〉라는 욕망의 핵심인 주체의 환유적 성질을 드러낸다. 이를 테면 망상증 환자의 두 유형이 완전히 미친 것처럼 보이지만 미치지 않은 자들이 있고 결코 미친 것처럼 보이지 않지만 미친 자들이 있는 것처럼[41] 병구는 "미친 척 하지마, 이 미친놈아"라는 강만식의 언어수행에 의해 발화된 미친놈의 기표에 의해 광기 개념이 와해되며 그 기의가 고정되지 않고 애매하게 미끄러지는 기표의 자리에서 환유된다. 결국 이는 '외계인'이라는 기호가 다른 기호 '미친놈'을 부르는 과정과 두 기호의 연관관계 속에서 영화 〈지구를 지켜라〉는 닻을 내리지 못하고 생성되는 의미의 연쇄를 내러티브의 주요한 해석 축으로 구축하는 것으로 수렴된다. 동시에 텍스트 속의 과학적, 공상과학적 상상력의 시각적 형상을 특정기호와 연상시켜가며 스타일상의 키치적이면서도 장르 혼성적인

---

41) 질 들뢰즈·펠릭스 가타리, 김재인 옮김, 『천개의 고원』, 새물결, 2001, 233~234면 참조.

의미를 산출하는 것으로도 수렴된다.

요컨대 장준환의 SF 영화 〈지구를 지켜라!〉는 '외계인'과 '미친놈'이라는 미끄러지는 기표가 서로 흘러들어가 밀고 당기며 구성되는 주체의 흔적, 그리고 그 흔적의 의미 연쇄망의 긴장을 통해 망상으로서의 과학적 상상력을 서사적으로 구현하고자 한다. 관객들은 지구상의 외계인의 실재와 그들의 지구멸망의 음모를 나름의 추론과 논리체계를 통해 믿음체계로 고수하고 있는 망상-주체 병구가 제공하는 세계 속으로 쉽게 용해해 들어가 그가 머물고 있는 실재와 상상계가 혼효되고, 상징계로 실재가 튀어 나오는 존재의 상태에 대해 동화라는 동일시의 메커니즘을 일정하게 활성화한다. 그러나 동시에 병구의 자아의 목소리에 깃든 무의식의 모순적 힘에 대한 비신뢰성 역시 일정하게 견지하며 영화의 파불라(스토리)를 구성하게 된다. 이는 병구와 강만식 사이의 상호주체적인 담론 활동을 통해 구성되는 주체화의 과정과 서로의 짝패적 타자로서 이들의 주체가 건네는 이중성(duplicity)의 의미효과 때문이다.

무엇보다 미끄러지는 기표 '외계인'은 병구의 짤막한 생애적 몽타주 과정에서 연속적인 사건[42]의 형태로 전개된 그의 삶의 폭력성을 표상

---

[42] 병구는 강만식이 대표(사장)로 있는 유제화학의 강릉공장에서 노동파업에 참가한 애인을 공장장의 살인과도 같은 과잉폭력의 진압으로 잃었으며 그에게 유일한 혈육인 엄마는 강릉공장에서 일 하던 중 알 수 없는 중독으로 쓰러져 코마(혼수) 상태가 되어 식물인간이 되었다. 병구는 죽고 쓰러지는 현장에서 애인과 엄마가 죽고 쓰러지는 것을 목격했으며 자신이 그 상황에서 지켜주지 못한 것에 대한 죄의식, 폭력적 상황에서 느낀 공포(두려움)로 심리적 외상을 입는다. 애인의 죽음과 엄마의 쓰러짐이라는 이 외상적 순간은 그에게 환각으로 플래시백 된다. 병구는 자신 역시 다녔던 유제화학의 대표(사장)이자 경찰청장이라는 공권력 수장의 사위이자 자본가 계급인 강사장을 고향이 안드로메다인 '외계인'으로 호명하며

할 적합한 대상을 찾지 못한 주체의 의미효과라고 할 수 있다. 곧 프로이트가 통찰했듯 트라우마는 일상적인 방법으로 다루거나 제거하기엔 너무 강력한 자극이자 사후성을 띠고 있기에 그에 적합한 표상이 부재하는 폭력[43]이라는 점과 관련된다. 그럼에도 불구하고 창작 주체 장준환은 영화 〈지구를 지켜라!〉에서 병구의 표상될 수 없는 트라우마를 '외계인'이라는 우주생물학적 존재의 기표를 통해 표상한다.

2) 다층의 생물학적 상상력

이제 외계인이 표상하는 것과 그 다의성을 상기하며 영화 〈지구를 지켜라!〉의 우주생물학적 상상력, 진화론 및 지적 설계의 유전생물학적 상상력, 사회생물학적 상상력 그리고 문화적 복제자 밈(meme)에 대하여 조명해 보도록 하자. 먼저 우주생물학적(외계생물학적) 상상력과 관련하여 외계인이라는 단어는 지구 밖의 우주 별들에 존재한다고 생각되는 지적 생명체로서의 사전적 의미를 일차적으로 갖는다. 그리고 일상생활에서의 외계인은 정상과 비정상, 상식과 비상식이라는 준거 틀을 바탕으로 부정과 긍정의 표상과 의미망으로 구사된다. 즉 어떤 정상 이상의 놀랍고 경이로운 능력에 대한 긍정적 표상 및 의미로 사용되기도 하고 상식적이지 않거나 비정상성을 띤 통제 밖의 접근할 수 없는 존재에 대한 두려움(공포)과 불확실성에 대한 부정적 표상 및 의미로 사용되기도 한다. 또한 친숙한 것이 아닌 뭔가 기괴하

주체를 불러 세운다.
43) 서동욱, 『차이와 타자』, 문학과 지성사, 2013, 97~106면 참조.

고 낯섦의 감정을 불러일으키는 존재나 존재 양식에 대해 외계인이라는 표상 및 그 의미가 구사된다. 즉, 낯선 생물체나 괴상한 형태의 생물체를 표상하는 것처럼 말이다.

영화 〈지구를 지켜라!〉의 외계인의 표상 및 의미는 상처 입은 프롤레타리아 계급 병구의 주체의 지평 위에 자리를 지정 받을 수 없는 전적으로 다른 타자의 흔적(trace)[44]으로서 기의가 고정되지 않고 미끄러지는 기표로서의 '외계인'이라고 할 수 있다. 자본가 강사장이 외계인으로 환유(전치) 혹은 알레고리화될 때 불러일으키는 표상, 기괴하고 낯섦이라는 타자성의 존재 양식으로 은유될 때 불러일으키는 표상 그리고 추형사에게 화해와 구원의 메시지를 전하러 온 영적·신적 존재로 상징될 때 불러일으키는 양가적 표상은 각각 다르다. 이 다름의 다성성 표상에 의해 외계인이라는 기표는 유난히도 미끄러진다.

그럼에도 불구하고 망상-주체 병구가 우주생물학적 생명체의 존재를 확신하고 자신의 연구대상으로 취하여 가정하고 있는 외계인의 형상적, 생물학적 특질 및 외계 생명체에 관한 담론[45]체계는 구체적이며 논리적이다. 이 담론체계는 기존 우주생물학[46]의 지식 집합체 곧 그가

---

44) 서동욱, 위의 책, 106면 참조.
45) 여기서 담론은 푸코적 담론의 의미를 뜻한다. 즉 특정 대상(개념)에 대한 지식 집합체를 의미한다.
46) 천체생물학, 외계생물학, 권외생물학 등으로도 불리는 우주생물학(astrobiology)은 태양계 밖 우주계에서 생명 및 지적(知的)인 생물을 찾고자 하는 생물학의 한 분야를 일컫는다. 일반적으로 우주생물학은 지구 밖에서 생명관련 물질의 검지, 외계(권외) 유기화학의 분석, 화학적 진화, 다른 천체상의 생명존재 가능성의 검토 및 탐지, 지구생물의 우주공간이나 다른 천체 환경으로의 이주 가능성의 검토 그리고 우주에서의 지구표면의 생태학적 관측과 해석 등을 포괄하는 과제를 다룬다. 우주생물학(astrobiology)을 학문의 영역에서 본격적으로 우주생물학을 탄생시킨 인물은 미국의 유명한 천문학자이자 과학의 대중화에 앞장 선 베스트셀러 작가이기도

문화적 구성물을 통해 학습한 후 그 담론적 지식을 기록하고 측정과 테스트 행위[47]를 통해 자신만의 법칙과 논리를 조직화하고 있다는 점에서 유사 전문적 탐구행위로 수렴된다. 또한 그는 수학적 공식과 화학 공식을 수반하여 외계 지적 생명체의 존재와 특성을 탐문하는 지적활동을 자신의 망상 세계에서 수행하고 있으며 측정과 실험행위(고문과 신체해부)를 통해 외계 지적 생명체의 실제를 탐구하고자 한다. 따라서 우주생물학적 상상력은 병구의 망상 내용의 근간이자 망상을 추동하는 핵심 기제라고 할 수 있다.

이러한 병구의 외계인에 대한 우주 생물학적 상상력은 유사 과학적이면서도 과학에 구멍을 뚫는 과학 너머의 정신활동인 망상이라는 세계에서 이뤄지고 있다. 망상의 차원에서 구축된 생명의 형태 및 생물학적 특징은 몇 가지로 요약된다. 첫째 외계 지적 생명체는 강력한 텔레파시 능력이 있다는 점, 둘째 외계 지적 생명체의 유전자 구조는 인간(호모 사피엔스)의 유전자 구조와 거의 똑 같지만 신경체계는 상당한 차이가 있다는 점, 셋째 100볼트 전기충격을 못 넘는 인간과 달리 이들은 200-300볼트에도 견딜 만큼 전기에 무척 강하다는 생물학적 특징이다.[48] 망상-주체 병구는 이 세 가지 점을 외계 지적 생물체의

한 칼 세이건이다. 강영희, 『생명과학대사전』, 아카데미서적, 2014 참고.

47) 강만식이 13번째 샘플이며 13권 째의 노트에 그에 대한 측정과 테스트의 기록 등이 담겨있다. 망상의 세계에서 병구만의 유사 실험행위가 이뤄지고 있는 것이다.

48) 병구가 언술로 가정한 3가지 생물학적 특징이외에도 영화 〈지구를 지켜라〉에서 암시 혹은 복선으로 깔려 있는 것은 강사장이 자신의 IQ를 언급하듯 지적 능력이 뛰어나고 십자가 형틀의 대못에서 빠져나오듯 초인적 괴력을 지니고 있으며 차원 이동을 할 때 레이저 같은 광선으로 하며 자신들이 소유한 어떤 광선을 통해 또 다른 생명체로 변신가능하다는 것이다. 그리고 병구가 자신의 노트에 외계인의 얼굴과 신체의 형상을 그려놓은 것처럼 외계 지적 생명체로 변신한 강만식의 얼굴은 검

특질로서 가정(가설)을 세우고 외계인이라고 판단된 사람들을 납치하여 그들을 대상으로 실험한다.

그의 실험은 생리 해부학실과 생화학실의 실험공간과도 같은 자신이 손수 지은 폐업한 광산마을 옛 공중목욕탕을 개조한 2층집의 지하실험실[49]에서 진행된다. 상징계의 질서에서 바라볼 때 이러한 병구의 행위는 납치 · 고문 · 살인이라는 반복적 강박 행위이자 연쇄 살인범의 행위라고 할 수 있다. 하지만 상징계, 상상계, 실재의 구별이 사라진 정신분열의 망상-주체인 병구에게는 세 질서가 교란된 채 방어기제로서 작용하는 피해망상 및 과대망상 그리고 상상계의 퇴행에서 추동되는 행위로 볼 수 있다.

무엇보다 기존 연구대상 외계인들과 달리 13번째 연구대상 강만식은 병구의 외계인 가설과 추론에 들어맞는 완벽한 외계인으로 제시되

은 반점에 큰 귀가 늘어지는 인간형 외계인의 얼굴 형상이라는 특징을 보인다.

49) 광부인 아빠, 엄마와 함께 유년시절을 보냈던 광산마을, 아빠의 등을 밀어준 일상의 추억이 있는 옛 공중목욕탕 자리에 병구는 자신의 엄마가 식물인간이 된 해에 들어와 목욕탕을 개조하여 목조식 2층집을 짓는다. 추형사와의 대화에서 드러난 서사적 정보는 그가 이곳으로 온 이유는 엄마의 코마상태 이후 외계인을 연구하기 위해서다. 공장에서 화학약품 중독증세로 쓰러진 엄마의 사건이 누적되어 온 그의 삶의 폭력적 사건들과 더불어 그의 심인성 외상의 결정타가 된 것으로 추측된다. 이 목조식 2층 집의 구조는 병구의 정신구조의 영역을 메타포 하고 있다는 점에서도 주목된다. 즉 강사장과 대면하는 지하실은 망상 주체 병구의 구멍 난 세계, 자기 욕망과 두려움이 환상으로 투사된 세계, 산산 조각 난 마음의 상태를 은유하고 있는 공간이다. 절단된 신체 이미지의 마네킹들이 전시되어 있고 그의 편집증적 상태를 보여주는 온갖 잡동사니 자료들과 포름알데이드 용액이 든 유리병 속의 절단된 손목, 외계인에게 메시지를 전달할 송신기, 무수한 B급 SF 영화 비디오테이프, (공상)과학서적들, 연구노트들, 지구본과 천사의 상 등이 배치되어 있는 이곳에서 그의 망상과 환상이 가장 활발히 작동한다. 반면 추형사와 대면하는 2층 병구의 생활공간은 정상적인 의식이 지배적인 곳, 상징계의 질서가 견지되는 공간을 메타포하고 있다.

면서 코미디적이고 키치적인 혼성 SF의 재미(오락)를 구가한다. 즉 병구는 방송국 안테나 같은 역할을 하는 강력한 텔레파시를 보낼 수 있는 강사장의 머리카락을 깎고, 거의 나체 상태로 결박한 후 그의 눈, 코, 입 속을 들여다보며 완벽하다고 파악한다. 그리고 인간과 유전자 구조가 똑 같은 사람모양의 외계인이지만 다른 신경체계를 가진 외계인 강사장을 무력하게 만들기 위해 피부 껍질을 이태리 때 타올로 벗겨 신신 파스를 발라 고통을 가한다. 게다가 전기에 강한 외계인임을 입증하기 위해 300볼트를 넘는 전기고문을 가하여 고통을 준다. 이러한 희극적이고 키치적인 행위는 망상-주체 병구에게 강만식 사장이 외계인지 아닌지, 그의 정체성을 증명하기 위한 진지한 실험(측정)과 관찰행위이다. 또한 그로부터 로얄 분체 유전자 코드를 이식받은 유일한 외계인 놈이라는 자백을 받고 안드로메다 왕자를 만나 그들이 지구에서 진행하고 있는 어떤 음모에 대해 담판을 짓고 지구를 지키는 영웅이 되기 위한 절실한 신념에서 비롯되는 과정적 행위이다.

이러한 코미디적이며 신체호러 스릴러 장르의 시각적 요소들이 혼효된 가운데 그의 실험·관찰행위는 장면화된다. 그리고 이 상황을 빠져나가기 위한 강사장과 잡아두기 위한 병구 사이의 끈질긴 육체적 사투와 고문 행위는 상징계 질서의 경찰들이 범인을 수사, 추적하는 수사추리물 장르의 서사적, 플롯적 요소와 교차되며 서스펜스를 낳는다. 결국 이와 같은 영화의 장면화와 신(scene) 구성은 두 인물 간의 상호주체적 담론 활동의 신(scene) 구성과 더불어 영화 〈지구를 지켜라!〉의 우주생물학적 상상력의 재현으로 수렴된다고 하겠다. 나아가 이러한 영화의 우주생물학적 상상력은 외계 지적 생명체의 지구방문과 인류종말이라는 정상과학에서 배제된 UFO학의 공상과학적 상상력과 본질적으로 접목되어 있다고 할 수 있다.

한편 영화 〈지구를 지켜라!〉에는 다윈의 자연선택설(진화론), 신다
윈주의자인 리처드 도킨스가 주창한 '이기적 유전자', 유전자 재배열
(조작)에 의한 지적설계 등의 유전생물학(Genetic biology)에 토대한
상상력이 작동하고 있다. 더불어 개체의 행동양태의 원천을 유전자
의 영향력 행사과정으로 바라보는 사회생물학(Sociobiology)[50]에 토
대한 상상력이 작동하고 있다. 무엇보다 이러한 생물학의 과학담론을
토대로 한 영화 〈지구를 지켜라〉의 과학적·공상 과학적 상상력은 강
만식이 병구를 상대로 설파(說破)하는 담론을 중심으로 재현되고 있
다는 데 특징이 있다.

이를 테면 영화 후반부 도망을 시도하다 혈투 끝에 다시 감금된 강
만식은 그 죄 값으로 병구가 자신의 다리를 도끼로 절단 내려하자 자
신이 외계인이 맞다며 다급하게 인정(recognition)[51]한다. 그의 인정
은 파불라(스토리)를 구성하고 있는 관객에게 완벽하게 신뢰되지 않
은 채 애매한 상태로 남는다. 그리고 이제 이 둘은 주체의 위치가 전이

---

50) 에드워드 윌슨이 1975년에 출간한 『사회생물학:새로운 종합』에서 본격적으로 등
장한 사회생물학은 유전자를 진화의 단위로 파악하고 곤충과 동물들의 사회적 행
동으로부터 얻은 통찰을 인간의 본성에 대한 연구에 적용하는 생물학의 분야이
다. 요컨대 다윈의 자연선택설과 오늘날의 유전학을 통해 인간의 행동을 설명하
려는 생물학의 분야이다. 사회생물학의 설명방식은 상당한 논쟁의 여지를 낳고
있으며 저명한 생물학자들로 사회생물학을 사이비 과학이라고 폄하하기도 한다.
로저 트리그, 김성한 옮김, 『인간 본성과 사회생물학』, 궁리, 2013, 16~17면.
51) 강만식은 감금 상황을 벗어나기 위해 혈투를 벌이고 결국 도망가려다 실패하면서
병구에 의해 죄 값으로 다리 하나를 절단할 상황에 놓인다. 병구는 강사장을 의자
에 앉힌 채 십자가 형틀에 양 팔을 매달아 손 등에 마치 예수님의 십자가 형벌처럼
대못질을 하여 결박하고 강사장이 정신이 들자 도끼를 들고 도망가려던 죄값으로
다리를 절단하려고 한다. 이에 겁먹은 강만식은 자신이 외계인이라고 자백하며 코
마 상태로 병원에 누워 있는 병구의 엄마를 살릴 수 있는 방법이 있다고 회유한다.

된 상태, 곧 강만식은 말하는 주체가 되고 병구는 들어주는 주체가 되어 담론활동이 이뤄진다.

특히 강만식은 "왜 우리 DNA구조가 너희 DNA 구조랑 비슷한지, 왜 우리가 지금까지 기다려 왔는지, 무엇이 널 미치게 했는지" 다 말해주겠다며 병구의 무의식을 자신의 담론으로 취한 가운데 진술한다. 그의 담론이 청각적으로 서술 될 때 스크린에는 이에 대응하는 스틸 이미지들이 몽타주 구성을 통해 시각적으로 서술된다. 여기서 스틸 이미지의 몽타주 구성은 마치 프롤로그의 병구의 스틸 이미지 몽타주 구성과도 같은 역할을 한다. 이제 관객은 강만식이 구성하는 병구의 망상을 담론으로 하고 있는 그의 담론을 마치 공상하는 자와 같이 영화가 생성하는 과학적 판타지의 세계로 들어간다.

강만식의 담론은 크게 두 가지로 구분될 수 있다. 첫 번째 담론은 그가 병구의 심인성 외상의 발생의 근원지를 살펴볼 수 있는 일기장, 망상 내용이 담긴 연구노트, 망상 행위가 기록된 납치한 사람들에 대한 고문 녹화영상, 책상 주변의 (공상)과학 서적 등을 읽고 보며, 병구가 머물고 있는 망상이라는 증상의 문을 열고 들어가 짝패적 타자인 병구에게 전이되고 역동적으로 동일시되면서 구성하고 있는 담론이다. 이 담론은 성서의 야훼 말씀 중심의 천지창조의 이야기를, 외계인의 인류 DNA 개입설에 바탕한 유전자 중심의 천지창조의 서사로 재구성한다는 데 핵심이 있다.

요컨대 지구상의 인류의 생물학적 기원, 유전자(DNA)와 관련된 현생인류의 진화과정 및 그 장정의 역사, 다윈의 진화론, 외계인 개입에 의한 인류 DNA의 지적설계 등을 담론의 내용으로 한다. 이와 같은 내용이 강만식의 발화행위를 통해 청각 서술될 때 스크린에는 시스티나

성당 천장에 그려진 미켈란젤로의 천지창조(창세기 9장면) 중 〈이브의 창조〉 그림 쇼트, 노아의 방주 및 바벨탑 등의 성서 속 이야기의 도판 쇼트, 아틀란티스 대륙을 표상하는 도판, 스탠리 큐브릭의 SF 영화 〈2001 스페이스 오디세이, 2001: A Space Odyssey 〉(1968)의 원숭이 우두머리가 뼈다귀를 두드리는 장면[52]에 대한 오마주 및 패러디 쇼트 등이 몽타주로 구성되어 청각서술과 대응하며 흘러간다.

이와 같이 시청각으로 서술되는 강만식의 첫 번째 담론은 '유전자'와 '진화' 그리고 '지적설계'를 키워드로 구성되고 있다고 하겠다. 먼저 유전자는 인간의 몸에서 일어나는 생명현상을 조절하고 신체기관의 구조와 활동을 통제하는 60조 세포마다 저장되어 있는 'DNA'의 형태 중 의미 있는 정보[53]를 뜻한다. DNA에 새겨진 정보가 축적되고 정제된 것이 유전자인데 이 유전자는 지구에서 생명체가 탄생한 후 생명체가 어떻게 자연선택이라는 과정으로 진화[54]해 왔는지를 설명해 주는 생물학적 주요한 개념이다. '이기적 유전자'를 주창한 리처드 도킨스는 유전자가 컴퓨터 프로그래머처럼 간접적으로 자기 생존 기계의 행동을 제어한다고 역설하며 유전자가 할 수 있는 것은 미리 생존 기계의 체제를 만드는 것 뿐[55]이라고 강조한다.

---

52) 원숭이 무리의 우두머리가 뼈다귀를 도구처럼 두드리다 하늘로 던지면 공중 회전한 뼈다귀가 다시 아래로 내려오면서 우주선으로 바뀌는 기발한 상상력과 시각구성을 보여준 명장면이다.

53) 그리고 그런 유전자들을 합쳐 '게놈(유전체)'라고 부르며 휴먼 게놈 프로젝트는 이런 인간 세포 안에 들어 있는 30억 자 유전 암호를 하나씩 해독해서 완전한 유전자 지도를 만들려는 야심찬 계획을 말한다. 정재승,『뇌과학자는 영화에서 인간을 본다』, 어크로스, 2017, 140면.

54) 애덤 리더퍼드, 위의 책, 448면.

55) 리처드 도킨스, 홍영남 외 옮김,『이기적 유전자』, 을유문화사, 2018, 129면.

이러한 유전자 개념은 새롭게 다윈의 진화론을 계승하고 있는 관점으로서 인간 집단 유전자 형질이 진화해야 우리의 모습이 변할 수 있고 진화가 유전자 수준에서 인간의 행동을 조절한다[56]는 것을 지지하는 맥락으로 이어진다. 한마디로 이 맥락에서 진화는 DNA에 암호되어 있는 유전자가 지배한다는 데 그 핵심이 있다. 강만식이 설파하는 첫 번째 담론은 기본적으로 리처드 도킨스가 주장한 동물 개체는 미리 프로그램된 행동방침인, 진화적으로 안정한 전략(evolutionarily stable strategy, ESS)에 의해 조종되는 이기적 유전자 곧 로봇 생존기계[57]라는 유전생물학적 담론에 토대한 과학적 상상력을 작동하고 있다.

더불어 이 첫 번째 담론에는 외계 지적 생명체가 개입하여 인류의 유전자 변형이라는 품종개량을 함으로써 공격적이고 폭력적인 대학살, 전쟁 등의 잔혹한 상황을 연출한 인류의 품성을 교정한다는 생물과학적 상상력이 주요하게 작동하고 있다. 오늘날 공상과학적 스토리로 즐겨 활용되는 과학적 상상력인 인류가 사실상 외계인이 개입해 발전된 종이라는 가설적 이론[58]이다. 영화 〈지구를 지켜라〉에서 호모사피엔스라는 인류의 종은 외계인의 실험인간으로 설정되어 있으며 외계인이 푸른 행성에 떨어 뜨려 놓은 그들의 지적 설계에 의한 생물체에 불과하다.

이러한 외계인에 의한 지적 설계론은 진화론자들이 역설하는 '자연적 선택'에 의한 진화가 시간이 너무 오래 걸린다는 논리적 모순을 안

---

56) 폴 에얼릭, 전방욱 옮김, 『인간의 본성들』, 이마고, 2008, 19면.
57) 리처드 도킨스, 위의 책, 158면.
58) 최준식·지영해, 『외계지성체의 방문과 인류종말의 문제에 관하여』, 김영사, 2015, 235면.

고 있는 것에 대한 대안적 가설이기도 하다. 이 가설적 이론은 은하계의 푸른 별 지구 외에 외계 지적 생명체의 문명이 있다면 인간과 외계인이 건설한 문명사이의 상호작용은 필연적이라는 시각에 근거한다. 영화 〈지구를 지켜라〉에서는 외계인이라는 상위 존재, 우리 은하 바깥의 신적 위치의 외계인 그리고 자본가 강사장이 환유되고 알레고리화된 위치에서 하위 존재로서 인간을 통제하고 변형하고 있다는 유전 생물학의 지적 설계론이 과학적 상상력으로 주요하게 작용하고 있음을 강조할 수 있다.

두 번째 강만식이 설파하는 담론은 사회생물학의 전문용어인 공격 유전자의 유입(gene int rogression)에 관한 담론이다. 이 담론은 병구의 엄마가 유전자 재배열이 되는 화학적 과정의 실험표본으로 식물 인간 상태로 5년 동안 누워 있다는 것과 병구가 확신하는 외계인의 지구에 대한 어떤 음모와 관련된 담론이다. 하지만 사실상 강만식의 담론에서 핵심 내용이자 그 담론을 추동하는 핵심기제인 사회생물학적 상상력을 재현하고 있는 인류의 공격 유전자와 그 유전자로 인한 인간의 공격성이라는 본성 그리고 그 본성으로 인한 지구에서의 인간의 폭력적 행위들에 대한 강만식의 진술이라고 할 수 있다. 강만식은 자신들의 실험인간인 인류가 그들 스스로 강해지기 위해 심어 놓은 '가속성 공격 유전자'로 인해 자신의 종족을 살해해왔으며 아름다운 푸른 행성인 그들의 숙주까지 병들게 하고 있다고 강변한다. 이 가속성 공격 유전자로 인해 현생인류는 위험해지고 미쳐가고 있다는 요지이며 이 '자살 유전자'를 제거하고 인류를 구원하고자 그 방편으로 유전자 재배열(조작) 실험을 오랫동안 진행해 왔다고 진술한다.

그는 가장 고통 받는 사람의 유전자 결합구조가 가장 느슨하기에 병구의 엄마가 실험대상의 표본으로 선택되었으며 비록 실패(죽음) 했지만 세상에 수많은 희망적으로 변해가는 표본이 있기에 왕자님께 희망적인 표본을 증거로 보여주어 개기월식 날의 지구 멸망을 멈추게 할 수 있다고 병구를 설득한다. 나아가 병구의 가설인 '로얄 분체 교감 유전자' 코드를 가진 제한된 집단만이 왕족과 텔레파시가 통하기 때문에 자신을 강릉 제 2 유제화학 공장으로 데려다 주면 컴퓨터 통신을 통해 왕자와 접선할 수 있다고 주장한다. 병구의 망상 내용이 복사 · 재구성되면서 강만식의 담론활동이 이뤄지고 있는 것이다.

　이와 같은 강만식의 두 번째 담론은 무엇보다 유전자를 통해 인간의 행동들을 해명 할 수 있다는 데 동의하는 이론이자 동물과 동일한 방식으로 유전자와 특정한 형태의 인간 행동을 직접적으로 연결하여 설명[59]하는 사회생물학에 토대한 과학적 상상력에 의해 추동된다. 특히 공격 유전적 프로그래밍에 의한 진화가 공격적인 인간집단을 만들었다는 생각[60]이 핵심에 놓여있는 담론이다. 이 담론은 곧 생물학적 '인류 개선'프로그램을 주창하는 것이며 전쟁과 대량학살 등의 반인권적, 폭력적 행동을 '공격성 유전자'라는 사회생물학의 전문어[61]로 그 담론을 구성하고 있는 것으로 수렴된다. 이러한 사회생물학의 전문용어인 '공격성 유전자'를 키워드로 한 말하는 주체, 언술의 주체가 되어 강만식은 외계의 생명체 입장에서 현생인류의 집단학살의 자기 종족의 자해의 역사를 격정적으로 진술한다. 사실상 사회생물학에서 다른 집단을 멸절시키는 집단학살관습은 호모 사피엔스의 주된 특징

59) 로저 트리그, 김성한, 인간 본성과 사회생물학, 궁리, 2013, 18~23면.
60) 폴 에얼릭, 전방욱 옮김, 『인간의 본성들』, 이마고, 2008, 20면.
61) 위의 책, 430면.

으로 간주[62]되어 왔다.

사람의 본성을 바라보는 또 다른 방법인 유전자, 환경, 유전자-환경
의 상호작용[63]의 측면을 전제할 수 있음에도 불구하고 강만식의 두 번
째 담론은 '가속성 공격 유전자'라는 단 하나의 유전적 형질에 한정되
어 있다. 이는 유전적 진화가 단 하나의 형질만을 변화시킨다는 것이
대단히 어렵기 때문에 인간이 자연선택에 의해서 폭력적, 탐욕적, 이
타적이 되거나 유전적으로 프로그래밍 되었다는 것은 어렵거나 불가
능하다[64]는 또 다른 생물학적 이론과 부딪힌다. 그럼에도 불구하고 장
준환의 영화 〈지구를 지켜라!〉는 무엇보다 정신분열의 망상-주체 병
구의 존재 양식을 이해하기 위하여 인간의 공격 유전자라는 유전적
형질을 텍스트의 가장 주요한 과학적 상상력의 기제 중 하나로 설정
하고 있음을 주목할 필요가 있다. 이는 인간의 공격성이라는 본성의
통찰을 통해 상징계의 텅빈 장소로 표지되는 그의 진실의 문에 다가
가려 하기 때문이다.

한편 강만식의 두 번째 담론이 청각서술 될 때 이와 대응하는 시각
서술은 스틸이미지의 몽타주로 역시 구성된다. 특히 가속성 공격 유
전자의 자발적 유입(침투)으로 인해 인간이 저지른 폭력들은 고통 이
미지로 전유되고 있다는 데 주목할 필요가 있다. 다시 말해 유전자로
인해 발생되는 개체의 본성이라는 사회생물학적 상상력에 토대한 '가
속성 공격 유전자'에 의한 인간의 공격성에 대한 시각적 서술은 포토

---

62) 위의 책, 432면 참조.
63) 위의 책, 29면.
64) 위의 책, 31면.

저널리즘이 구축한 고통이미지의 전문가적 전유[65]로 이뤄지고 있다.

예컨대 두 번째 인류의 공격성에 관한 담론은 히틀러와 나치스트의 행군, 유대인 대학살(인종대학살), 2차 세계대전, 원자폭탄 투하, 정치적 폭력과 내전, 민주주의 탄압(5 · 18), 기아, 처절하게 버려진 상태의 아이, 울고 있는 여성들의 고통 이미지를 전유하고 있는 포토저널리즘의 사진과 널리 알려진 다큐 영상이 몽타주로 구성되어 시각서술된다. 이 몽타주된 고통의 이미지 쇼트들은 인간의 공격성(폭력성)에 대한 암유로서 대중매체인 텔레비전 뉴스, 시사다큐 등에서 익숙하게 우리가 보아온 매우 대중적인 시각적 이미지들이다.

따라서 영화 〈지구를 지켜라!〉는 가속성 공격 유전자에 의한 인간의 공격적인 본성이라는 사회생물학적 상상력을 포토저널리즘이 전유한 고통의 이미지를 통해 다시 재현하며 정치사회적 발언을 하고 있다고 볼 수 있다. 대중매체의 전파를 통해 문화적으로 전유된 인간의 고통 이미지는 인간 속에 존재하는 공격에 고유한 형태(게슈탈트, Gestalt)의 기본 측면으로 상징[66]화 된다. 특히 라캉은 정신분석에서 공격성이 경험 속에서 육체의 분해라는 이미지로 주어지며 육체의 분해의 방식으로 효과적인 것으로 모습을 드러내고 있음을 통찰[67]한다. 그리고 이러한 분해 이미지는 '파편화된 신체의 이마고'라는 한데 묶어 있는 구조적으로 보이는 이마고[68]라고 지적한다.

---

65) 아서 클라인만 외, 안종설 옮김, 『사회적 고통』, 그린비, 2002, 193면.
66) 자크 라캉, 홍준기 외 옮김, 『에크리』, 새물결출판사, 2019, 128면.
67) 자크 라캉, 위의 책, 126면.
68) 즉 라캉은 특수한 이미지 중에는 공격적 의도의 선택적 벡터를 표상하는 것이 있는데 이 이미지는 선택적 벡터에 마법적이라고까지 할 수 있는 효력을 제공한다고 말한다. 생식기관 제거, 거세, 훼손, 절단, 분열, 할복, 삼킴, 육체 개복의 이미지

병구 지하실에 전시된 완벽한 몸체를 형성하지 못한 채 전시되어 있는 마네킹들의 절단되고 파편화된 신체 이미지, 기관 없는 팔, 다리, 머리들의 전시, 포름 알데이드 용액에 담겨진 유리병 속의 절단된 손목과 신체 부위들, 가족사진에서 아버지를 오려내는 병구의 행위에서 연상되는 신체 절단의 이마고 그리고 그의 어린 시절에 목격한 원초적인 고통스런 이미지로, 상흔처럼 남아 있는 광산사고로 인한 절단된 아버지의 다리라는 파편화된 신체는 모두 그의 고통의 이미지이자 공격의 이미지로 상징화되고 있는 표상들이라고 할 수 있다.

요컨대 영화 〈지구를 지켜라〉는 병구의 망상이라는 존재양식 그리고 유전자와 인간의 본성을 직접적으로 연결 짓는 사회생물학적 상상력을 우리가 나르시시즘적이라고 부르는, 곧 인간의 자아와 인간의 세계를 특징짓는 공격성이라는 경향성[69]을 중심으로 하여 망상으로서의 과학적 상상력을 재현하고 있다.

4. 결론

본고는 장준환의 SF 영화 〈지구를 지켜라〉를 중심으로 망상으로서의 과학적 상상력이라는 논제를 전개하였다. 정신분열의 망상 주체 병구의 존재와 존재양식을 통한 영화 〈지구를 지켜라〉의 망상으로서의 과학적 상상력은 결국 SF장르의 탈영토화적 사고실험으로 나아갔

등이 그러하다는 것이다. 자크 라캉, 위의 책, 127면.
69) 자크 라캉, 위의 책, 133면.

다. 과학의 망상과 망상으로서의 과학적 상상력은 우리 호모 사피엔스가 처한 21세기적 인간강화의 유전자 가위시대에 우주적 의식과 마음을 가진 인간이라는 존재를 이해하고 평화지속 가능한 세계를 유지하며 어떻게 살아야 하는가 하는 존재물음과 존재 안녕에 대한 성찰을 건넨다. 인간은 정말 유인원에서 진화했는가? 아니면 인간의 마음은 정말 물질로 이뤄진 뇌의 활동으로만 국한되는가? 라는 물음은 과학지식의 담론차원 뿐만 아니라 그 과학지식에 구멍을 뚫고 있는 정신분석의 담론에 의해서 인간 주체의 진실의 문에 다가갈 수 있는 측면 또한 지니고 있다. 영화 〈지구를 지켜라〉는 과학의 앎의 영역 바깥에서 망상 주체 병구의 진실의 장소를 탐구하고 있다. 우리는 망상-주체 병구의 존재양식을 통해 호모 사피엔스의 존재가 진정 안녕한지 질문을 건넬 수 있을 것이다. 병구의 배척된 진실의 장소는 상징계, 상상계, 실재의 구별을 무화시킴으로써 상징계의 텅 빈 장소로, 그 흔적으로 남아 있다. 그가 보여준 증상의 문은 호모사피엔스의 존재의 안녕과 우리가 진정 원하고 우리가 진정 어떤 존재가 되어야 하는지를 보여준다고 하겠다. 그러므로 장준환의 영화 〈지구를 지켜라〉에서 망상으로서의 과학적 상상력은 인간 존재의 의미와 과거, 현재, 미래가 변증된 호모 사피엔스라는 현생인류의 존재의 안녕에 대한 물음이라는데 그 의의가 있다.

과학과 마음, 수사드라마의 두 양태
: 김은희 작품을 중심으로

송치혁

1. 범죄와 수사, 추리의 존재론

추리는 한국 대중예술사에서 언제나 소외받는 장르였다. 식민지 시기의 추리작가 김내성이 해방 이후 멜로물로 전회했던 사례에서도 볼 수 있듯이 한국에서 추리는 늘 비주류적인 장르물이었다.[1] 한국 대중예술에서 추리에 대한 흥미는 주류 대중문화의 저변에서 지속되어 왔는데 냉전체제의 수립과 함께 반공물이 추리를 경유했던 것과 더불어 MBC TV에서 방송된 〈수사반장〉은 추리가 어떤 방식으로 한국의 대중들과 조우할 수 있었는지에 대한 흥미로운 전범을 제공했다. 〈수사반장〉의 성공은 단막극 위주로 제작되던 추리드라마를 연속극의 영역으로 이동시켰으며 비주류 장르였던 추리물이 한국에서도 성공할 수

---

1) 이영미, 「추리와 연애, 과학과 윤리」, 이영미 외, 『김내성 연구』, 소명출판, 2011, 29면.

있는 가능성을 보여주었다는 점에서 의미가 있다. 그런 연유로 한국에서 〈수사반장〉을 제외하고 추리의 역사를 논하는 것은 불가능에 가깝다. 그럼에도 〈수사반장〉 이후 소설은 물론이거니와 영화, 텔레비전 드라마 등에서 추리가 전문적인 장르로 다루어지는 경우는 드물었다.

한국의 경우 본격적인 의미에서 추리가 텍스트의 전면에 나서는 경우는 드물었다고 평가할 수 있다. 본래 추리는 '가해자-탐정-피해자'의 배치[2]를 통해 논리적 정합성을 따라 수수께끼를 해결하는 장르물이다. 한국의 현실에서 추리가 동반해야 하는 논리적 해결보다는 추리의 형식을 감정적인 것으로 수용하려는 욕구가 강하게 드러난다. 미디어 차이를 막론하고 추리물의 논의에서 〈수사반장〉이 가지는 특징이 지속적으로 거론되는 것은 한국만의 독특한 장르적 역사성을 반영한 결과로 볼 수 있다.[3] 〈수사반장〉 이후 추리물의 인기가 다시 시작된 것은 2000년대 이르러서 였다. 이에 따라 선행연구들은 2000년대 이후 텔레비전 드라마에서 추리를 매우 중요한 요소로 지적하고 있으며 텔레비전 드라마의 서사적 특성과 극적 형식의 새로움을 충족

2) 추리물의 구성에 대해 박유희는 "'탐정, 범인. 희생자'의 인물유형이 등장"하며 "불가사의한 범죄의 발생과 그 해결"이 기본적인 플롯을 구성하고 있음을 밝혔다. 이런 구도는 미디어를 막론하고 폭넓은 의미의 추리를 정의하는 특성이기에 이 글은 박유희의 주장에 동의하며 논지를 전개할 것이다. 박유희, 「한국 추리서사 논의를 위한 전제」, 대중서사장르연구회 지음, 『대중서사장르의 모든 것 3 추리물』, 이론과 실천, 2011, 19면.

3) 김희진, 「텔레비전 수사프로그램에 응축된 한국 사회의 구조적 갈등과 이념적 특징」, 서울대학교 석사학위논문, 1987; 권양현, 「수사드라마 장르 연구」, 충남대학교 석사학위논문, 2010.; 권양현, 「텔레비전 수사드라마에 나타난 캐릭터 유형의 변화 양상 연구」, 『한국극예술연구』 42, 한국극예술학회 2012.; 이영미, 「방송극 〈수사반장〉, 《법창야화》의 위상과 법에 대한 태도」, 『대중서사연구』 16(2), 대중서사학회, 2011.

시켜주는 선택으로 평가하고 있다. 〈신의 저울〉, 〈마왕〉, 〈부활〉 등을
시작으로 추리 형식의 드라마가 본격적으로 제작되기 시작했지만 일
부 마니아층의 전유물이란 이미지가 컸다.[4] 마니아물이라는 평가에서
도 추리에 대한 요구는 이전 시기와 비교할 수 없을 정도로 증가하고
있었다. 특히 추리드라마가 2000년대 이후 텔레비전 드라마의 소재
확장과 함께 텍스트 외부의 환경적인 변화로 활성화되었다는 사실은
한국 텔레비전 드라마의 장르사에서 간과할 수 없는 변화다.[5]

　여기서 김은희라는 작가의 등장은 중요하다. 2013년 〈싸인〉을 통해
추리드라마 전문 작가로 이름을 알린 김은희는 〈유령〉, 〈쓰리데이즈〉
등을 거쳐 2016년 tvN을 통해 방송된 〈시그널〉을 통해 한국 텔레비전
드라마를 대표하는 작가로 인식되었다. 선행연구들은 〈싸인〉의 독특
한 구성방식에 대한 논의[6]를 시작으로 〈시그널〉에 대한 분석[7]에 이르
기까지 김은희를 추리적 특성을 활용한 추리 전문작가로 평가해왔다.

　선행연구들의 대다수가 작품론에 머무는 현실에서 한국 텔레비전

---

4) 해당 텍스트들이 정통 추리드라마라고 확언하기에는 무리가 있다. 그럼에도 2000
년대 이후 추리적 특성을 적극적으로 활용하여 기존의 텔레비전 드라마와는 다른
특성을 지닌 것으로 시청자들은 물론 선행연구들이 주목했듯이 추리형식을 내세운
드라마로 이해하는 것이 옳을 것이다. 문선영, 위의 글, 137면.
5) 김유미, 「신감각 추리 드라마, 가진 자들의 범죄와 신리 게임」, 대중서사장르연구회
지음, 앞의 책, 565~567면.
6) 주현식, 「텔레비전 드라마 〈싸인〉의 시작 방식과 연행성」, 『대중서사연구』 17, 대중
서사학회, 2011.
7) 고선희, 「텔레비전 장르드라마 〈시그널〉의 시간과 역사관」, 『한국언어문학』 99, 한
국언어문학회, 2016.; 신지영, 「드라마 〈시그널〉의 서사구조와 의미구조 분석」, 한양
대학교 석사학위논문, 2017.; 오원환, 「드라마 〈시그널〉의 서사적 시간성과 극적 긴
장의 조성에 관한 분석」, 『미디어와 공연예술연구』 11(3), 청운대학교 방송예술연
구소, 2016.; 이양수, 「시간초월 접촉 모티프 영상서사의 추리분기구조 연구」, 『인
문콘텐츠』 41, 인문콘텐츠학회, 2016.

드라마에서 김은희의 위치는 단편적인 평가에 그칠 수밖에 없었다. 〈싸인〉과 〈시그널〉을 다룬 논의들이 김은희의 드라마를 내용과 형식의 새로운 변화로 읽어내려 했던 것도 개개의 텍스트가 가진 구성과 추리적 요소들이 김은희만의 새로움을 극명하게 보여주었기 때문이다. 따라서 김은희는 추리의 새로움을 시청자들에게 선사하는 특정한 장르적 수행을 이룬 작가로 평가되었다. 하지만 왜 대표적인 추리드라마 분석에서 김은희의 드라마들이 거론되는지에 대한 정교한 논의가 이제 시작되었다는 점과 여타 추리드라마들과의 차이는 어떠한 방식으로 설명되어야 하는지에 대한 논의가 다양하게 이루어지지 않고 있다.

그런 점에서 김민영의 박사학위논문은 작가론으로서 김은희를 어떻게 이해할 것인지에 대한 의미 있는 결과물이다. 그는 김은희가 "진실, 정의가 무엇인지 모색"[8]하게 하는 추리 전문작가임을 강조했다. 그러는 한편 텍스트의 구성과 함께 그의 추리드라마들에서 사회적 증상의 귀환으로 실제 사건이 활용됨을 짚어내며 총체적인 접근을 시도했다는 점에서 의미가 있다. 한국 사회의 기억과 역사가 범죄라는 증상으로 변환되어 출몰하는 김은희의 드라마에서 수사관의 추리로 사건이 봉합되고 정의가 실현된다는 그의 논의는 여타의 추리드라마들과 김은희 드라마간의 변별점을 확인한다는 점에서 의미가 있다.[9] 그가 지적했듯이 추리적 요소를 텍스트 내부의 특성으로 끌어들인 과정은 사회적 현실과 텍스트의 연결지점을 확보하기 위한 김은희 추리극

---

8) 김민영, 「김은희의 추리극에 나타난 기억과 폭력의 양상 연구」, 중앙대학교 박사학위논문, 2019, 17면.
9) 김민영, 위의 글, 207면.

의 특징이다. 그런 점에서 김은희의 수사극은 한국 텔레비전 드라마
의 통시적인 관점과도 연결시킬 필요가 있다. 이는 분명 억압된 것들
의 귀환과 증상의 봉합으로 추리드라마를 환원하기에는 한국이 가진
현실에 대한 다양한 시각을 도출해낼 또 다른 가능성을 주지시키기
때문이다.

이처럼 2010년을 전후로 한국 텔레비전 드라마에서 추리적 요소가
광범위하게 확장되고 있는 현실에서 김은희로 대변되는 추리드라마
의 내용과 형식에 걸친 변화는 명확한 것이다. 이 흐름이 〈수사반장〉
을 비롯한 한국의 텔레비전 드라마사(史)의 영향권 내에서 어떠한 방
식으로 사회적 현실과 연결되어 있는지에 대한 새로운 관점이 제시될
필요가 있다. 대중의 오락적 취향과 지적 호기심을 모두 만족시킬 수
있는 선택으로서의 추리[10]를 넘어 2010년대 이후 한국 텔레비전 드라
마의 장르를 둘러싼 다양한 특징에 따른 장르적 분석은 텍스트를 둘
러싼 시청자들의 욕망과도 밀접한 관련이 있기 때문이다.

이 글은 김은희 작가의 추리드라마를 수사[11]로 이해하고 한국 텔레

---

10) 문선영, 앞의 글, 164면.

11) 추리에 대한 인식이 확산되지 못한 한국의 현실에서 수사드라마는 추리드라마,
범죄드라마, 경찰드라마 등과 혼용되어 사용되었다. 이는 한국 텔레비전드라마의
변천과도 관계되어 있는 것으로 추리물이 시청자들과 소통될 수 있는 방식으로
'수사'가 선택되었음을 의식한 선택이라 볼 수 있다. 그만큼 한국 추리드라마의 형
성에 있어 논증을 거치는 지적 행위만큼이나 탐문과 추적 등의 육체적 행위가 사
건의 해결에 필수적으로 활용된다. 따라서 본 논문은 '수사'라는 용어가 한국 텔레
비전 드라마의 현실에서 중요하게 활용되어 왔음을 반영하여 정통 추리물과의 구
별을 위해 수사드라마라는 용어를 사용하고자 한다. 이와 관련하여 수사라는 키
워드로 한국의 추리드라마를 분석한 논의는 다음과 같다. 김희진, 「텔레비전 수사
프로그램에 응축된 한국 사회의 구조적 갈등과 이념적 특징」, 서울대학교 석사학
위논문, 1987.; 권양현, 「수사드라마 장르 연구」, 충남대학교 석사학위논문, 2010.;
권양현, 「텔레비전 수사드라마에 나타나는 캐릭터 유형의 변화 양상 연구 - 〈싸인〉,

비전 드라마의 특정한 경향으로 파악하고자 한다. 앞서 언급했다시피 추리는 특정한 인식체제를 요구하는 근대적인 장르[12]이다. 범죄의 발생을 거쳐 해결에 이르는 텍스트의 구조는 특정한 지적 능력을 요구하기에 근대적 내면을 가진 탐정만이 범죄를 해결할 수 있다. 하지만 한국의 텔레비전 드라마가 그려내는 추리는 심문과 탐색을 통한 추적의 과정이 강조되어 있다는 점에서 다르다. '수집-심문-탐색'이라는 체계화된 행위가 범죄를 해결하는 방식인 점, 공권력을 가진 형사 혹은 경찰이 주체가 된다는 점, 범죄(자)와 수사주체와의 관계가 드라마의 전반적인 전개를 이끌어간다는 점에서 김은희의 드라마는 추리보다는 수사라는 행위에 입각한 통시적 관점이 함께 해석되어야한다.

후술하겠지만 수사는 한국에서 추리가 통용되는 방식으로 '과학'과 시청자들이 김은희의 드라마를 통해 사회를 해석하는 '마음'이 교합하는 장이라는 점에서 매우 중요하다. 따라서 한국의 텔레비전 드라마가 추리를 활용하는 방식으로서 '수사'에 대한 논의는 김은희를 이해하고 나아가 한국의 추리드라마를 둘러싼 대중의 심상을 이해하는 유용한 단서로 기능할 것이다. 따라서 이 글은 김은희의 드라마들 중 수사가 주된 내용을 이루는 드라마들[13]을 중심으로 한국에서 추리가

〈유령〉을 중심으로」, 『한국극예술연구』 42, 한국극예술학회, 2013.

12) 다카하시 데쓰오, 고려대학교 일본추리소설연구회 역, 『미스터리의 사회학』, 역락, 2015, 24면.

13) 이 글에서 다루는 텍스트는 〈싸인〉(김은희 · 장항준 작/김형식 · 김영민 연출, SBS, 2011.1.5.~2011.3.10), 〈유령〉(김은희 작/김형식 · 박신우 연출, SBS, 2012.5.30.~2012.8.9), 〈시그널〉(김은희 작/김원석 연출, tvN, 2016.1.22.~2016.3.12)이다. 김은희가 집필했던 〈쓰리 데이즈〉 역시 미스터리와 추리의 형식을 지니고 있지만 대통령 경호원이 겪는 특수한 상황이 주가 된 스릴러물에 더 가깝기 때문에 본 논문에서는 제외되었다.

시청자들에게 수용되는 양상으로 '과학'과 '마음'이 교합하는 장으로서의 수사드라마를 중심으로 한국적인 추리로서 수사드라마[14]를 밝혀내는 것이 목적이 될 것이다.

2. 수사드라마와 과학적 상상력

〈수사반장〉의 실제 모델 최중락 경사는 휴머니즘을 〈수사반장〉의 중요한 특징으로 꼽았다.[15] '범죄의 발생-탐문과 증거수집-범인 검거'로 이루어지는 기본 구성은 〈수사반장〉이 수수께끼의 해결보다는 범죄에 대한 인간적인 접근을 중요시하고 있음을 말해준다. 증거의 인과적 관계를 통한 해석보다는 주변 인물과의 관계가 범인의 특징을 색별하는 주요한 특징으로 기능하며 범인 역시 수사를 피해 도주하는 수준에서 검거를 지연시킨다. 이 과정에서 범인의 안타까운 사연으로 〈수사반장〉의 서사가 집중되는 것은 당시 시청자들이 추리를 수용하는 특정한 방식이라고 볼 수 있다.

〈수사반장〉의 경우에서 확인할 수 있듯이 한국 텔레비전 드라마에서 추리는 생소한 것이었다. 강력범죄를 텔레비전에서 재연한다는 자체에 대한 거부감은 차치하더라도 추리에 대한 흥미를 수용하는데 있어 현실성의 문제를 거론하지 않을 수 없다. 사설탐정제도가 없는 한

---

14) 아울러 비슷한 용어의 사용으로 인한 혼란을 막고자 추리는 범죄의 해답을 찾으려는 지적 행위로, 추리물은 추리적 특성을 지닌 대중예술을 포괄하는 지칭으로, 수사드라마는 수사행위를 중심으로 구성된 텔레비전 드라마를 지칭하는 것으로 정리하여 사용하고자 한다.
15) 최중락, 『우리들의 영원한 수사반장』, 민중출판사, 2007, 88면.

국의 현실에서 탐정의 등장은 어색한 것이었다. 이를 보완하기 위해 한국에서 존재하는 법집행의 주체인 경찰(형사)이 탐정의 역할을 대신해야하는데 식민지 시기부터 시작된 공권력에 대한 불신은 추리물의 성립 조건을 저해하는 요소로 작용했다. 이 불신은 법과 질서 유지에 관한 불편함과도 연관되어있다.[16] 근대적인 태도를 전제로 하는 수사 주체가 사건의 발생과 해결을 좌우하는 것에 대한 이질감은 근대적인 것에 대한 거부감을 숨기지 않았던 초창기 텔레비전 드라마의 시청 맥락을 의미하는 것이기도 하다.[17]

그럼에도 2000년대 이후 추리물의 수용이 본격화된 것에는 인터넷을 통한 미드의 유입과 케이블 채널의 활성화로 인한 방송시청환경의 근본적인 변화[18]를 우선적으로 고려할 필요가 있다. 텔레비전 드라마를 둘러싼 외적인 변화는 장르물의 소비를 원하는 시청자층의 변화를 의미하는 것이기 때문이다.

첫째, 미드(미국 드라마의 줄임말)[19]의 유입이다. 2000년대 중반부

---

16) 이영미, 앞의 글, 436~437면.

17) 그런 점에서 한국의 사회적 상황을 "억압, 빈곤 그리고 전쟁 후 민주주의의 결여 등 미스터리의 성장을 방해하는 거의 모든 조건이 뿌리 깊게 존재"함을 지적한 다카하시 데쓰오의 분석은 적절하다. 민주화와 경제발전을 경험하지 못한 이전의 한국에서 공권력은 억압의 상징이자 저항의 대상으로 인식되는 경우가 많았다. 근대성을 체험하지 못한 한국의 수용자들에게 문제의 해결은 추리보다는 인정에 기대는 것이 더욱 자연스러웠을 것이다. 자세한 논의는 다카하시 데쓰오, 앞의 책, 213면.

18) 윤석진, 「한국 텔레비전 드라마 장르 유형에 관한 시론」, 『한국문학이론과 비평』 19, 한국문학이론과 비평학회, 2015, 275~276면.

19) 미드는 미국드라마의 줄임말로 인터넷을 통해 급속하게 확산된 용어이다. 본 논문에서 인터넷 용어인 미드를 그대로 차용한 것은 단어 자체가 지닌 함의 때문이다. 드라마 앞에 제작국가가 붙는 상황은 단순히 민족적인 정체성을 강조하기 위함은 아니다. 각 국가의 드라마가 생산과 소비의 조건을 아우르는 문화적 현상을

터 P2P를 중심으로 수용자들이 직접 제작한 한글 자막을 통해 국내에
소개된 미드는 케이블 채널의 활성화에 따른 한국에서도 쉽게 접할
수 있게 되었다. 무엇보다 한국에서는 다루어지지 않았던 다양한 소
재들과 생소한 문화적 풍경은 텔레비전 드라마의 직접적인 변화를 추
동하는 요인이었다. 미드에서 손쉽게 활용되는 추리적 요소[20]는 한드
(한국 드라마의 줄임말)에서 찾아보기 힘든 것이었다. 미드를 통해 다
양한 장르적 요소를 경험한 시청자들이 인터넷을 통해 특정한 공동체
를 형성하면서 텔레비전을 경유하지 않은 시청의 경험이 광범위하게
공유될 수 있었다.

둘째, 케이블을 비롯하여 IPTV, 위성채널 등의 증가와 더불어 텔레
비전의 시청환경이 급격하게 변화했다는 사실이다. 인터넷을 통한 접
근의 용이성과 함께 케이블 채널들을 중심으로 〈CSI〉와 같은 인기드
라마를 시간·장소와 상관없이 시청 가능한 환경이 형성[21]되자 기존에
경험할 수 없는 새로운 감각으로의 전환을 요구하는 움직임이 더욱
커졌던 것이다.

셋째, 전문화된 시청자의 등장이다. 텔레비전 드라마를 둘러싼 환경
적인 변화와 함께 시청자들이 자발적으로 생산과 소비의 과정에 참여

포괄하는 용어이기 때문이다. 본고에서 계속해서 서술하다시피 텔레비전 드라마
가 처한 현실적인 제반조건을 직관적으로 표현할 수 있는 용어이기에 분석의 편
의상 미드와 한드라는 용어를 사용하고자 한다.

20) 하종원, 「경찰드라마의 특성과 장르적 발전에 관한 연구」, 『사회과학연구』 21(2),
동국대학교 사회과학연구원, 2014, 31~32면.

21) 김영찬, 「'미드'(미국 드라마)의 대중적 확산과 방송사 편성 담당자의 '문화 생산
자' 그리고 '매개자'로서의 역할에 관한 연구」, 『방송문화연구』 19(2), KBS 공영미
디어연구소, 2007, 38~39면.

하려는 움직임을 보였다.[22] 주로 신세대를 중심으로 이루어진 마니아 층의 형성은 텔레비전 드라마의 자발적인 소비와 함께 생산 과정에도 참여하려는 특성을 보여주었다. 미드 시청 등을 통해 장르물에 전문 화된 시청자들은 이러한 특성에 충실할 것을 한국의 제작주체에게 요 구했고 PC통신을 시작으로 인터넷망의 전국적 확산과 함께 별다른 시 차 없이 즉각적으로 방송의 과정에 참여하고자 했다.

이러한 변화와 맞물려 한국에서 추리의 도입은 새로운 국면을 맞게 되었다. 먼저 추리물은 시청자로 하여금 특권적인 시선을 가능케하는 시점을 제공한다. 탐정이라는 근대적인 주체가 이를 수행하는 것이 대 부분인데 이는 일반인들이 해석할 수 없는 수수께끼를 해결할 수 있는 지적 능력의 유무에서 비롯된다. 한편 사설 탐정제도가 부재한 한국의 현실에서 이를 대신할 존재는 경찰 혹은 형사에 국한된다. 김은희는 이 시선의 정당성을 '과학'이라는 새로운 수사기법의 재현을 통해 확보한 다는 점에서 새로운 가능성을 드러낸다.

〈싸인〉에서 윤지훈은 시신을 해부하여 범죄(타살)의 증거를 직접 찾아내는 국립과학수사연구소 소속 법의관이다. 이들은 범죄의 증거 를 찾기 위해 부검은 물론 현장을 찾아 지문, 혈액 등의 유전자 정보를 취득하는 것을 주요한 수사기법으로 활용한다. 이들은 범죄자가 은폐 한 증거를 찾아내기 위해 시신을 해부하고 노래방 조명을 통해 지문 과 혈흔을 탐색하며 기존의 수사드라마에서 간소화된 수사기법을 적

---

22) 윤석진은 시청자들이 열린 텍스트로서 TV 시청을 위해 시청자들이 상호작용과 관 여로 참여하고 있음을 지적했다. 장르물의 경우 해당 장르에 대한 전문적인 지식 이 선행되어야만 참여가 가능한 점을 고려할 때 전문화는 피할 수 없는 시청자들 의 특성이라 볼 수 있다. 윤석진, 「디지털 시대, TV드라마 연구 방법 시론(試論)」, 『한국극예술연구』 37, 한국극예술학회, 2012, 217~218면.

극적으로 활용한다. 용의자의 진술에 의존하지 않고 부검과 유전자 감식 등의 생소한 장면을 시청자들이 수용할 수 있도록 〈싸인〉은 수사의 과학성을 강조하고 이를 시각적으로 구현한 것이다.

[사진 1] 〈싸인〉 1화

[사진 2] 〈싸인〉 1화

[사진 3] 〈유령〉 1화

[사진 4] 〈유령〉 3화

〈유령〉은 박기영이 사고로 인해 친구 김우현의 얼굴을 갖게 되며 사이버수사대의 팀장 역할을 하게 되는 내용을 담고 있다. 전체적인 내용은 김우현을 살해한 범인을 찾아내는 것이지만 에피소드는 강력 범죄를 수사하기 위해 사이버 수사기법을 선보인다. 사진 사이에 또 다른 정보를 숨겨놓는 스테가노그라피 분석, 개인 PC의 로그기록을 추적하는 장면과 차량 블랙박스를 포렌식 기술로 복원해내어 용의자의 동선을 되짚어 가는 모습은 물리적 실체가 없는 증거를 발견하고 이를 해석하는 새로운 수사기법을 보여준다. 개인의 데이터를 추출해

내어 용의자의 알리바이를 확인하고 비가시적인 단서를 통해 살인의
증거를 도출해내는 사이버수사는 논리에 의존하여 살인을 밝혀내는
새로운 수사기법을 보여준다.

위의 사진들은 과학수사를 시각적 이미지로 과학수사를 연출한 장
면이다. 기존의 수사드라마가 취하던 탐문 중심의 수사를 벗어난 장
면은 과학이라는 특정한 개념이 수사를 주조하는 원리임을 강조한 연
출이다. 이를 통해 수사주체들은 논리적 추론을 시도하고 시청자들과
범죄의 진실을 공유한다. 범죄를 해부하는 과정으로서 과학수사는 불
가해한 범죄를 해석가능한 영역으로 이동시킨다. 앞선 인용 장면에서
처럼 카메라의 시선이 과학수사의 '과정'에 고정되는 것은 현실의 범
죄를 재구성하고 해결하는 근거로 작용한다. 카메라는 끊임없이 과학
수사의 시각적 재현을 추구하는데 이는 필연적으로 진실에 대한 공방
을 동반한다.[23] 실제 절차와 상관없이 감식-결과-검거로 이루어지는
압축된 수사 방식은 드라마를 통해 재현된 것처럼 화려하지만은 않
다. 엄숙한 분위기에서 진행되는 해부실의 이미지와 조명을 통해 발
견되는 유전자 정보는 일정한 감식의 시간이 필요하며 드라마에서 재
현되는 것처럼 즉각적인 정보를 제공하지 못한다. 반면 수사드라마의
수사주체들은 감식과 해부의 과정에 직접적으로 참여하고 이를 통해
범죄가 은폐한 진실에 도달하는 역할을 수행한다. 김은희의 수사드라
마에 등장한 과학수사는 과학을 재구성하는 상상력과 연결되어 있다
는 점에서 극적이다.[24]

---

23) 다카하시 데쓰오, 앞의 책, 106면.
24) 1955년 독립적인 기구로 설립된 국립과학수사연구소는 범죄의 수사보다는 부검
    과 기타 증거물의 감정을 전문적으로 맡는 기관에 가깝다. 〈싸인〉에서 법의관이

그렇게 보자면 김은희의 수사드라마에서 카메라가 응시하고 있는 대상은 현장을 해부하고 이에 따라 해답을 도출해내는 '과학적 행위' 이다. 특정한 배경음악과 함께 빠르게 편집되어 응시되는 과학 하는 행위를 통해 수사의 신뢰를 부여하고 정의의 실현이 가능한 조건을 시청자들에게 설득하는 과정이다. 한국 텔레비전 드라마의 관습에서 벗어나고 싶어 했던 젊은 시청자 층의 요구를 상당부분 반영한 김은 희의 수사드라마는 '과학'이라는 발전된 형태의 수사기법을 도입했다. 추리의 정당성은 과학적 상상력에 의해 재연된 현장을 통해 확보되었고 따라서 법의학자와 사이버수사관, 프로파일러 등은 한국 텔레비전 드라마에서 이를 해석할 수 있는 특권적 시선을 갖춘 주체가 된다. 이들을 통해 시청자는 과학적이라고 여겨지는 적절한 '해석의 위치'를 찾게 되고 범죄는 합리성의 영역으로 이동할 수 있게 된다.[25] 카메라는 수사의 과학을 더욱 가속화하는 시선으로 작용하고 시청자들에게 범인이 제시한 수수께끼뿐만 아니라 현실의 맥락 속에서 범죄를 어떻게 이해해야하는지에 대한 단서를 확인할 수 있는 것이다. 새로운 관점으로써 '과학'은 〈CSI〉 이후 한국 텔레비전 드라마에 비합리적인 감정의 문제 안에서 모든 문제를 해결하려는 태도에 흥미를 잃은 시청자들의 요구에 부합하는 것이기도 하다. 따라서 미드적인 것을 요구하던 시청자들은 합리적인 구조 안에서 현실과 연결된 문제를 해결하려는 욕망을 드러냈고 이를 충족시키기 위해 김은희의 수사드라마는

직접 수사를 진행하며 체포의 과정까지 도맡는 연출은 과학수사가 가진 새로움을 이미지화 시키기 위해 의도적으로 상상된 것에 가깝다. 국립과학수사연구소, 『과학수사 30년사』, 영신상사, 1986, 47면.

25) 해리콜린스 · 로버트 에번스, 고현석 옮김, 『과학이 만드는 민주주의 : 선택적 모더니즘과 메타 과학』, 이음, 2018, 79면.

과학적 상상력을 적극적으로 활용했던 것이다. 과학수사가 큰 반향을 일으켰던 것도 특정한 요소들의 선택과 조합[26]을 거쳐 영상화의 과정을 거쳤기 때문이다.

과학을 선점한 이전의 텔레비전 드라마들과 김은희의 수사드라마가 차별성을 갖게 된다면 그것은 드라마 전체를 이끌어가는 형식적 근거에서 찾을 수 있다. 각 드라마에 등장하는 사건은 각각 독립된 에피소드의 형태를 취하고 있으면서도 핵심사건을 연속해서 추적하는 방식을 동시적으로 진행시킨다. 이러한 구성을 정리해보면 다음과 같다.

〈표 1〉 드라마 〈싸인〉의 사건 목록

	사건	에피소드
0	노조원 부검 사건	1화
1	서윤형 피살 사건	1~3화
2	부녀자 연쇄살인 사건	4~6화
2	조선인 백골사체 발견 사건	7~8화
3	미군 총기살인 사건	9~10화
4	한영그룹 직원 연쇄 돌연사 사건	11~13화
5	묻지마 살인 사건	15~19화

〈표 2〉 드라마 〈유령〉의 사건 목록

	사건	에피소드
1	신효정 살인 사건	1~2화
2	신진요 카페 연쇄살인 사건	3~4화

---

26) 마이클 라이언 더글라스 켈너, 백문임 조만영 옮김, 『카메라 폴리티카 上』, 시각 과언어, 1996, 17면.

3	세강금융 디도스 사건	5~6화
4	성연고 자살 사건	7~8화
5	CK전자 사장 살인 사건	9~11화

〈표 3〉 드라마 〈시그널〉의 사건 목록

	사건	에피소드
0	경찰 고위계층 비리 사건	-
1	김윤정 유괴 사건	1~2화
2	경기남부 연쇄살인 사건	3~4화
3	계수동 고위층 연쇄 절도 사건	5~6화
4	한영대교 붕괴 사건	7~8화
5	홍원동 연쇄살인 사건	9~10화
6	인주시 여고생 집단 성폭행 사건	11~15화

위의 표에서 볼 수 있듯이 김은희의 수사드라마는 특정한 사건을
각각 독립된 에피소드로 배치하고 있다.[27] 각각의 사건은 독립된 형태
로 2~3회를 거쳐 사건의 발생과 그 해결을 반복하고 있다. 중요한 것
은 에피소드별로 배치된 사건들이 드라마가 진행되는 동안 다른 사건
에 영향을 미친다는 점이다. 시츄에이션 드라마가 한 회에 하나의 완
결된 에피소드를 다루는 것과는 다르다. 한 편의 드라마에 5개 정도의
사건이 배치되고 중심인물들은 각자의 역할에 따라 사건을 해결한다.

---

27) 〈싸인〉의 경우 1화의 시작지점에서 윤지훈과 이명한의 대립관계를 부각시키기
위해 법정에서 노조원의 부검 결과를 놓고 대립하는 사건을 배치했다. 두 인물이
가진 가치관의 갈등이 결과의 해석을 놓고 벌어지기 때문에 드라마에서 중요한
사건으로 채택되지는 않는다. 하지만 이 사건은 드라마의 시작점이며 동시에 윤
지훈의 과거를 설명하는 사건으로 기능하기에 0번으로 분류했다.

〈싸인〉의 서윤형 피살 사건, 〈유령〉의 신효정 살인 사건은 드라마 전체를 아우르는 핵심사건이다. 모든 문제의 출발점이자 최종적인 해결 목표인 핵심사건은 에피소드로 진행되는 드라마 중반마다 사건을 전개시켜 궁극적인 목적을 환기시킨다. 한 에피소드에 2~3개의 사건을 배치시키는 미드와 달리 하나의 사건을 2~3회의 에피소드에 배치시킨 구성은 기존의 한드와 미드를 절충한 형태를 취하고 있는 것이다.

주목할 점은 이러한 구성이 하나의 완결된 이야기 형태도 아니지만 서로 완벽하게 독립된 이야기의 집합도 아니라는 사실이다. 때문에 독립된 에피소드는 드라마 전체를 구성하는 요소로서 기능한다. 이를 지탱하는 것이 핵심사건(각 드라마의 1번 사건)이다. 핵심사건은 드라마의 출발점이자 종착점이며 에피소드를 통해 구성된 개개의 사건들을 포괄하는 상위 사건으로 기능한다. 독립된 에피소드로 구성된 하위 사건들(2~6번 사건들)은 인물 간의 구도를 명확하게 만드는 역할을 하며 은폐하는 진실에 다가서는 계기를 마련한다. 〈싸인〉이 서윤형을 살해한 강서연의 범죄를 은폐하는 상류계층의 암묵적인 관계를 법의학을 통해 파고든다면 〈유령〉은 신효정을 살해한 조현민이 권력을 획득하며 구축하는 범죄의 구조를 사이버 스페이스라는 새로운 공간으로 구현해내는 것이다.

다만 〈시그널〉은 전작들과 다르게 핵심사건이 드라마 초반에 위치하지 않는다. 핵심사건이 1회에 배치되는 전작들과 달리 실제사건을 직접적으로 암시한다. 30여 년의 시간차이를 뛰어넘는 교신이 중심이 되기에 앞선 두 작품과 달리 드라마 전체를 아우르는 단일한 중심사건은 존재하지 않는다. 하지만 〈시그널〉의 후반부에 등장하는 6.인주시 여고생 집단 성폭행 사건이 등장인물들의 과거와 현재를 잇는 중심사건으로 기능하고 있다. 앞선 두 작품과 달리 드라마의 시작부분에 위치한 사건은 아니지만 현재의 박해영을 설명하는 사건이며 동시에 과거의 이재한과 연결되는 결정적인 사건으로 볼 수 있다. 또한 6.인주시 여고생 집단 성폭행 사건은 0.경찰 고위 계층 비리사건이 은폐된 결정적인 계기이기에 핵심사건으로 기능하고 있다. 6.인주시 여고생 집단 성폭행 사건은 해영의 형과 이재한이 만나는 사건으로 해영의 현재를 결정짓는 주요사건이다. 과거에 해결되지 못했던 이 사건은 경찰 내부의 비리를 은폐하는 계기가 되었으며 재한의 사망으로 이어지는 인과관계를 가진다. 앞서 해결되었던 미제사건들은 재한의 사망과 경찰 내부의 비리가 연결되어 있으며 현재를 살아가는 해영과 미제사건전담반이 서로 연결되어 있음을 보여준다.

김은희의 수사드라마는 각각의 사건을 중심으로 독립된 에피소드를 진행시키되 드라마 전개 내내 긴밀한 연관관계를 갖는다. 결말에 이르면 전체를 아우르는 핵심적인 사건으로 각각 서윤형 피살 사건, 신효정 살인 사건, 인주시 여고생 집단 성폭행 사건에 대한 해결에 이르는 것으로 완결의 형태를 취하게 된다. 미드식의 시추에이션 구성이 한국식의 시리얼 드라마와 결합한 중간적인 형태를 취하는 것으로 에피소드의 구성에 있어 논리적인 인과관계를 김은희만이 가진 특징이며 동시에 이것이 '새로움'을 낯설지 않은 방식으로 극화해낸 방법이기도 하다.[28] 이 과정은 기존의 한국 수사드라마들과 비슷한 구성처

---

28) 이런 구성은 미국 경찰드라마에서 찾을 수 있는 연속성과 반복을 변주한 것처럼 보인다. 하지만 미국 경찰드라마가 한 회의 에피소드를 완결된 기준으로 삼고 드라마 전체의 구성을 연속성 있게 이어가는 것과 달리 김은희의 수사드라마는 2~3여 편의 에피소드를 기준으로 핵심사건을 해결하려 한다. 하종원, 앞의 글, 49면.

럼 보이지만 핵심사건을 설명하기 위해 독립된 사건들이 모두 연결된 것으로 나타난다는 점에서 다르다. 예컨대 세 편의 드라마에서 핵심 사건은 유력 정치인이 권력을 획득하고 유지시키기 위해 은폐된 것으로 밝혀진다.[29] 수사의 주체들은 핵심사건을 해결하지 못한 채 또 다른 사건들을 다루게 되는데 각각 독립된 것처럼 보이는 사건들은 드라마의 전개에 따라 핵심사건에서 비롯된 비극이거나 숨겨진 진실에 이르는 단서로서 연결된다. 김은희의 수사드라마들이 보이는 새로움은 과학을 매개한 합리성의 영역 내에서 설명된다는 점에 있다. 또한 이 과정은 기존의 한드가 미드의 영향력 아래에서 그것을 흉내 내는 수준에 그치지 않고 한국적인 현실과 결합되어 만들어진 결과라고 볼 수 있다.

'과학적 상상력'의 수행으로서 수사는 현실의 문제를 해결하기 위해 허구적으로 제시된 일종의 형식이다. 구원의 기제였던 과학[30]이 범죄를 해석하는 권위 있는 시선으로 재편되는 상황은 주목할 필요가 있다. 이때 상상된 과학은 지문, 혈흔 등의 분석에 국한된 표상차원에서 작동하는 것이 아니라 드라마를 구성하는 전반적인 원리에 관계된 것이다. 범죄를 분석하고 해답을 찾아내는 특권적 시선으로서의 과학은 범죄의 재현을 넘어 시청자들의 특정한 장르적 욕구를 채워주는데 집중되어 있다. 정통추리물에서 탐정이 수행하던 역할이 과학으로 넘어

---

29) 〈싸인〉과 〈시그널〉에서는 각각 유력한 대권주자가 핵심사건의 원인제공자이자 은폐자로 등장한다. 이들은 대선을 앞두고 자신과 연관된 인물들의 범죄 은폐를 지시한다는 점에서 범죄의 배경을 이루는 거대 권력으로 등장한다. 한편 〈유령〉에서는 조현민이 대기업 총수에 오르기 위해 신효정을 살인하고 이를 은폐하기 위해 일련의 범죄에 관여하는 것으로 나타난다.

30) 문선영, 「TV드라마의 과학적 상상력 - M, RNA를 중심으로-」, 『한국문학과 비평』 82, 한국문학과 비평학회, 2019, 335면.

가면서 미드와 한드 사이의 간극을 확인하고 싶어 하는 시청자들의
욕구와 제작주체의 욕망은 새로운 형식의 수사드라마라는 결과물로
이어졌다.

3. 마음의 역사로서 수사드라마

주지하다시피 수사드라마는 새로운 양식을 요구하는 장르였다. 신
파적 질감을 토대로 하는 애정물, 가족물들이 취했던 감정적인 반응(눈
물) 보다는 객관적이고 논리적인 과학적 태도가 세계를 해석하는데 더
효과적이라고 생각할때에 가능한 장르다. 과학을 근거로 이루어진 수사
는 범죄에 대한 불안을 투명하게 해소하는 좋은 방법이었으며 수사드
라마가 가진 새로움을 효과적으로 보여줄 수 있는 방법이기도 했다.

하지만 김은희의 수사드라마들에서 해결의 쾌감은 오히려 부수적
인 것처럼 보인다. 에피소드의 근간을 이루는 범죄 서사는 상당 부분
실제 사건을 소재로 한 것이며 명확하게 판결이 나지 않은 미제 사건
들이 다양하게 변주되어있다. 때문에 수수께끼의 의미는 상당 부분
유희적인 수준에서 수용되기는 어려운 측면을 가지고 있다. 따라서
이 글에서는 김은희의 수사드라마를 읽는 적합한 방법으로 '마음'이
라는 개념을 활용하고자 한다. 이때 마음은 개인적인 감정에 국한되
는 사적인 것이 아니라 암묵적이고 집합적인 감정을 의미한다.[31] 이는
사회 구성원들의 삶의 경험과 직접적으로 연관되어 있다는 점에서 마

---

31) 김홍중, 『마음의 사회학』, 문학동네, 2009, 23면.

음은 지극히 공적인 요소에 가깝다. 특정한 시대에 암묵적으로 공유
되는 마음은 개인의 감정을 전제로 하는 것이지만 동시대 구성원들이
동의하는 도덕과 미학을 총체적으로 고려한 개념에 더 가깝다는 판단
때문이다. 사회적 집합체로서의 마음은 텔레비전 드라마가 가진 미디
어적 특성을 고려할 때 중요한 것이기도 하다. 텔레비전이 전제로 하
는 감각, 즉 사회적 밀도를 창출해내는 공동체적 감각이 전제로 하는
것[32]은 시청자들이 암묵적으로 합의한 특정한 정서다. 이때 마음은 특
정한 재연을 넘어 사회구성원 대다수가 도덕적, 미학적 판단을 거쳐
의미를 전유할 수 있는 것이어야만 한다. 특정한 내용과 형식에 대한
경제, 정치, 문화적 구성과정에 따라 수용자들이 갖는 특정한 반응은
마음이라는 집합화된 사회적 성격을 통해 형성된다.

　여기서 한국 대중예술사에서 가장 중심적인 정서라고 할 수 있는
신파성에 대한 문제[33]를 짚고 넘어갈 필요가 있다. 근대성을 담보로
하는 추리물에서도 신파성은 엄연히 잔존하는 것이었다. 자신들이 처
한 상황을 장르적인 속성을 통해 전유하려는 욕망을 보인 것은 한국
의 사회적 상황에서 나타나는 특징적인 국면이다. 김은희의 수사드라

---

32) 김상호, 「텔레비전이 만들어 낸 1980년대 감각 공동체 : 나 없는 우리」, 유선영
　　외, 『미디어와 한국현대사 : 사회적 소통과 감각의 문화사』, 대한민국역사박물관,
　　2016, 264-265면.
33) 이때의 신파성은 눈물을 자극하는 특정한 감정적 반응을 넘어 텍스트를 이루는
　　독특한 미적 특질(美感)을 의미하는 것이다. 이영미에 따르면 신파성은 과잉된 형
　　태로 주체 외부의 세계를 해석하여 표출된 예술적 특질로 자본주의적 근대성과
　　밀접하게 연관되어 있는 것이다. 따라서 한국 대중예술사에서 신파성은 소멸하는
　　것이 아닌 끊임없이 유동하며 수용자들의 태도 변화를 추동하는 요소라는 점에서
　　2010년대 이후에도 여전히 영향력을 가진 한국만의 독특한 정서를 표현하는 개념
　　이다. 이영미, 『한국대중예술사, 신파성으로 읽다』, 푸른사상, 2016. 17~19면.

마가 특별한 의미를 지니게 되는 것은 한국의 텔레비전 드라마에서
친숙하게 형성되는 신파적인 반응을 넘어 현실과의 상호교환이 시청
자들을 통해 추구된다는 사실이다. 범죄를 해결해줄 시적정의의 수호
자[34]로 수사 주체를 인식하는 수용자들에게 과학이라는 새로운 기법
이 해답을 제시했던 것과 별개로 김은희의 수사드라마들이 특정한 감
정적인 반응을 고려할 필요가 있다. 이는 분명 2010년 이후 한국 사회
에서 텔레비전 드라마가 보인 통시적인 흐름과 함께 고려해야 할 구
조적인 변화를 의미하는 것이기 때문이다.[35]

실제로 수사의 주체인 〈싸인〉의 윤지훈, 〈유령〉의 김우현, 〈시그널〉
의 박해영은 과학적 방법을 수사의 근거로 활용하며 이를 통해 범인
을 검거한다. 이들은 공정한 법집행을 통해 사회정의가 실현된다고
믿는 주체들이다. 때문에 이들에게 사적인 관계는 최대한 배제되어
있고 범인과의 관계 역시 최소화되어 배치된다.

〈수사반장〉을 비롯하여 기존의 한국 수사드라마가 합리적인 근거
보다 범인의 자백을 궁극적인 근거로 삼아 전개되었던 사실[36]은 과학
적이고 합리적인 추리가 익숙하지 않은 한국의 상황을 보여주는 것인
반면 과학은 진실을 조망하는 특권화된 시선을 제공한다. 수사주체가

34) 윤석진, 「한국 텔레비전 드라마 장르 유형에 관한 시론」, 『한국문학이론과 비평』
19, 한국문학이론과 비평학회, 2015, 287~288면.
35) 물론 이러한 시도가 김은희만의 특징이라고 보기는 어렵다. 〈수사반장〉에서부터
〈신의 퀴즈〉, 〈히트〉 등에 이르기까지 한국의 수사드라마에서 실제 사건은 자주
활용되는 소재다. 그럼에도 이 글이 주목하는 것은 김은희의 수사드라마에만 시
청자들이 유독 특별한 반응을 보였다는 사실이다. 상술하겠지만 김은희의 수사드
라마는 실제 사건을 직접적으로 암시하면서 사회적으로 형성된 시청자들의 마음
을 확인했다는 점에서 그 이유를 찾을 수 있을 것이다.
36) 이영미, 위의 글, 406~407면.

정의를 실현하는 방법의 변화는 신파로 대표되는 한국 텔레비전 드라마의 주된 정서의 퇴장을 의미하는 것이다.

주지하다시피 수사 주체들이 과학으로 밝혀낸 해답은 한국 사회의 현실적인 제반 조건과 감응하여 벌어지는 특정한 정서적 반응을 유발한다. 이러한 반응은 신파적인 감정을 야기하는 것처럼 보이지만 실상 사회 구성원 대다수가 공유하고 있는 특정한 기억을 공유해야만 가능한 것이다.

콘서트 도중 톱가수가 의문사 한 사건은 지난 1995년 듀스에서 솔로로 데뷔 첫 방송을 마친 직후 의문사한 고 김성재 사건과 유사해 네티즌들의 관심을 끌었다.

고 김성재는 SBS '생방송 인기가요'에서 솔로 데뷔곡 '말하자면'으로 화려한 데뷔 무대를 치룬 후 이튿날 홍은동의 한 호텔에서 변사체로 발견돼 큰 충격을 주었다.

사건 당시 김성재의 오른팔에 28개의 주사바늘 자국이 있었고 강제투약에 대해 반항한 흔적이 없다는 점을 들어 당시 경찰은 약물을 과다투여로 인한 사망으로 추정했다. 하지만 국립과학수사연구소 부검 결과 동물마취제 졸레틸이 검출됐고 김성재가 오른손잡이였다는 점으로 타살에 무게가 실렸다.[37]

> 방송은 과연 신효정의 죽음이 자살인지, 타살인지. 또한 타살이라면 범인은 누구이며 신효정이 죽어야 했던 이유는 무엇인지 궁금증을 불러일으켰다.
> '유령'은 우선 국내 최초의 사이버수사드라마라는 점에서 기대를 모

---

37) 「드라마 '싸인' 아이돌 의문사, 김성재 죽음 연상케 해」, 『매일경제』, 2011.1.6.

으기도 했으나, 익숙하지 않은 소재이니만큼 첫 방송에서 시선을 잡기 어렵지 않겠는가 하는 우려도 제기됐다.

그러나 이날 첫 방송은 연예인 성접대 논란과 자살 등 현실적인 소재와 접목시키면서 흥미를 유발했다. 시청자들은 "성접대에 여배우 자살에 로그기록에...흥미롭다. '유령' 기대되네", "첫 방송부터 소재 강렬하다", "'유령', 첫방..혹시 장자연 사건?" 등의 반응을 보였다.[38]

위의 인용문은 김은희의 드라마가 실화를 소재로 삼았던 드라마의 전후 맥락을 기사화한 것이다. 드라마가 방영된 이후 게시판과 SNS를 통해 해당사건이 거론된 것은 물론이거니와 언론을 통해 김성재 사망사건과 장자연 자살 사건을 직접적으로 명시된 것이다. 위의 사건은 유력한 용의자가 무죄 선고를 받았지만 판결에 불만족하는 의견이 지속적으로 개진되며 현재도 특정 국면마다 제기되는 문제이기도 하다. 픽션화된 에피소드를 실제 사건으로 다시 치환시켜 읽어내려 하는 욕망은 분명 가볍지 않다.[39] 판결에 대한 의심과 함께 이 사건들이 아직 해명되지 못했다는 사실이 드라마를 통해 끊임없이 환기된다. 제작주체가 직접적으로 언급하지 않아도 시청자들은 자발적으로 현실의 사건과 드라마 속 사건을 연결시키려는 욕망을 보여주고 이를 실제 사건에 대입하여 새롭게 해석하고자 하는 시도는 방송을 전후로 활발하게 이루어졌다. 실제 사건이 수사드라마에 암시되는 경우는 적지 않

---

38) 「'유령', 제2의 '싸인'될까..실제사건 반영 흥미진진」, 『스타뉴스』, 2012.5.31.
39) 실화를 다룬 영화나 소설 등을 통해 과거의 사건이 재조명되고 사회적 이슈가 되었던 경우는 수차례 있어왔다. 하지만 텔레비전 드라마가 가진 대중성과 김은희가 취한 픽션적 태도를 고려할 때 언론과 블로그 등을 통해 특정 사건이 정확하게 지칭된다는 사실은 주목할 필요가 있다.

지만 김은희의 드라마에서는 더욱 중요하게 활용된다.

〈표 4〉 드라마 〈싸인〉의 모티프가 된 실제 사건

	사건	실제 사건
0	노조원 부검 사건	-
1	서윤형 피살 사건	가수 김성재 사망 사건
2	부녀자 연쇄살인 사건	-
2	조선인 백골사체 발견 사건	-
3	미군 총기살인 사건	이태원 살인 사건
4	한영그룹 직원 연쇄 돌연사 사건	-
5	묻지마 살인 사건	-

〈표 5〉 드라마 〈유령〉의 모티프가 된 실제 사건

	사건	실제 사건
1	신효정 살인 사건	장자연 자살 사건 민간인 사찰 사건
2	신진요 카페 연쇄살인 사건	타진요 사건
3	세강금융 디도스 사건	금융권 디도스 사건
4	성연고 자살 사건	-
5	CK전자 사장 살인 사건	-

〈표 6〉 드라마 〈시그널〉의 모티프가 된 실제 사건

	사건	실제 사건
1	김윤정 유괴 사건	박초롱초롱빛나리 유괴 살인 사건
2	경기남부 연쇄살인 사건	화성 연쇄 살인 사건
3	계수동 고위층 연쇄 절도 사건	대도 조세형 사건
4	한영대교 붕괴 사건	성수대교 붕괴 사건
5	홍원동 연쇄살인 사건	신정동 연쇄 폭행 살인 사건
6	인주시 여고생 집단 성폭행 사건	밀양 여중생 집단 성폭행 사건

위의 표는 김은희의 드라마들이 모티프로 삼은 실제사건을 표로 정리한 것이다. 드라마의 전반적인 전개를 결정하는 중심사건의 경우 실제사건의 모티프가 비교적 명확하게 확인된다. 때문에 SNS를 중심으로 해당 사건이 거론되고 이에 대한 여론이 과거의 일을 다시 기사화하는 것은 지나간 과거를 다시 현재로 소환시키는 행위에 가깝다. 극화되어 재구성된 에피소드들을 시청자들이 실제 사건과 연결시키려는 시도를 통해 새로운 해석의 여지를 제공한다.

> 윤지훈　부검은 과학적이고 객관적인 증거로 사인을 밝혀내는 일
> 　　　　이라 할 수 있죠. 오늘은 특히 더 그렇게 하겠습니다. 지금
> 　　　　부터 시간이 얼마나 걸리든 제가 얼마나 냉정하고 객관적
> 　　　　인 사람인지 한번 해볼 생각이니 각오되셨으면 시작하겠
> 　　　　습니다.[40]

> 김석준　봤니? 대답해라.
> 박기영　세강그룹 정치 비자금 수사 지침 말입니까?
> 김석준　복사를 했거나 다른 사람에게 보여줬니?
> 박기영　아버님, 그거 아버님이 작성하신 거였어요?
> 김석준　우현이한테 보여줬니?
> 박기영　아버님이 작성하신거 맞군요.
> 김석준　내가 옷을 벗으마. 더 이상 미련도 없어. 그러니까 비밀번
> 　　　　호 말해라.
> 박기영　이게 비밀번호댄다고 끝나는 겁니까? 이거 일단 발표 하

---

40) 〈싸인〉, 15회.

세요. 신문사 많잖아요. 가져가지고 사실대로 다 말씀하세
요. 진범을 숨겼다. 다른 사람을 수사했다. 말씀하시면 되
잖아요.

김석준   나도 너만한 때가 있었어. 진실이 모든걸 이길거라고 생각
했지. 하지만 아니야.[41]

〈싸인〉의 윤지훈과 〈유령〉의 김우현은 공직에 종사한다는 점에서
사설탐정과 다르고 공권력을 담지함으로 수사의 정당성을 부여받는
인물이다. 하지만 공권력을 빌어 이들이 해부하고 분석하는 범죄는
은폐된 것이라는 사실이 에피소드 진행 내내 드러난다. 드라마의 시
작부에 위치한 핵심사건이 환기시키는 것(김성재 살인사건, 장자연
자살사건)은 극화된 수사드라마가 현실과 접속될 때 전통적인 추리물
에서 기대하는 것과는 다른 맥락이 제공된다.

이들의 수사는 특정 권력에 의해 지속적인 방해를 받는다. 국과수
와 경찰청 등으로 대변되는 공권력이 윤지훈과 김우현이 시신을 해부
해낸 증거를 무력화시키는 경우가 많다. 또한 공통적으로 배경에 대
권을 노리는 유력 정치인과 대기업의 후계자 등의 권력자가 자리 잡
고 있다는 사실까지 수사가 과연 합리적인 방법과 절차를 보장할 수
있는가에 대한 의문점으로 이어진다. 공권력에 의해 진실이 보장받을
수 없다는 시청자들이 수사드라마를 제도적 해석[42]과는 다른 맥락의
해석을 지향하는 것과 연관되어 있다. 첫 번째 인용문은 〈싸인〉에서
이명한에 의해 수사에서 제외된 윤지훈이 검사의 힘을 빌려 촉탁의

---

41) 〈유령〉, 6회.
42) 김희진, 앞의 글, 7면.

자격으로 부검에 참여하는 장면이다. 중요한 사건의 순간마다 권력을 위시한 이명한의 방해를 물리치고 윤지훈이 범죄의 해부에 참여하며 강조하는 것은 과학적이고 객관적인 태도다. 두 번째 인용문은 〈유령〉의 한 장면으로 경찰대학 시절 우현의 아버지이자 고위 경찰인 김석준의 이메일을 해킹을 통해 훔쳐본 기영이 심문받는 장면이다. 세강그룹의 비리를 은폐하려는 경찰 내부의 정보에 대해 김석준은 기영에게 잊을 것을 당부하는 장면이 인용되어 있다.

드라마의 시작부에 위치한 핵심사건이 환기시키는 특정 사건은 수사드라마가 현실과 접속될 때 전통적인 추리물에서 기대하는 것과는 다른 맥락을 제공한다는 점에서 문제적이다. 수사관의 입장에서 시청자들이 해당 사건을 해석할 때 필연적으로 현실의 사건과 연결점이 형성된다. 드라마 속에서 두 사건은 모두 특정한 권력의 비호가 존재하고 가해자가 무죄 혹은 무혐의 처분을 받으며 해결이 유예된다. 이 과정에서 환기되는 것은 범죄를 해결하는 과학적이고 근대적인 태도가 무용할 수 있다는 사실이다. 제도권 내에서 이루어지는 수사에 대한 의구심이 지속적으로 표출되는데 앞서 카메라가 주시하던 과학수사는 드라마가 전개될수록 의미를 온전히 수용하기 어려워진다. 이는 텔레비전 드라마의 배경을 이루는 현실과도 연결되어 있는 문제이다.

> 이재한   돈있고 빽있으면 무슨 개망나니 짓을 해도 대놓고 잘 살아요? 그래도 20년이 지났는데 뭐라도 달라졌겠죠.[43]

> 이재한   죄를 지었으면 돈이 많건 빽이 있건 거기에 맞게 죗값을

---

43) 〈시그널〉, 6회.

받게 해야죠. 그게 우리 경찰이 해야할 일이지 않습니까!⁴⁴⁾

"'시그널'이 방송되고 한창 촬영을 진행할 때였어요. 그땐 뭐, 드라마 반응이 이렇게 뜨거워질지도 몰랐던 때였는데 김원석 PD에게 문자가 하나 왔어요. 정확하게는 '시그널'에 참여하는 모든 배우, 스태프들에게 온 메시지였죠. '딸아, 내 소중한 딸아. 내가 요즘 TV 드라마를 보면서 네가 떠올라 운다'라는 메시지였어요. '시그널'에서 인용됐던 실제 피해자의 가족이 보낸 문자였어요. 이 문자를 보낸 분은 피해자의 친척이 었는데 피해자 부모님이 '시그널'을 보면서 이렇게 말씀하셨다며 물어 물어 김원석 PD에게 전달했더라고요. 메시지를 전해준 친척분은 '당신 들이 우리의 가슴 아픈 사연을 하나의 소재거리로 사용한 게 아니라 고 마웠다' '진심이 가슴 깊이 와 닿았고 그래서 응원하고 싶었다'며 마음 을 전하셨더라고요. 이 문자를 김원석 PD가 현장에서 읽어줬는데 일순 간 현장이 눈물바다가 됐어요."⁴⁵⁾

미제사건전담반을 다룬 〈시그널〉은 앞선 두 드라마들보다 현실 과 더욱 밀접한 관계를 형성하고 있다. 1986년의 화성 연쇄 살인 사건에서 2004년의 밀양 여중생 집단 성폭행 사건에 이르기까지 1980~2000년대까지 한국 현대사의 주요 사건들이 순차적으로 제시 된다. 이 사건들은 해결 여부와 상관없이 사회적인 상흔을 남겼고 유 족들이 여전히 생존해있다는 점에서 현재진행형의 사건들이다. 인용 문에서 이재한이 말하고 있듯이 1980년대부터 2010년대에 이르기까 지 사건의 해결보다 변하지 않는 현실에 대한 분노가 전반적인 내용

---

44) 〈시그널〉, 16회.
45) 「조진웅 "'시그널'로 한동안 우울.. '안투라지'로 치유했다"」, 『스포츠조선』, 2016.12.2.

을 주조하고 있는 것으로 보인다.

흥미로운 점은 〈시그널〉이 '미제 범죄의 발견-〉과거와 현대의 공조 수사-〉숨겨진 범인의 체포' 식의 단순화된 패턴으로 에피소드를 완결 시키지 않는다는 것이다. 미제 범죄는 낡은 무전기를 통해 과거의 재한 과 현재의 해영이 교신하여 새로운 증거를 확보, 특정 범인을 탐색한 다. 이 과정은 단순히 미제사건을 과학을 통해 보완하는 것이 아니라 교신을 통한 과거와 현재를 유동적으로 변화시킨다. 그런 면에서 〈시 그널〉에서의 과학과 환상은 장르적 교합을 통해 양방향적인 변화를 야 기시킨다는 점에서 전작들과는 차이를 보인다. 또한 수사의 과정에서 박해영과 이재한, 차수현의 성장과정에서 해당 사건들이 트라우마를 형성한 동시에 한국 현대사에서 해결되지 못한 상흔을 남겼음을 강조 한다.[46] 이와 함께 세 번째 인용문에서 확인할 수 있듯이 실제 사건의 유족들이 전하는 메시지에 제작주체가 느꼈던 슬픔은 〈시그널〉의 시 청자들이 공유하는 슬픔이 현실과 연결되어 나타난다는 사실을 상징 적으로 보여준다.

공적인 보호망의 부재로 야기된 사회적 위기를 범죄의 해결로 봉합 하려는 제도적 욕망은 2000년대 내내 좌절과 분노의 정서[47]를 공유하 는 개인들과 충돌할 수밖에 없었다. 동시대의 대중예술에서 동시다발

---

46) 박해영은 1.김윤정 유괴사건에 대해 침묵한 목격자이며 6.인주시 여고생 집단 성 폭행 사건에서 억울하게 형을 잃게 된다. 이재한은 2.경기 남부 연쇄살인사건을 통해 짝사랑하는 여성을 잃었으며 차수현은 5.홍원동 연쇄 살인 사건의 피해자가 된다. 이 사건들은 실제 사건을 허구적으로 극화하는 과정에서 한국의 대표 미제 사건이자 등장인물들의 성장 과정에 큰 영향을 끼치는 트라우마적인 사건으로 재 구성된다.

47) 주창윤, 「좌절한 시대의 정서적 허기」, 『커뮤니케이션이론』 8(1), 한국언론학회, 2012, 173~174면.

적으로 일어나는 특정한 감정적 반응들은 암묵적으로 공유된 마음을 경유하여 형성되는 것이다. 이때 장르는 소비의 근거인 동시에 텍스트의 내부와 외부를 연결하려는 수용자들의 욕망을 구체화 시키는 도구로 기능하게 된다. 그런 점에서 김은희의 수사드라마는 허구적 상상력을 현실과의 접점을 구체화시켜 소통의 구조를 의도적으로 형성한다.

그런 점에서 수사, 즉 과학적인 추론 행위를 통해 논리적 결과에 도달하는 분석적 행위는 비논리적인 감정을 촉발시킨다는 점에서 문제적이다. 이때의 특정한 감정적인 반응은 외부에서 밀어닥친 범죄의 위협에 의한 것이기도 하지만 매끄럽게 해결되지 못한 실제 사건이 주는 트라우마적인 기억와도 연결되어 있다. 따라서 사건을 통해 시청자들이 겪는 격렬한 감정적 반응은 자연스러운 것이다. 장르로서 수사는 극화된 범죄를 해석하는 도구이지만 동시에 이에 따르는 감정적 반응을 추동한다. 해결되지 못한 사건에 대한 슬픔과 분노는 실제 사건과의 연결을 시도하려는 시청자들의 특정한 반응이며 현실에 대한 환기로 이어진다. 때문에 이러한 사건에 대해 시청자들이 느끼는 슬픔과 분노에 대한 정서적 반응은 분명 정형화된 신파적 정서와는 다른 것이다. 시청자들은 정의의 성취가 함께 해부된 심층의 '진실'을 보고자 현실의 사건을 극화된 사건과 맞바로 대응해내어 해석을 시도한 것으로 보인다. 따라서 시청자들이 김은희의 수사드라마에 기대한 장르적 욕망은 현실에서 미처 해소되지 못한 감정에 대한 요구이며 현실로의 확장을 요구하는 것이다.

그렇게 보자면 김은희의 수사드라마에서 활용되는 추리는 사건들, 그 중에서도 여전히 현재적인 의미를 지니는 사건들을 해석하기 위한 도구에 지나지 않는다. 해소되지 못한 사회적 트라우마를 해소하려는 시청자들의 욕망과 수사드라마가 조우해야만 했다. 요컨대 근대적인 주체를 통해 시적정의를 해결하려는 시청자들의 욕망은 현실의 상황과 맞물려 사회적이고 집합적인 마음을 경유해야만 의미를 가지게 된다는 것이다. 그렇게 보자면 과학이라는 특정한 요소 역시 한국적 상황에 접속해야만 또 다른 가능성을 배태할 수 있게 된다.

김은희의 수사드라마는 텔레비전 드라마가 가지는 현재성, 즉 고통의 기억을 현재적으로 재연해낸다는 점에서 특정한 의미를 가지게 된다. 그렇게 보자면 김은희의 수사드라마는 과거의 폭력을 반복적으로 재연하는 해소[48]행위와 가까워진다. 기사 등을 통해 확인되는 시청자들의 반응은 과거의 사건을 텔레비전으로 가져와 재연해내는 행위가 허구적 서사를 넘어 공통된 기억으로 연결된다는 증거에 가깝다. 마음은 이 공통의 기억을 통해 소통의 구조를 마련하고 시청자들이 서로 공유할 수 있는 가능성을 지니게 된다. 김은희의 수사드라마가 다른 드라마들과 차별성을 갖는 지점은 과학과 마음이 교합 하는 새로운 장을 형성했다는데 있을 것이다.

주지하다시피 텔레비전 드라마는 공통의 기억을 통해 특유의 밀도를 집약적으로 창출해내는 미디어적 특성을 지니고 있다. 불가해한 범죄를 합리적으로 설명한다는 추리적 요소와 고장 난 무전기가 과거와 현재를 연결한다는 환상적 요소는 수사를 통해 특정한 해답에 이

---

48) 외부에서 밀어닥친 폭력이 플래쉬백의 형태로 현재적인 체험으로 지속되어 출몰하는 것은 트라우마의 특징이다. 이 해소되지 않은 현재적인 체험 속에서 환자는 내적 동일성을 유지하는 것이 불가능해지는 것이다. 맹정현, 『트라우마 이후의 삶』, 책담, 2015. 20~21면.

르게 된다. 이때의 수사는 논리적인 구조를 지닌 과학을 경유하는 것이며 공통된 외상적인 기억을 사회적인 마음을 통해 통과하는 것이다. 김은희의 수사드라마는 시청자들이 느꼈던 좌절과 분노를 과거의 트라우마를 반복적으로 재연하며 현재적인 의미로 재전유할 수 있는 가능성을 제공하는 일종의 장을 형성한다고 볼 수 있다. 따라서 김은희에게 수사는 수수께끼의 해답을 찾는 과학적인 행위인 동시에 역사적으로 형성된 마음을 인식하는 역할로 확장된다.

4. 결론을 대신하여

이 글은 김은희의 수사드라마를 중심으로 과학과 마음이 착종된 2010년대 이후 한국 텔레비전 드라마의 장르적 욕망과 그 수용을 확인했다. 김은희는 기존의 한국 텔레비전 드라마에서 보기 힘든 장르물 전문작가로서 2010년대 이후 확고한 자리를 잡았다. 〈싸인〉과 〈유령〉, 〈시그널〉은 한국 텔레비전 드라마에서 추리의 가능성을 열어놓은 한편 수사의 과정에 집중, 한국에서 장르가 어떻게 수용될 수 있는지를 보여주었다. 이 과정은 추리가 한국의 현실에서 텔레비전 드라마와 어떻게 접목할 수 있었는지에 대한 새로운 방법을 제시하는 것이었다. 과학은 추리적 요소에 설득력을 더하기 위한 설정이었으며 시청자들이 미드에서 체험한 것과 비슷한 경험을 한국의 시청자들에게도 제공하기 위한 설정이었다. 한편 과학수사를 통해 해석된 범죄를 김은희는 사회적인 집합체로서의 마음과 소통의 구조를 형성하였다. 2000년대 이후 좌절과 분노의 정서를 공유하던 대중들이 제도적 해석의 맥락을 벗어나 일상에서 느끼는 감정들을 공유하는 새로운 방식으로서 수사드라마를 선택했던 것은 필연적인 결과였다. 이 과정은 암묵적으로 합의된 대중의 마음을 경유하는 것이며 곧 추리적 요소가 유희를 위한 장르적 도입의 단계에 머물러 있지 않으며 제도적 해석의 틀을 벗어나려는 욕망을 보여주고 있다.

　이성과 논리를 기반으로 하는 냉혹한 법집행에 대한 거부감이 한국의 현실에서 추리드라마를 포함한 정통 추리물의 정착을 방해하는 요소였다. 추리물에서 필수적으로 등장하는 제도적 해석은 이 엄정하고 불신과 불편함이 시청자들의 전반적인 동의와 관심을 이끌어내기에는 부족했던 것으로 보인다. 이런 현실에서 김은희의 수사드라마가 높은 완성도와 함께 텔레비전드라마 시청자들의 높은 호응을 얻어냈다는 사실은 수사드라마가 한국의 현실적 맥락과 접속하는 방법의 새로움으로 여겼을 것이다. 기존의 수사드라마들이 과학적 상상력과 논리적인 에피소드 구성을 장치적으로 구성하거나 정서적 반응을 해결의 근거로 삼았다면 김은희는 두 요소가 상호작용하는 장으로서 수사를 활용했다는 점에서 차별성을 내보인다. 여기에는 시청자들이 세계를 전유하는 '마음'이 '과학'과 조우하여 현실에서 느끼는 분노와 좌절에 대한 합리적인 해답을 구하고자 하는 수사드라마의 장르적 욕망이 잠재되어 있다. 즉 과학과 마음이라는 상이한 필터를 거쳐야만 수사드라마, 더 나아가 장르드라마가 설득력을 가지게 되는 것이다.

　그런 점에서 범죄소설의 역사를 부르주아 사회의 역사와 결부시켰던 에르네스트 만델의 지적[49]은 의미가 있다. 근대 이후 추리는 세계

---

49) 에르네스트 만델, 이동연 옮김, 『즐거운 살인』, 이후, 2001, 241면.

를 해석하는 힘을 이성으로 옮겨왔다. 하지만 이 해석이 힘을 얻을 수 있는 것은 법이라는 체계가 공평하게 작용되었을 때 가능한 것이다. 근대 이후를 살아가는 대중들, 특히 한국의 대중들이 법과 질서에 대해 가지는 불편한 태도가 신파적 흐름에서 벗어나 정치경제적 현실을 텔레비전 드라마를 통해 읽어내려는 시도는 이전과는 다른 새로운 움직임이라는 사실을 부정할 수 없다. 연인과 가족 간의 사랑이 세계를 해석하는 대중적 기준이 되던 이전 시기와 비교하여 범죄를 통해 대중예술과 사회를 맞바로 연결하려는 시청자들의 욕망은 자본주의적 근대가 자리 잡은 2000년대 이후 한국사회를 설명하는 중요한 대중예술사적 특징으로 볼 수 있다. 추리물의 인기가 상대적으로 적은 한국에서 김은희를 위시한 수사드라마의 인기는 한국사회가 새로움과 보수성의 균형 위에서 성립된 과도기를 거치고 있다는 방증이기도 하다.[50] 더불어 한국의 수사드라마에서 싸이코패스를 비롯한 악인들이 자본주의의 이후, 즉 신자유주의 시대에 계층 간의 이동과 소통이 불가능하다는 좌절감을 환기시키는 사실[51]로도 이해할 수 있다. 〈CSI〉 이후 미드의 가시적인 영향권 하에서 한국의 텔레비전 드라마가 선택한 추리적 특성은 2010년대 이후의 생존에 대한 위협과 언제라도 지금 현재의 일상이 무너질 수 있다는 불안에 기대고 있다. 수사드라마가 재연하는 현실은 지금 현재 한국 사회를 구성하고 있는 불안과 분노의 정서구조를 기반으로 재조직된 것이다. 분명 과학과 마음은 한국 사회가

---

50) 다카하시 데쓰오, 앞의 책, 179면.
51) 박상완, 「한국 텔레비전 드라마의 재벌 소시오패스 캐릭터 연구 : 〈별에서 온 그대〉, 〈리멤버〉, 〈미세스 캅2〉를 중심으로」, 『한국극예술연구』 53, 한국극예술학회, 2016, 188~189면.

은폐하고 억압시켰던 기억을 환기시키는 것이 김은희의 수사(修辭)라는 점에서 수사드라마가 도달한 현재는 의미를 가지게 된다.

주제적인 측면을 넘어 2010년대 이후 한국 텔레비전 드라마는 여러 면에서 도전에 직면한 현실을 짚고 넘어가지 않을 수 없다. 텔레비전의 영향력이 가시적으로 줄어들고 오리지널 콘텐츠를 앞세운 뉴미디어의 시대가 도래[52]하는 가운데 텔레비전 드라마의 경계 역시 희미해져 가고 있다. 유튜브와 넷플릭스 등의 영향으로 언제 어디서든 텔레비전 드라마의 시청이 가능한 시대에 텔레비전 드라마의 존재론은 다른 방식으로 쓰여져야 하는 것은 아닌지 재고가 필요한 시점이다. 김은희의 후속작으로 넷플릭스의 한국 시장 선점을 위한 드라마 〈킹덤〉이 선택되었다는 사실은 한국의 텔레비전 드라마가 변화의 기로에 서 있다는 사실을 극명하게 보여준다. 텔레비전의 올드 미디어화와 근대 이후 세계를 바라보는 다분화된 시선이 웹을 경유한 새로운 미디어와 조우할 때 드라마의 의미는 끊임없이 유동하며 변화할 것이다. 장르물의 범람과 새로운 대중예술에 대한 요구는 기존의 대중예술이 변화해가는 현실을 담아낼 수 없다는 위기감에서 비롯되었을 것이다. 김은희의 경우를 제외하고도 텔레비전 드라마가 미디어를 횡단하며 새로운 예술형식과 조우할 가능성은 현재진행중이다. 텔레비전 드라마가 작가론이나 작품론의 범주를 넘어 확장되어야만 하는 이유는 이미 충분하다. 이에 대한 추후의 논의가 필요한 것은 자명한 사실이다.

---

52) 한국콘텐츠진흥원 미래정책팀, 『2018년 상반기 콘텐츠산업 동향분석 보고서』, 한국콘텐츠진흥원, 2018, 130~131면.

4

테크놀로지라는 과학적 욕망

한국 특촬물의 시작과 과학 기술을 향한 욕망
: <외계에서 온 우뢰매> 시리즈를 중심으로

박소영

1. 들어가며: SF 애니메이션과 <외계에서 온 우뢰매>

　〈홍길동〉(1967)에서 출발한 한국의 장편 애니메이션은 어린이들을 대상으로 하는 SF 애니메이션[1]을 중심으로 성장하였다. 70년대 애니메이션의 대부분이 SF 장르일 정도로 SF 애니메이션은 한국 극장 애니메이션의 호황기를 견인했다. 한국의 SF 애니메이션은 1960년대

---

1) SF란 실제의 경험적 세계에서 벗어나 과학적 상상력을 기반으로 낯설지만 논리적인 세계를 창조하는 허구의 서사물로서, 외계인이나 ufo과 같은 우주와 관련된 소재, 로봇·안드로이드(인공지능)·컴퓨터와 같은 테크놀로지를 통해 유토피아(혹은 디스토피아)적 세계를 그려낸다(임종기,『sf 부족들의 새로운 문학혁명, SF의 탄생과 비상』, 책세상, 2004, 17~119면 참조). 발전하는 과학기술에 대한 가정을 기반으로 구축된 SF의 세계를 애니메이션으로 제작한 것을 SF 애니메이션이라고 한다. 그 중 대부분은 주인공이 인간형 전투 로봇인 슈퍼로봇에 탑승하거나 로봇을 조종해서 외계인들과 싸우며 지구를 지킨다는 내용을 주요 서사로 삼고 있는 메카닉 애니메이션이었다. 홍륜영,「메카닉 애니메이션 분석 및 발전가능성에 관한 연구」, 동의대 석사논문, 2010, 6면.

소년SF영화를 계승하며 우주적 상상력과 군사적 상상력을 결합해 과학을 통한 유토피아를 그려냈다.[2] 그 과정에서 과학 기술의 발전에 대한 가정법을 이용해 비현실적인 미래의 개연성과 논리성을 만들어나갔다.[3] 그렇기 때문에 한국에서 SF 애니메이션은 어린이들에게 정서 교육이나 정신 성장에 도움이 되고[4] 과학적 호기심과 건전한 모험심을 심어[5] 줄 수 있다고 기대를 받았다. 그러나 이러한 긍정적 평가는 오래 가지 못했다. 70년대 후반부터 어린이들에게 비교육적이고 황당무계한 이야기[6]를 통해서 필요 이상의 공격성과 난폭성[7]을 보여줄 수 있다는 비판을 받기 시작한 것이다.

게다가 방학 특수를 노리고 급히 제작된 작품들이 쏟아지면서 질적인 저하를 막을 수 없었고, 이미 한국에 개봉되거나 방영되었던 일본 애니메이션과 미국 TV 드라마의 캐릭터를 도용한 작품들까지 양산되자 관객들은 한국의 애니메이션을 외면하기 시작했다.[8] 때 맞춰 시작된 1980년대 한국 영화계의 불황, 만화에 대한 정부의 제재[9]와 부정적 인식 확대[10], 완구 업체의 제작 후원으로 인한 문제[11] 등으로 한국

---

2) 송효정, 「한국 소년SF영화와 냉전 서사의 두 방식: 〈대괴수 용가리〉와 〈우주괴인 왕마귀〉의 개작 과정 연구」, 『어문논집』 제73집, 민족어문학회, 2015, 101면.
3) 이성희, 「1970년대 한국 SF 애니메이션 연구」, 중앙대 석사논문, 2006, 16~17면.
4) 「번개 아텀」, 『소년 조선일보』, 1971.7.18.
5) 「온가족 함께 즐길 영화 만화」, 『일간스포츠』, 1976.7.17 ; 「방학을 즐겁게 어린이 영화」, 『동아일보』, 1976.7.21.
6) 「어린이 만화영화 꿈담긴 건전한 내용 아쉽다」, 『중앙일보』, 1979.7.14.
7) 「걱정 앞서는 어린이 영화관람」, 『조선일보』, 1977.7.24.
8) 허인욱, 『한국 애니메이션 영화사』, 신한미디어, 2002, 67~69면 참조.
9) 「청소년 정서순화 풍토조성」, 『조선일보』, 1980.9.5.
10) 「만화영화 어린이 시력 해친다」, 『한국일보』, 1982.8.19.
11) 허인욱, 앞의 책, 82~83면 참조.

의 애니메이션은 영화 상영을 통한 수익창출을 기대할 수 없게 되었다.

일본과 미국 애니메이션의 하청 일을 통해 어렵게 생존해나가던[12] 한국애니메이션계는 1980년대 후반에 이르러 실사합성영화라는 새로운 활로를 찾아냈다. 실사합성영화의 붐을 일으킨 작품은 〈외계에서 온 우뢰매〉였다.[13] 〈외계에서 온 우뢰매〉(1986)는 한국 최초로 실사영화에 애니메이션을 합성하여 제작한 영화로서, 당시 어린이들에게 큰 인기를 얻었던 영화 시리즈였다. 〈외계에서 온 우뢰매〉는 개봉하자마자 흥행에 성공했고[14] 1993년까지 9편이 제작[15]되었다. 1960년대부터 한국으로 수입된 〈마징가Z〉 시리즈와 같은 일본의 애니메이션과 70년대 〈로보트 태권V〉 시리즈를 비롯한 한국의 SF애니메이션을 경험한 1980년대의 어린이들에게 우뢰매 시리즈는 매력적인 작품이었다.

우뢰매 시리즈는 실사영화였지만, 로봇, 우주선, 광선검 등을 실사로 구현하기에 너무 많은 제작비가 필요했다. 그렇기 때문에 영화에

---

12) 「불황 속의 호황: 만화영화 수출」, 『동아일보』, 1981.1.13 ; 민영문, 「민영문의 한국 애니메이션을 말한다: 한국 최초의 애니메이션 프로듀서 조봉남 여사」, 『뉴타입』, 대원씨아이, 2000.9.

13) 홍륜영, 앞의 글, 46면.

14) 「심형래 주연 1986년 영화 '우뢰매', 제작사 추산 400만명 관객 동원」, 『마이데일리』, 2018.11.4.

15) 〈외계에서 온 우뢰매〉 시리즈는 〈외계에서 온 우뢰매〉(1986), 〈외계에서 온 우뢰매2〉(1986), 〈우뢰매3: 전격 쓰리 작전〉(1987), 〈우뢰매4: 썬더브이 출동〉(1987), 〈우뢰매5: 뉴머신 우뢰매〉(1988), 〈우뢰매6: 제3세대 우뢰매〉(1989), 〈우뢰매7: 돌아온 우뢰매〉(1992), 〈우뢰매8: 에스퍼맨과 우뢰매〉(1993), 〈우뢰매9: 무적의 파이터 우뢰매〉(1994)로 총 9편이다. 본고에서는 이하 작품명을 모두 〈우뢰매〉로 통일하고, 뒤에 시리즈 순서를 함께 표기하여 구분할 것이다.

등장하는 로봇과 괴물, 전투 과정에서 보여주는 특수 효과는 애니메
이션이나 특수촬영 기술로 대체되었다. 이러한 촬영 방식은 어설프고
조악했지만[16], 어린이 관객들에게는 문제가 되지 않았다. 메카닉 애니
메이션의 서사, 애니메이션 합성, 특수촬영 기술, 그리고 당시 인기 개
그맨이었던 심형래의 캐릭터가 조합된 〈우뢰매1〉은 놀라운 흥행을
이끌어낸 것이다.

그동안 우뢰매 시리즈는 유치한 졸작으로 평가를 받아왔다.[17] 저급
한 촬영 기술[18], 일본애니메이션과의 표절 문제[19] 때문이었다. 물론 우
뢰매 시리즈에 대한 비판을 부정하려는 것은 아니다. 우뢰매 시리즈
를 작품성이 뛰어난 훌륭한 영화라고 보기는 어렵다. 그러나 우뢰매
시리즈는 1980년대 일본과 미국의 애니메이션 하청 업체로 전락해버
린 한국 애니메이션 업계가 살아남기 위해서 새로운 도전을 한 작품

---

16) 〈우뢰매1〉의 결투 장면에서는 와이어가 그대로 노출되었지만, 김청기 감독은 제
작비등의 여건이 맞지 않았고 아이들에게 제작 방법을 보여주어 화제가 될 수 있
을 것이라고 기대해서 그냥 놔두었다고 한다. 페니웨이, 『한국 슈퍼 로봇 열전』, 한
스미디어, 2012, 305면.

17) 「미래의 건전만화 문화 우리 손에」, 『경향신문』, 1995.1.9.

18) 김형석, 「숲 속의 바보들: 〈산딸기〉, 〈화녀촌〉, 〈뽕〉, 1980년대 토속영화」, 2017.
11.30. http://www.kmdb.or.kr/story/8/2029; 최지웅, 「어린이영화특선」,
2014.7.22. http://www.kmdb.or.kr/story/153/4260

19) 〈우뢰매1〉의 로봇 우뢰매는 일본의 SF애니메이션 〈닌자전사 토비카게(鳳雷
鷹)〉(1985~1986)에서 차용한 것으로 보인다. 토비카게와 우뢰매가 변신한 로봇
은 그대로 베꼈다고 할 정도로 유사하며, '봉뢰응(鳳雷鷹)'이라는 이름 역시 새, 천
둥, 매의 뜻으로 우뢰매가 토리카게의 이름을 참조하였다고 추측할 수 있다. 그래
서 김성욱은 우뢰매 시리즈를 "김청기 표절의 가장 어처구니 없는 예"이자 "몰지
각한 작품"이라고 비판했다(문성기 외, 『한국 애니메이션은 없다』, 예솔, 1996, 73
면). 뿐만 아니라 〈우뢰매3〉에 등장한 전격 3호 헬리콥터는 〈출동! 에어울프〉의
디자인과 닮았고, 〈우뢰매4〉에 등장한 에스퍼건은 미국드라마 〈V〉의 레이저건을
연상시킨다. 페니웨이, 위의 책, 311~314면.

이기도 했다. 그래서 본고는 그 동안의 비판과 비난들로 인해 발견되지 못하였던 우뢰매 시리즈의 의미를 찾아보려고 한다.

 현재까지 우뢰매 시리즈에 대한 연구는 없고 애니메이션 연구에서 작품명이 한 번씩 언급되는 수준에 불과하다. 그리고 특촬물에 대한 연구[20] 역시 아직 시작단계에 불과하다. 우뢰매 시리즈는 SF 메카닉 애니메이션으로 분류되기도 하는데, SF애니메이션 연구의 경우에도 김청기 감독의 태권브이 시리즈에 집중[21]되어 있어서 1970년대를 중심으로 연구[22]가 이루어져 있다. 이후 한국의 애니메이션 기술이 비약적으로 발전한 90년대 이후의 SF 애니메이션에 주목한 연구[23]들도 있지만, 암흑기라 할 수 있는 80년대의 SF애니메이션에 대한 연구[24]는 단독으로 이루어지지 않고 애니메이션사의 일부분으로 다루어지고

20) 유연미 · 최민규, 「일본 특촬물 콘텐츠가 보여주는 성공요인」, 『조형미디어학』 제19-3집, 조형미디어학회, 2016.; 황우현, 「한국 특촬물 제작의 현황과 발전 방향: 〈레전드히어로삼국전〉을 중심으로」, 『한국문예비평연구』 제53집, 한국현대문예비평학회, 2017.; 권두현, 「기계의 애니미즘 혹은 노동자의 타나톨로지」, 『상허학보』 제47집, 상허학회, 2016.
21) 권두현, 「기계의 애니미즘 혹은 노동자의 타나톨로지」, 『상허학보』 제47집, 상허학회, 2016.; 서은영, 「로보트 태권V 부활프로젝트: 웹툰 〈브이〉를 중심으로」, 『한국문예비평연구』 제44집, 한국현대문예비평학회, 2014.; 윤지혜, 「근대화 시기 한국에서 〈로보트 태권V〉의 '로봇'이 가지는 의미」, 『한국극예술연구』 제50집, 한국극예술학회, 2015 등이 있다.
22) 이성희, 「1970년대 한국 SF 애니메이션 연구: 한국사회의 근대적 욕망에 대한 소망충족을 중심으로」, 중앙대 석사논문, 2007 등이 있다.
23) 안숭범, 「SF 애니메이션에 투영된 세기말 한일 미래세대의 입장과 태도 〈신세기에반게리온〉, 〈녹색전차 해모수〉 함께 읽기」, 『비교한국학』 제24-3집, 비교한국학회, 2016; 조미라, 「한국 장편 애니메이션의 서사 연구 : 1990년 이후 장편 애니메이션을 중심으로」, 중앙대 박사논문, 2005 등이 있다.
24) 이지은, 「한국애니메이션 디자인 스타일 변천사 연구: 1950년대 후반에서 1980대 중반까지 해외 애니메이션의 영향을 중심으로」, 중앙대 박사논문, 2010.

있다.

본고는 9편의 우뢰매 시리즈 중 영화관에서 상영되었던 〈우뢰매6〉까지를 중심으로 살펴보려고 한다. 〈우뢰매7〉부터는 비디오용으로 제작되었고, 〈우뢰매8〉의 경우 비디오 출시를 위해 〈우뢰매1, 2, 3〉을 짜집기한 것이었다. 〈우뢰매7〉과 〈우뢰매9〉에서는 영화의 가장 중요한 정체성인 인간형 로봇 우뢰매가 등장하지 않아 로봇전투 장면이 없다. 그리고 〈우뢰매1〉에 등장했던 시멘이 〈우뢰매7〉에 다시 등장해 지구의 과학자들을 모아 우뢰매를 만들면서 이전의 시리즈에서부터 이어 온 '외계에서 온 우뢰매'라는 기본 설정마저 무너뜨린다. 그렇기 때문에 시리즈의 세계관이 제대로 유지되고 있는 〈우뢰매6〉까지를 대상작품으로 삼았다. 본고는 이 여섯 편을 통해서 우뢰매 시리즈의 영화사적 의의를 살펴보고, 80년대 후반부터 90년대 초반까지의 과학기술 정책과 담론을 통해 영화 안에서 드러나는 개발도상국이라는 한국의 자기인식을 발견해보고자 한다. 그래서 80년대 후반 한국사회가 과학 기술에 대해 가지고 있었던 욕망들이 어떻게 영화에서 구현되고 있는지를 확인할 것이다.

2. 실사합성영화에서 특촬물로, 그리고 코미디로

우뢰매 시리즈는 실사합성영화로 시작해 특수촬영기술을 이용한 특촬물의 형태로 점차 변화하는 과도기적 단계에 자리한 작품이다. 〈우뢰매1〉의 경우 특수촬영기술이 아닌 애니메이션을 통해서 우주선과 로봇, 전투광선 등을 구현해낸다. 그러나 시리즈가 계속될수록 특수촬영기술이 애니메이션을 대신한다. 애니메이션보다 특수촬영기법이 오히려 저렴했기 때문이다. 비디오용으로 출시된 마지막 9편에서는 애니메이션으로 구현되던 로봇 우뢰매를 매 모양의 로봇완구를 이용한 미니어처 촬영으로 만들어버린 것이 이를 증명할 것이다. 그리고 얼굴색을 지구인과 다르게 표현한 메이크업을 통해 외계인으로 등장했던 적은, 조악하나마 특수분장으로 지구인과 완전히 얼굴이 다른 캐릭터들로 변화하며 특촬물로 발전해나갔다. 이러한 변화는 당시 일본 문화, 특히 일본의 특촬물과 관련이 깊었다.

　일본에서 특촬촬영 기법이 시작된 것은 1909년 마키노 쇼조 감독의 트릭영화를 통해서였다. 그는 닌자나 사무라이의 인술을 영화에서 실제의 것처럼 구현해내기 위해서 다중노출, 역회전 촬영, 스톱 모션 등 특수효과를 시도하였는데, 이러한 트릭 영화가 일본 특수촬영의 출발이라 할 수 있다. 마키노 쇼조의 '트릭'은 1940년 토호영화사의 국책전쟁영화인 〈해군폭격대〉에서 '특수촬영'으로 거듭나게 되었고, 영화의 성공으로 인해 국책영화를 중심으로 특촬물이 본격적으로 제작되기 시작했다. 〈해군폭격대〉의 촬영감독이었던 츠부라야 에이지는 이 영화로 이름을 알렸고, 이후 참여했던 〈고지라〉(1954)에서 미니어처 촬영, 합성을 사용한 특수촬영 기술로 극찬받았다. 그는 츠부라야 프로덕션을 건립하고 히어로 영화에 특수촬영기술을 도입한 〈울트라Q〉(1966), TV 시리즈 〈울트라맨〉(1966~1967)을 연이어 흥행시키며 특촬물을 일본의 대표적인 영상 콘텐츠 중 하나로 성장시켰다.[25]

　영화 〈고지라〉에 대한 극찬과 성공은 국내 영화계에 특촬을 도입하

---

25) 유연미 · 최민규, 앞의 글, 234~235면 참조.

게 하는 계기를 마련했다. 한국은 특수촬영기법을 도입한 최초의 영화 〈불가사리〉(1962)를 만들었고, 김기덕 감독은 일본의 특수촬영 전문가들을 초청해[26] 1967년에 〈대괴수 용가리〉를 발표하여 흥행에 성공하기도 했다. 그러나 일본 대중문화와의 단절 등으로 국내 특촬기술은 더 이상 성장하지 못했고, 한국의 특촬물을 기대하기는 어려웠다.[27]

그렇다고 해서 일본의 대중문화가 한국과 완전히 단절된 것으로 보기는 어렵다. 1980년대 초반 한국에 VTR이 도입되기 시작하였는데, 이때 한국으로 유입된 비디오테이프들은 일본의 것들이 많았다. 대부분 국내에서 개봉되지 않은 영화나 어린이 만화가 많았으며, 영어나 일본어로 되어 있고 한국어 더빙이나 자막이 있는 것은 드물었다.[28] 게다가 부산의 일부 지역은 일본TV 수신용 안테나를 설치해 대마도 등 부산과 가까운 일본 지역의 전파를 잡아 직접 일본방송을 시청하기도 했다.[29] 이렇게 일본의 방송을 국내에서 즐기는 것은 그리 어려운 일이 아니었다.

60년대 중반부터 이미 일본에서는 〈울트라맨〉과 같은 특촬물이 대단한 인기를 끌고 있었고, 75년에 등장한 전대물은 일본 특촬물을 대표하는 영상 콘텐츠로 자리잡았다. 전대물의 시초는 일본의 도에이 영화사에서 1975년부터 제작해 2013년까지 텔레비전으로 방영된 '슈

26) 「괴수·괴물영화 방화계에서 유행」, 『경향신문』, 1967.4.15.
27) 황우현, 앞의 글, 256면.
28) 「비디오 테이프 우리말 대사 아쉽다」, 『동아일보』, 1981.1.17.
29) 부산시의 집계에 따르면 1980년 6월 말 부산 시내에 일본TV 안테나를 설치한 비율은 일반주택 68%, 아파트 26%, 호텔과 여관이 2.6%, 기업체 1.5%, 기타 2.5%였다. 「일본 그림자(2) 부산항의 TV오염」, 『경향신문』, 1981.8.12.

퍼 전대 시리즈'로, 한국에는 1989년 〈지구방위대 후레쉬맨〉이라는 제목으로 수입[30]되어 큰 인기를 끌기도 했다. 전대물의 주요 서사는 하나의 팀인 5명의 전사가 각자 특정 색깔의 히어로로 변신하여 적과 싸우다가 로봇으로 합체하여 승리한다는 내용으로, 가장 중요한 특징으로는 특수한 힘(초능력, 자연의 힘, 우주의 힘 등)을 가진 5명의 전사, 에피소드 20분 정도에 몸집을 거대하게 만드는 적, 전사들의 합체를 통해 만들어지는 변신로봇 등을 들 수 있다.[31] 이에 비교하면 전사인 형래(에스퍼맨)와 데일리는 우주인의 초음파를 감지하는 특별한 능력이 있지만, 여러 명의 전사와 부대를 이루고 있지 않고 둘이서 전투를 진행한다는 점, 그리고 변신과 합체가 아닌 완성형의 로봇에 탑승한다는 점에서 전대물보다 메카닉 애니메이션의 설정에 더 가깝다. 그리고 로봇인 우뢰매의 존재는 주인공의 변신만을 통해서 적과 싸워이기는 〈울트라맨〉류의 특촬물과도 구분짓게 한다.

다만 외계에서 침입하는 적들의 외형적 특징을 표현하기 위한 특수분장과 미니어처를 이용한 촬영방식은 일본의 특촬물 제작 방식과 동일하다. 특히 완구를 이용한 미니어처 촬영으로 구현되는 자동차(〈우뢰매3〉)나 우뢰매 로봇은 전대물의 영향을 받은 것이라고 볼 수 있다. 즉 우뢰매 시리즈는 김청기 감독이 이전까지 만들어오던 메카닉 애니메이션의 세계관과 인물 설정을 기반으로 한 실사합성영화에서 시작해 특수분장이나 미니어처 촬영과 같은 특촬물의 특수촬영기술들을 적극적으로 도입하며 특촬물로 이행해가는 과정을 보여주고 있다.

---

30) 「수입금지 일본비디오 활개 극영화 '후레쉬맨'」, 『한겨레』, 1990.5.8.
31) 김혜미, 「일본 슈퍼전대 시리즈에 나타난 변신이데올로기 연구」, 홍익대 석사논문, 2013, 12~19면 참조.

전술했듯 80년대 극장 애니메이션의 심각한 불황을 타개하기 위해 김청기가 만들어낸 것이 애니메이션을 활용한 실사합성영화였다. 그리고 그는 좀 더 많은 관객을 동원하기 위해 당시 어린이들에게 최고의 인기를 누리고 있었던 코미디언 심형래를 기용했다. 심형래는 1982년에 코미디언으로 데뷔한 이후 슬랩스틱 코미디로 큰 인기를 얻으며 빠르게 스타가 된 인물이었다. 그는 바보 캐릭터를 통해서 코미디언으로서 입지를 다진 후 꾸준히 비슷한 캐릭터로 코미디언 생활을 하였고, 그가 출연했던 영화에서도 동일한 캐릭터가 활용되었다.[32] 우뢰매 시리즈도 심형래의 스타성에 의존해 제작된 영화였기 때문에 기존의 코미디언 심형래로서의 이미지를 영화에 적극적으로 반영해야 했다. 그래서 우뢰매 시리즈의 주인공은 지능이 조금 모자라지만 해맑고 장난치기를 좋아하는 바보 '심형래'로 설정했다.[33] 심형래의 개인기를 그대로 활용하기 위해서였다. 김청기는 이것을 자신의 전작인 〈황금날개 123〉(1978)의 주인공에서 차용했다고 말하고 있지만[34], 어린이 관객들은 영화의 형래를 보면서 흥행에 실패했던 〈황금날개 123〉보다 코미디언 심형래를 더 쉽게 떠올렸을 것이다.

영화는 심형래를 중심으로 희극적인 장면들을 다수 배치해두고 있

---

32) 심형래가 〈우뢰매〉에 참여하기 전에 출연했던 영화로는 〈각설이 품바타령〉(1984), 〈철부지〉(1984), 〈작년에 왔던 각설이〉(1985), 〈심형래의 탐정큐〉(1985)가 있다. 이 작품들은 모두 코미디 영화를 전문으로 연출했던 남기남 감독의 작품이며, 코미디언 심형래의 바보캐릭터를 그대로 활용하고 있다.

33) 〈우뢰매6〉에서는 심형래가 아닌 코미디언 한정호가 주인공으로 출연하면서 이름도 '정호'로 바꾸었지만, 바보캐릭터는 그대로 유지되었다.

34) 이승재, 〈특별인터뷰: 애니메이션 감독 김청기를 만나다〉, 2009. 주인공의 캐릭터뿐만 아니라 슈퍼 로봇과 주인공이 한 팀이 되어 싸운다는 설정도 비슷하다. 페니웨이, 앞의 책, 82면.

다. 예를 들어서 〈우뢰매1〉에서 동네 어린이들과 형래 사이에서 벌어
지는 몸싸움이나 실험실의 폭발로 인해 인물들이 엉망이 되는 모습
등은 슬랩스틱 코미디를 연상시킨다. 그리고 동네에서 바보 행세를
하는 형래가 에스퍼맨으로 변신하는 과정 역시 관객들에게 웃음을 유
발한다. 형래가 변신하기 위해서는 아무도 보지 않을 때 두 손을 대각
선으로 높이 들어야 하지만, 그는 주변의 인물들에게 계속해서 발견
되어 변신에 실패한다. 이러한 장면은 우뢰매 시리즈에 반복되는 장
면으로서 메카닉 애니메이션과 특촬물, 전대물의 중요한 장르적 관습
인 주인공의 변신에 대한 패러디이다. 소년에서 강력한 어른으로 변
해, 아름다운 기계 신체와 결합하는 변신의 순간은 어린이 관객들에
게 성장의 판타지를 제공할 뿐만 아니라 막강한 적과 싸워서 이기는
전우주적 영웅으로 거듭나는 쾌감을 주어야 한다.[35] 이렇듯 주인공의
영웅성이 가장 부각되어야 할 변신 장면이, 우뢰매 시리즈에서는 오
히려 인물과 관객들의 정보격차를 이용하여 희극적인 상황을 만들어
내는 데 활용되는 것이다. 영화는 형래의 정체를 모르는 인물들의 무
지와 계속된 변신 실패로 인해 안절부절하는 형래의 모습을 통해서
모든 사실을 알고 있는 관객들에게 우월성을 충족시키며 웃음을 만들
어 낸다.[36] 기존의 변신 장면에 비해 초라하고 조악해져버린 형래의
변신은 서사의 의도적인 단절과 지연을 만들어내는 개그 행위로서 영
화의 코미디 구조[37]를 담당하는 장면이 되었다. 관객들에게 변신은 성

---

35) 김윤아, 「몸 바꾸기 장르 애니메이션 연구: 합체, 변신, 진화의 장르관습을 중심으
로」, 『영상문화』제5집, 15, 한국영상문화학회, 2010, 186~187면 참조.
36) 서곡숙, 『코미디영화의 이해』, 아모르문디, 2018, 107~112면 참조.
37) 스티브 닐 · 프랑크 크루트니크, 강현두 역, 『세상의 모든 코미디』, 커뮤니케이션
북스, 2002, 84~90면 참조.

장의 쾌감이 아닌 웃음의 소재였고, 이것은 우뢰매 시리즈의 흥행 전략 중 하나였다.

3. 야만의 세계로 날아온 과학

3.1. 과학을 만난 한국

우뢰매 시리즈의 주인공 형래는 전형적인 영웅서사의 주인공이다. 그는 부모님을 잃었으며, 비행기 사고에서 살아남았고 외계인의 초음파에 반응할 수 있는 특별한 신체를 가지고 있다. 그러나 영화의 첫 장면에서 보여주는 형래의 모습은 [그림 1]에서 보여주듯이 그저 동네에서 지능이 모자란 어린이일 뿐이다. 이것은 주인공 역을 맡은 '코미디언 심형래'라는 인물이 가진 특성에서 기인한다. 코미디언 심형래의 등장은 영화에서 코미디 그 이상의 다른 의미를 만들어낸다. 형래는 신화적 영웅의 성장단계인 '기이한 탄생, 고난과 방황, 조력자와의 만남, 권능의 회복'의 과정을 거쳐 에스퍼맨([그림 2])[38]이 되어 지구의 수호자로 거듭난다. 특히 형래의 모자란 지능은 그의 고난이자 방황이며, 동시에 80년대가 되었지만 여전히 선진국의 대열에 올라서지 못한 '발전중인 국가'인 한국의 자기표현이기도 하다.

---

38) 에스퍼맨은 초능력자라는 뜻의 에스퍼(esper, エスパ)에 히어로물에서 붙인 접미사 man을 붙여 만든 것으로, 형래가 초음파를 감지하는 특별한 초능력을 가진 인물임을 의미한다.

[그림1] 바보 형래　　　[그림2] 에스퍼맨 형래　　　[그림3] 날아다니는 형래

　한국 전쟁 이후 한국을 사로잡은 "근대화"라는 담론은 80년대가 되어서도 유효한 것이었다. 19세기 문명과 야만으로 세계를 나누었던 이분법적 사고는 두 차례의 세계대전 이후 '발전된(develped)' 국가와 '발전 중(developing)'인 국가로 재편되었고, 한국은 자신을 '발전 중인 국가'로 상정했다.[39] 80년대의 한국은 근대화를 이룩하고 있는 중이었고, 그렇기 때문에 에스퍼맨이 된 형래는 [그림 3]처럼 한국의 상공을 날아다니며 발전한 한국의 지금을 자랑한다. [그림 3]은 에스퍼맨으로 변신한 형래의 특별함보다 아파트가 즐비한 서울을 과시하기 위한 목적의 쇼트에 더 가깝다. 에스퍼맨의 비행 장면에서 배경이 되는 아파트, 고속도로, 비행기, 63빌딩을 비롯한 서울의 빌딩숲, 한강의 다리는 한국 근대화의 성과이면서, 한국이 선진국이 될 수 있다는 긍정적인 전망의 상징이다. 특히 동일한 의미로 활용되던 〈로보트 태권V〉의 비행장면[40]과 달리 〈우뢰매1〉은 그림이 아닌 실제 촬영 장면을 통해서 한국에 대한 긍정적 전망에 리얼리티와 설득력을 더한다.

　이것은 한국이 가진 가능성에 대한 신뢰에서부터 비롯된다. 86년 아시안 게임, 88년 올림픽의 개최는 한국사회에 자신의 성장을 세계

---

39) 김종태, 「박정희 정부 시기 선진국 담론 부상과 발전주의적 국가정체성의 형성」, 『한국사회학』 제47-1집, 한국사회학회, 2013, 72~74면 참조.
40) 권두현, 앞의 글, 102~104면 참조.

에 인정받는 계기로 홍보되고 있었다.[41] 두 번의 국제 스포츠 대회 개최는 오래도록 열망하던 선진국 대열에 진입할 수 있다는 희망과도 같은 사건이었다. 이러한 믿음과 희망은 모자란 캐릭터인 형래이지만 사실 잠재된 능력을 가진 영웅이었고, 강력한 신체를 가진 에스퍼맨이 될 것이라는 영화의 설정과 겹친다. 한국은 비록 아직은 모자라지만 성장 가능성이 충분한 국가이며, 곧 부강한 선진국이 될 수 있다고 믿고 있었던 것이다.

그러나 여전히 한국이 개발도상국에서 벗어나지 못하는 것처럼 형래 역시 에스퍼맨이 되어도 어리숙한 형래의 상태에서 완전히 탈피하지 못한다. 서로 분리되지 못한채 두 캐릭터를 오고가는 주인공의 모습은 개발도상국과 선진국 그 사이에 있는 한국의 모습과 닮아있다. 그리고 영화는 형래가 에스퍼맨이 되기 위해서, 즉 개발도상국인 한국이 선진국이 되기 위해서 필요한 것이 바로 외부에서 유입되는 과학이라고 설명하고 있다. 실제로 80년대 한국정부는 70년대보다 더욱 더 적극적으로 해외에서 과학기술을 수입하여 과학기술인력개발, 기업기술개발촉진, 핵심전략기술 토착화, 원자력 기술개발, 정보산업 육성, 국제기술협력 강화, 과학기술 풍토조성을 이룩하고자 했다.[42] 우리보다 선진화된 과학기술을 수용한다면, 더욱더 빠르게 발전할 수 있을 것이고, 이 과학 기술들을 완전히 우리의 것으로 만들었을 때 완전한 선진국으로 거듭날 수 있다고 생각한 것이다.

---

41) 「사설: 서울서 열리는 올림픽, 유치 후의 이뤄야 할 우리 문제」, 『조선일보』, 1981.
10.2.

42) 변재규, 「과학기술정책의 변화와 과학문화 확산」, 고려대 박사논문, 2011, 90~95
면 참조.

과학기술에 대한 정부의 태도는 현 박사를 통해서도 나타난다. 그
는 자신의 가정집 지하에서 실험하는 과학자이다. 70년대 〈로보트 태
권V〉의 김 박사의 연구실이 일상의 공간에서 완전히 떨어져 있던 것
과는 대조적이다. 과학은 이제 일상의 공간으로까지 진입한 것처럼
보이지만, 아직은 제대로 된 성과를 거두지 못하고 있다. 현 박사의 연
구는 언제나 실패하고 있기 때문이다. 그러나 그는 한국에서 인정받
는 과학자이자 외계인이 자신들의 과학기술을 완성하기 위해 납치를
시도할 정도로 능력있는 인물이기도 하다. 즉, 현 박사로 대표되는 한
국의 과학은 아직 미완의 상태이지만 외부의 조력을 통해 충분히 완
성될 수 있다는 것이다. 이러한 인물 설정은 과학기술에 대한 80년대
후반 한국의 태도와 유사하다.

과학자인 현 박사는 공상과학과 불가사의한 것들을 긍정하며 최대
한 이해하려고 한다. 그리고 "공상과학영화란 우리의 상상력을 키워
주고 과학에로의 접근을 쉽게 흥미 있게 유도시켜 주"는 것이라고 설
명하며 그 가치에 대해서 관객들에게 알려주기도 한다. 이는 한국에
서 과학기술을 계몽하기 위한 수단으로 인식되고 있었으면서도[43], 국
내의 애니메이션에서는 제재 대상이 되어버린 SF[44]의 존재 가치를 현
박사의 입을 빌려 다시 한 번 설명하고 있는 것이다.

우리에게 과학은 외계인처럼 불가사의한 것이다. 그래서 그들이 사
용하는 다양한 전투능력은 과학이 아닌 초능력이라는 단어로 대체되
고, 그것들을 이해할 수 있는 방식으로써 '공상과학'이 제시된다. 우주

43) 이지용, 「한국 SF의 스토리텔링 연구」, 단국대 박사논문, 2015, 75~76면 참조.
44) 허인욱, 앞의 책, 77면.

로부터 온 과학은 그렇게 공상과학을 통해 우리의 과학이 된다. 외계
인들이 탐낼 만큼의 능력을 가지고 있으나 제대로 발휘하지 못했던
지구의 과학자들이 우주의 과학을 만나는 순간 발전하게 되는 것처럼
말이다.

우뢰매 시리즈의 1편과 2편에서 등장한 현 박사의 실험들은 모두
실패하지만 〈우뢰매3〉부터 현 박사 대신 등장하는 김 박사(김수미
분)와 오 박사(김학래 분)는 '썬더 브이([그림5])'라는 과학적 성과를
이룩한다. 두 사람은 각각 물리학 전공, 생태유전학 전공 과학자로 설
정되어 있으며, 로봇인 우뢰매의 존재를 인지하고 있다. 우뢰매의 파
손을 대비하여 그들은 3편에서는 자동차를, 4편에서는 로봇인 썬더
브이를 만들어냈다. 심지어 김 박사와 오 박사가 직접 '전격 Z 작전'
을 수행하고 썬더 브이를 조종하는 것은, 우리의 과학이 우주의 불가
사의한 것과 만나면서 그들의 수준으로까지 성장할 수 있을 것이라는
믿음을 보여준다. 우주에서 온 과학을 통해 한국의 과학은 이제 스스
로 성장하고 강력해지기 시작했다. 외래의 것이었던 과학기술을 수용
한다면 비록 지금은 그것이 비현실적이고 불가사의한 것이자 난해한
것으로 느껴진다 하더라도 반드시 우리의 것이 되어서 한국을 성장시
킬 수 있다고 믿는 것이다.

[그림4] 로봇 우뢰매

[그림5] 썬더브이

[그림6] 뉴머신 우뢰매   [그림7] 전설의 우뢰매

　동시에 〈우뢰매5〉의 '뉴머신 우뢰매'([그림6], 이하 뉴머신)와 〈우뢰매6〉의 '전설의 우뢰매'([그림7], 이하 전설)는 야만의 영역에 있는 개발도상국으로서의 자기한계를 보여준다. 뉴머신과 전설은 바위에 갇혀있었다. 뉴머신은 사막의 원시인들에게 신앙이 되어 있었고, 전설은 지저세계에 숨겨져 발견되지 못하고 있었다. 두 대의 우뢰매 로봇은 모두 에스퍼맨을 비롯한 지구인이 아닌 우주에서 떨어진 외계인의 능력을 통해서 발견되고 각성되어 에스퍼맨의 로봇이 된다. 우뢰매의 주인은 형래이지만 그것을 발견하고 각성시키는 것은 지구가 아닌 우주의 존재인 셈이다. 결국 한국은 〈우뢰매1〉에서 우뢰매가 인간형 로봇([그림 4])으로 변신하는 순간 놀라고 당황해하던 무지한 형래의 상태에서 전혀 달라지지 못한 것이다. 우리의 손으로 만들어진 태권V가 도래할 선진국으로서의 한국에 대해 대리충족을 시켜주었다면,[45] 이제 우뢰매는 스스로의 힘만으로는 선진국이 될 수 없는 자신의 한계를 보여주는 수단이 된다. 한국에게 과학은 미지의 것이기 때문에, 한국은 성장한 것처럼 보여도 여전히 과학을 온전히 소유하지도, 발전시키지도 못하는 개발도상국이라는 위치에서 벗어나지 못하고 있다.

---

45) 윤지혜, 앞의 글, 234면.

이처럼 〈우뢰매1〉은 개발도상국이자 과학적 야만의 상태에 가까운 한국의 자기인식을 드러낸다. 그들은 과학을 온전히 이해할 수 없기 때문에 초능력, 불가사의한 것, 혹은 공상과학으로 수용할 수밖에 없다. 경제중심의 과학기술이 아닌 과학기술 중심의 경제 성장을 도모하기 시작한 1980년대[46], 우주에서 온 과학은 한국을 지구의 수호자로 성장시킬만한 힘을 가지고 있다고 믿게 했다. 그럼에도 불구하고 외계인을 통해 발견되는 새로운 우뢰매들은 여전히 우리가 스스로 성장할 힘이 부족한 개발도상국이라는 인식으로 회귀시킨다.

3.2. 외계에서 온 과학의 주인들

냉전기 미국의 SF영화는 과학기술의 발전에서 비롯된 불안들-핵폭탄, 방사능, 제3차 세계대전, 소련과의 우주전쟁 등-에 대한 무의식적인 표현들이라고 할 수 있다. 이를 이어받은 1960년대 한국의 SF영화는 과학을 통해 공동체의 평화를 이룩하는 소년SF와 미친 과학자의 탐욕과 파멸을 보여주는 고딕SF로 나타났다. 소년SF에서 과학은 '국방의 상징'이자 '애국적 도구'였다.[47] 그리고 70년대 SF애니메이션을 통해 '경제성장의 동력'이라는 상징성까지 추가되었다. 그리고 1980년대 후반에 이르러 우뢰매 시리즈는 이 과학이라고 하는 것의 출처가 우리가 아닌 '외계', 즉 미국으로 대표되는 선진국이었음을 밝힌다. 바로 이 순간 외계에서 온 과학은 반드시 한국의 것이 되어야 할 욕망

---

46) 변재규, 앞의 글, 90면 참조.
47) 송효정, 앞의 글, 97~101면 참조.

의 대상이 된다.

형래가 에스퍼맨이 될 수 있도록 도와준 캐릭터는 외계인 시멘과 그의 딸 데일리였다. 시멘은 우뢰매를 완전히 지배하기 위해 형래를 에스퍼맨으로 만들고 그를 우뢰매의 조종사로 만든다. 그러나 시멘의 딸인 데일리는 형래의 편에 서게 되고 그의 영원한 동반자이자 동료로서 지구를 함께 수호한다. 영어식 이름의 '데일리'는 은발이자 아름다운 미녀로 설정되어 있다. 동시에 모자란 형래에 대해 무조건적인 애정을 드러내고, 조종석에 앉아 직접 우주선이자 로봇인 우뢰매를 책임진다. 물론 형래도 조종석에 앉지만 미사일을 쏘는 등 공격을 맡을 뿐이고 로봇의 전반적인 움직임은 데일리에게 맡겨진다. 뿐만 아니라 〈우뢰매3〉의 자동차, 〈우뢰매4〉의 로봇인 썬더브이 조종석에도 데일리가 앉는다. 그녀는 거대한 로봇의 움직임을 책임지는 인물이자 '선'의 영역에 서 있는 캐릭터로서, 미국이 가지고 있는 과학기술을 상징한다. 미국의 과학은 데일리라고 하는 섹슈얼한 여성의 이미지로 의인화되어, 강력한 아버지 시멘에 의해 형래에게 전달된다. 미국의 과학은 너무나 강력하고, 개도국인 한국이 그것을 완전히 소유하기에는 능력이 부족하기 때문이다. 데일리는 형래에게 맡겨진 후 "당신에게 짐이 되어서 미안해요"라고 말한다. 뛰어난 능력을 가지고 있으면서도 스스로를 수동적인 존재로 상정하는 그녀의 태도는, 어떻게 해서든지 반드시 가지고 싶은 '과학기술'에 대한 한국의 열망을 보여주는 것이다. 과학기술을 소유할 때 미국과 같은 선진국으로 나아갈 수 있기 때문이다. 마치 형래가 데일리와 한 팀을 이루어 지구의 수호자로 활약하는 것처럼 말이다.

형래는 자신의 것이 된 데일리를 뺏기지 않아야 한다. 여성화되고

'사랑'이라는 감정으로 자신에게 복속된 과학이 그를 우주의 수호자로 거듭나게 만들었고 자신의 성장동력으로 작동하고 있기 때문이다. 그래서 영화는 데일리의 아버지인 시멘을 죽이는 것으로 마무리한다. 형래는 시멘을 통해 에스퍼맨이 되었고 데일리의 남자가 되었다. 시멘의 지령대로 움직이는 에스퍼맨은 미완의 존재일 수밖에 없기 때문에 그는 데일리의 아버지이자 자신의 명령권자인 시멘을 '악'으로 정의내리고 죽이는 것이다. 그 과정에서 발견되는 시멘의 푸른 피는 데일리와의 부녀관계를 적대관계로 재조정시키고, 데일리의 붉은 피는 그녀가 인간의 편에서 활약할 수 있는 근거로 작용한다. 시멘을 통해 에스퍼맨이 된 형래처럼 미국의 보호 아래 존재하는 한국은 결국 시멘을 삭제시켜서 개발도상국으로서 가지는 미국에 대한 선망과 열등감을 해결한다.

메카닉 애니메이션은 선(지구인)과 악(외계인)의 대결을 주요 서사로 삼고 있다. 그렇기 때문에 이분법적인 인물 구도는 필수적인데, 이것은 김현동 감독의 〈해저탐험대 마린X〉(1983), 박승철 감독의 〈로보트왕 썬샤크〉(1985)처럼 반공물과 결합하기에 용이했다. 반공 로봇물이라는 독특한 장르는 국내에서 존재 자체가 불온하게 취급되는 메카닉 애니메이션의 또다른 생존법이기도 했다.[48] 특촬물 역시 예외는 아니었다. 우뢰매 시리즈와 유사한 실사합성영화이자 특촬물이었던 〈별똥왕자〉에서는 지구를 정복하려는 우주인들을 북괴 공산당과 동일시하기도 했다. 이처럼 나쁜 외계인이 남한의 체제를 위협하는 불

---

48) 허인욱, 앞의 책, 86면.

온한 세력들과 같다[49]면 우뢰매 시리즈에서 등장하는 외계침략자들역시 사회주의 체제로 쉽게 연상될 것이다. 우리는 미국과 손잡고 과학 기술을 보유해 선진국이 되는 것만으로는 안전할 수 없는 냉전 시대의 마지막을 지나고 있었기 때문이다. 위험한 외계인들은 공산주의자들과 같은 '적'이었고 에스퍼맨은 계속해서 싸우고 승리해야만 한다. 그리고 이 승리를 위해서 그는 지구로 찾아오는 우주인이 동료인지 적인지 구별해내야 한다. 이것이 분단국가였던 한국이 계속해서견지하고 있어야 할 태도였던 것이다.

〈우뢰매1〉에서 루카의 부하는 데일리로 변신하여 에스퍼맨인 형래를 유혹하고자 한다. 형래는 갑자기 두 명이 된 데일리 때문에 혼란스러워 하지만 그녀들에게 뽀뽀를 요구하고 자신의 본능적인 반응으로 진짜 데일리를 식별해낸다. 이런 형래의 위기는 80년대 후반, 사회주의 체제인 북한을 곁에 두고 있는, 그리고 간첩 사건이 일어나고 있는-그것이 사실이든 거짓이든- 한국 사회의 현실이었다.

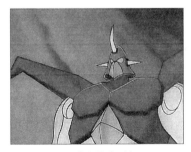

[그림8] 루카로봇 I

[그림9] 루카로봇 II

---

49) 김형석, 「〈우뢰매〉〈별똥왕자〉〈반달가면〉 시리즈,1980년대 아동용 SF 액션」, 2017.12.21. https://www.kmdb.or.kr/story/8/2033

외계에서 날아온 과학은 주인에 따라 지구를 위협하기도, 보호하기도 한다. 형래는 지구를 보호하는 정의의 편에 섰지만, 시멘과 루카는 지구를 위협하는 적대자들이다. 그들은 과학기술로 지구를 위협해 루카처럼 파괴하거나 시멘처럼 지배하려 한다. 루카와 시멘은 과학기술이 주인에 따라 사용되는 방식이 완전히 달라질 수 있다는 것을 보여준다. 시멘의 초록색 피는 루카의 두 번째 괴물로봇([그림9])과 동일한 색깔이다. 처음에는 인간형 로봇으로 등장해 우뢰매와 싸우던 루카로봇([그림8])은 위기에 처하자 [그림9]의 모습으로 변신한다. "괴물", "악마"라고 명명되는 루카의 로봇은 이름만 로봇일 뿐 그 생김새는 로봇의 형태가 아닌 낯선 괴물의 모습으로 자신의 정체를 드러낸 것이다.

오랫동안 계속되었던 미국과 소련의 우주과학기술 경쟁은 사람들에게 과학기술의 소유자에 대해 예민한 구별을 요구했고, 이것이 루카와 시멘을 통해 형상화된 것이다. 외부에서 온 과학하는 우주인들은 보이지 않는 곳에서 한국의 정신을 점령하려 들거나 혹은 외부적 폭력을 통해서 파괴하려 하는 폭력적인 모습으로 그려진다. 그렇기 때문에 한국은 자신의 기술을 소유하여야 하며 과학기술의 주체에 대해 식별할 수 있는 능력을 요구받고 있다고 느끼는 것이다.

우주의 과학은 우주와 지구의 중간자인 형래를 통해 지구로 안착했다. 그리고 형래를 통해서 우뢰매는 단순한 우주전투기가 아닌 인간형 로봇으로 변신한다. 데일리로 상징되는 우주의 과학은 지구로 불시착하여 지구를 지키기 위해서 활용된다. 그러나 시멘은 완성된 과학을 탐내며 지구를 공격하려 들고, 루카는 훔친 로봇으로 지구를 파괴하려 한다. 루카의 괴물처럼 지구인들 역시 우주의 과학으로 인해 변질되기도 한다. 〈우뢰매2〉의 최강우는 교통사고로 사망하지만 외계인에 의해 되살아나 그들의 수하가 되어 지구의 과학자들을 납치한다. 〈우뢰매4〉에서 남궁박사는 기계인간이 되어 외계인의 지구 정복을 도왔다. 그러나 최강우와 남궁박사는 자신이 인간이었음을 자각하고 다시 선의 편으로 귀환한다. 악의 편이었지만 선인 척 하던 시멘, 그리고 선이었으나 악으로 바뀌고 다시 선으로 돌아오는 지구인들의 모습은 과학이 선과 악 어느 편에서도 활용될 수 있는 도구라는 것을 보여준다.

이렇듯 루카의 손에 들어간 인간형 로봇이 변신을 거쳐 괴물의 형태가 되는 것은 과학기술의 이중적인 면모를 보여준다. 이후 지구 정복의 계략을 드러낸 시멘이 루카의 괴물로봇과 같은 색깔인 초록색의 피를 흘리는 파충류로 지칭되는 것도 그가 발전한 과학을 가진 지구의 적이기 때문이다. 같은 외계인이지만 지구의 편인 데일리가 인간과 같은 붉은 피를 흘리는 것은, 외계에서 비롯된 과학임에도 불구하고 그것의 주인은 결국 지구-한국-가 되어야 한다는 욕망을 드러내는 지점이다. 우뢰매의 변신기술은 시멘도 깨우치지 못한 기술이었으며, 이를 완성시킨 것은 형래의 선량함이다. 즉 완전하지만 위험한 과학은 선량한 지구를 위한 것이다.

4. 나오며: 사라진 가능성

80년대는 전두환 정권이 박정희 정권이 진행했던 정부 주도의 과학 기술 발전 담론을 계승한 시기로서, 특히 과학 기술 수입과 청소년 과학화에 노력하던 때였다. 동시에 근대화의 마무리 단계이자 냉전시기의 종말 단계이기도 하였다. 이 때 개발도상국으로서 한국사회가 가진 믿음과 희망, 그리고 한계에 대한 인식은 우뢰매 시리즈 안에서도 자연스럽게 드러난다. 60년대 SF 영화가 박정희 정권이 진행한 과학의 현대화 과정에서 등장할 수 있었던 것[50]처럼, 우뢰매 시리즈 역시 80년대 정부가 보여준 과학 기술에 대한 적극적인 수용의지의 표현 아래 만들어질 수 있었다.

과학 기술은 지구를 위험에 빠뜨리지만 동시에 위험에서 구출해내고 한국을 지구의 수호자로 태어나게 했다. 그리고 이 과정에서 영화는 한국이 과학기술을 통해 한국의 중요한 가치들을 지켜내는 모습들을 그려낸다. 우뢰매를 이용해 우주의 평화를 지키고 지구를 수호한다는 것은 곧 자주국방에 대한 강조이다. 또한 우뢰매 시리즈에서 나타나는 가족의 소중함과 친구와의 우정의 강조는 어린이용 영화가 가져야 할 미덕과도 같았다. 그러나 SF 애니메이션에 대한 80년대의 부정적 태도는 어쩌면 우뢰매 시리즈가 영화적으로 성장하지 못한채 자신의 존재가치를 끊임없이 증명해내는 데 급급하게 만들었을지도 모른다.

아직 한국에 일본의 특촬물이 정식으로 수입이 되지도 않았을 시절, SF 애니메이션을 충분히 경험한 한국의 어린이 관객들은 우뢰매 시리즈에 열광했다. 영화는 메카닉 애니메이션의 세계관을 바탕으로 특수촬영 기술을 도입하고, 심형래를 내세워 일본의 특촬물을 패러디하며

---

50) 송효정, 「실험실의 미친 과학자와 제국주의적 향수」, 『대중서사연구』 제20-3집, 대중서사학회, 2014, 282면.

관객들에게 웃음을 주며 예상치 못한 성공을 기록했다. 적은 제작비로 더 많은 어린이 관객들을 끌어들이기 위한 방안들이 오히려 한국형 특촬물을 시작하게 만든 것이다. 이처럼 우뢰매 시리즈는 실사합성영화에서 특촬물로 이행해가며 한국영화사에서 특촬물의 성공가능성을 처음으로 보여준 작품이라고 할 수 있다.

뿐만 아니라 데일리로 의인화된 선진 과학 기술, 형래와 에스퍼맨으로 표현되는 한국의 자기 인식은 SF 영화로서 80년대 한국사회의 과학기술에 대한 욕망과 낙관적 미래를 보여주었다. 외계인의 초능력에 의해 형래가 지구를 수호하는 에스퍼맨이 되었듯이 과학기술을 통해 개발도상국에서 선진국으로 나아가고자 하는 한국사회의 열망은, 우뢰매 시리즈의 전면에 드러나며 서사를 추동하는 힘으로 작동했다. 그리고 과학기술을 성장 동력이면서 동시에 위협적인 악의 도구로 바라보는 태도는 당시 한국사회가 과학기술의 가치중립성을 제대로 인식하고 있었으며, 이것은 냉전시대라는 세계적 상황에서부터 비롯된 것임을 알 수 있다.

〈우뢰매1〉에서 보여주는 과학 기술에 대한 다양한 은유들은 영화의 서사를 더욱 확장시키며 시리즈물로서 성장할 수 있는 가능성을 보여준다. 당시 과학기술의 적극적 도입을 통해 경제적으로 발전하고 있는 한국 사회의 모습들은 영화에 반영될 수 있었다. 뿐만 아니라 선과 악이 교차하는 시멘이나 지구인 출신의 기계인간들은 서사를 더욱 깊이 있게 만들 수 있는 캐릭터였고, 인간형 로봇인 우뢰매들은 우뢰매 시리즈를 전대물로 활용할 수 있는 소재들이었다. 이렇듯 〈우뢰매1〉은 특촬물로 성장하며 시리즈를 이어갈만한 잠재력을 가지고 출발한 작품이었다.

그러나 우뢰매 시리즈는 작품이 거듭될수록 오히려 퇴보하였다. 인물들은 내적인 성숙을 이루어내지 못했고, 서사는 변화하는 한국 사회의 모습을 담아내지도 못했다. 우뢰매 시리즈는 서사를 꾸준히 창조하여 세계관을 확장하기보다 배우들의 인기에 편승하고자 했다. 게다가 영화에 등장하는 다양한 로봇들은 우뢰매를 제외하고 모두 다음 시리즈에서 사라져버렸다. 그렇기 때문에 우뢰매의 세계는 비슷한 개그 시퀀스들이 반복되는 똑같은 이야기만 남았다. 영화에서 인물들은 자신만의 서사를 보유하지 못했고, 단지 로봇과 적이 교체될 뿐이었다. 더불어 애니메이션으로 표현되던 인간형 로봇들을 제대로 된 모형을 이용한 미니어처 촬영이 아닌 완구의 합성화면을 사용하는 안일한 태도 때문에 특촬물로서의 성장을 기대하는 것도 어려워졌다. 75년에 시작한 일본의 슈퍼 전대 시리즈가 캐릭터들의 과거 사연을 통해 서사를 진행시키고 정신적인 성장과 발전을 로봇의 외형과 연관시켜가며 2013년까지 지속시켜온 것[51]과는 대조적인 모습이었다.

우뢰매 시리즈의 아류작들 역시 마찬가지였다. 우뢰매 시리즈의 흥행을 타고 은하에서 온 별똥왕자 시리즈(1987, 1987, 1988), 반달 가면 시리즈(1991, 1992)를 비롯해 〈외계 우레용〉(1987), 〈흑성마왕과 슈퍼왕자〉(1987), 〈외계 번개용〉(1989) 등이 등장하며 짧지만 실사 합성영화의 붐이 일어나기도 했다. 하지만 아류작들은 우뢰매 시리즈의 한계를 해결하지 못하고 오히려 답습했을 뿐이었다. 결국 우뢰매 시리즈가 보여주었던 유의미한 시도들은 졸작이라는 평가만을 남기고 조악했던 기술과 함께 사라져버렸다.

---

51) 김혜미, 앞의 글, 18면.

뮤지컬 무대와 테크놀로지
: <신과 함께-저승편>을 중심으로

정명문

1. 무대 콘텐츠와 테크놀로지

테크놀로지와 예술은 어원상 분리된 대상이 아니다. 예술(Art)의 어원은 그리스어의 테크네(Techne)가 라틴어 아르스(Ars)로 번역되어 오늘날의 Art가 된 것이고, 기술로 번역하는 테크닉(Technique)이나 테크놀로지(Technology)도 테크네에서 출발한다.[1] 하지만 오늘날은 효용적인 기술과 심미적인 기술을 구분해 전자는 테크닉, 후자는 예술로 지칭한다. 사실 테크놀로지는 인간의 호기심, 노동을 줄이고자 하는 욕망, 이윤을 얻으려는 상업적 이유 등의 복합적인 요청에 의해 발전하였다.[2] 이러한 기술 혁신은 일상뿐 아니라 예술분야에서도 광범위하게 적용되고 있다. 벤야민 식으로 보면 기술(Technik)은 예술

---

1) 엘리안 스트로스베르, 김승윤 역, 『예술과 과학』, 을유문화사, 2002, 6면.
2) 존A 워커 · 사라 채플린, 임산 역, 『비주얼 컬처』, 루비박스, 2004, 356면.

의 기술과 산업 및 과학의 테크놀로지를 지시하는 동시에, 기술이 전면화 된 모더니티 사회의 양상을 포괄적으로 규정하는 시대적 개념이다.[3] 잘 만들면서도 아름답게 구현하는 작업은 기술인 동시에 예술이기도 한 것이다.

공연예술의 경우 배경과 관련한 무대장치 혹은 관련 기술만 무대 테크놀로지라 칭하다가, 현재는 조명, 음향, 의상, 소품, 분장, 특수효과 등 세분화된 모든 것을 통칭하고 있다. 즉 무대 테크놀로지란 배우 외에 시청각적으로 공연을 형상화하는 기술과 준비과정을 포함하는 개념이다.[4] 무대 테크놀로지는 아날로그 방식과 영상, 홀로그램, LED 등을 활용한 디지털 방식으로 구분할 수 있다. 무대기술 및 디지털 매체는 작품에 몰입할 수 있도록 하거나 의미를 확장시키게 하는 요소가 되었다. 한국 뮤지컬에서 테크놀로지는 대형화된 공연 제작 방식과 브로드웨이의 완성된 무대 경험으로 관심이 높아지게 되었다.[5] 이는 1996년 저작권에 관련한 베른협약을 적용받고[6] 리얼리 유즈풀 그룹 〈캣츠〉관련 라이센스 분쟁을 겪으며 가속화 되었다.[7] 극단과 기획사들은 무대 장치와 기술 도입에 관심을 기울일 수밖에 없었다. 공연은 영화, 인터넷, TV와 같은 디지털 매체와 경쟁해야 했고, 관객은 바

---

3) 발터 벤야민, 반성완 역, 『발터벤야민의 문예이론』, 민음사, 1983, 206~207면.
4) 신일수, 『무대기술』, 교보문고, 2000, 6면.
5) 이미원 · 고희선 · 신선희 · 신일수 · 윤정섭, 「무대미술과 테크놀러지」, 『연극평론』 Vol.29, 한국연극평론가협회, 2003. 5~6면.
6) 베른협약의 정식 명칭은 '문학 및 미술 저작물 보호에 관한 국제협정(協定)'또는 '만국 저작권 보호 동맹 조약'이다. 1886년 스위스의 수도 베른에서 체결되었으며, 현재 체약국이 150여 국에 이른다. 우리나라는 1996년 가입하였다. 보호기간은 저작자의 생존기간 및 사후 50년이다. 오승종, 『저작권법』, 박영사, 2012, 1328면.
7) 서울지방법원 2000.5.15. 자 2000 카합774 결정 참조.

라보고 체험하는 상태를 넘어 비평적인 태도[8] 까지 지닌 상태이기 때문이다.

본고는 콘텐츠 계발과 동시대성을 충족하는 뮤지컬〈신과 함께-저승편〉[9]를 통해 현재 한국의 무대 테크놀로지의 역할과 그 방향성을 고찰해보고자 한다. 이 작품은 동명의 웹툰에서 출발한 뮤지컬이다.[10] 원작은 김자홍이 죽은 뒤 국선 변호사 진기한과 49일 동안 7개의 저승을 통과하여 인간 세상으로 윤회한다는 이야기와 저승의 삼차사(강림, 해원맥, 덕춘)가 도망친 원귀를 쫓아 이승으로 내려간 이야기로 짜여있다. 이 저승에 대한 원작의 상상력은 디지털 테크놀로지를 통해 뮤지컬 뿐 아니라 라디오 드라마, 영화, 게임, 웹소설[11]과 같은 다양한 장르로 확장되었고 나름의 성과를 내었다. 특히 뮤지컬의 경우, 초연과 재연 모두 객석점유율 99% 이상을 기록[12]하였는데, 이는 마니아 관객 외에 일반 관객까지 흡수했다는 것을 증빙하기에 주목할 필요가 있다.

그동안 이 작품에 대해서는 웹툰을 기반으로 하여 신화의 현대적

---

8) 발터 벤야민, 앞의 책, 220면.
9) 정영 작·작사, 조윤정 곡, 김광보 연출, 〈신과함께- 저승편〉, CJ토월극장, 2015. 7.1~12.; 정영 작, 박성일 곡, 성재준 작사, 각색, 연출, 〈신과함께- 저승편〉, CJ토월극장, 2017. 6.30~7.22.; 정영 작·작사, 박성일 곡, 성재준 각색, 김동연 연출, 〈신과 함께- 저승편〉, CJ토월극장, 2018.3.27~ 4.15.
10) 주호민, 『신과함께』, 네이버 웹툰, 2010~2012.; 주호민, 『신과함께』, 애니북스, 2015.
11) 박경민 극본, 〈라디오 극장 신과 함께- 저승편〉, KBS 한민족방송, 2013.8.1.~31. 김용화 각색 감독, 〈신과 함께- 죄와 벌〉, 2017.12.20. 개봉.; 팀헤임달, 모바일 RPG '신과 함께 with NAVER WEBTOON', 2017.7.26.출시.; 엠스토리허브각색, 팀헤임달(마요랑)그림, 〈신과 함께-저승편〉, NAVER 웹소설, 2017.12.11.
12) 황수정, 「원작팬들 모여라, 스토리 연출 연기까지 완벽…'신과 함께_저승편'」, 『뉴스핌』, 2018.4.11.,〈http://www.newspim.com/news/view/20180409000136〉.

해석[13], 문화산업 및 교육차원[14]으로 연구가 진행되었다. 이는 〈차사본풀이〉, 〈천지왕 본풀이〉, 〈이공본풀이〉, 〈성주풀이〉 등의 고전을 기반으로 하여 각종 신장과 저승사자들을 현대 인물과 만나게 하고, 이들의 관계를 통해 삶과 죽음, 이승과 저승의 세계를 재해석한 특성 때문이다. 그 외에 작가론[15]도 있다. 하지만 매체로 이동된 작품에 대해서는 정치한 분석보다는 단편적인 비평[16]에 머물러 있는 상태이다. 뮤지컬〈신과 함께-저승편〉은 세 차례의 공연을 통해 무대 기술을 추가로 도입하여 완성도를 높였다. 즉 기술이 콘텐츠를 확장하는데 기여한 바가 큰 작품이다. 본고는 판타지 뮤지컬 사례를 통해 테크놀로지의 특징과 효과를 분석하고 무대 콘텐츠와 테크놀로지의 방향성을 타진해보고자 한다.

---

13) 강미선, 「웹툰에 나타난 신화적 상상력-웹툰 신과 함께를 중심으로」,『디지털콘텐츠와 문화정책』5권, 가톨릭대학교 문화비즈니스연구소, 2011.; 이상민, 「신과 함께에 나타난 공간성과 아이러니 연구」,『대중서사연구』22권3호, 대중서사학회, 2016.; 황인순, 「본풀이적 세계관의 현대적 변용연구- 웹툰 신과 함께와 차사본풀이의 비교를 통해」,『서강인문논총』44, 서강대학교 인문과학연구소, 2015.

14) 김대범, 「신과 함께의 체험 공간화 연구」,『애니메이션연구』11, 한국애니메이션학회, 2015.; 김진철, 「제주신화 〈차사본풀이〉의 문화콘텐츠 변용양상」,『한국콘텐츠학회논문지』15(8), 한국콘텐츠학회, 2015.; 김정욱, 「전통교육 자료로서 웹툰의 활용에 대한 고찰- 신과 함께에 반영된 저승관을 중심으로」,『어문론집』61, 중앙어문학회, 2015.

15) 서은영,『주호민』, 커뮤니케이션북스, 2018.

16) 정수연, 「아직도 가야 할 '환생'을 향한 여정, 〈신과 함께 - 저승편〉」,『더 뮤지컬』NO.176, 클립서비스, 2018.5.; 이동진, 「12월 한국영화 대작 세 편의 공과 -1987, 신과 함께, 강철비」,『어바웃 시네마』, 2017.12.29., 〈http://magazine2.movie.daum.net/movie/43961〉.

2. 가상 이미지와 공간 확장

판타지(환상)는 연대기적 서술과 삼차원성을 제거하고, 생명이 있는 대상과 없는 대상, 자아와 타자, 삶과 죽음 사이의 엄격한 구별을 무화시키거나 시공간의 통일을 거부한다. 판타지는 문화적 속박으로부터 야기된 결핍을 보상하고자 하는 특징도 있다.[17] 현실과 환상의 넘나듦을 무대화하기 위해서는 예술가의 창조적 능력을 뒷받침할 프로그램과 기술이 필요하다.[18] 실제로 공연 콘텐츠에서 첨단 융합 기술은 시각적인 감각을 극대화시킨다. 특히 디지털 테크놀로지는 과거무대에서 시도할 수 없었던 이미지 표현을 확장시켜 관객에게 몰입을 경험시키는 데 기여하고 있다. 영상은 무대 세트에 비해 편의성 및 효용성이 높은 실용적인 특징도 있다. 뮤지컬 〈신과 함께-저승편〉도 가상의 이미지를 구현하는 데 디지털 테크놀로지가 상당한 영향을 발휘하였다. 원작을 확장시킨 콘텐츠의 표현 방식을 확인해보자.

〈신과 함께-저승편〉은 저승열차를 통해 현실과 비현실의 경계를 그린다. 김자홍이 죽어서 탄 열차는 일산 대화 역에서 출발해 저승 입구인 초군문까지 운행하며, 인간들이 다니지 않는 시간대에 움직인다. 산자가 타지 않는 열차이지만 열차의 형태나 인물 군상은 지하철 풍경과 유사하다. 원작은 저승열차의 풍경을 통해 저승과 이승이 큰 차이 없음을 보여주었다면, 뮤지컬 무대는 열차 내·외부의 움직임을 통해 시각적 차이를 강조한다.

---

17) 로지 잭슨, 서강연구회 역, 『환상성-전복의 문학』, 문학동네, 2001, 10~11면.
18) 심혜련, 『20세기의 매체철학』, 그린비, 2012, 285면.

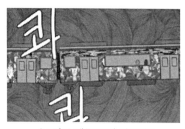

[그림1] 웹툰 76화 저승열차   [그림2] 저승 열차 (재)서울예술단

원작[그림1]에서 저승열차는 외부에 신중탱화[19]가 그려져 있고, 공중 부양되어 움직인다. 열차의 움직임은 세밀한 곡선과 '콰쾅'이란 자막으로 분위기를 조성한다. 뮤지컬은 [그림2]처럼 강림의 기합과 함께 리프트 장치를 통해 열차의 수직 상승을 보여준다. 이는 공중부양을 입체적으로 표현한 것이다. 이때 열차 외부와 바닥은 붉은 이미지가 움직이는 것처럼 처리되며, 관객들은 열차의 이동을 창문으로 빠르게 지나가는 탱화로 인지하게 된다. 이 열차의 외형과 이미지는 3D 프로젝션 맵핑(Projection Mapping)기술로 구현되었다. 이 기술은 빔 프로젝트의 빛을 사물에 직접 비춰 피사체에 다양한 색을 입히는 것으로 영상 크기를 조절할 수 있기에 공간 벽면을 효율적으로 디자인할 수 있다.[20] 원작의 상상력은 무대로 옮겨지면서 단계적으로 시각화되었다. 열차 내부는 관객이 경험한 사실적 형태로, 열차의 이동은 아

---

19) 원작자는 전주 관음선원과 전주 서상원의 탱화를 참조했다. 신중탱화는 대웅전이나 극락전 등 사찰 내의 중요한 전각 안에 모시는 그림이다. 신중(神衆)이란 부처의 가르침을 수호하기 위해 불교에 귀의한 선신들로 인왕, 제석, 범천, 위태천, 천룡팔부중, 사천왕 등이 있다. 권지은,「조선후기 신중탱화의 양식과 기법」,『미술문화연구』제1호, 동서미술문화학회, 2012, 85면.

20) 김명우 외,「프로젝션 매핑을 이용한 오브젝트 및 공간 표현 연구」,『디지털디자인학연구』제11권 제1호, 한국디지털디자인협의회, 2011, 563면.

날로그적 기술을 통해, 상세한 풍경은 디지털 영상 기술을 활용한 것이다. 이 과정을 거쳐 평면으로 그려졌던 저승열차는 입체감을 가지게 된다. 뮤지컬 관객은 다양한 기술로 형상화된 저승열차를 보며 실현 불가능해 보이는 공간 이동 설정을 거부감 없이 받아들이게 된다. 즉 기술적으로 형성된 매체 이미지[21]가 수용자의 몰입에 영향을 끼치게 되는 것이다.

〈신과 함께-저승편〉의 기본 배경은 저승이다. 원작은 한국 사찰에서 발견되는 지옥도 중 아귀의 세계를 묘사한 '우란분경변상도'와 재판관이 심판하는 모습을 그린 '시왕도'를 바탕으로 하였다.[22] 이 작품은 김자홍의 49일 일정을 따라 7개의 지옥을 단순한 이미지로 제시한다. 그에 비해 뮤지컬은 고정된 기본 무대가 있고, 장면 변화를 영상과 장치로 구현한다. 기본무대는 바퀴 형태의 원형 무대와 지전 모습을 띤 7겹의 수직 스크린으로 제시된다. 바퀴 형태는 윤회에서 아이디어를 가져온 것으로 지름 17m이며 고정되어 있다.[23] 그 위에 덮이는 스크린(막)은 망자가 저승에서 사용하는 화폐인 종이돈이 프린트 되어 있다. 스크린에는 [그림 3]처럼 프로젝션으로 송출한 이미지가 투영된다. 이 이미지는 장면의 흐름에 따라 변경된다. 흥미롭게도 이 스크린이 미세하게 흔들리도록 설치되어 있다. 흔들리는 무대와 영상은 저승이 시선에 따라 다르게 보일 수 있음을 관객이 자각하도록 돕는 도구가 된다.

---

21) 앤드류 달리, 김주환 역, 『디지털 시대의 영상 문화』, 현실문화연구, 2003, 15면.
22) 이기선, 『지옥도』, 대원사, 1992, 67~84면. 참조.
23) 무대미술과 영상, 〈신과 함께〉 팜플렛, 서울예술단, 2017.

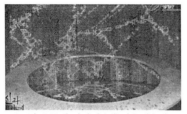
[그림3] 무대 디자인 (재)서울예술단

[그림4] 공연 전 무대 (재)서울예술단

한편 지옥불은 [그림4]처럼 시계방향으로 돌아가는 천상궤 안에 움직인다. 저승의 불길은 530여개의 영상으로 표현된다.[24] 이는 무대 바닥에 $80m^2$의 수평 발광 다이오드(LED)스크린 설치로 표현이 가능해졌다. LED 패널은 직접 발광하기 때문에 외부 빛의 간섭을 받지 않아 화려한 무대 구현에 효과적이다.[25] 또한 31000ANSI의 고해상도 패널이기 때문에 선명한 이미지 구현이 가능해졌다.[26] 뮤지컬은 고정된 장치에 이미지와 조명을 집중시켰다. 주 무대가 가상적 공간이지만 이를 입체화시켜 공간감을 살리려고 노력한 것이다. 이처럼 테크놀로지는 시각적 환상성을 극대화시켜 저승을 테마로 한 콘텐츠의 실재감을 높이는데 기여하였다.

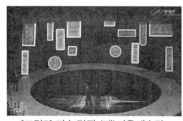
[그림5] 저승 간판 (재)서울예술단

[그림6] 김자홍의 생애 (재)서울예술단

---

24) 이는 일반적인 뮤지컬에 3배 이상 제작된 수치이다. 정재진, 지면인터뷰2, 2018. 5. 16.
25) 지은숙, 『로봇, 뮤지컬을 만나다』, 휴먼북스, 2014, 39면.
26) 정재진, 지면인터뷰1, 2018. 5. 8.

가상 이미지는 보이는 것을 재현하는 관습에서 시작되었다.[27] 이 작품에서 '저승'이란 비현실적인 공간은 완전히 새로운 것이 아니라 기존 이미지를 패러디한 것이다. 이는 김자홍이 진기한 사무실에서 마주치는 간판에서 확인된다.

  사각과 원형의 다양한 간판은 승강장치로 오르고 내려진다. 간판은 [그림5]처럼 '헬벅스(Hellbucks COFFEE)', '김밥극락', 'Hell express', '헬네켄', '발설펜'과 '천국로펌 진기한', '죄삭감 주호민' 등 이승에서 접했던 상품 혹은 기업 이미지를 활용하고 있다. 유사한 이미지의 투사는 친숙한 리얼리티를 획득시키는 동시에 그 세계에 대한 구성적인 요소를 만들 수 있다.[28] 뮤지컬은 저승이란 비현실적인 공간을 상상하게 하기 위해 익숙한 이미지를 차용하는 동시에 그 차이를 인지시키는 방식을 선택하였다. 이 간판은 다음 장면에서 김자홍의 인생을 압축적으로 드러내는데 활용된다. [그림 6]처럼 김자홍의 키워드는 '간질환, 잦은 회식, 특이사항 없음, 평범한 일상, 중하위권 성적, 주말마다 복권 구입'이다. 깜빡거리는 그의 키워드는 삶이 특별하지 않았음을 한눈에 보여주면서 실소를 자아내게 한다. 저승의 공간과 인생 키워드는 순식간에 변환되는데 이를 가능하게 한 것은 프로젝션 영상으로 글자 이미지를 투사하였기 때문이다. 이렇게 이미지화된 글자는 공간 제시와 압축적 상황 제시를 인지시키며 장면의 효율적인 전환을 돕는다.

  볼츠는 우리가 사용하는 기술들이 일상생활에 영향을 준 것 뿐 아

---

27) 마리타 스터르큰 · 리사 카트라이트, 윤태진 역, 『영상문화의 이해』, 커뮤니케이션북스, 2006, 133면.
28) 크리스티안 뮐커, 이도경 역, 『미디어에서 리얼리티란 무엇인가』, 커뮤니케이션북스, 2001, 49면.

니라 우리의 인식도 함께 변화를 겪게 했다는 점을 지적하며 '매체 의
존적 지각'에 주목하였다.[29] 뮤지컬 〈신과 함께- 저승편〉은 아날로그
장치에 디지털 기술을 결합하는 방식을 활용하였다. 공간에 대한 상
상력이 구체화되려면 테크놀로지의 도입이 필수적이었다. 장치들은
시공간의 간극을 최소화 하거나 해체시켜 모든 것을 근거리에 존재하
는 것으로 인식하게 만드는 힘이 있기 때문이다.[30] 뮤지컬은 디지털
테크놀로지를 통해 공간의 경계를 지우고 현실 이미지를 패러디하여
새로운 이미지를 구축하였다. 관객들은 공간의 변화, 장면의 전환 등
을 지각하고 가상의 공간에 몰입할 수 있었다. 그 결과 무대에 구현된
저승은 입체감과 역동성을 획득하였다. 이렇게 가상 이미지는 이승과
저승의 경계를 지우거나 두 공간이 동시에 구현되는 것을 관객이 무
리 없이 받아들일 수 있게 했다.

3. 상상의 움직임과 감각적 체험

〈신과 함께- 저승편〉에는 지옥의 심판관, 지장보살, 염라대왕, 저승
삼차사, 원귀, 심판을 기다리는 죽은 자들처럼 인간이 아닌 존재들이
대거 등장한다. 특히 저승 삼차사의 경우 강력한 힘(강림), 칼솜씨(해
원맥), 탐지(덕춘) 등의 능력을 가진 것으로 설정되어 있다. 이들은 공
중부양이 가능하며, 손을 사용하지 않고 원귀를 포박하고, 각인을 새

---

29) 노베르츠 볼츠, 김득룡 역, 『발터 벤야민 : 예술, 종교, 역사철학』, 서광사, 2000,
    139~140면.
30) 심혜련, 앞의 책, 305면.

기는 등 인간과 다른 모습을 보인다. 만화는 평면적인 그림이기에 인물의 동작을 선으로 강조하거나 적절한 효과음을 말풍선과 텍스트로 제시하였다. 이를 무대에 옮기려면 원작의 '만화적 기법'외에 다른 방식이 필요하다. 즉 전적으로 관객의 상상에 맡기는 방법으로는 부족하며, 테크놀로지로 최대한 시청각의 간극을 채워야 한다.

　뮤지컬은 초월적 존재의 비현실적인 움직임을 컴퓨터 프로그램과 영상 기법의 몇 단계를 거쳐 처리하였다. 우선 배우의 위치나 움직임은 Max/Msp/Jitter, Open Frameworks[31] 프로그램을 통해 기본 영역을 인식-지정한다. 그런 다음 카메라 센서를 이용하여 화면에 중계한다. 이후 만들어진 미디 신호를 활용해 비디오를 컨트롤 한다.[32] 이 과정을 거친 다음 바닥 스크린에 리얼타임 인터랙션(Real time Interaction)기술을 적용시킨다. 리얼타임은 배우의 움직임에 따라 효과를 줄 때 활용하는 것으로[33] 매 공연마다 달라질 수 있다.

[그림7] 저승차사 등장 (재)서울예술단　　　[그림8] 강림의 움직임 (Twitter Closer)

---

31) 오픈 프레임 웍스는 C++를 기반으로 한 오픈 소스 라이브러리로서 창의적인 코딩을 위해 디자인되었다. 윈도, Mac OS X, 리눅스에서 작동되며, 그래픽, 오디오 입력, 출력 및 분석, 이미지 불러오기 및 저장, 비디오 재생 및 웹캠 및 3D 모델 불러오기와 같은 소스들이 함께 탑재되어 있다. "Openframeworks", Rackspace, 2018.5.9.,〈https://openframeworks.cc/ko/about/〉.
32) 정재진, 제작노트, 〈신과 함께〉 팜플렛, 서울예술단, 2018.
33) 지은숙, 앞의 책, 42면.

[그림9] 웹툰 45화 강림과 원귀의 싸움

[그림10] 강림과 원귀의 싸움 (재)서울예술단

[그림11] 웹툰 36화 사인검

[그림12] 사인검의 등장(서울예술단)

[그림7]은 공연 초반 각각의 차사 능력을 시각화시킨 장면이다. 이들은 차례로 정지 동작을 취한다. 그들의 능력을 강조하는 것은 각자의 발밑에 움직이는 영상(현장에서는 이를 '아우라'로 지칭했다)과 빔라이트이다. [그림8]은 저승차사 강림이 발을 구르며 손을 휘두르는 약속 동작을 취하면, 발밑으로 그 동작의 세기에 따라 영상이 실시간으로 나타나는 장면이다. 강림이 자신의 기운을 드러내면, 그 주변에 있던 인물은 영상과 동시에 몸을 잽싸게 움직여서 그의 파워를 실감나게 해준다. 사람의 기운은 눈에 보이진 않지만 다른 감각으로 느껴진다고 한다. 이 감각을 뮤지컬에서는 다각도의 시청각 활용으로 표현하는 것이다.

또한 뮤지컬은 저승차사 강림의 전투 장면에 공을 들였다. 웹툰은 이 전투를 [그림9]처럼 강림의 신체 전부, 상반신, 클로즈업된 표정의 컷으로 제시하였다. 하지만 [그림10]에서 확인되듯 뮤지컬 무대는 복잡하다. 일단 강림과 원귀 각각의 에너지와 전투 양상은 색상의 부딪침과 모양 변화로 확인된다. 이는 리얼타임과 음향효과로 구현하였다. 강림이 칼을 휘두르고 강풍을 날릴 때 파란색 영상이 실시간으로 반응하면서 커지고, 원귀의 기운은 빨간색의 영상의 크고 작은 형태로 그 움직임을 보여준다. 이 리얼타임 액션으로 인해 싸움의 위급함과 역동성이 살아나게 된다. 이처럼 프로그래밍 된 기술 활용은 스펙터클한 장면 구현을 해내는 동시에 인간 몸의 한계를 보완하여 장면의 생동감을 부여하는데 기여하였다.

한편 사물의 영험함도 디지털 영상기술로 시각화 되었다. [그림11]은 원작에서 저승 차사 강림이 사인검으로 원귀와 대적하는 장면이다. 이 검은 한쪽 면은 북두칠성을, 다른 쪽은 요귀를 물리치는 능력이 글자로 새겨진 것으로 특별한 시간에만 제작할 수 있다.[34] 강림은 검을 들고 주문을 외우는데 ① 사인검을 든 강림의 상반신 컷 ② 사인검 무늬 클로즈업 ③ 사인검에 찔린 원귀 ④ 확인 장면 네 컷으로 처리하였다. 그에 비해 뮤지컬은 [그림12]처럼 사인검을 리프트와 안개를 통해 솟아오르게 한 뒤, 강림이 검에 새겨진 한자를 읊는 동시에 바닥에 '乾降精 坤援靈 岡澶形 運玄坐 推山惡 玄斬貞'가 한 글자 씩 움직이도록 표현했다. 한자 노출은 검에 새겨진 글자를 직관적으로 보여

---

34) 이성곤, 「조선시대 사인검의 연구」, 『생활문물연구』제20호, 국립민속박물관, 2007, 87면.

주는 친절한 방식이다. 이는 다음 장면인 악귀 퇴치의 개연성을 위해 추가된 것이다. 결국 매체가 복합적으로 결합되면서 관객의 빠른 지각을 돕게 되었다.

[그림13] 웹툰 28화 한빙 지옥 협곡　　　[그림14] 한빙 지옥 협곡 (재)서울예술단)

　뮤지컬은 상상을 생생하게 표현하기도 한다. 한빙 지옥의 사례를 들어보자. 이곳은 불효의 무게에 따라 온몸이 얼음에 가두어지는 형벌을 받는 곳이다. 원작은 [그림13]처럼 김자홍과 변호사 진기한의 이동하는 길 뒤로 얼음에 갇힌 혼들의 얼굴만 일렬로 늘어서있다. 이들의 쑥덕거림은 말풍선으로 묘사되어 있다. 그에 비해 뮤지컬은 [그림14]처럼 일그러진 여러 얼굴들이 움직이는 것처럼 만들었다. 이 장면은 공연 스태프 대다수가 참여했는데, 천에 얼굴을 대어 일그러진 상태에서 입을 움직이는 모습을 하나하나 스캔한 1차 작업물을 다시 크기나 모양, 굴곡 등을 정밀하게 대응해서 프로젝션 맵핑 기법으로 처리한 것이다.[35] 관객은 시청각 기술을 통해 한빙 지옥 속 아비규환을 실감나게 받아들이게 된다. 이런 기법은 장면에 몰입을 유도하는 효과를 주었다.

---

35) 정재진, 지면인터뷰2, 2018. 5. 16.

이미 현대사회는 가상과 실제 세계의 이동이 가능해진 유비쿼터스 시대로, 장소와 시간 제약은 문제가 안 된다.[36] 뮤지컬 장면에서 확인한 것처럼 프로그래밍은 보이지 않는 존재를 시각화하고, 그 능력과 움직임까지 단시간에 구현하였다. 이렇게 가상현실은 실재를 변형시키는 예술의 힘을 향상시키고, 전통적인 예술과 다른 형태의 예술을 요구하게 되었다.[37] 결국 디지털 테크놀로지는 배우의 몸이 표현할 수 없는 한계를 채워주었다. 무대 콘텐츠에서 상상의 존재와 그 능력을 보이기 위해 디지털 테크놀로지가 기여한 바는 실재와 가상, 속도와 거리의 간극을 줄이는 역할이었다. 스펙터클의 확장은 보지 못하는 장면까지 감각적으로 체험하게 하면서 관객의 만족도를 높였다. 이러한 방법은 결국 관객이 극적 상황에 빠르게 몰입할 수 있는 기반을 제시하는데 도움을 주었다.

4. 판타지와 리얼리티의 경계, 무대 테크놀로지

예술과 과학은 지속적으로 영향을 주고받으며 성장했고, 관객이 바라는 것과 표현 가능한 것을 고민하는 동안에도 계속 발전되고 있다.[38] 세트와 도구를 이동하던 전통적인 무대 표현은 근래 디지털 테크놀로지를 활용하며 시각적인 부분의 비약적인 발전을 겪고 있다. 그 결과 무대에 디지털 이미지를 사용하는 사례가 점차 증가하고 있

---

36) 심혜련, 앞의 책, 209~210면.
37) 마이클 하임, 여명숙 역, 『가상현실의 철학적 의미』, 책세상, 2001, 206면.
38) 프란시스 레이드, 어경준 역, 『무대조명 핸드북』, 비즈앤비즈, 2016, 275면.

다. 혹자는 이런 예술가를 비디엇(Vidiots: Video + Idot)이라 우려하기도 하고, 다른 한편에서는 무대와 과학 기술(AR/VR)의 접목을 혁신이라 표현하기도 한다.[39] 물론 이미지가 공연의 장점인 상상력을 잠식할 가능성도 있다. 하지만 이미지는 기계 속에 흩어져 있는 작은 기계들과 유기체 속에 있는 작은 구성체들 사이에서 상호 침투, 즉 커뮤니케이션을 도울 수 있다.[40] 결국 예술과 테크놀로지의 융합은 테크노포비아(Technophobia)와 테크노필리아(Technophilia)사이에서 만들어지고 있다. 그러니 우리는 기술이 장르의 경계를 허물고 새 장르를 만드는 기회를 제공할 수 있게 되었고, 상상의 시각화가 많은 것을 빠르게 변화시켰음을 인지해야 한다.

뮤지컬 〈신과 함께-저승편〉은 무대예술 콘텐츠에서 테크놀로지의 역할과 확장성을 확인할 수 있는 사례이다. 죽음 이후는 인간에게 궁금하지만 두려운 소재였다. 이 작품은 저승의 심판이 '자본 위주로 짜인 오늘날의 기준'과 다르다는 것을 보여주어 현실의 부당함에 대한 환기와 공감을 받았다. 또한 한국의 신화를 기반으로 시각화된 지옥은 현실의 결핍과 욕망 표출에 대한 주제의식을 드러내어 흥미로운 지점이 많았다. 뮤지컬은 이러한 판타지를 아날로그 기술과 디지털 기술의 합성을 통해 무대화했고, 주제의식을 효과적으로 드러내는데 기여하였다. 평면으로 제시되었던 원작 이미지는 3D 프로젝션 맵핑을 통해 입체감과 역동성을 획득하였다. 가상 이미지는 경계를 지우거나 두 공간이 동시에 구현되는 것을 관객이 받아들이게 되는 역할

---

39) 김준영, 「영국 공연계 연극과 과학기술의 만남」, 『한국연극』3월, 한국연극협회, 2019, 30면.
40) 질 들뢰즈 · 펠릭스 과타리, 김재인 역, 『안티 오이디푸스』, 민음사, 2014.

을 하였다. 바닥스크린에 적용된 리얼타임 인터렉션 기술은 저승사자
가 인간과 다른 능력을 가지고 있음을 실시간으로 구체화시켰다. 이
렇게 프로그래밍된 기술은 스펙터클한 장면 표현뿐 아니라 보이지 않
는 존재의 능력과 움직임까지 단시간에 구현할 수 있도록 하였다.

  기술이 콘텐츠를 재현하는 방식은 계속 진행될 것이다. 디지털 매
체를 기반으로 한 예술은 이미지에 거리를 두기보다는 이미지 안으
로 들어가 이미지를 몸으로 느끼며 이를 직접 작동할 것을 요구하고
있다. 디지털 테크놀로지는 시공간의 간극을 최소화 하거나 해체시켜
모든 것을 근거리에 존재하게 만들었다. 영상 디자인은 실감나게 보
이도록 하는 게 목적이었지만, 지금은 비현실적 공간 자체를 즐기는
과정에 주목하고 있다. 디지털의 신속함이 시공간의 변화를 뛰어넘어
허구의 공연에 리얼리티를 부여하는 방식을 관객에게 지속적으로 경
험하게 해주었기 때문이다. 즉 현실과 허구의 융합을 이루기 위해서
새로운 기술들이 활용되어야 한다.

  무대예술은 생동감이란 고유한 특징을 가지고 있다. 무대 위에는
여러 예술 형식들이 모이게 된다. 문학, 회화, 건축 때로는 춤까지 모
든 것을 융합하는 것이 연극이다. 또한 예술분야에서 새로운 것이 발
견되었을 때, 잘 활용할 수 있는 수단도 연극이다.[41] 하지만 더 이상 과
거처럼 판타지적인 시간이동, 비인간적인 존재의 등장 등 배경 설정만
으로 관객들을 사로잡기 어렵다. 결국 무대 콘텐츠들도 가상적 이미지
를 구현해야하고, 스펙터클을 확장시키는 테크놀로지를 가져올 수밖

---

41) 로베르 르빠주, 〈887〉 관객과의 대화, LG아트센타, 2019.5.28. 〈https://blog.
  naver.com/lgartscenter/221552483946〉.

에 없다. 플랫폼의 다변화가 무대 영역의 확장도 요구하는 것이다.

　디지털 이미지와 기술이 고정된 대상을 변동시키는데 기여했다는 점은 중요하다. 예술과 과학은 직관/객관화란 특성이 최종 결과물에 중요한 영향을 미치는 각기 다른 영역이다. 무대 콘텐츠에서 테크놀로지를 활용한 목적은 상상을 감성적으로 구현하기 위함이었다. 이들의 협업은 각자의 단점을 극복하고 장점을 극대화하여 상호 보완되었을 때 빛날 수 있다. 뮤지컬〈신과 함께-저승편〉은 이 부분에서 다양한 시사점을 준다. 뮤지컬 곳곳에 활용한 기술은 몸의 한계를 보완하여 실재와 가상, 속도와 거리의 간극을 줄이는 역할을 하였다. 또한 복합 매체는 관객의 빠른 지각을 돕기도 했다. 디지털의 신속함이 시공간의 변화를 뛰어넘어 허구의 공연에 리얼리티를 심어준 것이다. 뮤지컬에서 디지털 기술 활용은 관객 몰입을 유도했고, 콘텐츠를 새롭게 지각할 수 있는 기반을 마련했다. 즉 현재의 무대 테크놀로지는 관객에게 감각적으로 즐기는 과정을 제공하고, 미학적인 관점까지 획득하고 있기에 지속적으로 관심을 가져야 할 분야이다.

참/고/문/헌

[1910년대 근대 희곡에 나타난 근대 테크놀로지 '우편'과 '사진']

1. 기본 자료
• 이광수, 〈규한〉, 『학지광』 제11호, 1917.1.
• 이광수, 〈규한〉, 『이광수전집』 8권, 삼중당, 1971.
• 윤백남, 〈운명〉, 창문당서점, 1930.
• 조일재 외, 『병자삼인(외)』, 이승희 편, 범우사, 2005.

2. 논문
• 권용선, 「1910년대 '근대적 글쓰기'의 형성과정 연구」, 인하대 박사
  학위논문, 2004.
• 김수진, 「'신여성', 열려 있는 과거, 멎어 있는 현재로서의 역사쓰
  기」, 『여성과 사회』, 제11호, 2000.4.
• 백소연, 「근대초기희곡에 나타난 연애의 양상과 극작술의 문제」,
  『이화어문논집』 제26집, 2008.
• 양승국, 「윤백남 희곡 연구-〈국경〉과 〈운명〉을 중심으로」, 『한국극
  예술연구』 제16집, 2002.10.
• 우수진, 「윤백남의 〈운명〉, 식민지적 무의식과 욕망의 멜로드라마」,
  『한국극예술연구』 제17집, 2003.4.
  _____, 「입센극의 수용과 근대적 연극 언어의 형성」, 『한국근대문
  학연구』 17집, 2008.

- 이승원, 「개항 후 근대 통신제도에 대한 이해와 우정총국」, 『한국민 족운동사연구』 88, 2016.
- 이승희, 「한국 사실주의 희곡 연구」, 성균관대학교 대학원 박사학위 논문, 2000.

    _____, 「초기 근대희곡의 근대적 주체 구성에 대한 연구」, 『한국극 예술연구』 12집, 2000.
- 이정숙, 「〈규한〉의 근대의식 연구」, 『한국극예술연구』 19집, 2004.
- 이종대, 「근대희곡의 성립」, 『현대문학의 연구』 23, 2004
- 정수진, 「이광수의 〈규한(閨恨)〉에 나타난 우편」, 『연극포럼』, 한국 예술종합학교 연극원, 2017.

    _____, 「윤백남의 〈운명〉에 나타난 근대 테크놀로지로서의 사진」, 『제24회 한국어문학 국제학술회의 논문집』, 대만국립정치대 한국 문화교육센터 고려대학교 BK21플러스 한국어문학 미래인재육성 사업단 한국어문학국제학술포럼 주최, 2018.

3. 단행본
- 권보드래, 『연애의 시대』, 현실문화연구, 2003.
- 김방옥, 『한국사실주의 희곡연구』, 동양공연예술연구소, 1988.
- 김연희, 『한국근대과학 형성사』, 들녘, 2016.
- 김원용, 『재미한인50년사』, 한인재단, 1959.
- 김재석, 『근대전환기 한국의 극』, 연극과인간, 2010.
- 서연호, 『한국근대희곡사』, 고려대출판부, 1994.
- 양승국, 『한국현대희곡론』, 연극과인간, 2001.

    _____, 『한국근대극의 존재형식과 사유구조』, 연극과인간, 2009.

- 유민영, 『한국현대희곡사』, 홍성사, 1982.
- 이경민, 『경성, 사진에 박히다』, 산책자, 2008.
- 이미원, 『한국근대극연구』, 현대미학사, 1994.
- 이상우, 『식민지 극장의 연기된 모더니티』, 나남출판, 1998.
- 천정환, 『근대의 책 읽기 - 독자의 탄생과 한국 근대문학』, 푸른역사, 2003.
- 존 버거, 제프 다이머 엮음, 김현우 옮김, 『사진의 이해Understanding a Photograph』, 열화당, 2015.

[도래할 기계사회와 사회변혁의 매개]

1. 기본자료

- 북악산학인, 「植民地的 朝鮮의 財政論」, 『三千里』 제13호, 三千里社, 1931.03.
- 박영희, 「人造勞動者」, 『開闢』, 제56호-제59호, 開闢社, 1925.02-1925.05.
    _____, 「人造勞働者(前承)」, 『開闢』 제58호, 開闢社, 1925.04.
- 박화성, 「秋夕前夜」, 『朝鮮文壇』, 朝鮮文壇社, 1925.
- 서상일, 「朝鮮의 政治的 將來를 悲觀好, 樂觀好, 文化的 經濟的으로」, 『三千里』, 4-9호, 三千里社, 1932.09.
- 서연호, 「김동환 - 바지저고리」, 『한국희곡전집Ⅰ』, 태학사, 1996.
    _____, 「김태수 - 노동자」, 『한국희곡전집Ⅱ』, 태학사, 1996.
    _____, 「김남천 - 조정안」, 『한국희곡전집Ⅱ』, 태학사, 1996.

_____, 「김기림_천국에서 왔다는 사나이」, 『한국희곡전집 II』, 태학사, 1996.

• 서연호 · 홍창수 편, 「아관 '階級文學'과 批評家」, 『김우진전집 II』, 연극과인간, 2000.

_____, 「歐米 現代劇作家(紹介)」, 『김우진전집 II』, 연극과인간, 2000.

_____, 「築地小劇場에서 人造人間을 보고」, 『김우진전집 II』, 연극과인간, 2000.

• 서 춘, 「産業合理化」, 『別乾坤』 제28호, 開闢社, 1930.04.

• 여덜뫼, 「카렐 차페크의 人造勞動者-文明의 沒落과 人類의 再生」, 『東亞日報』. 1925.02.09. ; 1925.03.09.

• 이광수, 「人造人 : 보헤미아 作家의 劇_譯述」, 『東明』 제31호(2권 14호), 東明社 1923.04.

• 한승인, 「現代美國의 經濟的 地位」, 『朝鮮日報』, 1929.01.01.

• 한치관, 「科學으로 엇은 今日의 人生觀」, 『The Rocky』 제1집, 朝鮮基督敎窓門社, 1925.09.

• 홍양명 外, 「우리들은 아미리가 문명을 끄으러 올가 로서아 문명을 끄으러 올가?」, 『三千里』, 4-7호, 三千里社, 1932.06.

• R生, 「우파 사 作_메트로폴리스」, 『東亞日報』, 1929.05.02.

• YYY, 「朝鮮에서 活動하는 海外에서 도라온 人物 評判記」, 『別乾坤』 제3호, 開闢社, 1927.01, 20면

_____, 「職業難에 대하여」, 『東亞日報』 1924.05.22.

2. 논문

• 강만길, 「日帝時代의 失業者問題」, 『아세아연구』 제77호, 고려대학

교 아세아문제연구소, 1987.

- 강현조, 「김교제 번역 번안 소설의 원작 및 대본 연구」, 『현대소설연구』제48호, 한국현대소설학회, 2011.
- 김상모, 「신이상주의를 통한 인간성 회복의 모색」, 『한국언어문학』제99집, 한국언어문학회, 2016.
- 김성수, 「KAPF文學部編〈KAPF作家七人集〉에 대하여」, 『民族文學史硏究』제1권, 민족문학사연구소, 1991.
- 김우진, 「수산 김우진의 희곡에 나타난 젠더정치학」, 『한국학연구』제52집, 고려대학교 한국학연구소, 2015.

  _____, 「입센극〈인형의 집〉수용과 '노라'를 바라보는 남성 인텔리의 시선에 관한 소론」, 『동서비교문학저널』제46호, 한국동서비교문학학회, 2018.

- 김종방, 「1920년대 과학소설의 국내 수용과정 연구」, 『현대문학의 연구』제44권, 현대문학연구학회, 2011.
- 송명진, 「근대과학소설의 과학개념연구」, 『어문연구』제42권, 한국어문교육연구회, 2014.
- 이민영, 「박영희의 번역희곡과 '네이션=스테이트'의 기획」, 『어문학』제107권, 한국어문학회, 2010.
- 전봉관, 「일제강점기 지식인 실업 문제의 문학적 형상화 양상 연구」, 『현대소설연구』제58호, 한국현대소설학회, 2015, 387-424면
- 조영란, 「라메트리의 人間機械論에 나타난 심신이론과 18세기 생물학」, 『한국과학사학회지』제13권 02호, 한국과학사학회, 1991.
- 천현순, 「인간과 기계」, 『獨逸文學』122권, 한국독어독문학회, 2012.

- 피종호, 「기계로서의 도시」, 『獨逸語文學』 제77권, 한국독일어문학회, 2017.
- 한민주, 「人造人間의 출현과 근대 SF문학의 테크노크라시」, 『한국근대문학연구』 제25호, 한국근대문학회, 2012.
- 황정현, 「1920년대 〈R.U.R〉의 受容연구」, 『현대문학이론연구』 제61집, 현대문학이론학회, 2015.
- 황종연, 「신 없는 자연」, 『상허학보』 제36집, 상허학회, 2012.
- 즈뎅까 끌뢰슬로바, 「김우진과 까렐차뻭」, 『민족문학사연구』, 제4권, 민족문학사연구소, 1993.

3. 단행본

- 권김현영 外, 『성의 정치 · 성의 권리』, 자음과 모음, 2012.
- 김승구, 『식민지 조선의 또 다른 이름, 시네마 천국』, 책과함께, 2012.
- 김 철 外, 『해방 전후사의 재인식 I』, 책세상, 2006.
- 김태희 外, 「기술과 인간」, 『연극비평집단 시선 평론집_이미 선택된 좌석입니다』, TimeCatcher, 2017.
- 한국극예술학회 편, 「김우진의 동경유학기 체험과 문학사상」, 『김우진』, 연극과인간, 2010.
- 미셸 푸코, 오생근 역, 『감시와 처벌』, 나남, 2016.
- 이블린 폭스 켈러, 민경숙 · 이현주 역, 『과학과 젠더』, 동문선, 1996.
- 칼마르크스, 김재기 역, 『마르크스 · 엥겔스 저작선』, 거름, 1988.
- 토머스 S. 쿤, 홍성욱 역, 『과학혁명의 구조』, 까치글방, 2013.

[만주국의 라디오 방송과 이동하는 미디어]

1. 기본 자료

• 『滿洲放送年鑑』 『電電』 『宣撫月報』 『大同報』 『宣撫月報』

2. 논문

• 강희주, 「만주국의 선전전과 라디오 방송」, 연세대학교 석사학위논문, 2009.

• 김려실, 「조선영화의 만주 유입 - 『만선일보』의 순회영사를 중심으로」, 『한국문학연구』, 제32집, 2007.

• 김호연, 「일제 감점 후기 연극 제도의 변화 양상과 그 의미 이동극단, 위문대를 중심으로」, 『인문과학연구』, 제30집, 2011.

• 배선애, 「동원된 미디어, 전시체제기 만담부대와 만담가들」, 『전쟁과 극장』, 소명, 2015.

• 서재길, 「'제국'의 전파네트워크와 만주의 라디오 방송」, 『한국문학연구』 제33집, 2017.

• 이덕기, 「일제하 전시체제기 이동연극 연구」, 『한국극예술연구』 제30집, 2009.

• 이복실, 「'만주구' 조선인 연극 연구」, 고려대학교 박사학위논문, 2018.

• 이화진, 「일제 말기 이동극단 활동의 전개 양상과 그 한계」, 『한국연구』 제30집, 2013.

• 홍선영, 「총동원체제의 이동연극과 프로파간다」, 『제국일본의 문화권력』, 소화, 2011.

• 蔣磊, 「僞滿洲國媒介傳播特征辨析」, 『中國社會科學報』, 2015.

• 代珂,「僞滿洲國的廣播劇」,『外國問題研究』, 第三期, 2014.

3. 단행본
• 이두현,『한국신극사연구』, 서울대학교 출판부, 1990.
• 제임스 프록터 저, 손유경 역,『지금, 스튜어트 홀』, 앨피, 2006.
• 프래신짓트 두아라 저, 한석정 역,『주권과 순수성 만주국과 동아시
  아적 근대』, 나남, 2008.
• 古市雅子,『滿映電影硏究』, 九州出版社, 2010.
• 貴志俊彦, 川島眞, 孫安石,『戰爭 ラジオ 記憶』, 勉誠出版, 2006.
• 孫邦 ,『僞滿文化』, 吉林人民出版社 , 2015.

[근대 희곡에 나타난 제국의 조선 의사들]

1. 기본자료
• 서연호 편,『한국희곡전집1』, 태학사, 1996.
  _____,『한국희곡전집2』, 태학사, 1996.
  _____,『한국희곡전집1』, 태학사, 1996.
•『동아일보』,『매일신보』,『신동아』,『조선중앙일보』,『중앙일보』,
 『중외일보』

2. 논문
• 김미영,「일제하 한국근대소설 속의 질병과 병원」,『우리말글』제37
  집, 우리말글학회, 2006.

• 김민정, 「『월간야담』을 통해본 윤백남 야담의 대중성」, 『우리어문연구』제39집, 우리어문학회, 2011.

• 김재석, 「〈황혼〉의 근대성 연구」, 『어문학』제98집, 한국어문학회, 2007.

• 백두산, 「윤백남의 대중문예운동가 신문연재 대중소설의 기획」, 『한국현대문학연구』제53권, 한국현대문학회, 2017.

• 성명현, 「윤백남의 논설 「연극과 사회」(1920) 고찰」, 『한국콘텐츠학회논문지』제15집, 한국콘텐츠학회, 2015.

• 손성준, 「대리전으로서의 세계문학: 검열된 『김영일의 사』와 번역된 『산송장』」, 『민족문학사연구』제65집, 민족문학사학회, 2017.

• 양승국, 「윤백남 희곡 연구: 〈국경〉과 〈운명〉을 중심으로」, 『한국극예술연구』제16집, 한국극예술학회, 2002.

• 윤여탁, 「1930년대 전반기 연극운동과 희곡의 한 양상: 송영과 유진오의 공연작품을 중심으로」, 『국어국문학』제97권, 추어국문학회, 1987

• 이동월, 「윤백남의 야담 활동 연구」, 『대동한문학』제27집, 대동한문학회, 2007.

• 이미나, 「최승만 예술론과 「황혼」의 근대성 연구」, 『한국학연구』제42집, 인하대학교 한국학연구소, 2016.

• 이미순, 「〈김영일의 사〉의 자아 의식」, 『어문연구』제82집, 어문연구학회, 2014.

• 이민영, 「윤백남의 연극개량론 연구」, 『어문학』제116집, 한국어문학회, 2012.

• 이재명, 「송영의 극문학 연구: 1930년대 작품을 중심으로」, 『원우론

집』제19권, 연세대학교 대학원우회, 1992.
- 이종민, 「식민지하 근대감옥을 통한 통제 메카니즘 연구-일본의 형사처벌 체계와의 비교」, 연세대학교 대학원 사회학과 박사 학위논문, 1998.
- 정덕준, 「포석 조명희의 현실인식: 〈김영일의 사〉, 〈파사〉를 중심으로」, 『어문논집』제22권, 안남어문학회, 1981.
- 조형근, 「식민지체제와 의료적 규율화」, 『근대주체와 식민지 규율권력』, 문화과학사, 1997.

3. 단행본
- 박윤재, 『한국 근대의학의 기원』, 혜안, 2005.
- 서울대학교병원 병원역사문화센터, 『사진과 함께 보는 한국 근현대 의료문화사 1879-1960』, 웅진지식하우스, 2009.
- 신규환, 『동아시아 의학의 재발견, 질병의 사회사』, 살림, 2006.
- 이상우, 『식민지 극장의 연기된 모더니티』, 소명출판, 2010.
- 정근식 외, 『식민권력과 근대지식: 경성제국대학 연구』, 서울대학교 출판문화원, 2011.
- 정선이, 『경성제국대학 연구』, 문음사, 2002.
- 須川英德 編, 『韓國 朝鮮史への新たな視座-歷仕 社會 言說』, 勉誠出版, 2017.

[박정희 정부의 의료복지와 연극]

1. 기본자료
- 이근삼, 「미련한 팔자대감」, 『이근삼 전집 2』, 연극과인간, 2008.
- 최인훈, 「봄이 오면 산에 들에」, 『최인훈 전집』, 문학과 지성사, 2009.

2. 논문
- 공임순, 「공임순, 김학묵이라는 에이전시-서울대학교 사회사업학과 신설을 둘러싼 미국 발 원조의 회로」, 『한국학연구』 47, 인하대학교 한국학연구소, 2017. 참고.
- 김려실, 「1970년대 생명정치와 한센병 관리정책」, 『상허학보』 48집, 상허학회, 2016.
- 김재형 · 오하나, 「한센인 수용시설에서의 강제적 단종 낙태에 대한 사법적 해결과 역사적 연원」, 『민주주의와 인권』, 제16권 4호, 전남대학교 5.18연구소, 2017.
- 박경선, 「극단 가교의 관객지향성연구」, 부경대학교 박사논문, 2014.
- 백승욱, 이지원, 「1960년대 발전 담론과 사회개발 정책의 형성」, 『사회와 역사』 107권, 한국사회사학회, 2015.
- 이영미, 「또순이는 돈을 모아 사장이 되었을까?」, 『인물과 사상』, 206호, 인물과사상사, 2015.
- 이순진, 「아시아재단의 한국에서의 문화사업 1954년~1959년 예산서류를 중심으로」, 『한국학연구』 40집, 인하대학교 한국학연구

소, 2016.

- 주윤정, 「해방 후 한센인 관련 사회사업 – 천주교계의 활동을 중심
  으로」, 『교회사연구』 29, 한국교회사연구소, 2007.
- 한순미, 「나환과 소문, 소록도의 기억-나환 인식과 규율체제의 형
  성에 관한 언술 분석적 접근」, 『지방사와 지방문화』 13권, 역사문화
  학회, 2010.
- 한순미, 「한국 한센병과 가족이라는 장치 – 전통 시기 설화에서 근대
  소설로의 이행 과정에 관한 몇 가지 검토」, 『인문사회과학연구』 15
  권 2호, 부경대학교 인문사회과학연구소, 2014.

3. 단행본

- 권보드래, 천정환, 『1960년을 묻다』, 천년의 상상, 2012.
- 김근배 외 「'과학대통령 박정희' 신화를 넘어」, 역사비판사, 2018.
- 조보라미, 『최인훈 희곡의 연극적 기법과 미학』, 연극과인간, 2011.

4. 기사

- 서연호, 「극작가 이근삼의 창작활동과 작품세계」, 『이근삼 교수 정
  년퇴임기념논문』, 1994.
- 장원재, "재주도 있고 싸가지도 있는 광대가 진짜 광대", 『월간조
  선』 2014.10.
- 「가부 임신중절 국민우생법안지상공청」, 『동아일보』, 1964.03.11.
- 「극단가교 기념공연 13일 서강대서」, 『동아일보』, 1969.08.12.
- 「세계보건기구서 원조의손」, 『동아일보』, 1961.10.17.
- 「나병관리사업본격화」, 『동아일보』, 1961.11.24.

- 「명년까지 무의면을 일소」, 『동아일보』, 1962.01.12.
- 「박대통령 연두교서 전문」, 『경향신문』, 1964.01.10.
- 「한 소녀의 신체에 천마리의 회충이」, 『동아일보』, 1964.02.24.
- 「새봄부터 보급될 개량농사법」, 『경향신문』, 1967.01.11.
- 「등교거부 10여일째」, 『경향신문』, 1969.04.25.
- 「문교부서 조정나서」, 『경향신문』, 1969.05.07.
- 「개별방문 설득키로」, 『경향신문』, 1969.05.10.
- 「미감아와의 공학을 반대하는 대왕국민교학부형들」, 『경향신문』, 1969.05.10.
- 「검진이후 합숙키로 대왕교 나병미감아」, 『매일경제』, 1969.05.12.
- 「수업 강행도 실패」, 『경향신문』, 1969.05.13.
- 「장관사택등서 미감아 동거케」, 『동아일보』, 1969.05.14.
- 「내일부터 일단 등교」, 『경향신문』, 1969.05.16.
- 「종합신검결과발표 "미감아 이상없다"」, 『경향신문』, 1969.05.20.
- 「대왕교 미감아 5명 새학교 지어 수용」, 『동아일보』, 1969.05.28.
- 「비토리유혈과 보사당국의 책임」, 『경향신문』, 1957.09.04.
- 「세계기독선명회 27개 나환자정착촌에 지원금 3,291만원 전달」, 『경향신문』, 1978.02.16.
- 「한국에 33만여불-국련아동기금 이사회서 승인」, 『경향신문』, 1964.01.30.
- 「낙태시비 부득이한 경우 허용해도 좋은가」, 『동아일보』, 1964.09.17.
- 「유신과업과 복지사회 미래상」, 『경향신문』, 1972.11.20.
- 「제언 농촌서도 과학사상 싹트게해야」, 『동아일보』, 1973.05.22.
- 「모자보건법 시행령 공포」, 『동아일보』, 1973.05.28.

- 「공포된 모자보건법 시행령, 불임수술대상 구체화」, 『경향신문』, 1973.05.29.
- 「정박아불임수술 찬반토론, "공익상불가피" "인간경시표본"」, 『동아일보』, 1975.07.22.
- 「대법 "한센병 환자 대상 '강제 단종수술'은 위법, 국가 책임 부담"」, 『머니투데이』, 2017.02.15.
- 「천형 딛고 선 청천농장」, 『동아일보』, 1976.02.11.
- 「[책 읽는 인천, 문학속 인천을 찾다 22] 한하운」, 『경인일보』, 2014.06.26.
- 「부산 용산국교 학부형 항의 미감아 12명 전학에 반대」, 『동아일보』, 1979.03.12.

[TV드라마의 과학적 상상력]

1. 기본자료

- ⟨M⟩ (이홍구 극본, 정세호 연출, MBC, 총 10회)
- ⟨RNA⟩ (이홍구 극본, 전기상 연출, KBS, 총17회)

2. 논문

- 조계숙, 「국가이데올로기와 SF, 한국 청소년 과학소설」, 『대중서사연구』 제20권 3호, 대중서사학회, 2014.
- 황영미, 「한국 TV 의학 드라마에 나타난 의사 캐릭터 유형 변화 양상 연구」, 『세계한국어문학』, 세계한국어문학회, 2011.

3. 단행본

- 김승현 · 한승만, 『한국사회와 텔레비전드라마』, 한울아카데미, 2001
- 김용수, 「연극과 영화에 반영된 과학기술문명」, 『과학문화의 이해』, 일진사, 2000
- 김주미, 『메디컬 드라마』, 커뮤니케이션북스, 2016.
- 김형민, 『접속 1990-우리가 열광했던 것들-』, 한겨레출판, 2006
- 김홍재, 『인간복제의 시대가 온다』, 살림, 2005
- 문선영, 『한국의 공포 드라마』, 커뮤니케이션북스, 2018
- 박노현, 『대중서사장르의 모든 것: 환상물』, 「한국 텔레비전 드라마의 환상성: 1990년대 이후의 미니시리즈를 중심으로」, 이론과 실천, 2016
- 이영미, 「1990년대 총론」, 한국예술종합학교 한국예술연구소, 『한국현대예술사대계 6』, 시공아트, 2005.
- 장장식, 「샤먼 문화의 시간과 공간 체계」, 『샤먼 문화-굿으로 본 우리 공연예술의 뿌리-』, 열화당, 2013.
- 在在木宏幹, 김영민 역, 『샤머니즘의 이해』, 박이정, 1999.
- 홍성욱, 『생산력과 문화로서의 과학기술』, 문학과 지성사, 2010

[한국 공포영화의 오컬트 장르 초기 수용 양상]

1. 기본자료
- 〈엑소시스트〉(윌리엄 프리드킨, 1973).
- 〈정형미인〉(장일호, 1975).

• 〈너 또한 별이 되어〉(이장호, 1975).
• 〈영노〉(이성구, 1976).
• 〈원무〉(박윤교, 1976).

2. 논문
• 김중순, 「뉴 에이지와 샤머니즘」, 『한민족 문화의 세계화』, 세계문제연구소, 1990.
• 김지영, 「통속오락잡지 『명랑』을 통해 본 전후 사랑의 인식구조」, 『어문논집』 제68권, 2013.
• 이순진, 「한국 괴기영화의 변화과정에 대한 연구」, 중앙대 첨단영상대학원, 2001.
• 송효정, 「실험실의 미친 과학자와 제국주의적 향수 - 1960년대 한국 고딕SF영화 연구」, 『대중서사연구』 제20권 제3호, 대중서사학회, 2014.
• 전명수, 「뉴 에이지 운동과 한국의 대중문화」, 고려대학교 대학원 박사논문, 2007.
• 이준수, 「대중문화에 나타난 뉴 에이지 사상의 특징」, 『만화애니메이션연구』 제41호, 한국만화애니메이션학회, 2015.
• 문상석, 「새마을운동과 정신개조」, 『사회이론』 제38호, 한국사회이론학회, 2010.
• 문만용, 「박정희 시대 담화문을 통해 본 과학기술정책의 전개」, 『한국과학사학회지』 제34권 제1호, 한국과학사학회, 2012.
• 박필현, 「꿈의 70년대의 청춘, 그 애도와 위안의 서사」, 『현대소설연구』 제56호, 한국현대소설학회, 2014.

3. 단행본

• 궁택호웅, 안동민 역, 『심령과학』, 서음출판사, 2010.
• 김태한, 『뉴 에이지 신비주의』, 라이트하우스, 2008.
• 김봉주, 『정신의 원리』, 충남대학교출판문화원, 2011.
• 백문임, 『월하의 여곡성』, 책세상, 2008.
• 자비네 되링만토이펠, 김희상 역, 『오컬티즘』, 갤리온, 2008.
• 장병원 · 김광철, 『영화사전』, MEDIA2.0, 2004.
• 최석진, 『일본SF의 상상력』, 그노시스, 2010.

4. 기사

• 「이달의 영화평-다작 경연이 몰고 온 관객의 외면」, 『영화잡지』, 1974.6.
• 「이달의 영화평」, 『영화잡지』, 1975.8.
• 「괴기영화」, 『영화잡지』, 1975.9.
• 「쇼킹! 태아의 성별을 당신 마음대로」, 『명랑』, 1971.4.
• 「역학인과 차 한 잔의 대화」, 『명랑』, 1972.4.
• 「한국역학108인선안내」, 『명랑』, 1972.5.
• 「현몽에서 침술을 배웠다는데...」, 『명랑』, 1972.8.
• 「도대체 믿겨지지 않은 일 - 소아마비를 척척 고친다는데」, 『명랑』, 1973.5.
• 「특집 서울에 등장! 일본사주 전공한 최초의 교포여류」, 『명랑』, 1973.12.
• 「선진의 중환 앓는 미국」, 『경향신문』, 1970.10.19.
• 「엑소시스트」, 『경향신문』, 1975.5.20.

- 「영화계 이상기류, 아류제작 붐」, 『경향신문』, 1975.3.28.
- 「심령현상」, 『동아일보』, 1924.10.22.
- 「한국에도 〈무당〉식 공포영화」, 『동아일보』, 1975.3.8.
- 「금주의 베스트셀러」, 『매일경제』, 1974.11.5.
- 「우리영화 점점 대담해진다」, 『경향신문』, 1982.2.23.

[망상으로서의 과학적 상상력]

1. 기본자료
- 영화 〈지구를 지켜라〉(2003).

2. 논문 및 기타
- 김병정, 「시각화전략을 통한 〈지구를 지켜라〉의 다성적 내러티브 구축」, 한국콘텐츠학회논문지9, 2009.
- 김봉석, 「김봉석의 영화읽기 · 〈지구를 지켜라〉-지구를 지켜라!-지독한 현실, 망상은 나의 힘」, 민족21, 2003.
- 김소영, 「해체에 나선 남성감독들, 장도에 오른 여성감독들」, 『씨네21』 2004.1.30.
- 김지훈, 「판타지와 대항-기억으로서의 브리콜라주」, 문학과 사회16, 2003.
- 박병걸, 조현신, 「SF영화에 나타난 신체 디자인의 유형 및 담론 분석」, Archives of Design Research28(2), 2015.
- 박진, 「정신분석 내러티브의 새로운 영역」, 국제어문 42집, 2008.

- 이효인, 「한 마리 새가 날았다, 한국 영화계를 치고」, 『씨네21』 2003.4.8.
- 임상준, 「21세기 한국 SF 영화의 정치적 상상력 연구」, 영화 6권 2 호, 2014.
- 정봉석, 「현실과 환상을 가로지르는 오브제의 작용」, 드라마연구 제 31호, 2009.
- 정성일, 「네 이웃을 사랑하라는 비겁한 나르시시즘」, 『월간 말』, 2003.
- 정승훈, 「남성 노스탤지어 화들의 진보 가능성」, 『씨네21』 2004.3.4.

3. 단행본
- 박찬부, 『기호, 주체, 욕망』, 2007, 창비.
- 서동욱, 『차이와 타자』, 문학과 지성사, 2013.
- 이철수, 『사회복지학 사전』, 혜민북스, 2013.
- 정인경, 『뉴턴의 무정한 세계』, 돌베개, 2014.
- 정재승, 『뇌과학자는 영화에서 인간을 본다』. 어크로스, 2017.
- 정헌, 『영화 역사와 미학』, 커뮤니케이션북스, 2013.
- 최준식, 지영해, 『외계지성체의 방문과 인류종말의 문제에 관하여』, 김영사, 2015.
- 철학사전편찬위원회, 『철학사전』, 중원문화, 2012.
- 하지현, 『청소년을 위한 정신의학 에세이』, 2012.
- 리처드 도킨스, 홍영남, 이상임 옮김, 『이기적 유전자』 을유문화사, 2010.
- 루퍼트 셸드레이크, 하창수 옮김, 『과학의 망상』, 김영사, 2017.

- 미셸 푸코, 박혜영 옮김, 『정신병과 심리학』, 문학동네, 2002.
- 맬컴 보위, 이종인 옮김, 『라캉』, 시공사, 1999.
- 배리 랭포드, 방혜진 옮김, 『영화 장르』, 한나래, 2014.
- 수잔 헤이워드, 이영기 외 옮김, 『영화 사전 : 이론과 비평』, 한나래, 2012.
- 슬라예보 지젝, 알랭 바디우 외, 강수영 옮김, 『과학의 유령』, 인간사랑, 2016.
- 에드워드 윌슨, 최재천 외 옮김, 『통섭』, 사이언스북스, 2005.
- 유발 하라리, 조현욱 옮김, 『사피엔스』, 김영사, 2015.
- 제니퍼 디우드나 외, 김보은 옮김, 『크리스퍼가 온다』, 프시케의 숲, 2018.
- 질 들뢰즈/펠릭스 가타리, 김재인 옮김, 『천개의 고원』, 새물결, 2001.
- 칼 세이건, 홍승수 옮김, 『코스모스』, 2019.
  _____, 이상헌 옮김, 『악령이 출몰하는 세상』, 김영사, 2001.
- 토마스 S 쿤, 김명자 옮김, 『과학혁명의 구조』, 까치, 2010.
- 페터 비트머, 홍준기, 이승미 옮김, 『욕망의 전복』, 한울아카데미, 1998.
- 프로이드, 이한우 옮김, 『일상생활의 정신병리학』, 열린책들, 2003.
- Raquel E. Gur · Ann Braden Johnson, 신정원 외 옮김, 『망상과 환상 속에서 사는 아이들』, 학지사, 2010.

[과학과 마음, 수사드라마의 두 양태]

1. 기본자료

• 김은희 · 장항준 작/김형식 · 김영민 연출, 〈싸인〉, SBS, 2011.1.5
~2011.3.10.
• 김은희 작/김형식 박신우 연출, 〈유령〉, SBS, 2012.5.30~2012.8.9.
• 김은희 작/김원석 연출, 〈시그널〉, tvN, 2016.1.22~2016.3.12.

2. 논문

• 고선희, 「텔레비전 장르드라마 〈시그널〉의 시간과 역사관」, 『한국언
어문학』 99, 한국언어문학회, 2016.
• 권양현, 「수사드라마 장르 연구」, 충남대학교 석사학위논문, 2010.
　　　　, 「텔레비전 수사드라마에 나타난 캐릭터 유형의 변화 양상
연구」, 『한국극예술연구』 42, 한국극예술학회, 2012.
• 김영찬, 「'미드'(미국 드라마)의 대중적 확산과 방송사 편성 담당자
의 '문화 생산자'그리고'매개자'로서의 역할에 관한 연구」, 『방송문
화연구』 19(2), KBS 공영미디어연구소, 2007.
• 김유미, 「2000년대 텔레비전 추리 드라마의 특징」, 『어문논집』 61,
민족어문학회, 2010.
• 문선영, 「TV 드라마 〈마왕〉의 추리 서사적 특성 연구」, 『대중서사연
구』 14, 대중서사학회, 2008.
　　　　, 「TV 드라마의 과학적 상상력」, 『한국문학이론과 비평』 82,
한국문학이론과 비평학회, 2019.
• 박명진, 「추리와 역사의 변증법」, 『한국극예술연구』 35, 한국극예술

학회, 2012.

- 박상완, 「한국 텔레비전 드라마의 재벌 소시오패스 캐릭터 연구 : 〈별에서 온 그대〉, 〈리멤버〉, 〈미세스 캅2〉를 중심으로」, 『한국극예술연구』 53, 한국극예술학회, 2016.

- 신지영, 「드라마 〈시그널〉의 서사구조와 의미구조 분석」, 한양대학교 석사학위논문, 2017.

- 오원환, 「드라마 〈시그널〉의 서사적 시간성과 극적 긴장의 조성에 관한 분석」, 『미디어와 공연예술연구』 11(3), 청운대학교 방송예술연구소, 2016.

- 윤석진, 「한국 텔레비전 드라마 장르 유형에 관한 시론」, 『한국문학이론과 비평』 19, 한국문학이론과 비평학회, 2015.

- 이영미, 「방송극 〈수사반장〉, 법창야화의 위상과 법에 대한 태도」, 『대중서사연구』 16(2), 대중서사학회, 2011.

- 이영수, 「시간초월 접촉 모티프 영상서사의 추리 분기구조 연구」, 『인문콘텐츠』 41, 인문콘텐츠학회, 2016.

- 전지니, 「유신 이후의 반공영화와 오제도라는 '신화' : 영화 〈특별수사본부〉시리즈를 중심으로」, 『한국극예술연구』 56, 한국극예술학회, 2017.

- 주창윤, 「좌절한 시대의 정서적 허기」, 『커뮤니케이션이론』 8(1), 한국언론학회, 2012.

- 주현식, 「텔레비전 드라마 〈싸인〉의 시작 방식과 연행성」, 『대중서사연구』 17, 대중서사학회, 2011.

- 하종원, 「경찰드라마의 특성과 장르적 발전에 관한 연구」, 『사회과학연구』 21(2), 동국대학교 사회과학연구원, 2014.

• 한국콘텐츠진흥원 미래정책팀, 『2018년 상반기 콘텐츠산업 동향분석 보고서』, 한국콘텐츠진흥원, 2018.

3. 단행본
• 국립과학수사연구소, 『과학수사 30년사』, 영신상사, 1986.
• 김홍중, 『마음의 사회학』, 문학동네, 2006.
• 다카하시 데쓰오, 고려대학교 일본추리소설연구회 역, 『미스테리의 사회학』, 역락, 2015.
• 대중서사장르연구회, 『대중서사장르의 모든 것 3 추리물』, 이론과 실천, 2011.
• 마이클 라이언 더글라스 켈너, 백문임 조만영 옮김, 『카메라 폴리티카 上』, 시각과언어, 1996.
• 레이먼드 윌리엄스, 성은애 옮김, 『기나긴 혁명』, 문학동네, 2007.
• 맹정현, 『트라우마 이후의 삶』, 책담, 2015.
• 에르네스트 만델, 이동연 옮김, 『즐거운 살인』, 이후, 2001.
• 유선영 외, 『미디어와 한국현대사 : 사회적 소통과 감각의 문화사』, 대한민국역사박물관, 2016.
• 이영미, 『한국대중예술사, 신파성으로 읽다』, 푸른사상, 2016.
• 이영미 외, 『김내성 연구』, 소명출판, 2011.
• 최중락, 『우리들의 영원한 수사반장』, 민중출판사, 2007, 88면.
• 해리콜린스 · 로버트 에번스, 고현석 옮김, 『과학이 만드는 민주주의 : 선택적 모더니즘과 메타 과학』, 이음, 2018.

[한국 특촬물의 시작과 과학 기술을 향한 욕망]

1. 기본자료

• 김청기, 〈외계에서 온 우뢰매〉, 1986.

_____, 〈외계에서 온 우뢰매2〉, 1986.

_____, 〈외계에서 온 우뢰매 전격 쓰리 작전〉, 1986.

• 조명화 · 김청기, 〈우뢰매 4탄 썬더브이 출동〉, 1986.

_____, 〈뉴머신 우뢰매 제5탄〉, 1988.

• 김청기, 〈제3세대 우뢰매 6〉, 1989.

2. 논문

• 권두현, 「기계의 애니미즘 혹은 노동자의 타나톨로지」, 『상허학보』 제47집, 상허학회, 2016.

• 김윤아, 「몸 바꾸기 장르 애니메이션 연구: 합체, 변신, 진화의 장르 관습을 중심으로」, 『영상문화』 제15집, 한국영상문화학회, 2010.

• 김일림, 「한국의 애니메이션 담론 형성 과정 연구: 예술의 성립과 담론의 탄생」, 『미학예술학연구』 제42집, 한국미학예술학회, 2014.

• 김종태, 「박정희 정부 시기 선진국 담론 부상과 발전주의적 국가정체성의 형성」, 『한국사회학』 제47-1집, 한국사회학회, 2013.

• 김혜미, 「일본 《슈퍼전대 시리즈》에 나타난 변신이데올로기 연구」, 홍익대 석사논문, 2013.

• 변재규, 「과학기술정책 변화와 과학문화 확산」, 고려대 박사논문, 2012.

• 송효정, 「실험실의 미친 과학자와 제국주의적 향수」, 『대중서사연

구』제20-3집, 대중서사학회, 2014.

_____, 「한국 소년SF영화와 냉전 서사의 두 방식: 〈대괴수 용가리〉
와 〈우주괴인 왕마귀〉의 개작 과정 연구」, 『어문논집』제73집, 민족
어문학회, 2015.

- 유연미 · 최민규, 「일본 특촬물 콘텐츠 산업이 보여주는 성공요인
연구」, 『조형미디어학』제19-3집, 조형미디어학회, 2016.
- 윤지혜, 「근대화 시기 한국에서 〈로보트 태권V〉의 '로봇'이 가지는
의미」, 『한국극예술연구』제50집, 한국극예술학회, 2015.
- 이성희, 「1970년대 한국 SF 애니메이션 연구」, 중앙대 석사논문,
2006.
- 이지용, 「한국 SF의 스토리텔링 연구」, 단국대 박사논문, 2015.
- 홍륜영, 「메카닉 애니메이션 분석 및 발전가능성에 관한 연구」, 동
의대 석사논문, 2010.
- 황우현, 「한국 특촬물 제작의 현황과 발전 방향」, 『한국문예비평연
구』제53집, 한국현대문예비평학회, 2017.

3. 단행본
- 문성기 외, 『한국 애니메이션은 없다』, 예솔, 1996.
- 서곡숙, 『코미디영화의 이해』, 아모르문디, 2018.
- 임종기, 『sf 부족들의 새로운 문학혁명, SF의 탄생과 비상』, 책세상,
2004.
- 허인욱, 『한국 애니메이션 영화사』, 신한미디어, 2002.
- 스티브 닐 · 프랑크 크루트니크, 강현두 옮김, 『세상의 모든 코미
디』, 커뮤니케이션북스, 2002.

4. 기사 및 기타

• 「괴수 · 괴물영화 방화계에서 유행」, 『경향신문』, 1967.4.15.

• 「번개 아텀」, 『소년 조선일보』, 1971.7.18.

• 「온가족 함께 즐길 영화 만화」, 『일간스포츠』, 1976.7.17.

• 「방학을 즐겁게 어린이 영화」, 『동아일보』, 1976.7.21.

• 「걱정 앞서는 어린이 영화관람」, 『조선일보』, 1977.7.24.

• 「어린이 만화영화 꿈단긴 건전한 내용 아쉽다」, 『중앙일보』, 1979.7.14.

• 「청소년 정서순화 풍토조성」, 『조선일보』, 1980.9.5.

• 「불황 속의 호황: 만화영화 수출」, 『동아일보』, 1981.1.13.

• 「비디오 테이프 우리말 대사 아쉽다」, 『동아일보』, 1981.1.17.

• 「일본 그림자(2) 부산항의 TV오염」, 『경향신문』, 1981.8.12.

• 「사설: 서울서 열리는 올림픽, 유치 후의 이뤄야 할 우리 문제」, 『조선일보』, 1981.10.2.

• 「만화영화 어린이 시력 해친다」, 『한국일보』, 1982.8.19.

• 「수입금지 일본비디오 활개 극영화 '후레쉬맨'」, 『한겨레』, 1990.5.8.

• 김형석, 「숲 속의 바보들: 〈산딸기〉, 〈화녀촌〉, 〈뽕〉, 1980년대 토속영화」, 2017.11.30. http://www.kmdb.or.kr/story/8/2029
　　　　, 「〈우뢰매〉〈별똥왕자〉〈반달가면〉 시리즈, 1980년대 아동용 SF 액션」, 2017.12.21. https://www.kmdb.or.kr/story/8/2033

• 민영문, 「민영문의 한국 애니메이션을 말한다: 한국 최초의 애니메이션 프로듀서 조봉남 여사」, 『뉴타입』, 대원씨아이, 2000.9.

• 이승재, 〈특별인터뷰: 애니메이션 감독 김청기를 만나다〉, 2009.

• 최지웅, 「어린이영화특선」, 2014.7.22. http://www.kmdb.or.kr/story/153/4260

[뮤지컬 무대와 테크놀로지]

1. 기본자료
• 정영 작, 박성일 곡, 성재준 작사 · 각색 · 연출, 〈신과 함께-저승편〉, CJ토월극장, 2017.6.30~7.22.
• 정영 작 · 작사, 박성일 곡, 성재준 각색, 김동연 연출, 〈신과 함께-저승편〉, CJ토월극장, 2018.3.27~ 4.15.
• 〈신과 함께〉 팜플렛, 서울예술단, 2017.
• 〈신과 함께〉 팜플렛, 서울예술단, 2018.
• 주호민, 『신과함께-저승편』, 네이버 웹툰, 2010~2012.
　　　　, 『신과함께』, 애니북스, 2015.
• 정재진 인터뷰1, 2018. 5. 8.
• 정재진 인터뷰2, 2018. 5.16.

2. 논문
• 권지은, 「조선후기 신중탱화의 양식과 기법」, 『미술문화연구』제1호, 동서미술문화학회, 2012.
• 김명우 · 김동조 · 김형기, 「프로젝션 매핑을 이용한 오브젝트 및 공간 표현 연구」, 『디지털디자인학연구』제11권 제1호, 한국디지털디자인협의회, 2011.

- 김준영, 「영국 공연계 연극과 과학기술의 만남」, 『한국연극』3월, 한국연극협회, 2019.
- 박영욱, 「디지털 예술에서 몰입의 의미」, 『인문콘텐츠』11, 인문콘텐츠학회, 2008.
- 양선우 · 임찬, 「인터액티브 미디어 기반 공연 무대 콘텐츠 제작」, 『예술인문사회융합멀티미디어논문지』Vol.7 No.6, 2017,
- 이상민, 「신과 함께에 나타난 공간성과 아이러니 연구」, 『대중서사연구』22권3호, 대중서사학회, 2016.
- 이성곤, 「조선시대 사인검의 연구」, 『생활문물연구』제20호, 국립민속박물관, 2007.
- 임수연, 「〈신과 함께-죄와 벌〉 김자홍은 귀인이다」, 『씨네21』, 씨네21, 2017.12.20.
- 정현이 · 김형기, 「디지털 기술을 활용한 공연예술의 특성 」, 『디자인융복합연구』Vol.12 No.1, 디자인융복합학회, 2013.
- 정수연, 「아직도 가야할 '환생'을 향한 여정, 〈신과 함께- 저승편〉」, 『더 뮤지컬』No.176, 클립서비스, 2018.5.
- 진경아, 「통섭의 관점에서 본 디지털 매체예술의 의미와 특성」, 『기초조형학연구』16권 5호, 한국 기초조형학회, 2015.

3. 단행본
- 서은영, 『주호민』, 커뮤니케이션북스, 2018.
- 신일수, 『무대기술』, 교보문고, 2000.
- 심혜련, 『20세기의 매체철학』, 그린비, 2012.
- 오승종, 『저작권법』, 박영사, 2012.

- 이기선, 『지옥도』, 대원사, 1992.

- 지은숙, 『로봇, 뮤지컬을 만나다』, 휴먼북스, 2014.

- 진경아, 『매체미학과 영상이미지』, 커뮤니케이션북스, 2014.

- 최상철, 『무대미술 감상법』, 대원사, 1997.

- 노베르츠 볼츠, 김득룡 역, 『발터 벤야민 : 예술, 종교, 역사철학』, 서광사, 2000.

- 들뢰즈 가타리 · 펠릭스 과타리, 김재인 역, 『안티 오이디푸스』, 민음사, 2014.

- 로지잭슨, 서강연구회 역, 『환상성-전복의 문학』, 문학동네, 2001.

- 마리카 스터르큰 · 리사 카트라이트, 윤태진 외 역, 『영상문화의 이해』, 커뮤니케이션북스, 2006.

- 마이클 하임, 여명숙 역, 『가상현실의 철학적 의미』, 책세상, 2001.

- 발터 벤야민, 반성완 역, 『발터벤야민의 문예이론』, 민음사, 1983.

- 앤드류 달리, 김주환 역, 『디지털 시대의 영상 문화』, 현실문화연구, 2003.

- 엘리안 스트로스베르, 김승윤 역, 『예술과 과학』, 을유문화사, 2002.

- 존A 워커 · 사라 채플린, 임산 역, 『비주얼 컬처』, 루비박스, 2004.

- 프란시스 레이드, 어경준 역, 『무대조명 핸드북』, 비즈앤비즈, 2016.

- 크리스티안 뒐커, 이도경 역, 『미디어에서 리얼리티란 무엇인가』, 커뮤니케이션북스, 2001.

4. 인터넷 자료

- 안동환, 「165분 동안 울다 웃는 지옥 비주얼 판타지쇼」, 『서울신문』 25면, 2018.04.10.〈http://www.seoul.co.kr/news/newsView.php?i

d=20180410025003#csidxaa820b493b27fa0a8398f5c0928c9d0〉.

- 양진하, 「배경 넘어 인물 감정까지. 뮤지컬 영상의 진화」, 『한국일보』, 2017.6.13.〈http://www.hankookilbo.com/News/Read/201706130452357221?NClass=SP02〉.
- 이동진, 「12월 한국영화 대작 세 편의 공과- '1987' '신과 함께' '강철비'」, 『어바웃 시네마』, 2017.12.29., 〈http://magazine2.movie.daum.net/movie/43961〉.
- 프렌즈, 「저승타임즈 번외 제7호-영상디자이너 정재진 감독님 인터뷰」, 『서울예술단SPAC 블로그』, 2015.7.11.,〈https://blog.naver.com/spacfd/220416686612〉.
- 황수정, 「원작 팬들 모여라, 스토리 연출 연기까지 완벽…'신과 함께_저승편'」, 『뉴스핌』, 2018.4.11.,〈http://www.newspim.com/news/view/20180409000136〉.
- 로베르 르빠주, 「〈887〉 관객과의 대화」, LG아트센타, 2019.5.30. 〈https://blog.naver.com/lgartscenter/221552483946〉.
- "Openframeworks", Rackspace, 2018.5.9.,〈https://openframeworks.cc/ko/about/〉.

찾/아/보/기

원/고/출/처

1910년대 근대 희곡에 나타난 근대 테크놀로지 '우편'과 '사진': 이광수의 〈규한〉과 윤백남의 〈운명〉을 중심으로*

정수진, 「이광수의 〈규한(閨恨)〉에 나타난 우편」, 『연극포럼』, 한국예술종합학교 연극원, 2017.

* 본 연구는 고려대학교 대학원 Junior Fellow-Research Grant의 지원을 받아 수행되었음.

도래할 기계사화와 사회변혁의 매개: 기계 · 괴물 · 권력

김우진, 「도래할 '기계사회'와 사회변혁의 매개 : 기계 · 괴물 · 여성 – 산업합리화운동과 근대극장의 상상력을 중심으로」, 『여성문학연구』 44, 한국여성문학학회, 2018.

만주국의 라디오 방송과 이동하는 미디어: 방송자동차의 1차 순회 활동을 중심으로

이복실, 「만주국의 라디오 방송과 이동하는 미디어-방송자동차의 1차 순회 활동을 중심으로」, 『한국극예술연구』60, 한국극예술학회, 2018.

근대 희곡에 나타난 제국의 조선 의사들

이주영, 「근대 희곡에 나타난 제국의 조선 의사들」, 『한국문학이론과 비평』83, 한국문학이론과 비평학회, 2019.

박정희 정부의 의료복지와 연극: 한센병 소재 연극을 중심으로

김태희, 「박정희 정부의 의료복지와 연극 – 한센병 소재 연극을 중심으로」, 『드라마연구』56, 한국드라마학회, 2018.

TV드라마의 과학적 상상력: 〈M〉, 〈RNA〉를 중심으로

문선영, 「TV드라마와 과학적 상상력」, 『한국문학이론과 비평』82, 한국문학이론과 비평학회. 2019.

한국 공포영화의 오컬트 장르 초기 수용 양상

한상윤, 「한국 공포영화의 오컬트 장르 초기 수용 양상 연구」, 『한국극예술연구』58, 한국극예술학회, 2017.

과학과 마음, 수사드라마의 두 양태: 김은희 작품을 중심으로

송치혁, 「과학과 마음, 수사드라마의 두 양태 – 김은희 작가를 중심으로」, 『우리문학연구』63, 우리문학회, 2019.

한국 특촬물의 시작과 과학 기술을 향한 욕망: 〈외계에서 온 우뢰매〉 시리즈를 중심으로

박소영, 「한국 특촬물의 시작과 과학 기술을 향한 욕망 : 〈외계에서 온 우뢰매〉 시리즈를 중심으로」, 『한국문학연구』59, 동국대학교 한국문학연구소, 2019.

필자소개(가나다 순)

김우진

경기대학교 강사. 주요 논저로 『미스터리의 사회학 : 근대적 기분전환의 조건』(공역), 「이근삼 희곡에 나타난 남근주의적 젠더표상과 변주」, 「입센극 〈인형의 집〉 수용과 노라를 바라보는 남성 인텔리의 시선에 관한 소론」 등이 있다. 근현대 서사의 형성과정을 둘러싼 국내 · 외 주요 담론 간의 은폐된 동화와 영향 관계 및 다층적인 비교문학 · 비교문화연구에 관심이 있다.

김태희

고려대학교 박사과정 수료생, 연극평론가. 주요 논문으로 「1950~60년대 박구의 영화계 활동 연구」, 「1970년대 검열연구-신춘문예 단막극전을 중심으로」, 「윤대성의 청소년극에 나타난 젠더문제 연구」 등이 있다. 1960~70년대 한국연극을 공부하고 있다.

문선영

한국산업기술대학교 지식융합학부 조교수. 주요 저서로 『대중서사장르의 모든 것: 코미디』, 『대중서사장르의 모든 것: 환상』(공저), 『순결과 음란: 에로티시즘의 작동방식』(공저), 『한국의 공포드라마』(저서) 등이 있다. 현재 한국 방송극의 장르 문화와 형성에 관심을 기울이며 연구 중이다.

박소영

부경대학교 및 부산교육대학교 강사. 주요 논문으로 「서울과 부산의 연극문화지형도 연구-연극공연축제와 문화인프라를 중심으로」, 「1970년대 호스티스 수기의 영화화 연구-〈O양의 아파트〉, 〈영아의 고백〉, 〈26x365=0(無)〉을 중심으로」 등이 있다. 1960~80년대 한국영화에 관심이 있다.

서미진

고려대학교 강사. 주요 논문으로는 「임권택 영화 〈춘향뎐〉의 서술(Narration) 양상 연구」, 「임권택 판소리 영화 〈천년학〉의 매체변환에 따른 서술양상과 미의식의 특이성」, 「김수용 문예영화의 결말구성과 의미화 작용의 양상」 등이 있다. 현재 문예영화와 임권택 영화, 그리고 젠더 수행성을 중심으로 한 영화, 연극, 문화 콘텐츠에 관심을 기울이고 있다.

송치혁

동남보건대학교 강사. 주요 논저로 「하유상의 극작품과 극작법 연구」, 「유동하는 웹, 확장하는 드라마」, 『흙흙청춘』(공저) 등이 있다. 텔레비전드라마를 비롯한 한국 대중문화 전반에 관심을 가지고 연구하고 있다.

이복실

고려대학교 국어국문학과 문학박사. 주요 논저로 『만주국 조선인 연극』, 「'만주국' 신극 언어의 표현 감각 – '다퉁극단'의 공연작품을 중심으로」, 「일제 말기 만주 조선인 아동극에 대한 고찰 – 『만선일보』에 수록된 작품을 중심으로」 등이 있다. 현재는 만주국 시기 조선인 연극과 중국인 및 일본인 연극의 비교 연구에 관심을 갖고 있다.

이주영

한국교통대학교 및 수원대학교 강사, 연극평론가. 주요 논문으로 「증명과 위장의 시대 : 일제말기 국민연극과 의복의 정치학」, 「결혼이라는 불온한 제도 : 일제말기 국민연극에 나타난 결혼」, 「일제말기 조선영화와 연설의 정치학」 등이 있다. 일제말기 극예술에 관심이 있다.

정명문

한양대 창의융합교육원 강사, 뮤지컬평론가. 주요 논문으로 「흥행과 예술, 악극의 딜레마 : 해방기 악극단 레퍼토리 변화를 중심으로」, 「북한가극 〈콩쥐팥쥐〉(1953)의 특성 연구」 등이 있으며, 극작으로 음악극 〈할머니, GRANDMA〉가 있다. 대중과 접점을 가지고 있는 다양한 음악극에 대한 연구를 하고 있다.

정수진

한국예술종합학교 연극원 강사, 드라마터그. 주요 논문으로 「'Post' in Dramaturgy of Yi Kwangsu's *Kyuhan*」, 「3·1 운동과 극작가 김우진」 등이 있고, 연극 〈타조 소년들〉(2014, 2016) 〈실수연발〉(2016) 등을 윤색·드라마터지했다. 한국 근대극의 면면을 문화사적 문화론 관점으로 파악하는 데에 주력하고 있으며, 관객의 지평을 확장시키는 드라마터그로서 연극 안에 오래 거하기를 꿈꾼다.

한상윤

고려대학교 박사과정 수료생. 주요 논저로 「1960년대 궁중사극영화 연구: 조선왕조 소재 작품을 중심으로」, 『기억의 여신 므네모시네, 영화관에 들어가다』(공저), 『순결과 음란』(공저) 등이 있다. 현재는 일본 도호쿠대학에서 유학 생활을 하며 공포, SF 및 기타 서브컬처에 관심을 갖고 연구를 진행 중이다.

극예술, 과학을 꿈꾸다

초 판   인 쇄 ㅣ 2019년 9월 1일
초 판   발 행 ㅣ 2019년 9월 1일

지   은   이 공연과 미디어 연구회

책 임 편 집 윤수경

발   행   처 도서출판 지식과교양
등 록 번 호 제2010-19호
주   소 서울시 강북구 우이동108-13 힐파크103호
전   화 (02) 900-4520 (대표) / 편집부 (02) 996-0041
팩   스 (02) 996-0043
전 자 우 편 kncbook@hanmail.net

ISBN 978-89-6764-147-4 93680   정가 27,000원